HENRI J. M. NOUWEN

Das letzte Tagebuch

Aus dem Amerikanischen
übersetzt von
Franz und Reny Johna

Herder
Freiburg · Basel · Wien

Titel der Originalausgabe:
Sabbatical Journey
The diary of his final year

The Crossroad Publishing Company
379 Lexington Avenue, New York, NY 10017

Umschlaggestaltung: Finken & Bumiller, Stuttgart
Umschlagmotiv: Vincent van Gogh, Sämann bei
untergehender Sonne, Arles, Nov. 1888.
Amsterdam, Rijksmuseum.

Alle Rechte vorbehalten – Printed in Germany
© Verlag Herder Freiburg im Breisgau 2000
Satz: Fotosetzerei G. Scheydecker, Freiburg i. Br.
Herstellung: Freiburger Graphische Betriebe 2000
Gedruckt auf chlorfrei gebleichtem,
umweltfreundlichem Papier
ISBN 3-451-26111-1

Meinen Freunden

gewidmet

für das kostbare Geschenk der Liebe

Inhalt

Vorwort der Herausgeberin   7

1995

September   15

Oktober   54

November   81

Dezember 101

1996

Januar 129

Februar 158

März 191

April 220

Mai 249

Juni 278

Juli 298

August 325

Nachwort von Nathan Ball 347

Vorwort
der Herausgeberin

Am 2. September 1995 trat Henri Nouwen ein Sabbatjahr an. Er hatte sich vorgenommen, keinen Tag vorübergehen zu lassen, ohne festgehalten zu haben, was in ihm und um ihn vorgegangen war. Als er am 30. August 1996 den letzten Eintrag in das inzwischen auf fast siebenhundert Seiten angewachsene Manuskript vornahm, schloß er damit sein letztes Buch ab und war seine Berufung als geistlicher Schriftsteller erfüllt. Er starb, bevor er sein Tagebuch noch einmal durchsehen und das Manuskript – wie gewohnt – ein paar Freunden zusenden konnte, um ihre Meinung zu hören. Ich weiß, daß er seine ursprünglichen, rasch niedergeschriebenen Notizen noch einmal sorgfältig durchgesehen und dabei sicherlich manches geändert hätte, hätte er die Veröffentlichung selbst in der Hand gehabt. Aus Respekt gegenüber dem Originaltext habe ich in der Manuskriptabschrift nicht viele Änderungen vorgenommen, was zur Folge haben könnte, daß es dem Buch an Vollendung und Feinschliff mangelt. Dafür aber ist es übervoll von Henris Leben und seinem Geist.

Nachdem Henri neun Jahre mit uns in der „Arche" Daybreak gelebt hatte, entsandte ihn seine Gemeinschaft in ein Sabbatjahr und legte ihm dabei ans Herz, zu jeder Art von Arbeit – die schriftstellerische ausgenommen – strikt nein zu sagen. Dabei übersahen wir allerdings sein großes Bedürfnis nach Freundschaft wie auch seine große Gabe, Freundschaft zu schließen, und bedachten auch nicht, wie seine eigene Antwort darauf ausfallen könnte. Dieses Buch beschreibt eine „Odyssee" der Freundschaft; es bedürfte der Statur eines „Ulysses", um diese kräfteraubende Jahres-Reise zu unternehmen und unterwegs fünf Bücher zu schreiben.

Henri erwähnt im Original des Tagebuchs über tausend Personen, denen er im Laufe des Sabbatjahres begegnet ist: Er feiert mit ihnen Gottesdienst, spendet Trost, erteilt Rat, pflegt den Kontakt; mehr als sechshundert nennt er in freundschaftlicher Verbundenheit mit Namen. Am zweiten Weihnachtsfeiertag hält er fest: „Ich war von Dankbarkeit und Zuneigung erfüllt und hätte jeden einzelnen meiner Freunde am liebsten umarmt und ihnen gesagt, wieviel sie mir bedeuten und wie sehr ich sie vermisse … Ich spürte, wie mein ganzes Sein, Körper, Geist und Sinn, danach verlangte, Liebe zu geben und zu empfangen, bedingungslos, furchtlos und vorbehaltlos." Viele der im Tagebuch Genannten sagten, daß die Begegnung mit Henri ein „Ereignis" in ihrem Leben gewesen sei; er sei sehr liebenswürdig gewesen, habe ihnen aufmerksam zugehört und viel Zeit geschenkt. Henri beschreibt kurze, angenehme Begegnungen. Aber für diejenigen, die mit ihm zusammentrafen, bedeutete „kurz" ebenso bereichernd wie tief.

Henri ist in seinem Tagebuch wie in seinem Leben zuerst und vor allem Priester und Seelsorger. Seine Leidenschaft war die tägliche Feier der Eucharistie; wie ein roter Faden zieht sie sich durch das ganze Buch. Er feiert die Eucharistie im großen Kreis bei Hochzeiten und Begräbnissen, wenngleich ein kleiner, intimer Rahmen, in dem bei den Teilnehmern ein Empfinden von Gemeinschaft entsteht, den Regungen seines Herzens mehr zu entsprechen scheint. Er legt die Lesung oder das Evangelium der Tagesliturgie aus, geht dabei auf brennende soziale Fragen und aktuelle Ereignisse ein, bezieht sich auf den Inhalt eines neuen Buches oder ein Werk der Kunst und stellt überraschende Verbindungen zwischen seinen Einsichten und seiner Lebenserfahrung her. Es ist jener Dialog zwischen seinem Verstand und der gelebten Wirklichkeit seines Herzens, der seine Spiritualität kennzeichnet und seine Bücher zu einer reichen geistlichen Quelle macht.

In den Tagebuch-Notizen erwähnt Henri immer wieder, daß ihn Müdigkeit plage. „Warum bin ich so müde?" fragt er sich. „Obwohl ich genug schlafen kann, stehe ich mit einem unsäglichen Gefühl von Müdigkeit auf. Zu allem muß ich mich aufraffen. Und schon nach wenigen Stunden Arbeit bin ich völlig erschöpft. Oft schlafe ich tief ein. Mein Körper sehnt sich schmerzlich nach einem Ruheplatz." Er hat sich völlig verausgabt. Aber weder er noch seine Freunde erkennen die Signale seiner Erschöpfung. Die sich selbst gestellte Frage: „Bin ich einfach deshalb müde, weil ich meine Arbeit tun möchte und sie nicht schaffe, oder bin ich müde, weil ich etwas trage, das größer ist als ich, etwas, was mir auferlegt wurde, um die Last anderer zu erleichtern?" ist zwar eine zur Reflexion anregende theologische Erwägung, im Licht seines frühen Todes jedoch kein Trost.

An zahlreichen Stellen des Tagebuchs begegnen uns die „Fliegenden Rodleighs", eine internationale Zirkustruppe von Trapezartisten, mit denen Henri enge, freundschaftliche Beziehungen pflegte. Sie gaben ihm den Anstoß zu einer neuen und tieferen Sicht seiner Berufung als Seelsorger und geistlicher Schriftsteller. Ihre enge Zusammengehörigkeit, ihre Körperbeherrschung und ihr Wagemut am Trapez wie auch ihre Lebensform als kleine Artistengemeinschaft berührten etwas sehr Tiefes in ihm. Er sah in ihren Vorführungen die artistische Verwirklichung mancher seiner tiefsten Sehnsüchte. So bekennt er einmal, daß die Begegnung mit den „Fliegenden Rodleighs" ihn in ein neues Bewußtsein katapultiert habe. Er und viele seiner Freunde hatten gehofft, er würde im Sabbatjahr sein „Zirkusbuch" ausarbeiten, doch verband sich mit diesem Plan, der ihn zwar schon seit längerem beschäftigte, aber noch nicht so weit gereift war, um geboren zu werden, ein Übergang in seinem Leben und seiner schriftstellerischen Arbeit. Er sagt: „Sie (die Bekanntschaft mit den Rodleighs) war so intensiv, daß ich es heute noch nicht wage, darüber zu schreiben, weil dies einen grundlegend neuen Schritt zu tun verlangt, nicht nur, was meine Art zu schreiben, sondern auch was mein Leben betrifft." Und: „Sooft ich zu schreiben beginne, spüre ich eine große Unentschlossenheit, ja Furcht." Henri faszinierte bei den Trapezakten vor allem die besondere Beziehung zwischen dem Flieger und dem Fänger. Wagemutig läßt der Flieger das hoch über den Zuschauern hin- und herschwingende Trapez los, um dann nur beide Arme auszustrecken und darauf zu warten, von den starken Händen des Fängers erfaßt und auf das Podest abgesetzt zu werden. „Das Schlimmste, was der Flieger tun kann, ist, selbst nach dem Fänger zu greifen", erzählte ihm Rodleigh, der Leiter der Gruppe. „Der Flieger darf nur seine Arme ausstrecken und muß vollkommen darauf vertrauen, daß sein Fänger im richtigen Augenblick nach ihm greift." Diese Beziehung zwischen Flieger und Fänger entsprach dem innersten Wunsch seines Herzens und seinem Verlangen, im geistlichen Leben zu fliegen, doch nur, um sich immer mehr in die liebenden Hände des ewigen Fängers fallen zu lassen.

Das ganze Tagebuch hindurch liegt Henri in einem erbitterten Kampf zwischen seinem zunehmenden Verlangen nach Stille, Abgeschiedenheit, Gebet, schriftstellerischer Arbeit, enger Freundschaft und seiner ausgeprägten, lebenslangen Vorliebe zu predigen, Vorträge zu halten, zu reisen, zu feiern und mit anderen zu arbeiten, um etwas zu bewirken. Jedesmal wenn er an seinen Schreibtisch zurückkehrt und wieder schreiben kann, ist er darüber glücklich. Wiederholt spricht er davon, daß er gern mehr schreiben möchte. Aber sein Ringen um die Überbrückung dieser Kluft zwischen Wunsch und Wirklichkeit ist sehr konkret, sehr schmerzlich und sehr menschlich!

Henri lebte immer leidenschaftlich und bekennt in diesem Tagebuch, daß er Freundschaft und Nähe brauche. An verschiedenen Stellen beschreibt er seine Gefühle der Isolierung und Einsamkeit. Das Ergreifende hierbei ist nicht das Mitteilen seiner Pein, sondern die Offenheit, in der er über seine Reaktion auf diese Pein spricht. Er flüchtete nicht durch irgendeine Hintertür – harmlos oder gefährlich –, sondern durchlebte diese Pein. Und wurde sie zu heftig, streckte er die Hand aus und ließ an seinen Ängsten teilhaben, indem er um Beistand bat. Er kannte seine Schwäche und war entschlossen, mit ihr, so glaubwürdig er konnte, zu leben. Bei allem Erfolg und aller Popularität war dies ein „Stachel", den er zwar nicht zu kontrollieren vermochte, aber mehr und mehr als Teil seiner Berufung, die er liebte, anzusehen und zu akzeptieren versuchte. Jean Vanier sagte in seiner Gedenkansprache bei der Trauerfeier in Utrecht über das Leiden Henris bildhaft: „Seine Qualen tankten seinen Genius auf."

Henri ist sich bewußt, daß er sich in seinem Denken, Empfinden und Verhalten auf neue Orte zubewegt. Als Mensch wie auch als einer, der sich den anderen und der Kirche verschrieben hat, stößt er in neue Tiefen vor. Doch zögert er auch und fragt sich abwägend: „Ohne zu wollen, bedrückt es mich innerlich, diesem Ansehen (als katholischer Priester, geistlicher Schriftsteller und Mitglied einer Lebensgemeinschaft mit Behinderten) gemäß zu leben und so zu handeln, zu sprechen und zu schreiben, wie es den Erwartungen der katholischen Kirche, der ‚Arche‘, meiner Familie, meiner Freunde und meiner Leser entspricht ... Seit kurzem sehe ich mich darin gefangen und empfinde es als einengend ... Was bedeutet es meiner Berufung treu bleiben? Erfordert dies Übereinstimmung mit meiner bisherigen Lebens- und Denkweise, oder verlangt es den Mut, eine neue Richtung einzuschlagen, auch wenn es manche enttäuschen mag?" Diese neuen, sich wiederholt gestellten Fragen berühren alle Ebenen seines Lebens, einschließlich Gebet, Freundschaft, Nähe, Arbeit, Kirche, Gott, Leben und Tod. Ebensowenig wie das „Zirkus-Buch" in ihm reif war, hatte er auch die neue Freiheit, die ihm winkte, vollständig integriert. An anderer Stelle schreibt er: „Ich weiß, daß ich nicht ganz frei bin, denn die Furcht ist noch da." Die Art und Weise, wie er mit diesen Fragen lebt, ohne Scheu und unbefangen, und wie er sie neu zuzuordnen sucht, mag dem Leser / der Leserin deutlich machen, wie leidenschaftlich er nach der Unsicherheit neuer Richtungen verlangt und sich mit ihnen auseinandersetzt. Er hat große Furcht, schämt sich aber seiner Gedanken nicht und sucht mit der Weisheit seiner Jahre, fern von Jugend und Einschränkungen des Alters, nach neuer Freiheit und tieferer Gemeinschaft mit Menschen und dem unsichtbaren Gott, auf den er vertraut und mit dem er täglich kommuniziert.

In den späten siebziger Jahren schrieb Henri nach dem Tod seiner Mutter zwei Bücher über sie und sein Verhältnis zu ihr.

Selten aber schrieb er über seine Beziehung zum Vater, da sie kompliziert und die Kommunikation untereinander schwierig war. In diesem Sabbatjahr-Tagebuch finden sich verschiedene anrührende Bilder eines dreiundneunzig Jahre alten Vaters und seines vierundsechzigjährigen Sohnes, die das Zusammensein genießen. Aus Kanada zu einem Besuch in Holland angekommen, berichtet Henri scherzend von seinem Vater, der ihn mit dem Hinweis begrüßte: „Na, du mußt aber dringend zum Frisör!" Und: „Du solltest jetzt lieber ins Bett gehen und ausschlafen!" Er bemerkt dazu: „Ein Vater bleibt immer ein Vater!" Etwas spitz enthüllt uns Henri ein kleines Stück der Geschichte ihrer Beziehung und läßt uns an der tiefen Versöhnung, zu der beide gefunden haben, teilnehmen, wenn er schreibt: „Als es vor vielen Jahren zwischen uns zu einem Konflikt gekommen war, sagte (mein Vater): ‚Als Psychologe weißt du ja über autoritäre Väter bestens Bescheid. Versuch darüber glücklich zu sein, daß du einen hast, versuch aber nicht, ihn zu ändern!' ... Als ich zweiunddreißig war und mein Vater einundsechzig, gehörten wir zwei verschiedenen Generationen an und waren weit voneinander entfernt ... Als wir beide aber älter wurden und uns nicht mehr so abwehrend verhielten, merkte ich, wie ähnlich wir uns sind. Wenn ich heute in den Spiegel schaue, meine ich, meinen Vater zu sehen, als er vierundsechzig war ... Mir ist klar, daß der größte Unterschied zwischen uns das Alter und nicht der Charakter ist ... Die Nähe, zu der wir heute gefunden haben, wäre vor dreißig Jahren undenkbar gewesen ... (Heute sind wir) zwei alte Männer, die nah ans Feuer gerückt sind und sich die Hände wärmen ... Vielleicht mußte er dreiundneunzig und ich vierundsechzig werden, damit dies möglich ist! Heute hingegen scheint es, als gehörten wir ein und derselben Generation an und wären nahe beieinander aufgewachsen, wären dem Tode und einander nahe. Ich danke Gott für meinen Vater."

Vater und Sohn mußten nicht nur dreiundneunzig und vierundsechzig Jahre alt werden, sondern sich einander auch treu bleiben, besonders in manchen schwierigen Jahren, in denen es leichter gewesen sein dürfte, sich einfach loszureißen, um die quälenden Mißverständnisse zu beenden. Beide brachten eine ausgeprägte Verletzlichkeit in die Beziehung ein. So waren die Wärme und Nähe, die jeder zuletzt genoß, Früchte einer langen und schmerzlichen Phase kaum miteinander gepflegter Kontakte.

Dieses Tagebuch ist sehr einfach. Es skizziert Henris Gedanken und Aktivitäten auf der letzten Schleife seiner Reise nach Hause. Gedanken über die Reise und das Zuhause sind über das ganze Buch verstreut und bezeugen das lebenslange Verlangen und Ringen, seine Berufung in ständig wachsendem, ständig sich wandelndem Glauben an Gott zu leben. Allein dieses Zeugnis macht „Das letzte Tagebuch" zu einem kostbaren Dokument. Es legt sich nahe, diese Aufzeichnungen mit Bedacht zu lesen. Der Leser / die Leserin sei eingeladen, gemeinsam mit Henri der Bedeutung einer besonderen Begegnung, einer markanten Bibelstelle oder bestimmten Tagesnachricht, Erkenntnissen aus der Lektüre eines neuen Buches oder Einsichten beim Betrachten eines Kunstwerkes Aufmerksamkeit zu schenken und sie zu bedenken. Die Seiten dieses Buches sind voll Ruhe, voll verborgener Tiefe und Schönheit, so daß eine eilige Lektüre leicht enttäuschen könnte.

Ohne daß Henri es ahnte, waren diese Tagebuch-Notizen seine unmittelbare Vorbereitung auf den Tod, der ihn drei Wochen nach seiner Rückkehr in die „Arche"-Gemeinschaft Daybreak ereilte. Das vorliegende Buch ist die lebendige Verkörperung dessen, was er ein paar Jahre zuvor in seinem Buch „Die Gabe der Vollendung" über seine gewandelte Haltung gegenüber dem Tod gesagt hatte:

„Ich glaube, dieses einsame Unterfangen, mich mit meinem Tod anzufreunden, ist nicht nur eine Aufgabe, die für mich selbst fruchtbar ist; nein, es könnte auch für andere hilfreich sein. Mein gesamtes Leben habe ich der Aufgabe gewidmet, anderen auf ihrem Lebensweg zu helfen, und mir war dabei immer klar, daß ich nicht sehr viel mehr als mich selbst dabei einsetzen konnte. Denn wie hätte ich jemals anderen Werte wie Freude, Frieden, Verzeihen und Versöhnung empfehlen können, ohne sie vorher in meinem eigenen Leben Fleisch und

Blut werden zu lassen? Ich wollte immer ein guter Hirte für andere sein, wußte dabei aber auch, daß gute Hirten ihr Leben für ihre Freunde aufs Spiel setzen – ihre Leiden und Freuden, ihre Zweifel und Hoffnungen, ihre Ängste und ihre Liebe."

Mögen die uns geschenkten Worte Henris wie auch sein Beispiel uns führen und anleiten, einander in Freundschaft zu begegnen, die Fragen, die sich im Verlauf unseres eigenen Suchens stellen, aufzunehmen, unsere Freuden und Leiden zu teilen und uns schließlich mit dem Tod zu befreunden im Vertrauen auf den, der darauf wartet, uns aufzufangen und in unvergänglicher Freude wieder zu vereinen.

Richmond Hill, im Mai 1998

Sue Mosteller CSJ
Literarische Nachlaßverwalterin
Henri Nouwen Literary Centre
L'Arche – Daybreak

Die Übersetzer danken *Herrn Louis ter Steeg,* Utrecht, einem langjährigen Freund Henri Nouwens, für die sorgfältige Lektüre des deutschen Manuskripts und für wertvolle Hinweise.

SEPTEMBER 1995

Heute ist der erste Tag meines Sabbatjahres. Ich bin froh und bekümmert, voller Hoffnung und voller Furcht, müde und doch begierig, tausend Dinge zu tun. Das kommende Jahr liegt wie ein weites, unbestelltes Feld voller Blumen und Unkraut vor mir. Wie werde ich dieses Feld durchschreiten? Was werde ich erlebt haben, wenn ich schließlich ans andere Ende gelangt bin?

An diesem Wochenende vor neun Jahren kam ich in Daybreak an. Ich hatte damals gerade das Tagebuch abgeschlossen, in dem ich die vielen Erwägungen, Emotionen, Leiden und Gefühle festgehalten habe, die mich dazu führten, die Harvard-Universität zu verlassen und mich der „Arche" anzuschließen. Ich hatte mir für diesen Übergang ein Jahr Zeit genommen. Es war tatsächlich mein erstes Sabbatjahr, in dem sich mein Herz mehr und mehr für ein neues Leben öffnete, für ein Leben mit geistig behinderten Menschen. Das Buch „Nachts bricht der Tag an" ist das Protokoll dieses Sabbatjahres.

Heute, genau neun Jahre später, befinde ich mich in meiner kleinen Wohnung im Haus von Hans und Margaret in Oakville, nicht weit von Toronto. Hans und Margaret haben mich eingeladen, die ersten zwei Wochen meines „leeren Jahres" bei ihnen zu verbringen, nur um „auszuspannen". Hans sagte mir: „Schlaf aus, komm zum Essen, und tu das, wozu du Lust hast!"

Ich fühle mich eigenartig! Sehr glücklich und zugleich verunsichert. Immer habe ich von einem ganzen Jahr ohne Verabredungen, Besprechungen, Vorträge, Reisen, Briefe-Schreiben und Telefonanrufe geträumt, von einem völlig „freien" Jahr, um etwas von Grund auf Neuem Raum zu geben. Kann ich das überhaupt? Kann ich von alldem ablassen, was mir das Gefühl gibt, nützlich und wichtig zu sein? Ich bin mir im klaren, daß ich im Grunde daran hänge, viel beschäftigt zu sein, und spüre etwas Entziehungsangst. Ich muß mich an meinen Stuhl festbinden und diesen wirren Anflug von Gedanken bändigen, um wieder zu mir zu kommen und mich mit dem zu beschäftigen, was meine Aufmerksamkeit verdient.

Unter der Oberfläche all dieser Ängste regt sich dennoch große Freude. Endlich frei! Frei, um kritisch zu überdenken, tief zu empfinden und mehr denn je zu beten. Frei, um über viele Erfahrungen zu schreiben, die sich in meinem Herzen und meinem Sinn im Laufe der vergangenen neun Jahre angesammelt haben. Frei, um Freundschaften zu vertiefen und neue Wege der Verbundenheit und Liebe zu erkunden. Frei, um vor allem mit dem Engel Gottes zu ringen und einen neuen Segen zu erbitten (vgl. Genesis 32, 23–33). Die drei letzten Monate waren ein reines Hindernisrennen mit vielen hohen Hürden. Oft dachte ich: „Wie soll ich das bloß bis September schaffen?" Aber jetzt bin ich hier. Ich hab's geschafft und freue mich!

Es gibt mir starken Halt, daß mich die Daybreak-Gemeinschaft in dieses Sabbatjahr entsandt hat. Es ist eine Sendung! Ich brauche kein schlechtes Gewissen zu haben, ein ganzes Jahr frei zu sein. Im Gegenteil. Ich bin angehalten worden, ein schlechtes Gewissen zu bekommen, wenn ich mir wieder einen Berg Arbeit auflade. Obgleich mir viele meiner Freunde in Daybreak versicherten: „Du wirst uns fehlen", sagten sie mir auch: „Es ist für dich und für uns gut, daß du gehst." Sie bestärkten mich in meinem Vorsatz, allein zu sein, zu lesen, zu schreiben und zu beten und dadurch etwas Neues in Erfahrung zu bringen, was nicht nur für mein Leben, sondern auch für das unserer Gemeinschaft fruchtbar sein kann. Es gibt mir großen Halt, daß ich die Zeit meiner Abwesenheit von Daybreak als Gelegenheit nutzen kann, nicht nur so zu leben, wie ich es will, sondern so wie es auch die Gemeinschaft will. Ich darf dies sogar als einen Akt des Gehorsams ansehen!

Hans und seine Tochter Maja kamen gestern am späten

Nachmittag nach Daybreak, um mit uns den Freitagabend-Gottesdienst zu feiern und mich anschließend mitzunehmen. Während der Fahrt nach Oakville sagte mir Hans: „Ich bin mitgekommen, um sicher zu sein, daß du nicht nach Ausreden suchst, erst an einem anderen Tag zu fahren."

Ja, jetzt gibt es keine Ausreden mehr, jetzt wird eingestiegen zu einer neuen Reise und darauf vertraut, daß alles gut gehen wird. Selbstverständlich muß ich wieder Tagebuch führen wie in dem Jahr, bevor ich nach Daybreak kam. Ich habe mir vorgenommen, keinen Tag vorübergehen zu lassen, ohne – so offen und ehrlich wie möglich – aufgeschrieben zu haben, was in mir und um mich herum vorgegangen ist. Es wird gewiß nicht einfach sein, denn ich kenne das Feld nicht, das ich betrete. Ich bin aber bereit, Risiken einzugehen. Ich beginne dieses Jahr mit dem Gebet von Charles de Foucauld, das ich jeden Tag mit großem Bangen bete:

Mein Vater, ich überlasse mich dir.
Mach mit mir, was du willst.
Was du auch mit mir tun magst,
ich danke dir.
Zu allem bin ich bereit, alles nehme ich an.
Wenn nur dein Wille sich an mir erfüllt
und an allen deinen Geschöpfen,
so ersehne ich weiter nichts, mein Gott.

In deine Hände lege ich meine Seele;
ich gebe sie dir, mein Gott,
mit der ganzen Liebe meines Herzens,
weil ich dich liebe
und weil diese Liebe mich treibt,
mich dir hinzugeben,
mich in deine Hände zu legen, ohne Maß,
mit einem grenzenlosen Vertrauen;
denn du bist mein Vater. Amen.

Sonntag, 3. September

Für mein Unterbewußtsein hat das Sabbatjahr bestimmt noch nicht begonnen. Vergangene Nacht hatte ich die wildesten und verdrehtesten Träume. Träume von Besprechungen, in die ich verspätet hereingestürzt kam, Träume von vielen Verpflichtungen, denen ich nicht gewachsen war, und von allen möglichen anderen Dingen, die ich mir vorgenommen hatte, aber nicht erledigen konnte. In meinen Träumen wimmelte es nur so von Leuten, die über mich verärgert waren, weil ich nicht getan hatte, was sie von mir wollten, flatterten Briefe und Faxschreiben herum, die dringend beantwortet werden sollten. Jedesmal, wenn ich nach einem Traum erwachte und merkte, daß ich mich im ruhigen, behaglichen Gästezimmer meiner Freunde befand, frei von Plänen für den nächsten Tag, mußte ich lachen. Meine einzige Reaktion darauf war ein Stoßgebet: „Herr Jesus, Sohn Gottes, erbarme dich meiner!"

Beten ist die Brücke zwischen meinem unbewußten und bewußten Leben. Beten verbindet meinen Geist mit meinem Herzen, meinen Willen mit meinen Leidenschaften, mein Gehirn mit meinem Bauch. Beten ist der Weg, auf dem der lebenspendende Geist Gottes in alle Winkel meines Seins eindringen kann. Beten ist das göttliche Instrument meiner Ganzheit, meiner Einheit und meines inneren Friedens.

Wie steht es demnach mit meinem Gebet? Bete ich gern? Drängt es mich zu beten? Nehme ich mir Zeit zu beten? Offen gestanden, muß ich alle drei Fragen mit „nein" beantworten. Nach dreiundsechzig Lebensjahren, davon achtunddreißig als Priester, erscheint mein Beten so leblos wie ein Stein. Ich denke gern an meine Jugendzeit zurück, in der es mich geradezu in die Kirche zog und ich oft stundenlang in einer Bank knien konnte, durchdrungen von dem tiefen Gefühl, daß Jesus bei mir ist. Ich konnte kaum glauben, daß jemand nicht beten wollte. Beten war etwas sehr Intimes und Erfüllendes. Diese von Gebet erfüllten Jahre waren es auch, in denen meine Berufung zum Priestertum feste Formen annahm. Auch in den folgenden Jahren stand das Gebet im Mittelpunkt meines Interesses: Ich las viel über das Beten, schrieb über dieses Thema, besuchte Klöster und Einkehrhäuser und begleitete viele Menschen auf ihrer geistlichen Reise. Mittlerweile sollte ich eigentlich von geistlichem Feuer erfüllt, vom Gebet verzehrt sein. Viele meinen, Beten sei allem Anschein nach meine größte Gabe und mein tiefstes Verlangen.

Wahr ist, daß ich nicht viel, wenn überhaupt etwas beim Beten empfinde. Keine Spur von inneren Empfindungen, körperlichen Gefühlen oder geistigen Visionen. Keiner meiner fünf Sinne wird berührt – keine besonderen Düfte, keine besonderen Klänge, kein besonderes Schauen, kein besonderes Verkosten und keine besonderen Rührungen. Während doch lange Zeit der Geist durch mein Fleisch so deutlich wirkte, empfinde ich heute nichts. Ich habe in der Erwartung gelebt, daß mit zunehmendem Alter und näher rückendem Tod mir das Beten leichter fallen würde. Aber das Gegenteil scheint der Fall zu sein. Die Wörter *Dunkelheit* und *Dürre* dürften mein heutiges Beten am zutreffendsten beschreiben.

Mag sein, daß meine Überaktivität eine Folge dieser Dunkelheit und Dürre ist. In dem Maß, wie ich älter werde, nimmt meine Hektik zu und nehme ich mir immer weniger Zeit zum Beten. Aber vielleicht sollte ich mir deswegen keine Vorwürfe machen. Wichtiger ist, daß ich mich frage: „Was bedeuten die Dunkelheit und die Dürre? Wozu fordern sie mich auf?" Diese Fragen zu beantworten, darin sollte ich meine Hauptaufgabe im Sabbatjahr sehen. Ich habe vor Augen, daß sich Jesus am Ende seines Lebens von Gott verlassen fühlte. „Mein Gott, mein Gott, warum hast du mich verlassen?" rief Jesus laut, als er am Kreuz hing (Matthäusevangelium 27, 46). Sein Leib war durch große Marter zerstört, sein Geist nicht mehr fähig, den Sinn seiner Existenz zu erfassen, und seine Seele entbehrte allen Trostes. Doch aus seinem gebrochenen Herzen flossen Blut und Wasser, Zeichen neuen Lebens.

Sind die Dunkelheit und Dürre in meinem Gebetsleben Zeichen der Abwesenheit Gottes oder einer tieferen und weiter reichenden Gegenwart, als meine Sinne wahrnehmen können?

Ist die Leblosigkeit meines Gebets das Ende meiner Verbundenheit mit Gott oder der Beginn einer neuen Gemeinschaft, die Worte, Rührungen und körperliches Erspüren überschreiten?

Während ich eine halbe Stunde dasitze, um in der Gegenwart Gottes zu verweilen und zu beten, ereignet sich kaum etwas, worüber ich mich mit meinen Freunden unterhalten könnte. Aber vielleicht ist diese Zeit ein Weg, mit Jesus zu sterben.

Das vor mir liegende Jahr muß ein Jahr des Gebets werden, auch wenn ich sagen muß, daß mein Gebet so leblos ist wie ein Stein. Gewiß ist mein Gebet das Beten des Geistes in mir, doch nicht zwangsläufig. Vielleicht ist es Zeit, *mein* Beten, *mein* Bemühen, Gott nahe zu sein, *meine* Weise, Gemeinschaft mit dem Göttlichen zu suchen, aufzugeben und das Wehen des Geistes Gottes in mir zuzulassen. Paulus schreibt: „Alle, die sich vom Geist Gottes leiten lassen, sind Söhne Gottes. Denn ihr habt nicht einen Geist empfangen, der euch zu Sklaven macht, so daß ihr euch immer noch fürchten müßtet, sondern ihr habt den Geist empfangen, der euch zu Söhnen macht, den Geist, in dem wir rufen: Abba, Vater! So bezeugt der Geist selber unserem Geist, daß wir Kinder Gottes sind" (Römerbrief 8, 14–16).

Vielleicht wollen mich meine wirren, verdrehten Träume an das große Stück Arbeit erinnern, das vor mir liegt. Aber ich vertraue darauf, daß ich diese Arbeit nicht allein tun muß. Der Geist Gottes wird sich mit meinem Geist verbinden und mich leiten, wenn ich jetzt in diese gesegnete Zeit eintrete.

Montag, 4. September

Gestern am späten Nachmittag fuhr ich nach Toronto, wo ich mich mit Sue und Nathan zum Abendessen traf. Nathan ist der Leiter der Daybreak-Gemeinschaft, Sue, eine Ordensschwester, vertritt mich während meines Sabbatjahres in seelsorglichen Angelegenheiten. Wir kamen eigentlich nur deshalb zusammen, um unsere Freundschaft, die sich im Laufe der vergangenen neun Jahre entwickelt hat, zu vertiefen. Nathan und ich kamen am selben Tag nach Daybreak; Sue, die fast fünfundzwanzig Jahre in Daybreak lebt, nahezu so lange, wie diese „Arche" besteht, war eine der entscheidenden Stimmen, die mich nach Kanada riefen, um in die Gemeinschaft einzutreten und ihr Seelsorger zu sein. Wir drei leben und arbeiten nicht nur in ein und derselben „Arche"-Gemeinschaft zusammen, sondern sind auch enge Freunde geworden. Der gestrige Abend bot uns Gelegenheit, diese Freundschaft zu feiern.

Wenn ich über das vor mir liegende Jahr nachdenke, wird mir klar, daß darin die Freundschaft einen ebenso wichtigen Platz einnehmen wird wie das Gebet; vielleicht sogar einen wichtigeren. Mein Verlangen nach Freundschaft ist groß, größer, als es anscheinend „normal" ist. Führe ich mir die leidvollen und freudigen Augenblicke meines Lebens vor Augen, so stelle ich fest, daß sie wenig mit Erfolg, Geld, Karriere, meinem Land oder meiner Kirche zu tun haben, mit Freundschaften dagegen sehr viel. Meine Freundschaft mit Sue und Nathan ist dafür ein klarer Beweis. Augenblicke großer Freude und tiefer Traurigkeit, die sich mit beiden von ihnen verbinden, kennzeichnen die neun Jahre meines Lebens in Daybreak.

Ich habe mich sowohl abgewiesen wie gestützt gefühlt, im Stich gelassen wie in die Arme genommen, gehaßt wie geliebt. Durch all das bin ich zur Einsicht gelangt, daß Freundschaft eine wirkliche Disziplin, ein Wissensgebiet für sich ist. Nichts kann als selbstverständlich hingenommen werden, nichts geschieht automatisch, nichts ist ohne konzentriertes Bemühen zu erreichen. Freundschaft erfordert Vertrauen, Geduld, Aufmerksamkeit, Mut, Nachsicht, Verzeihen, Feier und vor allem Treue. Ich staune, wie oft ich geglaubt habe, alles sei vorbei, Sue und Nathan hätten mich verraten oder fallengelassen; und wie leicht ließ ich mich von Eifersucht, Empörung, Wut und Niedergeschlagenheit erfassen. Noch erstaunlicher ist, daß wir Freunde, ja sehr gute Freunde geblieben sind, wenn dies auch für jeden von uns dreien zweifellos ein hartes Stück Arbeit bedeutet hat.

Da ich jetzt ein Jahr lang nicht in Daybreak sein werde, stellt sich mir die Frage: „Wie kann ich während dieser Zeit die Freundschaft lebendig erhalten?" Werde ich bei anderen auf die Einstellung stoßen: „Aus den Augen, aus dem Sinn" und es damit bewenden lassen? Oder finde ich zu einem neuen inneren Ort, wo ich darauf vertrauen kann, daß Anwesenheit wie Abwesenheit die Bande der Freundschaft stärken können? Sehr wahrscheinlich werde ich beide Seiten der Medaille menschlicher Beziehungen erfahren. Ich hätte mich besser darauf vorbereiten sollen. Aber was auch immer ich „empfinden" werde, entscheidend ist, daß ich mich im Innern fortwährend für Treue entscheide.

So gesehen unterscheidet sich mein Ringen um das Gebet nicht allzusehr von meinem Ringen um Freundschaft. Gebet wie Freundschaft bedürfen der Läuterung, müssen von flüchtigen Gefühlen unabhängiger werden und in beständiger Hingabe tief verwurzelt sein. Wenn ich dies niederschreibe, klingt alles sehr einsichtig! Aber mir ist klar, daß körperlich wie seelisch viel Disziplin notwendig sein wird, um dieser Einsicht konkret zu entsprechen.

Nach dem gemeinsamen Abendessen gingen Sue, Nathan und ich ins Kino. Wir sahen uns den Film „Apollo 13" an, der von einem verunglückten Mondflug und der erfolgreichen Bergung dreier Astronauten im Weltraum handelt. Neben einer Menge spektakulärer Technologie zeigt der Film die Geschichte menschlicher Beziehungen und die Disziplin, die notwendig ist, um diese Beziehungen lebensrettend werden zu lassen. Während des Films kam mir der Gedanke, daß auch wir drei in gewisser Hinsicht Astronauten in einem Raumschiff sind und versuchen, es zu einem sicheren Heim zu machen.

Mittwoch, 6. September

Aus den Erkerfenstern meines Zimmers im Haus von Hans und Margaret genieße ich eine einmalige Aussicht auf den Ontariosee. Immer wieder wird mein Blick von dieser geheimnisvollen Linie am Horizont angezogen, diesem merkwürdigen schmalen Streifen, in dem Wasser und Himmel sich berühren. Ein Blau in Grau oder ein Grau in Blau übergehend, oder besser Blau in Blau oder Grau in Grau fließend. Unendliche Schattierungen von Blau und unendliche Schattierungen von Grau, wie ein abstraktes Gemälde, bei dem alles auf eine Linie reduziert ist; eine Linie jedoch, die Himmel und Erde, Leib und Seele, Leben und Tod miteinander verbindet.

Allein diese Linie zu betrachten ist Meditation. Es beruhigt Herz und Sinn und erweckt in mir ein Gefühl von Zugehörigkeit, die die Grenzen meines täglichen Daseins überschreitet. Meistens ist auf der Wasserfläche und am Himmel nichts zu erkennen; nur dann und wann zieht in der Ferne ein Segelboot oder ein Flugzeug vorbei, aber keines von beiden kreuzt jemals die Linie. Die Linie kreuzen bedeutet Tod.

Am vergangenen Sonntag stürzte bei einer Flugschau während der Kanadischen Landesausstellung ein Nimrod-Militärflugzeug samt siebenköpfiger Besatzung in den Ontariosee. Alle Insassen ertranken. Der blaue Himmel wurde zu einem tückischen Gewölbe, die Wasserfläche zu einem reißenden Schlund; und jene Linie zu einem Drahtseil, von dem abzustürzen alles verlieren heißt.

Ich muß immer wieder auf diese Linie schauen. Es gibt mir Kraft, Leben und Tod, Gut und Böse, Milde und Gewalt gegenüberzutreten, und sprengt mein Herz auf, die Tiefe des Seins zu erfahren.

Jetzt bricht die Dämmerung herein. Die Linie entschwindet dem Blick, und alles versinkt in Stille.

Donnerstag, 7. September

Gestern abend rief ich Kardinal Joseph Bernardin, den Erzbischof von Chicago, an. Ich fragte ihn, wie es ihm gesundheitlich gehe. Er sagte: „Henri, ich freue mich sehr, daß du anrufst. Gestern habe ich wieder zu arbeiten begonnen, halbtags. Es geht mir wirklich gut." Seine Stimme klang fest und energisch. Ich erwiderte: „Seit meinem Besuch bei dir im Juli, habe ich viel an dich gedacht und für dich gebetet. Ich bin sehr erleichtert, daß du dich wohl fühlst und wieder arbeiten kannst." Darauf sagte der Kardinal: „Henri, ich kann dir gar nicht sagen, was dein Besuch mir bedeutet hat, daß du mit mir gebetet und mir ein paar Bücher von dir geschenkt hast. Nochmals vielen Dank! Das ist für mich wirklich eine Zeit besonderer Gnaden."

Ich erinnere mich noch gut an meinen Besuch beim Kardinal im vergangenen Juli, als ich in Chicago an einer Konferenz katholischer HIV/Aids-Seelsorger teilnahm. Die Zeitungen hatten ausführlich darüber berichtet, daß Kardinal Bernardin sich wegen eines Tumors an der Bauchspeicheldrüse einer schweren Operation unterziehen mußte und anschließend Bestrahlungen erhalten hat. Kurz nach meiner Ankunft in Chicago rief mich mein priesterlicher Freund Bob an und sagte mir, daß der Kardinal sich freuen würde, wenn ich ihn aufsuchen würde.

Der Besuch dauerte eine halbe Stunde. Wir unterhielten uns und beteten gemeinsam. Das Gespräch hat mich sehr bewegt. Der Kardinal erzählte mir, daß Steven ihn zu Unrecht des sexuellen Mißbrauchs beschuldigt, später aber widerrufen habe. In der Presse erschienen groß aufgemachte Berichte darüber, unter denen der Kardinal sehr gelitten hat. Nachdem sich die Aufregung gelegt hatte, entschloß er sich, Steven in Philadelphia zu besuchen, um ihm Verzeihung anzubieten, mit ihm zu beten und die Eucharistie zu feiern. Steven, der an Aids erkrankt ist und der Kirche gegenüber ausgesprochen feindlich eingestellt war, berührte diese Geste der Versöhnung tief. Es war ein für Joseph Bernardin wie für Steven bedeutungsvoller Augenblick, ein Augenblick wirklicher Heilung.

„Heute sind wir beide schwer krank, Steven leidet an Aids, ich an Krebs", sagte der Kardinal. „Beide müssen wir uns auf den Tod vorbereiten. Steven ruft mich einmal im Monat an, um zu hören, wie es mir geht. Es bedeutet mir viel. Jetzt sind wir imstande, einander zu stützen."

Als der Kardinal dies sagte, fühlte ich mich ihm sehr nahe. Er ist mir wirklich ein Bruder und Weggefährte geworden, der genauso zu ringen hat wie ich. Ich nannte ihn einfach bei seinem Vornamen Joseph und ließ die Anrede „Kardinal" oder „Eure Eminenz" weg.

„Das ist eine sehr begnadete Zeit", sagte Joseph weiter. „Wenn ich ins Krankenhaus zur Behandlung gehe, nehme ich nicht den kürzesten Weg durch die Seitentür zum Arztzimmer. Nein, ich möchte andere Patienten sehen, die Krebs und Angst vor dem Sterben haben, möchte als Bruder und Freund, der sie etwas trösten und stärken kann, an ihr Bett gehen. Seit meiner Erkrankung habe ich eine ganz neue Aufgabe, für die ich sehr dankbar bin."

Wir sprachen über den Tod. Meine Mutter starb nach einer Tumoroperation an der Bauchspeicheldrüse. Deshalb wußte ich, wie gefährlich Josephs Krankheit war. Obwohl er sich sehr optimistisch zeigte, was seine Krankheit betraf, und glaubt, bald wieder wie früher arbeiten zu können, sprach er ohne Angst über seinen Tod. Dabei war ich fest davon überzeugt, daß seine Krankheit und sein möglicher Tod zum größten Geschenk werden könnten, das er der Kirche heute anzubieten hat. Viele Menschen sterben an Aids und an Krebs, viele verhungern, sind Opfer von Krieg und Gewalt. Könnte Josephs Krankheit ein Dienst wirklichen Mit-Leidens an all diesen Menschen werden? Könnte sein Tod wie bei Jesus ein Dienst für andere sein? Ich war sehr dankbar, als er mir sagte, er würde nicht durch die Hintertür, sondern durch den Haupteingang das Krankenhaus betreten und Patienten besuchen. Ich war sehr dankbar, daß Steven da ist, der mit Aids lebt und ihm Mut macht. Ich bin sehr dankbar, daß er bereit ist, den Leidenskelch zu trinken und darauf zu vertrauen, daß es die beste Zeit seines Lebens ist.

Selbstverständlich hoffe ich, daß Joseph von der schweren Erkrankung genesen wird; und ich freue mich sehr darüber, daß er seine Arbeit wiederaufnehmen konnte. Ich halte Kardinal Joseph Bernardin für eine der bedeutendsten Führungsgestalten der katholischen Kirche von heute und weiß auch, wie sehr die Menschen in Chicago um ihn bangen und hoffen, daß er weiterhin ihr Hirte bleibt.

Dennoch wird Joseph eines Tages sterben. Seine Krankheit hat ihn mit dem nahenden Tod konfrontiert. Ich bete darum, daß alles, was er in diesem Jahr mit Steven und seiner eigenen schweren Krankheit erlebt und erlitten hat, dazu dienen möge, die ihm noch verbleibende – kurze oder lange – Zeit zu einem Lebensabschnitt werden zu lassen, in dem er größtes Mit-Leiden beweisen kann, zu einer Zeit, die über den Tod hinaus Frucht bringt.

Freitag, 8. September

Gestern abend wurde in Toronto ein Internationales Filmfestival eröffnet, das bis 16. September dauert. Hunderte neuer Filme aus aller Herren Ländern und den verschiedensten Kulturen werden in den Kinos der Stadt gezeigt. Hans hat den reich bebilderten Festival-Katalog gekauft, in dem alle Filme beschrieben sind. Er gab ihn mir zum „Studium".

Beim Durchblättern kommt mir dieser Band wie eine Sammlung zeitgenössischer Geschichten vor, erzählt doch jeder Film eine Geschichte vom Leben, Leiden und Sterben der Menschen. In den meisten Geschichten geht es um menschliche Beziehungen: edle und rücksichtsvolle, gewaltsame und erniedrigende. Alle werfen ein Schlaglicht auf den Zustand der Welt von heute in Afrika, Asien, Lateinamerika, Australien und Nordamerika.

Wenn auch der Untertitel des Katalogs „Nahrung für ein modernes Zeitalter" lautet, schmecken dennoch viele Speisen recht bitter. Zweifellos leben wir in einer Zeit ungeheurer Verwirrung, radikaler Umwälzungen und emotionaler wie sittlicher Verwilderung. Unter alldem aber finden sich auch Heldentum, Freundlichkeit, Güte, Opferbereitschaft und ein tiefes Verlangen nach Zugehörigkeit. Es dürfte kaum eine bessere Möglichkeit geben, die Sehnsüchte der Menschen am Ende des 20. Jahrhunderts kennenzulernen, als diese Filmfestspiele. Die

Geschichten, die hier dargestellt werden, handeln von Männern, Frauen und Kindern unserer Tage und unserer Generation. Man könnte einwenden, die meisten dieser Geschichten seien nicht normal oder Ausnahmen, aber sehr bald zeigt sich, daß sie am empfindlichsten Nerv unserer Gesellschaft rühren. Es ist sehr schwierig, ja schier unmöglich, an der Tages- oder Abendkasse Eintrittskarten für einen Film zu erhalten. Die Vorstellungen sind seit langem ausverkauft. Die Menschen wollen Geschichten hören und sehen und ihre eigene Geschichte in Verbindung mit einer größeren, vielleicht dramatischeren oder ganz besonderen vorgeführt bekommen. Ich habe im Laufe der vergangenen fünfundzwanzig Jahre viele Essays, Besinnungen und Meditationen verfaßt, selten aber eine interessante Geschichte geschrieben. Warum eigentlich nicht? Vielleicht habe ich aufgrund meiner Veranlagung zum Belehren eher die aufrichtende Botschaft, die zu verkünden ich mich gedrängt fühlte, im Blick gehabt als die oft vieldeutigen Wirklichkeiten des Alltags, aus denen sich jedwede aufrichtende Botschaft, die „Moral von der Geschicht'", von selbst ergeben muß. Vielleicht fürchtete ich mich, die feuchte Erde, aus der neues Leben hervorgeht, anzufassen, und hatte Angst vor den Folgen einer Geschichte mit offenem Ende. Vielleicht. Darin aber bin ich mir sicher: Alle wollen vom Anfang bis zum Ende ihres Lebens Geschichten hören. Geschichten verbinden unser kleines Leben mit der Welt um uns und helfen uns zu entdecken, wer wir sind. Die Bibel ist ein Geschichtenbuch, wie auch die Evangelien vier Geschichten sind: von der Geburt, dem Tod und der Auferstehung Jesu, der selbst einer der größten Geschichtenerzähler war.

Am Beginn dieses Sabbatjahres wird mir klar, daß ich als Priester ein Geschichtenerzähler werden muß. Ich habe viele Geschichten zu erzählen. Als erstes stellt sich die Frage: „Wie erzähle ich sie richtig?" Eine Geschichte zu erzählen ist nicht einfach, vor allem dann nicht, wenn man möglichst schnell ans Ende kommen will. Zweitens: „Woher nehme ich den Mut, Geschichten zu schreiben, die nicht in den gewohnten Rahmen passen?"

Wie dem auch sei, das Internationale Filmfestival in Toronto ist jedenfalls eine klare Aufforderung, Geschichten zu schreiben und keine Angst davor zu haben.

Samstag, 9. September

Heute vor einer Woche habe ich mein Sabbatjahr angetreten, aber immer noch nicht mit dem Schreiben begonnen. Immerhin habe ich täglich Tagebuch geführt und „Gedanken für den Tag" in mein kleines Notizbuch eingetragen. Aber ich zögerte noch, mein erstes Projekt in Angriff zu nehmen: ein nicht allzu umfangreiches Buch über die Frage Jesu an die beiden Jünger Jakobus und Johannes: „Könnt ihr den Kelch trinken?" (vgl. Matthäusevangelium 20, 20–23).

Ich frage mich, woher mein Zögern kommt. Ich weiß zwar, was ich sagen möchte, aber nicht, wie ich es sagen soll. Ich träume von einem neuen Stil, der unmittelbarer, persönlicher und narrativer als mein bisheriger ist. Aber sobald ich wieder wach bin, meine ich, es nicht schaffen zu können. Weiter zu warten hilft nicht. Deshalb sollte ich heute anfangen, ohne mir über „einen neuen Stil" den Kopf zu zerbrechen.

Die Frage Jesu „Könnt ihr den Kelch trinken?" ist, offen gesagt, eine ganz und gar an mich persönlich gerichtete Frage. Mein Kelch enthält vieles, das ich nicht trinken möchte, aber trinken muß, wenn ich je meiner Berufung entsprechen will. Während der vergangenen Monate wurde mir klar, daß der Ausdruck „den Kelch trinken" mein Leben sehr zutreffend kennzeichnet. Je länger ich dies bedenke, desto deutlicher erkenne ich, daß es ein Kelch des Leids und der Freude ist.

Gestern abend und heute vormittag habe ich in der Bibel alle Stellen nachgeschlagen, an denen das Wort „Kelch" oder „Becher" vorkommt: vom Buch Genesis bis zur Offenbarung des Johannes sind es insgesamt achtundsechzig. Es ist sehr interessant, daß es unterschiedlich gebraucht wird: mal als Wort der Verurteilung, mal als Wort des Heils. Der Kelch oder Becher ist ein Sinnbild des Zornes und des Segens, er gebührt

dem Gottlosen wie dem Auserwählten, wodurch die Frage
„Könnt ihr den Kelch trinken?" ein großes Gewicht erhält.
Das Leben ist voller Leid und voller Freude. Gehört beides zusammen? Auf welche Weise können wir beides voll und ganz
leben und darauf vertrauen, daß Verurteilung zum Heil werden kann?

Ich sollte mich besser ans Schreiben begeben. Es gibt keine
Ausrede, länger zu warten.

Sonntag, 10. September

Jeden Abend vor Tisch feiere ich mit Hans und Margaret wie
auch ihren Gästen im Eßzimmer die Eucharistie.

Ich schätze solche Gelegenheiten, Freunde zum Gebet zusammenzuführen, bevor wir gemeinsam Mahl halten. Das
Wort Gottes zu hören und es für unser tägliches Leben zu bedenken, für Menschen zu beten, deren Nöte wir kennen, den
Leib und das Blut Christi zu empfangen, das alles verbindet
uns so eng, wie es ein noch so gutes Gespräch oder Mahl nicht
vermag. In der Eucharistie werden wir Kirche, *ekklesia,* die
Gemeinschaft der aus der Sklaverei in die Freiheit Herausgeru-
fenen. Ja, wir sind eine Familie, sind Freunde, Verbündete,
Partner; wir sind mehr als das: Volk Gottes, das gemeinsam
auf dem Weg nach Hause ist, an den Ort, an dem Jesus für uns
einen Platz bereithält.

Das Leben bietet viele Freuden. Werden sie jedoch nicht als
Vorgeschmack dessen verkostet, was wir einst im Haus Gottes
sehen und hören werden, wird alles Vergnügen durch unsere
Vergänglichkeit im Nu nichtig, vergänglich und leer.
Die zweite Lesung aus der Meßfeier von heute ist ein Ab-
schnitt aus dem bemerkenswerten Brief des Apostels Paulus an
Philemon, in dem er bei ihm für Onesimus, einen entlaufenen
Sklaven, Fürsprache einlegt. Paulus saß im Gefängnis und
hatte Onesimus auf seiner Flucht zu Christus bekehrt (vgl. Phi-
lemonbrief 10. 12–17).
Der Brief ist bei all seiner Kürze ein kostbares Dokument,

denn er läßt uns einen Blick in das menschlich mitfühlende Herz des Apostels tun. In Liebe für den Herren und seinen Sklaven geschrieben, soll er Philemon bewegen, Onesimus zu verzeihen und ihn nicht mehr als Sklaven, sondern als Bruder wieder aufzunehmen. Paulus drängt Philemon, er versucht ihn geradezu zu überreden, ihm die vorgetragene Bitte zu erfüllen. Ja es scheint, als würde Paulus, taktisch geschickt, durchblicken lassen, Philemon schulde ihm einen Gefallen, er möchte von ihm „einen Nutzen haben" (20). Paulus ist „klug wie eine Schlange und sanft wie eine Taube". Er liebt Onesimus, er ist ihm im Gefängnis zum Vater geworden, er spricht von ihm als seinem „eigenen Herzen" (12). Paulus hätte ihn gern bei sich behalten. Aber Philemon, sehr wahrscheinlich ein von Paulus zum Christentum bekehrter Landeigentümer in Kolossä, ist ein einflußreicher Mann. Paulus will nicht, daß er sich von ihm abwendet. Also schickt er Onesimus zu seinem Herrn zurück, sammelt aber glühende Kohlen auf sein Haupt. Er schreibt: „Wenn er dich aber geschädigt hat oder dir etwas schuldet, setz das auf meine Rechnung! Ich, Paulus, schreibe mit eigener Hand: Ich werde es bezahlen" (18 f).

Aber er fügt gleich listig an: „um nicht davon zu reden, daß du dich selbst mir schuldest", und gibt damit zu erkennen, daß er nicht vorhat, etwas zu zahlen. Für Paulus ist die Bekehrung Philemons viel mehr wert als das, was Onesimus ihm schulden könnte, und nimmt er seine eigene Bekehrung dazu – und seine persönliche Beziehung zu Paulus ernst –, tut er gut daran, so vorzugehen, wie Paulus es ihm vorschlägt.

In der Welt zu sein, ohne *von* ihr zu sein, die Strategien der Welt in den Dienst des Reiches Gottes zu stellen, wohlhabenden Menschen furchtlos Antwort zu geben, davon überzeugt zu sein, daß wir mehr zu geben als zu empfangen haben, für Arme ein Wort so einzulegen, daß Reiche es verstehen können, das Evangelium in der einen, einen Stock in der anderen Hand zu tragen: das alles gehört zum kämpferischen Dienersein des Apostels Paulus. Es gehört auch zu unserem gemeinsamen Weg nach Hause.

Wir dürfen uns als bekehrte Sklaven betrachten, die in dieser Welt ihr Leben fristen und unsere vielen „Bosse" bitten, uns als Brüder und Schwestern zu behandeln. Nicht jeder Philemon unseres Lebens wird auf unsere Bitte wohlwollend reagieren. Es könnte nicht schaden, einen ähnlichen Paulusbrief bei sich zu haben. Manchmal sollten wir solch einen Brief sogar unseren bekehrten Freunden schreiben müssen!

Montag, 11. September

Warum bin ich so müde? Obwohl ich genug schlafen kann, bin ich beim Aufstehen unsäglich müde. Ich bleibe nur deshalb nicht liegen, weil ich arbeiten will. Aber ich bin sehr frustriert. Ich möchte schreiben, lesen, Briefe beantworten, aber zu allem muß ich mich zwingen. Schon nach wenigen Stunden Arbeit bin ich völlig erschöpft und schlafe oft tief ein. Ich war darauf gefaßt, daß ich nach dem anstrengenden, arbeitsreichen Sommer müde sein werde, aber nachdem ich zehn Tage Ruhe genossen habe, meine ich, um so müder zu werden, je mehr ich ausruhe. Darin scheint es kein Ende zu geben.

Müdigkeit ist etwas Seltsames. Ich kann sie eine Zeitlang verscheuchen; ich kann lange wie automatisch weiterarbeiten, vor allem wenn es Routineerledigungen sind. Sobald ich aber Zeit und Spielraum habe, um an etwas Neuem zu arbeiten, das Kreativität verlangt, kehrt die ganze verdrängte Müdigkeit wie eine Flutwelle zurück und lähmt mich.

Ich bin auf meine Zeit wie versessen. Ich möchte sie so gut ich nur kann nützen und den einen und anderen meiner langgehegten Pläne verwirklichen. Zeit zu verschwenden ist mir ein Greuel, wenngleich ich über das Zeitverschwenden mit Gott, mit Freunden oder mit Armen gern einmal schreiben möchte. Es gibt viele Widersprüche in mir.

Hans sagte mir lachend: „Du bist hier, um auszuspannen, um deine Betriebsamkeit loszuwerden, aber du leistest deine Ferien ab wie einen schweren Job!" Er hat durchaus recht. Aber zwischen Einsicht und entsprechendem Handeln liegt ein weiter Weg.

Die entscheidende Frage für mich ist: Wie kann meine Müdigkeit zu einer Erfahrung werden, durch die ich zu größerer innerer Tiefe finde? Wie kann ich sie mit ihrer ganzen Qual in Geduld ertragen?

Ich bin gewiß nicht der einzige, der müde ist. Gehe ich in Toronto durch die Straßen, sehe ich Männer und Frauen, denen Müdigkeit ins Gesicht geschrieben steht, die hierhin und dorthin hasten, an ihre Familie, ihre Arbeit und vieles andere denken, das getan werden müßte, bevor die Nacht kommt. Und schaue ich auf die Gesichter, die in den Berichten aus Bosnien, Ruanda und vielen anderen von Krieg und Terror heimgesuchten Orten auf dem Bildschirm erscheinen, sieht es so aus, als sei die ganze Menschheit müde, ja mehr als müde, erschöpft.

Ich muß meine eigene kleine Müdigkeit mit der großen Müdigkeit der Menschheit verbinden. Wir sind ein müdes Geschlecht und tragen eine Last, die uns niederdrückt. Jesus sagt: „Kommt alle zu mir, die ihr euch plagt – die ihr müde seid – und schwere Lasten zu tragen habt ... Nehmt meine Last auf euch – es ist die Last der ganzen Welt – ... denn meine Last ist leicht" (vgl. Matthäusevangelium 11, 28 ff). Es berührt mich tief, daß Jesus nicht sagt: „Ich werde euch eure Last abnehmen", sondern: „Nehmt Gottes Last auf euch."

Was ist also Gottes Last? Bin ich einfach deshalb müde, weil ich meine Arbeit tun möchte, aber nicht schaffe, oder bin ich müde, weil ich etwas trage, das größer ist als ich und das mir zugeteilt wurde, um die Last anderer zu erleichtern?

Mittwoch, 13. September

Seit ich hier bei Hans und Margaret wohne, bin ich schon mehrmals nach Toronto gefahren. Die Anfahrt auf dem QEW, dem Queen Elizabeth Way, und der Gardiner-Schnellstraße vermittelt mir einen Eindruck von der Stadt, wie es von keiner anderen Stelle aus möglich ist. Vom QEW aus sehe ich den Fernsehturm mit dem SkyDome, einem großen, kugelförmigen Aussichtsrestaurant, und bald danach den gewaltigen Komplex der ihn umgebenden Hochhäuser. Wenn ich vom QEW auf die Gardiner-Schnellstraße hinaufgefahren bin, erscheint mir diese ganze Front hoch in den Himmel ragender Gebäude wie ein riesiges Theater, in dem eine große Show über die Bühne geht.

Zum ersten Mal habe ich das Gefühl, daß ich Toronto liebe. Ich erinnere mich nicht, jemals eine Stadt geliebt zu haben. Ich habe in South Bend/Indiana, in New Haven/Connecticut und in Cambridge/Massachusetts gelebt, mich aber nie von diesen Städten in irgendeiner Weise angezogen gefühlt, ebensowenig wie von den verschiedenen Orten und Städten in Holland, in denen ich mich längere Zeit aufhielt, bevor ich nach Nordamerika ging. Aber nach neun Jahren, die ich inzwischen in Toronto lebe, spüre ich immer mehr, daß es meine Stadt ist und ich hierher gehöre.

Ich war sprachlos, als ich bei meiner Ankunft mit dem Schiff aus Holland zum ersten Mal die Manhattan-Skyline sah. Ich war überwältigt vom Anblick der Wolkenkratzerfront in Chicago, als ich mit einem Freund zum ersten Mal die Michigan-Uferstraße entlangfuhr. Auch die Fluchten der riesigen Hochhäuser von San Francisco, Dallas und Houston haben sich mir tief und unvergeßlich eingeprägt. Nachdem ich aber im Laufe dieser Woche mehrmals die Skyline von Toronto vor mir liegen sah, sage ich mir: „Das ist meine Stadt, das ist mein Zuhause!" Ich bin von ihr begeistert. Es ist schön, ich bin stolz darauf, hier leben zu können. Es ist ein wunderbares Gefühl, das Gefühl, irgendwo hinzugehören.

Gestern habe ich zwei Freunde aus Daybreak zum Abendessen in das Drehrestaurant hoch oben auf dem Fernsehturm eingeladen. Durch die breiten Fenster vor unserem Tisch sahen wir die unter uns sich im Kreis bewegende Stadt. Das Blickfeld wiederholte sich alle siebzig Minuten. Zuerst die Inseln vor Toronto, dann die Hafenfront, der Ontario-Platz, die Konzerthalle, die Stadthalle, das Tagungszentrum, das Royal-York-Hotel, schließlich der Bahnhof mit den vielen Gleisen nach West und Ost. Wir sahen Flugzeuge im An- und Abflug, Motorboote auf dem See und endlose Autoschlangen auf der

Schnellstraße. Dieser Blick auf die Stadt weckte in mir den Wunsch, sie besser kennenzulernen und wirklich zu meiner Stadt zu machen, zu einer Stadt, die ich lieben kann.

Donnerstag, 14. September

Meine Zeit hier geht heute zu Ende. Das Wochenende werde ich in Daybreak verbringen und anschließend nach Boston fahren, wo ich bis Weihnachten bleiben möchte.

Die drei Tage in Daybreak sind für mich wichtig. Von Freitag bis Sonntag wollen zwei Freunde die Gemeinschaft besuchen. Die Gemeinschaft war sich darin einig, daß es eine passende Gelegenheit sei, mich „offiziell" in mein Sabbatjahr zu entsenden, was morgen während der Eucharistiefeier geschehen soll.

Wie es aussieht, wird es während der nächsten Tage viel Trubel geben. Während ich den Ereignissen gern entgegensehe, bin ich dennoch nervös und frage mich, ob alles gutgehen wird und alle nach solch einem turbulenten Wochenende zufrieden sein werden.

Freitag, 15. September

Heute war ein hektischer Tag. Um fünf Uhr nachmittags trafen Joan, Phil, Joanne, Amanda und Scott ein. Fred konnte leider nicht kommen, da er sich bei einem kleinen Unfall während der Ferien am Fuß verletzt hat.

Zum Abendessen hatte sich eine bunt gemischte Gruppe eingefunden. Unsere Gäste stellten sich kurz vor und sagten, daß sie Daybreak interessieren würde und sie gekommen seien, um uns näher kennenzulernen. Daraufhin berichteten Bill, Linda und andere Kernmitglieder und Assistenten über unsere Gemeinschaft und gaben Auskunft auf viele Fragen. Es herrschte ein wunderbarer Geist unter uns.

Um acht Uhr abends versammelte sich die ganze Gemein-

schaft zur Feier der Eucharistie und meiner Verabschiedung.
Die Liebe, Freundschaft und Fürsorge, die mir entgegengebracht wurden, haben mich sehr bewegt. Viele herzliche
Worte, selbstgemalte Karten und lustige Andenken ließen
mich wissen, daß mich meine Gemeinschaft schätzt und gern
hat und ich mit vielen Gebeten und Ermunterungen in mein
Sabbatjahr entsandt bin.

Am Ende der Feier erteilten mir alle Mitglieder der Gemeinschaft den Segen. Danach überreichte mir Nathan im Namen
aller ein von ihm und Sue verfaßtes Schreiben, das mein Mandat für das Sabbatjahr enthält. Darin wird mir versichert, daß
ich auf die Unterstützung aller Mitglieder vertrauen dürfe, und
aufgetragen, zu jeder Art von Arbeit – meine schriftstellerische
ausgenommen – strikt nein zu sagen. Schließlich wird mir jede
Hilfe angeboten, die ich zur Erfüllung meiner „Sendung"
bräuchte. Es ist eine beeindruckende Urkunde, die unerschüt-
terliche Liebe zum Ausdruck bringt und wirklichen Gehorsam
von mir fordert.

Je mehr ich das Geschehen dieses Tages in mich aufnehme,
desto klarer sehe ich, wie wichtig es für mich ist, dieser Gemeinschaft anzugehören. Mein ruheloser Geist, mein ängstliches Herz und mein müder Leib erwecken in mir sehr schnell
Gefühle von Einsamkeit und Nutzlosigkeit und verführen
mich zu Untreue. Das heute abend erhaltene Mandat stellt
klar und eindeutig fest, daß ich weder allein noch nutzlos bin,
und ermöglicht mir, meiner Berufung als Schriftsteller treu zu
bleiben.

Samstag, 16. September

Ein ausgefüllter und erfreulicher Tag! Am Morgen hielten Sue
und ich unseren Gästen einen kurzen Besinnungsvortrag über
das Thema Gemeinschaft mit Gott, Gemeinschaft mit den
Menschen und Mit-Leiden mit den Armen. Um 12.30 Uhr
feierten wir zusammen die Eucharistie. Nach einem kurzen
Lunch besuchten wir die kleine Daybreak-Buchhandlung und

zwei unserer Daybreak-Heime. Joan war gerührt, Adam zu sehen, von dem sie schon gelesen hatte. Amanda und Scott trafen sich zu einem Gespräch mit einigen jüngeren Assistenten, währenddessen Phil und Joanne viele Fragen stellten und glücklich waren, uns näher kennenlernen zu können.

Am Abend ging ich mit meinen Gästen zum Essen aus. Wir sprachen sehr offen und unbefangen über Daybreak und über die Eindrücke, die sie bei uns gewonnen haben, über unsere gegenseitigen Beziehungen und über die Möglichkeiten, einander in den kommenden Monaten und Jahren zu unterstützen. Ich war sehr glücklich und dankbar zu hören, wie tief meine Freunde von ihrem kurzen, aber intensiven Besuch in unserer Gemeinschaft berührt waren.

Utica/New York, Sonntag, 17. September

Zu Mittag holte mich Nathan ab, um mit mir nach Boston zu fahren, wo ich bei meinem Freund Robert Jonas und seiner Familie bis Weihnachten bleiben will. Ich wollte die zwölfstündige Autofahrt von Toronto nach Boston nicht allein machen und bin sehr froh, daß Nathan sich bereit erklärt hat, mich hinzufahren. Er fliegt dann nach Toronto zurück, so daß ich meinen Wagen in Boston zur Verfügung habe. Wir kamen heute bis Utica im Staat New York.

Watertown/Massachusetts, Montag, 18. September

Ein schöner, sonniger Tag. Wir fuhren um 9.00 Uhr in Utica ab und waren um 14.00 Uhr am Ziel, zu Hause bei Robert und Margaret. Während der langen Fahrt konnten wir über vieles sprechen, nicht zuletzt über die Aussendung durch meine Gemeinschaft und den Besuch am vergangenen Wochenende. Auch auf Krankheit und Tod kamen wir zu reden. Nathan fragte mich: „Sag mal, was sollen wir tun, wenn du einmal ernstlich verunglücken oder unheilbar krank werden solltest?" Es war gut, darüber zu sprechen, da ich erst vor kurzem eine schriftliche „Willenserklärung" abgegeben habe, nach der Nathan bevollmächtigt ist, in meinem Namen zu handeln. Ich sagte ihm, daß ich für mein Leben bis zum Eintreten dieses Falles dankbar sei und bat darum, es nicht künstlich zu verlängern, weder durch eine eventuelle Organtransplantation noch durch eine Operation, die über die normalen medizinischen Maßnahmen hinausgeht. „Ich sehne mich keineswegs danach, bald zu sterben. Sollte mir aber etwas Schwerwiegendes zustoßen, bin ich bereit zu sterben. Betrachte dich als ermächtigt, lebensverlängernde Maßnahmen abbrechen zu lassen, wenn keine wirkliche Hoffnung auf Genesung mehr besteht", sagte ich Nathan. „Und wenn du stirbst? Was soll dann geschehen?" fragte er.

Ich überlegte etwas und sagte ihm: „Über meinen eigenen Trauergottesdienst oder mein Begräbnis möchte ich nicht bestimmen. Darum brauche ich mich nicht zu sorgen! Wenn du aber wissen willst, was mir am liebsten wäre, sage ich dir: Beauftrag mit meinem Begräbnis kein Beerdigungsinstitut. Laßt in unserer Schreinerei einen einfachen Holzsarg machen, bahrt mich in der Dayspring-Kapelle auf, um allen Gelegenheit zu einem letzten Gruß zu geben, und beerdigt mich an einem Platz des Elgin-Mills-Friedhofs, wo auch andere Mitglieder der Daybreak-Gemeinschaft eine Ruhestätte finden können. Und ... schmückt diesen Ort einfach, mit vielen Gebeten und sehr heiter."

Wir sprachen auch über meine unveröffentlichten Schriftstücke: Briefe, Notizbücher und manches andere. Ich informierte Nathan, daß ich Sue ermächtigt habe, nach eigenem Ermessen zu entscheiden, was gegebenenfalls veröffentlicht werden soll. Der Gedanke, daß man nach meinem Tod nach Details aus meinem Privatleben forschen könnte, beunruhigt mich. Aber es beruhigt mich, daß es Freunde gibt, die mich genau kennen und mich nicht nur im Leben, sondern auch im Gedenken schützen werden.

*

Jonas, Margaret und ihr fünfjähriger Sohn Samuel wohnen in einem schönen Haus in Watertown außerhalb von Boston, in dem Margarets Mutter Sarah ein eigenes hübsches Apartment im dritten Stock besitzt. Sie überläßt es mir für die nächsten drei Monate, in denen sie sich in ein Meditationszentrum in Barre/Massachusetts zurückzieht. Ich bin sehr froh, daß sich dies arrangieren ließ. Ich kann hier allein sein und Gemeinschaft haben, bin von Toronto fort, aber auch schnell wieder dort, wohne in sehr ruhiger Umgebung und doch in der Nähe einer Stadt mit Buchhandlungen und Bibliotheken, so wie ich's mir wünsche. Und vor allem habe ich Zeit zum Schreiben und Zeit, um mit sehr guten Freunden zusammenzusein.

Jonas, Margaret und Sam begrüßten uns herzlich. Sarah lud uns zum Mittagessen ein. Wir sprachen über Margarets und Jonas' Pläne für den Herbst, Sarahs bevorstehende Einkehrzeit, Sams erste Klavierstunde und über Nathans und meine Zukunftsträume.

Nach dem Mittagessen zeigte ich Jonas, Margaret und Sarah die Urkunde, die mir am vergangenen Freitag überreicht wurde. Jonas sagte lachend: „Schön, wir werden uns daran halten. Wenn jemand vor der Tür steht und dich sprechen will, werden wir sie ihm zuerst vorlesen, damit er weiß, wozu du hier bist!"

Ich bin sehr froh, daß ich hier sein kann, und mag es kaum glauben, endlich an dem Ort zu sein, von dem ich so lange geträumt habe.

Dienstag, 19. September

Um 6.30 Uhr brachten Jonas und ich Nathan zum Logan Airport. Ich danke Gott für das Geschenk seiner Freundschaft.

Jonas und ich begegneten uns zum ersten Mal Anfang der achtziger Jahre, als ich an der Harvard-Universität lehrte. Nach einem Vortrag in der St.-Pauls-Kirche hatte mich Jonas gefragt, ob ich ihn geistlich begleiten würde. Bald zeigte sich, daß ich seine Begleitung ebenso brauchen konnte wie er meine. Es war der Anfang einer dauerhaften Freundschaft. Blicke ich heute zurück, bin ich erstaunt, wie oft wir im Laufe der Jahre miteinander Kontakt hatten. Als ich Harvard verlassen hatte und ein Jahr in Europa verbrachte, besuchte mich Jonas zweimal. Auch seit ich in der „Arche" in Toronto bin, kommt er immer wieder. Er zählt inzwischen zum festen Freundeskreis unserer Gemeinschaft und steht mit Nathan, Sue, Carl und einigen anderen Daybreak-Mitgliedern in herzlicher Verbindung. Nach seiner Heirat mit Margaret 1986 wurde ich in die neue Familie als Freund aufgenommen. Die folgenden Jahre widmeten Jonas und Margaret der weiteren beruflichen Ausbildung und Sicherung ihrer Lebensgrundlage. Jonas ist Psychotherapeut und Diplomtheologe, Margaret wurde von Bischof Barbara Harris zur Pastorin der Episkopal-Kirche ordiniert. Am 6. Dezember 1989 kam ihr Sohn Samuel zur Welt, am 29. Juli 1992 ihre Tochter Rebecca, die nur wenige Stunden lebte und in den Armen ihres Vaters starb.

Die Einkehrtage und geistlichen Kurse, die ich mit Jonas, der auch ein ausgezeichneter Musiker ist, im Laufe der letzten zehn Jahre gehalten habe, waren Gelegenheiten besonderer Freude. Wenn er auf seiner Shakuhachi, einer japanischen Bambusflöte, spielt, werden viele von den schwebenden, unmelodischen Tönen in Erfahrungen von Gottes Geist eingestimmt, wie es Worte nicht vermögen. Wir haben uns die Jahre über ergänzt, voneinander profitiert und unsere Freundschaft im Leben anderer fruchtbar werden lassen.

Sarah begegnete ich, als ich an der Harvard-Universität war, noch bevor ich Jonas und Margaret kannte. Ich erinnere mich, daß mich ihr ruhiges und freundliches Wesen beeindruckt hat. Ich weiß es sehr zu schätzen, daß ich jetzt mit Jonas, Margaret und Sam zusammenleben kann und Sarahs Wohnung als meine Einsiedlerklause betrachten darf.

Mittwoch, 20. September

Während Margaret heute früh Sam in den Kindergarten brachte, feierte Jonas mit mir in seinem kleinen Meditations-Zentrum „The Empty Bell – Die leere Glocke" die Eucharistie. Es ist ein sehr schöner, kleinerer Raum, der unmittelbar hinter dem Haus von Jonas und Margaret liegt und früher als Garage diente. Mit diesem Zentrum verwirklichte Jonas seinen langgehegten Traum, seine psychotherapeutischen Kenntnisse mit seinem Talent als geistlicher Begleiter zu verbinden und einen Ort der Begegnung und des Gebets für Menschen verschiedener religiöser Tradition zu schaffen.

Kann es für mich einen besseren Ort im Sabbatjahr geben? Ein Ort, an dem sich Psychologie und Spiritualität treffen, ein Ort des Gebets und der Kontemplation, ein Ort des Familienlebens und des interreligiösen Gesprächs, ein Ort der Einsamkeit und ein Ort der Freundschaft, ein Ort für Kinder und Erwachsene. Es ist kein großer Saal oder große Versammlungshalle, sondern ein ganz einfacher, kleiner und intimer Raum mit einem Vestibül, in dem man die Schuhe auszieht und beiseite stellt, sich etwas vorbereiten kann, um dann den Gebetsraum im zweiten Stock zu betreten. Der Raum ist leer, aber nicht kahl, kalt oder abweisend, vielmehr ruhig, geräumig und einladend. Die Decke ist weiß gestrichen, an den Deckenbalken befinden sich Lampen, die den Raum in ein mildes Licht tauchen. Auf dem Holzfußboden sind Kissenpolster kreisförmig ausgebreitet. Eine große Glocke mit ausladendem Rand, die einen wohlklingenden, langanhaltenden Ton beim Anschlagen gibt, schließt den Kreis. Auf den Fensterbrettern liegen verschiedene orientalische Flöten.

Für Jonas ist die „Leere Glocke" ein Ort, an dem Körper, Seele und Geist Heilung und zur Ganzheit finden können. Ich bin fest überzeugt, daß sie ein Ort der Erneuerung und Stärkung auch meines geistlichen Lebens sein wird.

Donnerstag, 21. September

Heute früh um halb neun habe ich mich einer Gruppe von neun jungen Leuten angeschlossen, die sich jeden Donnerstag in der „Leeren Glocke" zur Besinnung und Meditation einfinden. Zuerst spielte Jonas ein paar Minuten auf der Shakuhachi-Flöte, damit wir innerlich zur Ruhe kamen. Nach einigen Übungen zum „Wahrnehmen des eigenen Atems", zu denen er uns Anleitungen gab, meditierten wir etwa zwanzig Minuten und hörten dabei eine Lesung aus dem Neuen Testament, in der Jesus zu einem Zöllner namens Matthäus sagt: Folge mir nach! (Vgl. Matthäusevangelium 9, 9). Dazu trug dann jeder von uns, wir saßen am Boden und bildeten einen Kreis, eigene Gedanken vor. Zum Schluß beteten wir.

Es war eine schlichte, aber eindringliche Besinnung. Obwohl ich nur zwei aus dem Kreis kannte, bestand unter uns eine geistliche Verbundenheit, die sich nur als Zeichen der Gegenwart Gottes verstehen läßt.

Am Nachmittag führte mich Sarah durch ihre Wohnung und zeigte mir alles, worauf ich während ihrer Abwesenheit zu achten habe. Wenige Stunden später verabschiedete sie sich, um ihre dreimonatige Einkehr anzutreten. Bevor sie ins Auto stieg, legten wir einander – Margaret, Sam, Sarah und ich – die Arme auf die Schultern. Dabei sprach ich ein Gebet, in dem ich Gott bat, daß Sarahs Verweilen in der Abgeschiedenheit nicht nur in ihrem Herzen, sondern auch im Herzen vieler anderer Frucht bringen möge.

Sarah sah mich an und sagte dankbar: „Ja, es stimmt, mein Weggehen ist ein Weggehen für andere." Dann fuhr sie ab.

Ich fühle mich mit Sarah sehr verbunden und bin überzeugt, daß ihr Alleinsein im Meditationszentrum und mein Alleinsein in ihrer Wohnung sich die Hand reichen und stützen werden. Ich halte es für einen buddhistisch-christlichen Dialog der Herzen. – Heute abend werde ich aus meinem Zimmer bei Jonas und Margaret in die Wohnung von Sarah im dritten Stock umziehen. Es ist ein weiterer Anfang.

Freitag, 22. September

Jonas ist Mitglied eines Fitneß-Clubs hier in der Nähe. Sowohl Nathan wie er haben mir zugeredet, dort mitzumachen. Also ging ich mit Jonas in den Club, heute zum zweiten Mal.

Ich habe kaum, oder besser gesagt, gar keine Lust, mich mit Fitneß zu beschäftigen. Sport hat in meinem Leben nie eine Rolle gespielt, und abgesehen von hie und da ein wenig Schwimmen, habe ich nichts getan, um mich fit zu halten. Aber meine ständige körperliche Müdigkeit und die einfache Tatsache, daß ich genug Zeit habe, gaben den Ausschlag mitzumachen, zum Vergnügen meines Freundes.

In der Welt eines Fitneß-Clubs kann ein Außenseiter nur staunen. Ich meinte, in eine Folterkammer geraten zu sein, in der Männer und Frauen ächzen und stöhnen, wenn sie die „Tretmühle" antreiben, Gewichte heben und sich im Dampfbad kochen lassen. Niemand sagt ein Wort. Jeder ist mit seinem Herzen, seiner Lunge und seinen Muskeln vollauf beschäftigt.

Jonas und ich trieben zwanzig Minuten die „Tretmühle" an oder, genauer gesagt, trabten auf dem Laufband, das einen je nach Einstellung zum Gehen, Traben oder Spurten zwingt. Während des Laufens werden alle Informationen geliefert, die man will oder nicht will: die Laufzeit, das Tempo, eventuelle Leistungsschwankungen und die zurückgelegte Strecke. Auf einem Bildschirm vor dem Laufband stechen ständig registrierte Daten in farbig punktierten Linien wie Fieberkurven ins Auge.

Auf dem Weg ins Fitneß-Center hatte ich mir einen kleinen Kassetten-Recorder, einen Walkman, gekauft, weil ich ein Tonband mit einem Vortrag von Matthew Fox zum Thema „Schöpfung, Spiritualität und die sieben Chakras" abhören wollte. Während ich mich also am Laufband zum Schwitzen brachte, versuchte ich die Zeit zu nutzen und Matthew Fox zu hören. Es ging nicht! Matthews Einladung, mein erstes Chakra – an der Stelle, wo Tiere den Schwanz haben –, eine göttliche Botschaft aus der ganzen Schöpfung empfangen zu lassen, und mein Eifer, das mir vorgenommene Zwanzig-Minuten-Pensum einigermaßen anständig zu Ende zu bringen, waren zwei Paar Stiefel. Alles, was ich tun konnte, war, zu laufen und auf die Uhr zu schauen.

Schwimmbecken, Dampfbad und Sauna waren entschieden menschlicher. Ich fühlte mich, als wären Wasser und Dampf einmal unsere natürliche Umgebung gewesen, und sagte zu Jonas: „Vielleicht waren wir vor langer, langer Zeit einmal Fische."

Als wir nach Haus kamen, hatte ich so weiche Knie, daß ich ins Bett fiel und sofort einschlief. Erst nach Stunden war ich wieder zu etwas Menschlicherem wie Denken und Schreiben fähig.

Ich weiß allerdings nicht, ob der Fitneß-Club das Richtige für mich ist. Er wird mir aber wohl nicht erspart bleiben, denn ich habe meinen Mitgliedsbeitrag schon bezahlt. Überdies rechnet Jonas damit, daß ich dreimal in der Woche mit ihm gehe. Also werde ich das nächste Mal Matthew Fox zu Haus lassen und mich statt dessen mit Jonas unterhalten, während wir laufen und laufen, ohne zu wissen wohin.

Samstag, 23. September

Es ist ein kleines Spiel, aber es klappt. Ich habe mir ein kleines Notizbuch gekauft, das einen schönen, festen Einband hat mit einem Farbbild auf der Vorderseite: ein Engel aus dem Altarbild von Perussis, das sich im Metropolitan Art Museum befindet. Das Buch trägt den Titel „Museum-Notizen" und enthält 160 blanke Seiten chlorfreien Papiers.

Tom und John vom Verlag HarperSanFrancisco haben mich gebeten, ein „Lesebuch" zu verfassen mit kurzen Gedanken für jeden Tag des Jahres. Ich habe mich gefragt, wie ich diese Idee verwirklichen soll, wenn nicht daran zu rütteln ist, daß ein Jahr 365 Tage hat. Ich glaube nicht, daß ich dafür so viele neue oder so viele alte Gedanken habe!

Aber mein Museum-Notizbuch hilft mir ein ganzes Stück weiter. Jeden Tag schreibe ich ein paar Gedanken auf und halte mich strikt daran, daß kein Text mehr als eine Seite umfaßt und die gegenüberliegende Seite für kleinere Ergänzungen oder Korrekturen frei bleibt.

Daraus ist ein regelrechtes Spiel geworden. Ich sitze an meinem Schreibtisch und frage mich: „Hast du für deinen Engel einen Gedanken?" Gewöhnlich fällt mir etwas ein, sobald ich meinen Kugelschreiber zücke. Heute habe ich mich mit acht Texten selbst überrascht. Wenn ich in mein Buch achtzig Gedanken eingetragen habe, werde ich es nach Toronto schicken und Kathy, meine Sekretärin, bitten, die Texte in den Computer einzugeben und mir dann einen Ausdruck zu schicken. So läßt sich bei Durchsicht der Manuskriptseiten leichter übersehen, wo ich mich vielleicht wiederholt habe. Im Augenblick möchte ich nicht zurückblättern! Es beunruhigt mich etwas, daß ich noch fast fünf dieser Notizbücher füllen muß, bis Tom und John zufriedengestellt sind. Aber es ist erst September. So gibt es noch viele Tage, an denen ich mir Gedanken machen und sie in mein Engel-Buch eintragen kann.

Sonntag, 24. September

Gestern abend habe ich mit Jonas und Margaret in einem kleinen Kino in Watertown schon zum zweiten Mal den Film „Apollo 13" gesehen. Als wir wieder zu Hause waren, zeigte mir Margaret den von Kevin W. Kelley im Auftrag der Vereinigung der Weltraumfahrer herausgegebenen Bildband „Der Heimatplanet".

Beim Betrachten der großartigen, aus dem Weltraum aufgenommenen Bilder des Planeten Erde und bei der Lektüre der von den Astronauten und Kosmonauten verfaßten Begleittexte meinte ich, in eine neue Mystik eingeführt zu werden. Die Beobachtungen aus dem All und die auf der Erde scheinen sich kaum voneinander zu unterscheiden. Die einen wie die anderen offenbaren die Unsicherheit des Lebens, die Einheit der

Menschheitsfamilie, die Verantwortung des „Sehers", die Macht der Liebe und das Geheimnis Gottes. James Irwin, der im Juli 1971 mit „Apollo 15" die Erde umkreiste, schreibt:

„Die Erde erinnerte uns an eine in der Schwärze des Weltraums hängende Christbaumkugel. Je weiter wir uns entfernten, desto kleiner wurde sie. Schließlich schrumpfte sie auf die Größe einer Murmel, der schönsten Murmel, die du dir vorstellen kannst. Dieses schöne, warme, lebende Objekt sah so zerbrechlich, so zart aus, als ob es zerkrümeln würde, sobald man es mit dem Finger berührte. Ein solcher Anblick muß einen Menschen einfach verändern, muß dazu führen, daß er Gottes Schöpfung und Gottes Liebe dankbar anerkennt."

Alle Astronauten und Kosmonauten waren von der unbeschreiblichen Schönheit ihrer eigenen Heimat, des Planeten Erde, überwältigt und stellten im Grunde ein und dieselbe Frage: „Wie können wir für unser eigenes Heim besser Sorge tragen?" Unseren Heimatplaneten als ein kostbares, kleines Juwel zu betrachten, das Fürsorge und Schutz verlangt, ist eine tiefe mystische Erfahrung, für die nur „Gnade" und „Verantwortung" zutreffende Begriffe sind. Russell Schweickart, ein Besatzungsmitglied von „Apollo 9", schreibt:

„Du denkst darüber nach, was du erfährst und warum. Verdienst du dieses phantastische Erlebnis überhaupt? Steht dir das irgendwie zu? Befindest du dich draußen, um von Gott angerührt zu werden, um eine besondere Erfahrung zu machen, die anderen verwehrt ist? Und du weißt, die Antwort darauf lautet: Nein! Du hast nichts getan, um dies verdient zu haben und dessen würdig zu sein. Es ist nicht für dich speziell vorgesehen. Du verstehst in diesem Augenblick sehr gut, und es überkommt dich mächtig, daß du dies für die ganze Menschheit mitempfindest. Du schaust nach unten und siehst die Oberfläche dieser Kugel, auf der du bisher die ganze Zeit gelebt hast; und du weißt: alle diese Leute da unten sind wie du, sind dir gleich, und irgendwie repräsentierst du sie. Du bist hier oben als das äußerste Sinnesorgan. Dieses Gefühl macht bescheiden. Es sagt, daß du eine Verantwortung trägst. Es ist nicht um deinetwillen. Ein Auge, das nicht sieht, dient nicht seinem Körper. Aber darum bist du ja draußen, und irgendwie wird dir klar, daß du ein Teil dieses umfassenden Lebens bist. Und du bist hier an der vordersten Front und mußt es irgendwie heimbringen. Es ist eine ganz besondere Verantwortung; sie sagt dir etwas über deine Beziehung zu dem, was wir Leben nennen. Darin liegt eine Veränderung. Es ist etwas Neues. Und wenn du nach Hause kommst, ist die Welt anders geworden. Es besteht ein Unterschied zwischen dir und diesem Planeten und zwischen dir und den vielen Lebensformen auf ihm; denn du hast diese ganz besondere Erfahrung gemacht. Das ist ein Unterschied, und der ist äußerst kostbar."

Hier spricht ein Mystiker und Seher. Auch der Prophet Jesaja, Jeanne d'Arc oder Johannes vom Kreuz könnten so gesprochen haben. Was sie sahen, erweckte in ihnen tiefe Demut und große Verantwortung. Sie erfuhren ihre Vision als eine Gnade und eine Berufung, als ein nicht nur ihnen, sondern der ganzen Menschheit zugedachtes Geschenk. Einsamste Erfahrung birgt größte Gemeinsamkeit in sich. Das menschliche Herz vereinigt sich mit dem Herzen des Universums. Und diese Einheit wird zum Ursprung einer neuen Sendung.

„Seher" gleichen „heiligen Menschen", die aufgrund dessen, was sie gesehen haben, einen besonderen Glanz ausstrahlen. Robert Cenker, der an Bord von „Columbia 7" war, schreibt:

„Von allen Menschen, mit denen ich über meine Erfahrungen im Weltraum gesprochen habe, ist es nur den mir am nächsten Stehenden möglich zu ahnen, worum es geht. Meine Frau versteht am Klang meiner Stimme, was ich meine. Meine Kinder verstehen beim Blick in meine Augen, was ich meine, meine Eltern verstehen, was ich meine, weil sie mich damit haben aufwachsen sehen. Wenn du dich nicht wirklich aufmachst und es selbst erlebst, wirst du es nie wirklich verstehen."

Das ist die Einsamkeit des Mystikers: Gesehen und erfahren zu haben, was in Worten nicht auszudrücken ist und dennoch mitgeteilt werden muß. Die Astronauten und Kosmonauten geben mir die Worte für meine Erfahrung des Priestertums. Es ist eine Gnade, die Legitimation für eine Vision, es ist ein Aufruf, anderen verständlich zu machen, was ich gesehen habe; es ist eine lange Einsamkeit und eine unsagbare Freude.

Montag, 25. September

Die Tage vergehen viel zu schnell! Nach der Eucharistiefeier mit Jonas und Margaret in der „Leeren Glocke" habe ich die Inhaltsübersicht für mein neues Buch „Könnt ihr den Kelch trinken?" entworfen. Am frühen Nachmittag ging ich mit Jonas wieder in den Fitneß-Club. Als wir heimkamen, war ich von den „Trockenübungen" auf dem Laufband und vom Turnen an der Hängeleiter so müde, daß ich mich hinlegen mußte und über zwei Stunden schlief.

Nun habe ich ein schlechtes Gewissen, daß ich heute nicht genug getan habe. Ich möchte über so vieles nachdenken, so viele Bücher lesen und über so vieles schreiben, daß ich ganz frustriert bin, wenn ich sehe, daß es schon wieder dunkel wird. Dennoch bin ich froh, daß ich hier sein darf, und könnte mir keinen besseren Ort, keinen besseren Zeitpunkt und keine besseren Freunde vorstellen. Ich muß allerdings Geduld haben und darauf vertrauen, daß mein Körper sich nach und nach erholt und nicht mehr so viel Schlaf verlangt.

Im heutigen Evangelium sagt Jesus: „Es gibt nichts Verborgenes, das nicht offenbar wird, und nichts Geheimes, das nicht an den Tag kommt" (Markusevangelium 4, 22). Die Worte spornen mich an, mein „verborgenes und geheimes Leben" gut zu bestehen. Ich muß darauf vertrauen, daß ich meiner Gemeinschaft um so mehr geben kann, je treuer ich zu meiner Einsamkeit stehe. Ich erkenne jetzt, wie wichtig es ist, daß ich diese Zeit mit einem reinen Herzen bestehe. Irgendwie und irgendwann werden meine innersten Gedanken und Gefühle ans Licht kommen. Und sind sie dann ans Licht gebracht, mögen sie alle, die sie sehen, erfreuen. Darum bete ich.

Dienstag, 26. September

Am vergangenen Sonntag um 7.00 Uhr früh unterrichteten Yasir Arafat und Shimon Peres den amerikanischen Außenminister Warren Christopher telefonisch, daß sie ein Abkommen über einen unabhängigen Palästinenserstaat getroffen hätten. Es ist ein herausragender internationaler politischer Erfolg, der ohne den ruhigen, zurückhaltenden amerikanischen Unterhändler in Nahost-Fragen, Dennis B. Ross, nicht möglich gewesen wäre.

Ich habe diesen fünfundvierzigjährigen vornehmen Mann, der kaum in der Öffentlichkeit in Erscheinung tritt und Aufsehen meidet, sich aber entschieden für den Frieden einsetzt, stets bewundert.

Dennis Ross führte die Verhandlungen mit seinen Partnern per Telefon von seinem Haus in Bethesda/Maryland aus. Als Yasir Arafat und Shimon Peres den amerikanischen Außenminister über die Einigung informierten, sprachen sie zugleich Dennis Ross ein Lob für die Steuerung „der ersten Shuttle-Diplomatie per Telefon" aus. Dennis Ross ist ein sehr kompetenter und dabei sehr demütiger Mann, der andere ins Rampenlicht treten läßt und selbst im Hintergrund bleibt. Gern möchte ich diesen wirklichen Friedensstifter einmal kennenlernen. Willensstark und demütig, kompetent und zurückhaltend, furchtlos und sehr vornehm. „Selig, die Frieden stiften, denn sie werden Söhne Gottes genannt werden" (Matthäusevangelium 5, 9).

Mittwoch, 27. September

Das Gefühl, verlassen zu sein, verfolgt mich auf Schritt und Tritt. Ich bin immer wieder überrascht, wie schnell es sich einstellt. Gestern regte sich dieses abscheuliche Gefühl in meinem tiefsten Innern. Blanke Unruhe und Angst, eigentlich ohne ersichtlichen Grund. Ich habe mich gefragt: „Warum bist du eigentlich so rastlos, warum bist du so ängstlich, warum bist du so unruhig, warum fühlst du dich so allein und verlassen?"

Ich rief Nathan an und hinterließ eine Botschaft auf dem Anrufbeantworter. Er rief bald darauf zurück und sagte, daß wir am Abend ausführlich miteinander sprechen könnten.

Das Gespräch linderte meine Angst und beruhigte mich. Niemand kann diese Wunde jemals heilen; sobald ich aber mit einem guten Freund über sie spreche, geht es mir besser.

Was ist gegen diese innere Wunde, die so schnell aufreißt und wieder zu bluten beginnt, zu tun? Es ist eine mir sehr vertraute Wunde. Ich lebe mit ihr seit vielen Jahren. Ich glaube nicht, daß diese Wunde – dieses große Verlangen nach Zuneigung, diese große Furcht, abgewiesen zu werden – jemals verheilen wird. Sie ist da und bleibt da, vielleicht aus gutem Grund. Vielleicht ist sie eine Tür zu meinem Heil, eine Tür zur Herrlichkeit und ein Durchgang zur Freiheit!

Ich bin mir bewußt, daß meine Wunde ein getarntes Geschenk ist. Die vielen, oft nur kurzen, aber intensiven Phasen eines Gefühls von Verlassenheit führen mich an einen Ort, an dem ich lerne, mich von aller Furcht zu befreien und meinen Geist in die Hände Gottes zu legen. Ich bin Nathan und den anderen Freunden, die mich kennen und bereitwillig meine Wunden verbinden, sehr dankbar, so daß ich statt zu verbluten, zum vollen Leben gelangen kann.

Donnerstag, 28. September

Gestern abend habe ich meinen Freund Bobby besucht. Wir kennen uns aus der Zeit, da er an der Yale-Universität Theologie studierte und meine Vorlesungen besuchte. Im Laufe unserer zwanzigjährigen Freundschaft hat sich bei ihm und bei mir viel ereignet, wenngleich Bobbys Leben entschieden stürmischer als das meine verlief. Nach seiner Ordination und Heirat mit Dana – er gehört der Anglikanischen Episkopal-Kirche an – studierte er an der „Harvard Business School" und erwarb den Doktorgrad in Betriebswirtschaft. Sein besonderes Interesse gilt seit langem der wirtschaftlichen Entwicklung Südafrikas. Dadurch erhielt er vom Verlag Doubleday das Angebot, eine umfassende Darstellung der jüngsten dortigen Divestment-Bestrebungen zu verfassen. Neben anderen wichtigen Tätigkeiten in mehreren Episkopal-Gemeinden war Bobby Dozent für Theologie an der Harvard-Universität. In dieser Zeit kamen seine beiden Söhne Sam und John zur Welt.

Das alles mag sich wie eine einzige Erfolgsgeschichte anhören. Aber Bobby hat die Bluterkrankheit und braucht jeden Tag eine intravenöse Injektion, die er sich selbst verabreicht; er leidet an Arthritis und ist je nach seinem Befinden im und außer Haus auf den Rollstuhl angewiesen. Vor über zehn Jahren stellte man fest, daß er HIV-positiv ist. Seit ich Bobby kenne, beeindruckt mich seine Willensstärke, seine Intelligenz und sein unerschütterlicher Optimismus. Weder die Bluterkrankheit noch die HIV-Infektion waren für ihn ein Hindernis, zu heiraten und seine berufliche Laufbahn fortzusetzen.

Bobby hat sich immer für Politik interessiert. Als er vor zwei Jahren von einem sechsmonatigen Aufenthalt in Südafrika, bei dem ihm der dortige demokratische Aufschwung starke Impulse gab, zurückkehrte, bewarb er sich für den Posten des Stellvertretenden Gouverneurs von Massachusetts. Er führte mit großer Energie den Vorwahlkampf durch und konnte im September 1994 die Mehrheit der Demokratischen Partei für seine Kandidatur gewinnen. Obwohl er in der Öffentlichkeit viele Sympathien fand, nicht zuletzt wegen seiner großen Ehrlichkeit, was seine Bluterkrankheit und HIV-Infektion betraf, unterlagen er und der demokratische Gouverneurs-Kandidat dem republikanischen Amtsinhaber bei der Wahl im November. Er kehrte an die Harvard-Universität zurück, mußte aber bald zur Kenntnis nehmen, daß die ihm in Aussicht gestellte Stelle nicht mehr zur Verfügung stand.

Nach der Wahlniederlage um das Amt des Stellvertretenden Gouverneurs und dem Verlust der Stelle in Harvard zerbrach Bobbys Ehe – nach jahrelanger Angst seiner Frau vor einer HIV-Ansteckung –, was zugleich den Verlust seiner Familie bedeutete. Mitstreiter, Arbeitsplatz, eigene Familie, Haus und finanzielle Sicherheit, alles war dahin. Seine vielen Erfolge hatten sich in Niederlagen gewandelt, seine vielen Talente waren wie verflogen.

Bob sagte mir gestern abend bei unserem Gespräch: „Ich habe nicht gewußt, ob ich das alles überstehen würde. Aber ich hab's geschafft. Ich habe vor kurzem ein Haus gefunden, in dem ich jetzt wohne und wo mich meine Jungen besuchen. Ich habe gute Freunde, die sich um mich kümmern, ein attraktives Arbeitsangebot und – was ich nicht zu erhoffen gewagt hätte – wieder Freude und neue Hoffnung gefaßt."

Was mich an Bobby bei seinen vielen Niederlagen, Verlusten und Demütigungen am meisten berührt: Er hat die kleinen Gaben und Freuden des Lebens zu schätzen gelernt. „Ich bin gern mit den Jungen zusammen", sagte er. „Egal, wann sie kommen, ich nehme mir Zeit für sie. Immer ist es schön, zusammenzusein." Er sprach von den vielen Gnaden: ein gutes Essen, gute Freunde, den Fußball-Manager für Sam und John spielen, im Park spazierengehen, das Einrichten eines kleinen Gebetsraumes in seinem Haus, ein gutes Buch lesen und das eigene zu Ende schreiben.

Als ich wieder zu Hause war und mir den Besuch noch einmal durch den Kopf gehen ließ, mußte ich über Bobbys Flexibilität staunen. Sie erinnert mich an die Erfahrung des Apostels Paulus: „Von allen Seiten werden wir in die Enge getrieben und finden doch noch Raum; wir wissen weder aus noch ein und verzweifeln dennoch nicht; wir werden gehetzt und sind doch nicht verlassen; wir werden niedergestreckt und doch nicht vernichtet. Wohin wir auch kommen, immer tragen wir das Todesleiden Jesu an unserem Leib, damit auch das Leben Jesu an unserem Leib sichtbar wird" (2. Korintherbrief 4, 8–10).

So leidvoll und traurig Bobbys Lebensgeschichte auch ist, sie erweckt in mir große Hoffnung und den festen Vorsatz, ein treuer Freund zu sein. Wer vermag sich schon vorzustellen, was alles kommen kann? Gut, daß wir's nicht können. Zuversichtlich frage ich mich, was wir heute in zwanzig Jahren sagen werden!

Freitag, 29. September

Das neue Buch von Andrew Sullivan „Virtually Normal. An Argument about Homosexuality" ist eines der klügsten und überzeugendsten Plädoyers für eine vollständige gesellschaftliche Akzeptanz der Homosexualität, das ich je gelesen habe.

Andrew Sullivan sagt ganz offen, daß er katholisch und homosexuell sei. Auch geht aus seinem Buch klar hervor, daß er kein bloßer Taufschein-Katholik ist, sondern sich zu seinem Glauben bekennt und die Lehre der Kirche ernst nimmt, was seiner Auseinandersetzung mit der Einstellung der Kirche zur Homosexualität Gewicht verleiht.

Mein eigenes Denken und Empfinden in bezug auf dieses Thema ist sehr widersprüchlich. Im Laufe meiner katholischen Erziehung und Seminarausbildung habe ich mir die Position der katholischen Kirche verinnerlicht. Doch meine emotionale Entwicklung wie auch Freundschaften mit verschiedenen Homosexuellen und nicht zuletzt neueste Literatur lassen bei mir viele Fragen aufkommen. Zwischen meiner erworbenen Homophobie und meiner wachsenden Überzeugung, daß Homosexualität kein Fluch, sondern ein Segen für unsere Gesellschaft ist, klafft ein tiefer Graben. Andrew Sullivan hilft mir, eine Brücke über diesen Graben zu schlagen.

Samstag, 30. September

Jonas hatte mich eingeladen, an einem Essen seines Buddhistisch-Christlichen Gesprächskreises teilzunehmen. Wir waren zu siebt: ein zen-buddhistischer Mönch, eine tibetanisch-buddhistische Nonne, ein katholischer Priester, eine katholische Nonne, eine verheiratete katholische Frau, Jonas und ich. Die Diskussion war lebendig und herzlich.

Was mir am meisten auffiel, waren die verschiedenen Wellenlängen, auf denen Katholiken und Buddhisten denken. Es scheint, als ginge es Katholiken – egal, um welche Frage es sich handelt – in erster Linie darum, was kirchliche Autorität und Lehre sagen. Es wird mehr oder weniger in den Kategorien „innerhalb oder außerhalb" gedacht, auch dann, wenn sich keine strengen Grenzen ziehen lassen. „Was ist Wahrheit, und wer besitzt sie?" – eine Frage, die nicht ausdrücklich gestellt wird, aber unbewußt immer im Raum steht. Es gibt in der katholischen Kirche eine eindeutige Lehrsammlung und eine klare Rangfolge derer, die diese Lehren verkünden, bewahren und verteidigen.

Buddhisten denken da anders. In ihrer Sicht verhindern klar festgelegte Lehren innere Freiheit, und wahre Autorität erwächst aus dem Maß innerer Freiheit, das einer erlangt hat. In der Welt der Buddhisten wird nicht zwischen „in" und „außerhalb" unterschieden. Ihr geistliches Ziel liegt dort, wo grenzenloses Mit-Leiden erreicht ist, wo alles nichts und das Nichts alles ist.

Gibt es für einen buddhistisch-christlichen Dialog einen Ort, wenn das Wort selbst ein fragwürdiges Instrument der Kommunikation ist? Ich halte es für wichtig, daß sich Buddhisten und Christen begegnen, denn es gibt sehr viel, das sie einander geben können. Vielleicht sollte man besser von „Begegnung" als von „Dialog" sprechen. Diese Bezeichnung würde auch die Richtung angeben, in der die schöpferischsten Orte des Zusammenseins liegen.

OKTOBER 1995

Sonntag, 1. Oktober

Bei meiner Abschiedsfeier in Dayspring bekam ich zwei große, blaue Kerzen geschenkt: die eine für meine Reise, die andere für die Besuche von Haus zu Haus innerhalb unserer Gemeinschaft. Es sind Gebetskerzen, die mich und diejenigen, die mich entsandt haben, daran erinnern sollen, daß wir einander verpflichtet sind.

Wie oft doch meine Kerze brennt! Schreibe ich, so brennt sie, um mir zu helfen, das Schreiben zu einer Art Gebet werden zu lassen. Und bete ich, so brennt sie, als Verbindung mit meinen Freunden zu Haus.

Gemeinschaft ist weitaus mehr als zusammen leben und arbeiten; sie ist eine Herzensbindung, die keine physischen Grenzen kennt. Gemeinschaft, das bedeutet tatsächlich brennende Kerzen an verschiedenen Orten der Welt, und alle beten dasselbe stille Gebet der Freundschaft und Liebe.

Mittwoch, 4. Oktober

Heute nachmittag traf der Papst auf dem Newark Airport zu einem fünftägigen Besuch der Vereinigten Staaten ein. Ich habe die Ankunft im Fernsehen verfolgt und die Begrüßungsansprachen von Präsident Clinton und Johannes Paul II. gehört.

Von den vielen gesprochenen Worten, hat sich mir ein Satz des Papstes besonders eingeprägt: „Niemand ist so arm, daß er nichts zu geben, und niemand so reich, daß er nichts zu empfangen hätte." Ein kraftvoller Gedanke, der allen Anstrengungen um Frieden ein festes Fundament gibt. Solange wir, selbst in bester Absicht, zwischen gebenden und nehmenden Menschen oder Nationen unterscheiden, wird es immer Unterdrückung und Manipulation geben. Die Vereinigten Staaten sind eine mächtige Nation, die viel zu geben hat. Alles Geben wird jedoch nur dann zum Frieden beitragen, wenn die USA auch bereit sind zu empfangen.

Unter den vielen Würdenträgern entdeckte ich Kardinal Bernardin. Es freut mich, daß er die anstrengende Reise von Chicago zur Begrüßung des Papstes unternehmen konnte. Demnach muß seine Krebserkrankung unter Kontrolle sein und er sich wieder erholt haben.

Morgen vormittag will ich im Fernsehen den Besuch des Papstes bei der UNO verfolgen und seine Rede hören, die er vor der Vollversammlung anläßlich des 50. Jahrestages der Verabschiedung der „Charta der Vereinten Nationen" halten wird. Ich erinnere mich noch gut an den Besuch Papst Pauls VI. bei den Vereinten Nationen Anfang Oktober 1965, als ich gerade mit meinen Eltern in Mexico City war. Ich hörte seine Ansprache damals auch im Fernsehen, in der er sagte: „Niemals Krieg, niemals mehr Krieg!" Heute, dreißig Jahre später, kommt – nach zahlreichen weiteren Kriegen – ein anderer Papst an dieselbe Stelle und verkündet dieselbe Botschaft. Wird es das jemals geben: eine Welt ohne Krieg?

Donnerstag, 5. Oktober

Die Rede Johannes Pauls II. vor der Vollversammlung der Vereinten Nationen hat mich durch ihre große geistliche Vision beeindruckt. Der Papst sprach von einem „außergewöhnlichen und weltweiten schnellen Anwachsen der Suche nach Freiheit", von einem „universalen Freiheitsstreben, das eines der ausgeprägtesten Kennzeichen unserer Zeit ist" … und das „nicht nur den einzelnen Menschen, sondern auch die Nationen in Anspruch genommen hat". Er stellte dieses Freiheitsstreben als „eine ununterdrückbare Forderung" dar, die „der Anerkennung der unschätzbaren Würde und des Wertes der menschlichen Person entspringt". Indem er seine Zuhörer an das Jahr 1989 erinnerte, als in Mittel- und Osteuropa in gewaltlosen Revolutionen die Freiheit wiederhergestellt wurde, wies er darauf hin, daß sie an vielen Orten unserer Welt noch ein fernes Ziel sei. Am Schluß seiner Rede entfaltete der Papst eine Vision zur Wiederentdeckung des Transzendenten, das in dieses Streben einbezogen werden muß, damit die vollständige Freiheit erlangt wird, nach der die Menschen und Völker hungern.

Die Rede hat mich sehr beeindruckt. Sie wurde von einem Mann gehalten, der ohne Frage viel erlebt und gesehen hat und dennoch den Mut besitzt, eine geistliche Vision vorzutragen, die den Menschen dieser Welt die Möglichkeit bietet, als Brüder und Schwestern zusammenzuleben. In einer Gesellschaft, in der Zynismus herrscht und Realpolitik maßgebend ist, gibt es wenige Führungsgestalten, die wie Johannes Paul II. den Weg weisen können. So überrascht es nicht, daß Millionen von Menschen unterschiedlichster sozialer und wirtschaftlicher Herkunft diesen heiligen Friedensstifter wenigstens flüchtig sehen oder, besser gesagt, seinen Segen erhaschen wollen.

Freitag, 6. Oktober

Ein wunderbarer Tag für Boston, für Harvard und für Dublin! Dem irischen Dichter Seamus Heaney, der Anfang dieses Jahres Gastvorlesungen an der Harvard-Universität hielt, wurde der Literaturnobelpreis zuerkannt. Diese Mitteilung berührt mich vor allem deshalb, weil dieser Dichter für seine Werke „von lyrischer Schönheit und ethischer Tiefe" ausgezeichnet wurde, „die alltägliche Wunder und die lebendige Vergangenheit preisen". Seine Person und sein Werk bringen Freundlichkeit, Liebe zum Land, tiefe Familienverbundenheit und Hoffnung auf Versöhnung unter den Völkern zum Ausdruck. Wenn Heaney auch nicht auf die Barrikaden geht, tritt er doch leidenschaftlich gegen alle Anwendung von Gewalt in seiner Heimat ein. Statt seine Meinung über die politischen Verhältnisse in Nordirland darzulegen, beschreibt er das Leiden der von ihnen betroffenen Menschen und die Auswirkungen dieses großen Konflikts auf das einfache, kleine Leben. In der Begründung aus Stockholm wird sein Beitrag zur Lösung des Konflikts ausdrücklich erwähnt. Zu Recht sagte ein Bostoner Freund: „Heaney hätte auch den Friedensnobelpreis verdient."

Da der Papst vom Frieden sprach und die Vision einer Welt vortrug, in der Pluralität und Einheit gepriesen werden, ist es eine Gnade, diesen Friedensdichter geehrt zu sehen. Nach all dem Schmutz, der in den Fernsehberichten vom Prozeß gegen den ehemaligen Footballstar O. J. Simpson im Laufe der vergangenen acht Monate zum Vorschein kam, sehe ich darin neue Anzeichen des Schönen und der Hoffnung.

Sonntag, 8. Oktober

Heute früh fuhr ich zu Jutta, einer guten, langjährigen Bekannten. Nach einstündiger Fahrt auf den fast leeren Highways kam ich um 9.00 Uhr bei ihr zu Hause an. Wir feierten in ihrem Wohnzimmer die Eucharistie, tauschten dabei unsere Gedanken über die heutige Lesung und das Evangelium aus und teilten miteinander die göttlichen Gaben des Lebens.

Vor und nach der Eucharistiefeier sprachen wir über die Poetin, Romanschriftstellerin und Tagebuchautorin May Sarton, die vor einigen Monaten gestorben ist. Sie war mir zwar dem Namen nach bekannt, doch hatte ich bis vor kurzem noch nichts von ihr gelesen. Ich habe mir ihr Buch „Tagebuch einer Einsamkeit" gekauft und bei der Lektüre mehr und mehr Interesse an ihrem Leben und ihrem Werk gefunden.

Jutta zeigte mir das Buch „A Plant Dreaming Deep", in dem May Sarton über ihre Jugend in Europa und die Suche nach einem wirklichen Zuhause in Amerika berichtet. Ich stieß auf eine Stelle, die mich berührte:

Auch ich habe die innere Unruhe des Exils gekannt,
Die große Gefahr, nirgends zu Hause zu sein,

Die zerronnene Mitte, die sich entzweiende Liebe;
Nicht hier, nicht da, Sprünge über den Ozean,
Hinwendung, Rückwendung zu jeder festen Bindung;
Amerikanerin, aber mit dem Unterschied: auf dem Sprung.

May Sarton schrieb diese Strophe allerdings um 1940, als ihre
Eltern noch lebten. Später löste sie radikal ihre Bindungen zu
Europa und fand in den Vereinigten Staaten, insbesondere in
New Hampshire, ein wirkliches Zuhause.

Jutta und ich kamen auch aus Europa nach Amerika, Jutta
1960 und ich 1971. Wenn ich heute auf die fünfundzwanzig
Jahre zurückblicke, die ich nun in den Vereinigten Staaten und
in Kanada bin, fällt mir auf, daß ich selten, vielleicht sogar nie
den Wunsch hatte, nach Europa zurückzukehren und dort zu
leben. Ich liebe mein Land, meinen Vater, meine Geschwister
und meine vielen guten Freunde daheim, aber in dem Augenblick, in dem ich mich entschlossen hatte, Amerika als meine
neue Heimat anzusehen, fühlte ich mich innerlich sehr frei,
was sich bis heute nicht geändert hat.

Vielleicht war es eine Reaktion auf das Gedicht von May
Sarton, daß ich dann bei Jutta meinen Vater in Holland anrief.
Er freute sich, mich zu hören, und fragte, ob sein neues Buch
„Meine letzte Beichte" schon angekommen sei, was ich ver-
neinte. Er erwiderte: „Du mußt es unbedingt lesen, sobald du
es hast, und mir dann sagen, wie es dir gefällt." In einem kleinen Prospekt hatte ich sein Buch schon angezeigt gesehen und
entdeckt, daß die Überschrift eines Kapitels „Wo ist der liebe
Gott, wo ist er?" lautet. Deshalb versicherte ich ihm: „Ich
werde dein Buch bestimmt lesen und dir meine Meinung darüber sagen. Es interessiert mich vor allem, was du über den
‚lieben Gott' geschrieben hast." Er verriet mir: „Weißt du, ich
wollte hier etwas schockieren! Ich bin gespannt, was du dazu
meinst." Dann fragte er mich: „Wann kommst du denn wieder
mal?" Ich sagte: „Ich habe vor, zu Weihnachten zu kommen
und bis zu deinem Geburtstag zu bleiben. Wollen wir nicht zusammen in Freiburg im Breisgau ein paar Tage Ferien machen?" Mein Vater war begeistert: „Ich würde gern mit dir

nach Freiburg fahren. Ab und zu muß ich mal etwas anderes sehen. Eine Reise nach Freiburg wäre doch schön!"

Der Besuch bei Jutta hat mir gutgetan. Ich bin bei ihr immer willkommen und danke ihr für die treue Freundschaft.

Montag, 9. Oktober

Ich habe den Abflug des Papstes vom Baltimore-Washington-Airport im Fernsehen verfolgt und war von der Verabschiedung tiefer beeindruckt, als ich gedacht habe. Es fällt mir oft schwer, eine Beziehung zu diesen großen Inszenierungen der Papstbesuche mit Fanfaren, rotem Teppich, einem genauen Zeremoniell und Massenveranstaltungen zu finden. Wenn ich die Schar von Kardinälen, Bischöfen und weltlichen Würdenträgern sehe, die den Papst umgeben, und das Gedränge der Leute, die ihm die Hand drücken, seine weiße Soutane berühren oder auch nur einen Blick von ihm erhaschen wollen, stellt sich bei mir eine gewisse innere Distanz ein. Das Ganze wirkt auf mich wie ein Schauspiel, das mit meinem Leben und meinen Belangen wenig zu tun hat.

Als ich den Papst hingegen im Laufe der letzten Tage sah und das, was er bei den verschiedenen Anlässen sagte, hörte, erschloß sich mir mehr und mehr eine geistliche Vision, die größer, weiser und umfassender ist als jede andere mir bekannte aus unserer Zeit. Die Vision des Papstes umfaßt das Streben der Menschen nach Freiheit, die Rechte des einzelnen und die Rechte der Völker, die Bedeutung der Familie, die Heiligkeit des Lebens vom Augenblick der Empfängnis an bis zu seinem natürlichen Tod und die wahre Bedeutung von Demokratie. Der Papst trug diese Vision in seinen Ansprachen an maßgebende weltliche und religiöse Persönlichkeiten vor, an Männer und Frauen unterschiedlichster kultureller Herkunft und aus verschiedensten wirtschaftlichen Verhältnissen; an ältere Menschen, an die Jugend und an die Kinder; an Polizisten, Sicherheitsbeamte, Piloten und Stewardessen.

Im Laufe seines fünftägigen Besuchs wurde mir seine Vision

immer klarer: Es ist eine universale, alles umfassende Vision, die in einem tiefen Bewußtsein der Liebe Gottes gründet, von der Frohbotschaft Jesu Christi inspiriert ist und viele konkrete Konsequenzen für unser tägliches Leben enthält. Es hat mich beeindruckt, daß dieser fünfundsiebzig Jahre alte Oberhirt der Kirche sich in einer Sprache an die Menschen richtet, die der religiös Empfänglichste wie Unempfänglichste verstehen kann, und daß dieser Vision nichts Sektiererisches anhaftet: Hingegen ist sie ganz und gar in der Botschaft Jesu verwurzelt. Es ist eine Vision, die allen Menschen gilt und die ganze Schöpfung einschließt; eine Vision, die Forderungen stellt, aber voller Mit-Leid ist; eine Trost spendende Vision, die aber viel Feingefühl zeigt; eine kritische Vision, die aber großes Verständnis beweist. Die „New York Times" stellte fest, diese Vision lasse sich politisch nicht etikettieren. Sie verurteile Abtreibung und Euthanasie und dringe darauf, sich der Armen anzunehmen, Mit-Leid mit den Kranken und Sterbenden, besonders mit den Aidskranken, zu zeigen und für eine großzügige Aufnahme der Einwanderer einzutreten. Kennzeichnungen wie „konservativ" und „liberal" würden solch einer Vision nicht gerecht.

Je mehr ich mich in diese Vision vertiefe, desto klarer wird mir, daß der Papst weitaus mehr im Blick hatte, als lediglich seine Sicht der Dinge vorzutragen. Er sprach nicht für sich selbst, sondern im Namen Gottes, der sich uns in Jesus Christus geoffenbart hat. Wenn in seinem Wort auch Einflüsse bestimmter Philosophien und Theologien zu erkennen sind, so ist es doch in eine zweitausendjährige christliche Glaubensüberlieferung eingebettet.

Es ist schwer zu sagen, wo die Grenze zwischen zeitgebundener Meinung und zeitloser Vision zu ziehen ist. Wer vermag schon genau anzugeben, wo persönliche Meinung als ewige Wahrheit vorgetragen wird und wo ewige Wahrheit wirklich ewig ist? Vieles, was einmal als ewig erschien, erwies sich im Lauf der Jahrhunderte als sehr zeitgebunden, und vieles, was einmal als sehr zeitgebunden galt, offenbarte seine ewige Gültigkeit. Wir müssen darauf vertrauen, daß es unter den vielen Ideen und Aussagen eine Vision gibt, auf der alle gründen.

Papst Johannes Paul II. vertritt feste Ansichten, mit denen viele nicht einverstanden sind. Die vielen Kontroversen in der Kirche hinsichtlich der Rolle der Frau, der Sexualmoral und der Ausübung der Autorität machen deutlich, daß vieles der Diskussion und Reflexion bedarf. Ich vermute, daß viele Ideen Johannes Pauls II. im Laufe der nächsten Jahrzehnte neu durchdacht und neu formuliert werden. Aber jenseits aller Ansichten verkündet der Papst eine Vision, die mehr als eine persönliche ist: eine Vision, die von Gott inspiriert ist und menschliche Spekulation und Diskussion überschreitet. Diese Vision eröffnete sich mir im Laufe des Papstbesuchs. Es ist eine wahrhaft katholische – das heißt universale – Vision, eine Vision, die unsere Welt dringend braucht, da wir in das neue Jahrtausend eintreten.

Mittwoch, 11. Oktober

Schon immer habe ich die Werke des amerikanischen Malers Edward Hopper bewundert, aber nie gemocht. Sosehr es mein Traum wäre, einen echten van Gogh in meinem Zimmer hängen zu haben, so sehr würde ich mich vor einem echten Hopper fürchten. Das Licht in seinen Gemälden ist brillant, aber ohne jede Wärme. Alles in seinen Werken scheint Entfremdung, Trennung, Distanz auszudrücken. Es fehlt die Nähe und Vertrautheit, statt dessen nur unermeßliche Einsamkeit.

In dem von Gail Levin verfaßten Werk „Edward Hopper: An Intimate Biography" wird in dramatischer Weise deutlich, daß Hopper das lebte, was er malte. Seine Beziehung zu seiner Frau Josephine war grausam und pervers. Ihre ausführlichen Tagebücher, auf die sich die Biographie weithin stützt, spiegeln die Tragödie ihrer 40jährigen Ehe wider.

Wenn auch oft behauptet wird, Kunst müsse unabhängig von der Persönlichkeit des Künstlers bewertet werden, erstaunt es, immer wieder die enge Beziehung zwischen dem Kunstwerk und dem Leben sowie der Persönlichkeit des Künstlers festzustellen. Jedenfalls gilt dies für die Künstler, mit denen ich mich näher befaßt habe: Rembrandt, van Gogh und Chagall. Das Kälte verbreitende Leben Edward Hoppers, das sich in erschreckender Weise in seiner Kunst widerspiegelt, bestätigt diese Verbindung.

Die Beziehungen Vincent van Goghs waren keineswegs erfreulicher als die Hoppers, und dennoch besteht zwischen beiden ein großer Unterschied. In allen Werken van Goghs ist sein starkes Verlangen nach Nähe, sein Traum, eine Künstlerkolonie zu gründen, und insbesondere seine innige, obschon turbulente Liebe zu seinem Bruder Theo zu erkennen. Ganz anders als bei Hopper ist das Licht bei van Gogh nicht nur brillant, sondern auch voller Wärme. Alle Menschen, die van Gogh malt, leuchten wie Heilige, und seine Schwertlilien, Zypressen und Weizenfelder brennen wie das Feuer seiner intensiven Gefühle. Seine vielen leuchtend warmen Gelbtöne unterscheiden sich radikal vom kalten Gelb Edward Hoppers.

Die Seele des Künstlers kann nicht verborgen bleiben. Die verbitterte, isolierte und niederträchtige Seele Hoppers und die ruhelose, aber liebeshungrige Seele van Goghs kommen in den Werken beider zum Vorschein. Vincent van Gogh war und bleibt ein Diener, der immer versuchte, Menschen zusammenzubringen, auch wenn er erbärmlich scheiterte. Edward Hopper war und bleibt ein Mensch, der sich nur für sich interessierte und der in glanzvoller Isolierung lebte und starb.

Watertown, Freitag, 13. Oktober

Gestern abend fuhr Jonas in ein Karmelitenkloster nicht weit von hier, wo er einen Tag der Stille verbringen will. Auch Margaret wollte etwas Ruhe haben und allein sein; und der kleine Sam war die meiste Zeit in der Schule oder bei seinen Freunden.

Ich selbst verbrachte den Tag damit, daß ich ein Tonband für Freunde besprach, einige Karten schrieb, mit meinen Verlegern in den USA und in Deutschland telefonierte und schließlich ein weiteres Kapitel meines Kelch-Buches schrieb.

Draußen schien herrlich die Sonne, das Laub der Bäume leuchtete, ein leichter, milder Wind wehte. Es war einer jener Tage ohne besondere Vorkommnisse, aber voll Liebe und Schönheit.

Morgen will ich für sechs Tage verreisen. Am Sonntag und Montag werde ich mich bei meinen Freunden Wendy und Jay und bei Fred und Robin in New York aufhalten. Am Dienstag möchte ich mit der Bahn nach Philadelphia weiterreisen, wo ich Steve, einen anderen Freund, besuchen will. Am Mittwoch fahre ich dann wieder nach New York, wo ich Besprechungen mit meinen Verlegern vereinbart habe. Ich bin auf diese kleine Rundreise gespannt und werde mein Tagebuch und mein kleines Notizbuch, in das ich meine täglichen Besinnungstexte eintrage, mitnehmen. Nach den vergangenen Wochen, in denen ich meist allein war, wird mir diese Reise zu Freunden Anregungen und neue Energie geben.

New York, Samstag, 14. Oktober

Es ist 6 Uhr abends. Ich sitze an dem kleinen antiken Tisch im Gästezimmer der Wohnung meiner Freunde Wendy und Jay in Manhattan.

Ich erinnere mich noch genau an den Tag, an dem ich an Bord der „Maarsdam", eines Passagierschiffs der Holland-Amerika-Linie, zum ersten Mal in New York ankam. Als katholischer Schiffskaplan für die holländischen Auswanderer hatte ich „freie" Überfahrt. Es war Anfang der sechziger Jahre. Ich weiß noch, wie mir zumute war, als unser Schiff um 7 Uhr morgens die Freiheitsstatue passierte und die imposante Skyline von Manhattan näher rückte. Neben mir stand die seit 1919 im Exil lebende letzte österreichische Kaiserin Zita, eine der vielen Passagiere, denen ich bei der Überfahrt begegnete, und genoß wie ich die Aussicht. Mit den Wolkenkratzern im Hintergrund machte ich ein Foto von ihr. Alles begeisterte mich: die Riesenstadt New York, die Kaiserin Zita, das erste Mal in der Neuen Welt.

Heute, nach fünfunddreißig Jahren, kenne ich New York, das Schöne und Häßliche dieser Stadt, ihren Reichtum und ihre Armut, ihre weiten Parks und kleinen Alleen, ihren Glanz und ihren Schmutz. Aber ich bin hier kein Tourist mehr. Jahrelang war New York für mich eine Stadt mit außergewöhnlichen Sehenswürdigkeiten: das Empire State Building, der Gebäudekomplex der Vereinten Nationen, das Rockefeller Center, die St.-Patricks-Kathedrale, das Metropolitan Art Museum, der Times Square, der Broadway, die Fifth Avenue ... Das alles habe ich gesehen und fotografiert.

Danach lernte ich aber New Yorker kennen, Menschen, die ihr Leben lang in New York gewohnt, hier gearbeitet haben, hier in die Kirche gegangen sind und hier ihren Freundeskreis besaßen. Auf diese Weise wurde New York City für mich kleiner, freundlicher, intimer und viel sicherer.

Heute abend bin ich sehr dankbar, daß mich gute Freunde – Wendy und Jay wie auch andere liebenswürdige und großzügige Menschen – in diese Stadt eingeladen haben. Durch sie und viele andere sind die Vereinigten Staaten meine Heimat geworden. Und wenngleich ich heute in Kanada zu Hause bin, fühle ich mich in diesem Land und vor allem in dieser Stadt ganz daheim.

Sonntag, 15. Oktober

Heute nachmittag habe ich mit Wendy ein Gustav-Mahler-Konzert in der Carnegie Hall besucht. Auf dem Programm standen die „Kindertotenlieder" und die Sechste Symphonie. Es spielte das Metropolitan Opera Orchestra unter der Leitung von James Levine, Solist war der aus North-Wales stammende Baß-Bariton Bryn Terfel.

Schon vor Wochen hatte mich Wendy eingeladen, dieses außergewöhnliche Konzert mit ihr zu besuchen. Es war ein unvergeßliches Erlebnis. Und zudem: Zum ersten Mal in der Carnegie Hall! Das allein war ein Fest.

Ich hatte Mahlers „Kindertotenlieder" noch nie gehört.

Ihnen liegen Gedichte von Friedrich Rückert (1788–1866) zugrunde, in denen der Dichter seine Trauer um seine im Januar 1833 an Scharlach gestorbenen Kinder Luise und Ernst zum Ausdruck bringt. Gustav Mahler, der über den Verlust seines vierzehnjährigen Bruders Ernst trauerte, vertonte fünf der „Kindertotenlieder" Rückerts.

Ich war von der Aufführung ungemein beeindruckt und hatte mir gewünscht, Margaret und Jonas könnten mit zuhören. Ihre Trauer über den Verlust ihrer Tochter Rebecca, die wenige Stunden nach der Geburt starb, fand in Mahlers Musik machtvollen Ausdruck. Sie wären zu Tränen gerührt gewesen.

Im zweiten Teil des Konzerts dirigierte Levine die Sechste Symphonie, die als eines der bedeutendsten Werke Mahlers gilt und eine große Palette von Emotionen zum Ausdruck bringt: überschäumende Freude, brennenden Schmerz, ländliche Heiterkeit, große Pein, Traurigkeit, Furcht, Hoffnung und Verzweiflung. Alles ist sehr intensiv empfunden, kunstvoll herausgearbeitet und majestätisch. Das Orchester war so groß, wie ich noch keines gesehen habe. Während der Aufführung, die einundachtzig Minuten dauerte, beobachtete ich vor allem – mit Wendys Opernglas – die Perkussionisten. Sieben Mann wechselten von einem Schlaginstrument zum andern, so als würden sie den verschiedenen Klängen, die sie produziert hatten, nachlaufen. Ihr Hin und Her faszinierte mich so sehr, daß ich mitunter vergaß, auf die Musik zu hören. Die Männer trugen graue Anzüge und dazu eine graue Krawatte und sahen todtraurig aus – im krassen Kontrast zu dem fröhlichen Lärm, den sie verursachten. Besonders ein Mann mit einem schönen, tiefzerfurchten Gesicht und langem schwarzem Haar, der sich an den beiden großen Messingbecken betätigte, verrichtete seine Arbeit, ohne dabei die geringste Miene zu verziehen. Während ich diesen Musikern zusah, habe ich mich gefragt, wie ihr Leben außerhalb der Carnegie Hall oder dem Lincoln Center wohl aussehen mag.

Am Schluß gab es langanhaltenden und begeisterten Applaus. Die New Yorker sind ein verwöhntes Publikum und applaudieren selten lang. Hier machten sie allerdings eine Ausnahme.

Auf dem Heimweg mit Wendy wurde mir bewußt, wie schwierig es ist, passende Worte für solch ein außergewöhnliches musikalisches Ereignis zu finden. Im Vergleich zu den vielen Instrumenten erschien mir meine Sprache sehr arm. Wörter wie „phantastisch", „fabelhaft", „überwältigend", „klangvoll", „bewegend", „spektakulär" sagen wohl nicht genug aus. Doch wenigstens über eines war ich mir im klaren: daß ich über diesen Konzertbesuch etwas in mein Tagebuch eintragen muß. Was ich hiermit getan habe!

Montag, 16. Oktober

Den größten Teil des Tages habe ich mit der Lektüre des neuen Buches meines Vaters „Meine letzte Beichte" verbracht. Es trägt den Untertitel: „Kritische Betrachtungen eines alten Mannes am Ende seiner Laufbahn als Autor und Steuerfachmann". Am kommenden Freitag wird mein Vater in Venlo dem Provinzgouverneur von Limburg, wo mein Vater 1903 geboren wurde, das erste fertige Exemplar seines Buches überreichen. Die Lektüre seiner „Letzten Beichte" hat mich bewegt. Das Buch ist gut geschrieben, mit viel Geist und Witz und stets einem Schuß Ironie; es ist interessant und enthält viele überraschende Ansichten. Obwohl es ein sehr persönliches Buch ist, enthält es auch Gedanken zu vielen Fragen, mit denen sich mein Vater im Laufe seines Lebens als Rechtsanwalt, Steuerfachmann und Professor für Steuerrecht beschäftigt hat. Obwohl mein Vater darin seine persönlichen Meinungen über aktuelle Steuerprobleme in der holländischen Gesellschaft und über sein eigenes reifes Leben, über das Alter und Sterben darlegt, bietet er dem Leser auch eine Reihe ausgewählter Texte bedeutender Autoren wie Cicero, Cato, Montesquieu, Georges Simenon, Kafka und vieler anderer Persönlichkeiten des literarischen und politischen Lebens der Vergangenheit und Gegenwart. Und obwohl das Buch eine Vielfalt von Themen behandelt, wie die Bedeutung des Schreibens, das Älterwerden und den Glauben an Gott, ist es in erster Linie ein kritischer Rückblick auf das eigene Leben meines Vaters. Er kann es nicht sein lassen, sarkastisch zu sein, und dennoch ist es ein im wesentlichen nachsichtiges und feinsinniges Buch. Es war ein großer Genuß, die „Letzte Beichte" meines Vaters zu lesen und dabei seinen kämpferischen Geist, seine Intelligenz, seinen Sinn für Humor und vor allem seine Weisheit vor Augen geführt zu bekommen. Er tritt in diesem Buch als ein sehr vitaler und integrer Mann in Erscheinung. Im ersten Kapitel bemerkt er, daß er nicht beim „Bridge-Spielen" sterben möchte. Er wird es sicherlich nicht, wie dieses Buch beweist.

Im Schlußkapitel „Der Vorhang fällt" spricht mein Vater über seinen Glauben an Gott. Er bestätigt dabei das Wort eines holländischen geistlichen Autors: „Gott reicht unendlich über uns hinaus, steht aber auch zutiefst im Einklang mit unserem Herzen, so begrenzt und zeitlich diese Harmonie auch sein mag. Ob sie gut, wahr und schön klingt, hängt von meiner Ortho-Praxis, meinem eigenen Handeln ab."

Mein Vater ist tatsächlich ein Mann der „Ortho-Praxis", ein Mann gerechten Handelns. Was für ihn letztlich zählt, ist, was Menschen tun und nicht so sehr, was sie sagen oder glauben. Er gab mir immer zu bedenken: „Nicht wegen deiner Worte, Ideen, Vorträge oder Bücher wird man sich einmal an dich erinnern; sondern dessentwegen, was du für andere getan hast, und in welchem Geist du es getan hast."

Schade, daß ich am Freitag bei der Vorstellung des Buches meines Vaters nicht dabei sein kann. Nachdem ich es aber gelesen habe, kann ich ehrlichen Herzens sagen, daß ich auf meinen Vater stolz bin.

*

Heute habe ich mit Fred einen schönen Spaziergang im Central Park unternommen und anschließend mit ihm zu Mittag gegessen. Um sechs Uhr abends gingen wir zusammen in seine Wohnung, wo ich seine Frau Robin und seine beiden Kinder, den eineinhalb Jahre alten Jacob und die vor kurzem auf die

Welt gekommene Emma, begrüßen konnte. Es war eine große Freude! Während des Abendessens kamen wir auf Bücher, unsere Arbeit, Freunde und unsere Pläne für die Zukunft zu sprechen. Ein angenehmer und ruhiger Abend!

Philadelphia, Dienstag, 17. Oktober

Den heutigen Tag verbrachte ich bei meinem Freund Steve in Philadelphia. Steve war siebzehn Jahre stellvertretender Geschäftsführer einer Bank, gab dann seinen Beruf auf und trat in ein Priesterseminar ein. Er hatte genug Geld auf die Seite gelegt, um ein Theologiestudium zu beginnen und seiner Berufung zum priesterlichen Dienst zu entsprechen.

Es ist keine leichte Zeit für Steve. Der Wechsel vom Bankbetrieb zum Seminarleben verlangt viel von ihm. So gern er studiert, bedauert er, daß ihm kaum Zeit bleibt für persönliche Lektüre, Kunst und vor allem für die Pflege von Freundschaften.

Überdies hat er noch einige Hürden zu nehmen: psychologische Tests und endlose Gespräche, bei denen er sich als Kandidat für das Priesteramt qualifizieren muß. Als Steve mir davon erzählte, fragte ich mich, ob ich es überhaupt bis zur Priesterweihe gebracht hätte, wenn ich seinerzeit dieselbe Serie von Tests hätte mitmachen müssen, die er heute bestehen muß. Wir sprachen auch eingehend über die Berufung und Befähigung zum Priestertum, über den Dienst in der Kirche, über Zukunftsaussichten und manches andere. Am wichtigsten war mir, daß Steve sehr froh ist, den Bankberuf aufgegeben zu haben, und daß er gern studiert. Was sich daraus ergeben wird, ist schwer zu sagen. Ich legte ihm ans Herz: „Du mußt dir sicher sein, daß du das Leben, das du jetzt führst, liebst und daß es dich befriedigt: dein Studium, dein Gebet, deine Freundschaften … Dann darfst du darauf vertrauen, daß Gott, wenn der Zeitpunkt gekommen ist, dir die Richtung zeigen wird, die du einschlagen sollst. Versuch aber nicht, schon jetzt zu erfahren, was du erst in einigen Jahren wissen mußt."

Ich hoffe und bete, daß ich Steve in den kommenden Jahren eine Stütze sein kann. Steve nahm das Risiko auf sich, einen Weg einzuschlagen, den er nicht gut kennt. Ich meine aber, daß es ein von einem guten Geist inspiriertes Risiko ist, das einzugehen sich lohnt. Ich bin dankbar, daß Steve sein Vertrauen auf Gott setzt und nicht auf einen sicheren, aber im Grunde unbefriedigenden Job. Ich bin überzeugt, daß seine Entscheidung eines Tages Frucht bringen wird.

New York, Mittwoch, 18. Oktober

Nachdem ich mit der Bahn wieder in New York angekommen war, besuchte ich meinen Lektor Bill im Verlag Doubleday, um mit ihm über die Veröffentlichung meines Winnipeg-Tagebuchs zu sprechen. Ich schrieb es, als ich unter Depressionen litt und mich im Winterhalbjahr 1987/88 einer geistlichen Therapie unterzog. Bill hatte an dem Tagebuch gleich nach meiner Rückkehr nach Daybreak im Sommer 1988 großes Interesse gezeigt. Ich fühlte mich jedoch innerlich zu schwach und war auch nicht bereit, diese Erfahrungen meinen Lesern mitzuteilen. Indessen haben sich die Dinge verändert, und so meine ich heute, daß das Tagebuch vielen Menschen, die unter ähnlichen Qualen leiden wie ich vor sieben Jahren, helfen könnte.

Bills Büro liegt im vierzehnten Stock des Bertelsmann Building, hoch über dem Times Square mit seinen riesigen Werbetafeln und der grellen Leuchtreklame. Mich beschlich ein merkwürdiges Gefühl im Magen, als ich über das Tagebuch meiner Depression sprach und dabei auf das Weltzentrum der Unterhaltung und des Vergnügens blickte. „Eine recht bunte Szenerie", sagte Bill, „vor allem, wenn es dunkel geworden ist und die vielen goldenen, blauen, grünen, roten und gelben Lichter aufleuchten, sich drehen, wenden und im Eiltempo davonlaufen ... Nun ja, es ist das Herz von New York." Hinreißend und abstoßend in einem, dachte ich mir. Vielleicht sollte ich hinter diesen Fenstern ein Buch über Depressionen schreiben!

Als ich wieder bei Wendy und Jay zu Hause war, sagte mir Wendy: „Ich habe zwei Eintrittskarten für die ‚Carmen'-Aufführung in der Metropolitan Opera besorgt. Jay und John haben heute abend etwas anderes vor, deshalb dachte ich mir, wir beide könnten doch in die Oper gehen." Ich war begeistert, zumal ich „Carmen" noch nie gehört habe und eine Aufführung in der Met sicherlich die beste Gelegenheit ist, dieses Meisterwerk an Musik, Gesang und dramatischer Handlung kennenzulernen.

Wenngleich ich mit dem Vorurteil belastet war, Opern seien in den meisten Fällen eine Mischung von guter Musik und schlechter Handlung, hat mich das Drama „Carmen" durch und durch gefesselt. Die Rolle der Carmen sang und spielte Denyce Graves. Ihre Darstellung der sinnlichen, verführerischen, selbstbewußten, fatalistischen Zigeunerin verdeutlichte mir das tatsächliche Spannungsverhältnis zwischen Glaube und Schicksal, gehorsamem und „wildem" Leben, Agape und Eros, wie auch Christentum und Heidentum.

José, ein spanischer Soldat in Sevilla, der seinen militärischen Vorgesetzten gehorchen muß und sich durch keine „Liebe" ablenken lassen darf, steht in der Oper „Carmen" für viele pflichtbewußte Männer und Frauen, die meinen, das Leben töte unsere Vitalität. Und Carmens unwiderstehliche Energie, die das Leben Josés erweitert, schließlich aber beide vernichtet, ist ein Abbild von uns als Menschen, die aus den Zwängen der Normalität ausbrechen möchten, aber zögern, den Preis dafür zu bezahlen.

Läßt sich die Spannung in einem ganzheitlichen Leben auflösen? Läßt sich die „wilde Person" in uns zähmen, ohne dies mit dem Verlust unserer Vitalität und Kreativität zu bezahlen? Viele Meditationsformen, buddhistische wie christliche, erstreben diese Integration. Ich glaube nicht, daß wir unsere erotischen Energien unterdrücken müssen, um ein geordnetes Leben zu führen. Ebensowenig glaube ich, daß wir Ordnung und Disziplin aufgeben müssen, um mit den ungezähmten Energien unserer Existenz in Kontakt zu kommen. Sicherlich aber verlangt es ein konzentriertes Bemühen, um unseren einmaligen

Weg zu finden, der zu einem ganzheitlichen Menschsein führt. Die westliche Literatur und Kunst zeigen, daß nur wenige diese Ganzheit erlangt haben. Ich gewiß nicht. Ich weiß nicht, was passieren würde, wenn eine Carmen in mein Leben einbrechen und mir den Boden unter den Füßen entziehen würde.

Watertown, Donnerstag, 19. Oktober

Ein „Zwischen"-Tag! Hinter mir liegt der sehr anregende Besuch in New York und vor mir ein verheißungsvolles Wochenende in Boston.

Es tut gut, wieder in meiner gemütlichen Wohnung zu sein. Ein Stoß Post und viele Nachrichten auf dem Anrufbeantworter erwarteten mich. Aber schon nach ein paar Stunden, in denen ich Briefe und Anfragen beantwortet habe, saß ich wieder an meinem Tisch, machte Eintragungen in mein Tagebuch und verfaßte einen Text für mein Museum-Notizbuch.

Morgen werden Sue und Nathan zu einem Wochenendbesuch eintreffen. Sie kommen als Freunde, aber auch als Begleiter, die mir helfen, das Sabbatjahr gut zu verbringen. Ich freue mich auf ihren Besuch und wünschte, ich hätte alles, was es dazu vorzubereiten gibt, schon getan! Ich muß noch das eine und andere einkaufen, die Wohnung in Ordnung bringen und ihren Aufenthalt mit Jonas und Margaret etwas planen.

Es ist eine große und freudige Überraschung, daß Borys, bei dem Sue, Nathan und ich ein paar Wochen in der Ukraine verbracht haben, sich zur Zeit in Boston aufhält und uns morgen besuchen will. Es wird viel zu erzählen geben.

Freitag, 20. Oktober

Heute nachmittag um vier Uhr gingen wir alle – Jonas, Margaret, Sam, Jonas' Bruder Steve, sein sechsjähriger Sohn Lukas und ich – in den Zirkus.

Ich habe mich gefreut, die Ringling-Brothers, Barnum &

Baileys „Größte Show der Welt" sehen zu können, denn durch meine inzwischen über vierjährige Freundschaft mit der Trapezartisten-Truppe „Die Fliegenden Rodleighs" bin ich ein großer Zirkus-Fan geworden.

Der Nachteil dieses Drei-Manegen-Zirkus Ringling Brothers, Barnum & Baileys, bei dem sich sehr vieles gleichzeitig abspielt, liegt meines Erachtens darin, daß keine persönliche Beziehung zwischen Zuschauern und Darstellern entsteht. Artisten, hochtalentierte Menschen, werden zu bloßen spektakulären Bewegungsvorgängen und farbigen Figuren. Ich vermißte die intime Atmosphäre des Ein-Manegen-Zelt-Zirkus Simoneit-Barums, den ich in Deutschland besucht habe. Als ich da die „Fliegenden Rodleighs" sah, beeindruckte mich nicht nur ihre Luftakrobatik, sondern auch ihr Geist. Ich wollte sie persönlich kennenlernen und mit ihrem Leben enger in Verbindung treten. Heute nachmittag war ich zwar beeindruckt, erstaunt, sprachlos usw., aber nie wirklich gebannt. Ich wurde gezwungen zu vergessen, daß diese Menschen vor mir Lebewesen sind wie du und ich. Sie waren Einzelteile einer riesigen Zaubermaschine, die Zirkus heißt.

Ich war neugierig, wie Sam und Lukas darauf reagieren würden. Beide verfolgten zwar das ganze Geschehen mit funkelnden Augen, mußten aber nie lachen und zeigten sich auch nie begeistert. Sam legte den Kopf in Margarets Schoß und sagte, daß er müde sei. Ich konnte es ihm nicht verdenken.

Nur einmal war ich wirklich „gepackt": als ein Mann, auf dem Kopf seines Partners, der auf einer gut zehn Meter über dem Boden sich befindenden Rampe auf Stelzen ging, einen Handstand auf einem Arm machte. Ich konnte ihn gut beobachten, weil sich alles direkt vor unseren Plätzen abspielte. Ich konnte das erste offene, lächelnde Gesicht eines Menschen sehen und seinen von Kopf bis Fuß angespannten, muskulösen Körper, der Vitalität und Kraft ausstrahlte. Ich spürte eine Verbindung. Aber bald verschluckte beide die große Anonymität der Show. Es war für mich ein wichtiger, wenn auch nur kurzer, Moment, denn ich spürte hier dieselbe Spannung, die mich bei den „Fliegenden Rodleighs" ergriffen hatte, als ich sie zum ersten Mal sah. Daraufhin hatte ich es auch gewagt, mich ihnen vorzustellen, woraus sich eine lange und bereichernde Freundschaft entwickelte. Dieser Zirkusakt und die Menschen, die ihn ausführten, waren wie ein Blitzlicht in der Dunkelheit, ein Wiedererkennen, eine Erinnerung und innere Verbindung voller Melancholie.

Samstag, 21. Oktober

Sue und Nathan sind da. Wir haben einen schönen, ruhigen Tag zusammen verbracht, sprachen über mein wenig aufregendes Leben hier, über Daybreak und andere auf uns zukommende Dinge. Ihre Freundschaft und Hilfe sind mir ein wirkliches Geschenk.

Vor dem Mittagessen traf Borys ein. Es gab ein frohes Wiedersehen. Borys hatte viel zu erzählen: von seinem Studienjahr in Rom, seinen Aufgaben als Vize-Rektor der neu gegründeten Theologischen Akademie in Lviv, der Veröffentlichung seines Buches über die Union von Brest und von manchen persönlichen Freuden und Leiden. Auch Jonas aß mit uns. Borys und Jonas hatten durch mich schon viel voneinander gehört, waren sich aber noch nie begegnet. Ich habe mich gefreut, sie endlich zusammenzusehen.

Sonntag, 22. Oktober

Um zwei Uhr nachmittags brachten Jonas und ich Sue und Nathan zum Bostoner Logan Airport. Es war ein sehr schöner Besuch. Aus meinen vielen Plänen: ihnen die Stadt und die Harvard-Universität zu zeigen, an der ich drei Jahre verbracht habe, ein Konzert der Bostoner Symphoniker zu besuchen und sie in ein gutes Restaurant zum Abendessen auszuführen, aus alldem ist nichts geworden. Wir hielten uns nur zu Hause auf, genossen die schöne Wohnung und erzählten und erzählten. Nathan ging einkaufen und bereitete für alle ein ausgezeichnetes Abendessen.

Ich bin froh, daß wir nicht viel unternommen haben. Es war eine Wohltat, einfach zusammenzusein und unsere Freundschaft zu genießen. Heute morgen feierten wir mit Jonas und neun anderen Besuchern in der „Leeren Glocke" die Sonntagsmesse. Eine Zeit des Gebets und des Friedens. Nach dem Frühstück haben wir etwas gelesen, etwas erzählt und etwas gebetet. Danach brachen wir zum Flughafen auf.

Nichts besonders Unerwartetes, nichts Außergewöhnliches, nichts Aufregendes; einzig und allein feste, gute, wohltuend erlebte dauerhafte Freundschaft.

Montag, 23. Oktober

Kein besonders guter Tag für mich. Nach meiner Reise nach New York und Philadelphia und nach dem bald darauffolgenden Besuch von Sue und Nathan habe ich nur einen Wunsch: wieder schreiben zu können. Seit über einer Woche habe ich nicht mehr an meinem Kelch-Buch gearbeitet, und auch der ruhige Rhythmus meines Lebens hier hat sehr gelitten.

Borys hat mich gefragt, ob er ein paar Tage bei mir bleiben könne, da es an seinem augenblicklichen Aufenthaltsort laut und unruhig sei. Auch wollte er mir noch eingehender über sein Leben und seine Arbeit berichten und meine Meinung dazu hören. Zugleich genießt er unsere Freundschaft und möchte sie vertiefen. Jonas erinnerte mich, daß ich schon länger nicht mehr im Fitneß-Club gewesen sei, und wartet darauf, daß ich wieder mit ihm gehe. Inzwischen sind die Korrekturabzüge seines Buches über seine Tochter Rebecca eingetroffen. Sein Lektor Robert Heller bat mich, ein Vorwort zu schreiben; das in einer Woche fertiggestellt sein sollte. George Strohmeyer, der Seelsorger der „Arche" Erie, rief an, um mit mir den Plan einer Konferenz für alle Seelsorger der „Arche"-Gemeinschaften Nordamerikas zu besprechen. Und unter der eingegangenen Post befinden viele Anregungen und Anfragen, die Übersetzungen meiner Bücher betreffen und beantwortet sein wollen.

Alles schön und gut, aber zuviel! So wichtig das eine oder andere auch ist, es lenkt mich einfach ab. Ich könnte mich jetzt nicht an den Tisch setzen und am Kelch-Buch weiterarbeiten, ohne dabei nervös und depressiv zu werden. Und der arme Borys muß darunter leiden. Er hat beinahe ein schlechtes Gewissen, daß er hier ist, während ich mir nicht vorstellen könnte, mit wem ich lieber zusammen wäre.

Ein Lichtstrahl war das erste Exemplar der gebundenen Neuausgabe meines Buches „Nimm sein Bild in dein Herz. Geistliche Deutung eines Gemäldes von Rembrandt", das heute ankam. Gut, daß dieser Band in der repräsentativen Originalausstattung wieder vorliegt. Werner Linz vom Verlag Continuum konnte die Rechte von Doubleday erwerben und das Buch neu auflegen. Doubleday bietet es weiterhin in der Paperback-Ausgabe an. Beim Aufschlagen des Bandes fiel mir die Widmung in die Augen: „Meinem Vater Laurent Jean Marie Nouwen in Liebe zu seinem 90. Geburtstag". Ich schrieb sie ein gutes halbes Jahr vor dem eigentlichen Tag, dem 3. Januar 1993, und habe mich damals gefragt, ob das nicht etwas gewagt sei. Als ich gestern mit meinem Vater telefonierte und auf meinen geplanten Weihnachtsbesuch und unsere gemeinsame Reise nach Freiburg im Breisgau zu sprechen kam, war er begeistert: „Wir können ja zwischen Weihnachten und meinem 93. Geburtstag fahren. Besorg schon mal die Platzkarten für den Zug und laß die Zimmer im Hotel reservieren!"

Also Gründe genug, um dankbar zu sein, auch an einem frustrierenden Tag!

Mittwoch, 25. Oktober

Der fünfzigste Jahrestag der Verkündigung der „Charta der Vereinten Nationen" zieht viel politische Prominenz in die Vereinigten Staaten. Die Empfindlichkeiten sind vielschichtig, das Protokoll ist fast nicht zu regeln, Sicherheit ist ein Alptraum, die Beförderung der Abordnungen verursacht Staus und Verzögerungen, Hotels und Pensionen sind vollständig ausgebucht. Die gesamte Stimmung ist allem Anschein nach ziemlich pessimistisch. Die UNO ist nach fünfzig Jahren eine riesige Bürokratie ohne eine große Vision geworden und endlos in diplomatische Probleme verstrickt. Dennoch ist sie eine der wenigen Organisationen, die das Potential haben, auf unserem Planeten Frieden zu stiften und ihn vor der Zerstörung durch menschliche Habgier und Rachsucht zu bewahren.

Verglichen mit den vielen diplomatischen Manövern dieser Woche, erscheint der Besuch Papst Johannes Pauls II. vor ein paar Wochen wie ein außerordentliches prophetisches Ereignis.

Ich bete heute abend um Frieden in der Welt.

Donnerstag, 26. Oktober

Ein mit schriftstellerischer Arbeit ausgefüllter Tag. Ich habe fünf kurze Betrachtungen zum Thema „Ein verwundeter Heiler sein" verfaßt, sodann das Kapitel „Auf das Leben!" für das Kelch-Buch fertiggestellt und dazu eine fünfseitige Meditation „Bedingungslose Liebe" für meine gute Bekannte Joan in San Diego ausgearbeitet. Um sechs Uhr kam Borys zum Abendessen und erzählte, daß er in Cambridge mit dem Abschluß seines Buches viel zu tun gehabt habe und dort noch verschiedene Besuche machen wollte, bevor er nach Europa zurückkehrt.

Freitag, 27. Oktober

Den größten Teil des heutigen Tages habe ich für das Vorwort zu Jonas' Buch „Rebecca: Der Weg eines Vaters von der Trauer zur Dankbarkeit" verwendet. Gestern habe ich mit Jonas ein kurzes „Interview" geführt und heute vormittag den Text verfaßt. Ich habe diesen kleinen Beitrag zu Jonas' erstem Buch gern geleistet, da ich mich ihm und seiner Trauer um seine kleine Tochter verbunden fühle. Rebecca kam am

29. Juli 1992 auf die Welt und lebte nur drei Stunden und vierundvierzig Minuten: sie starb in Jonas' Armen. Ich war damals gerade in Frankreich und erinnere mich noch gut, als Jonas anrief und mir die Geburt und zugleich den Tod seiner Tochter mitteilte. Seine Trauer war unermeßlich. Doch vom ersten Augenblick an war er bereit, sich von seinem Schmerz zur Dankbarkeit führen zu lassen.

Da Jonas schon immer schriftstellerische Ambitionen hatte, schlug ich ihm später vor, ein Buch über Rebecca zu schreiben. Das kurze Leben seiner Tochter sollte ihm Gelegenheit bieten, seiner Neigung nachzugehen. Ich freue mich, die Frucht einer tiefen Trauer und das Ergebnis harter Arbeit zu sehen.

Was mich an dem Buch besonders fasziniert, ist, daß es unter zwei Aspekten gelesen werden kann: als der sinnlose Versuch eines Vaters, einem bedeutungslosen Geschehen um jeden Preis Bedeutung zu verleihen, aber auch als ein leuchtendes Zeugnis des Geheimnisses, daß „unsere Heimat im Himmel ist", von wo wir Jesus Christus erwarten, den Herrn und unseren „Retter, der unseren armseligen Leib verwandeln wird in die Gestalt seines verherrlichten Leibes" (Philipperbrief 3, 20 f). Wer sich mit Jonas dazu entschließen kann, inmitten unermeßlicher Trauer die Herrlichkeit Gottes zu sehen, dem wird dieses Buch große Hoffnung schenken.

Rebecca lebte nur drei Stunden und vierundvierzig Minuten. Sie war zu zart, zu klein, um ihre Augen aufzutun. Aber die große Vision, die Jonas besaß, ließ ihn einsehen, daß der Wert eines Lebens weder von der Zahl der gelebten Stunden, Tage oder Jahre abhängt, noch von der Menge der Menschen, mit denen es verknüpft war, noch von seinem Einfluß, den es auf die Geschichte der Menschheit hatte. Jonas „sah", daß der Wert eines Lebens das Leben selbst ist und daß die wenigen Stunden, die Rebecca lebte, denselben Wert besaßen wie die vielen Stunden des Lebens Beethovens, Chagalls, Gandhis, ja auch Jesu.

Ich betrachte es als ein Privileg, daß ich zu diesem außergewöhnlichen, Hoffnung schenkenden Buch, das Schmerz zu Freude und Trauer zu Dankbarkeit werden läßt, beitragen durfte.

Samstag, 28. Oktober

Wird sich Quebec von Kanada abspalten? Diese Frage wird am kommenden Montag beantwortet, wenn die Quebecer in einem Referendum darüber entscheiden, ob ihre Provinz Teil des kanadischen Bundesstaates bleiben oder einen eigenen Weg einschlagen soll.

Bis vor wenigen Tagen zeigten die Zeitungen in den USA wenig Interesse an diesem Volksentscheid. Der Grund liegt wohl darin, daß niemand an eine Trennung ernstlich glaubt. Die Ergebnisse neuester Meinungsumfragen deuten allerdings in die andere Richtung. Eine Abspaltung Quebecs liegt durchaus im Bereich des Möglichen.

Heute nachmittag sprach ich am Telefon mit Nathan und war überrascht, von ihm zu hören, daß ein Ja zur Trennung wohl kein so großes Drama wäre, wie vielfach angenommen. Solch ein Ergebnis könnte, seiner Meinung nach, die verschiedenen Parteien und Provinzregierungen wachrütteln und ein Anstoß zu einem besseren Kanada sein. Er tritt für die Einheit ein, hat aber im Falle einer Trennung keine Befürchtungen.

Ich habe zu dieser Frage keine feste Meinung, wenngleich ich spontan sagen würde, daß ein vereintes Kanada besser als ein geteiltes ist. Auf der anderen Seite könnte eine Trennung zu einer ähnlichen Situation wie in Belgien führen, wo jede der beiden französisch und flämisch sprechenden Bevölkerungsgruppen eine eigene Regierung besitzt, aber zusammen ein Land bilden.

Ich frage mich, ob sich die Mehrheit der Wähler im letzten Moment nicht doch für den Status quo entscheidet, einfach aus Sorge vor einer unsicheren Zukunft. Wir werden's bald wissen.

Sonntag, 29. Oktober

Vor einem Jahr verlor mein Freund Ted seine Frau Nancy und gestern nachmittag ein anderer Freund, Fred, seinen seit Kindertagen liebsten Freund Jim. Während der Jahre an der Yale-Universität konnte ich Nancy als eine gütige, freundliche, tatkräftige und überaus liebenswürdige Frau kennenlernen. Was Jim betrifft, so hörte ich in den vergangenen Wochen viel Lob über seinen geistlichen Mut und seine Glaubensstärke.

Heute morgen feierten wir in der „Leeren Glocke" die Eucharistie zum Gedenken an diese beiden ungewöhnlichen Menschen. Ted nahm daran teil, und auch Michael, mein Freund und früherer Assistent in Harvard, war mit seiner Frau Marta und seinen Zwillingssöhnen Andres und Nicolas gekommen.

Es war eine innige, friedvolle Feier. Die Lesung und das Evangelium handelten vom Beten in Demut und voll Vertrauen. Eine Stelle aus dem Buch Jesus Sirach berührte mich besonders: „Das Flehen des Armen dringt durch die Wolken, es ruht nicht, bis es am Ziel ist. Es weicht nicht, bis Gott eingreift und Recht schafft als gerechter Richter" (35, 21 f). Ich empfand unser gemeinsames Gebet mit Nancy und Jim als ein Beten, das durch die Wolken dringt, und war mir gewiß, daß Gott von uns Notiz nimmt.

Nach der Eucharistiefeier kamen Ted, Michael, Marta, Andres und Nicolas zu einem einfachen Frühstück in mein kleines Apartment. Die beiden Jungen, die mir bei der Kommunion geholfen und jedem den Kelch gereicht hatten, malten für mich Bilder vom gekreuzigten Jesus mit Kerzen, Engeln und Sternen. Es war ein Zusammensein voller Erinnerungen. Nancy und Jim sind tot, aber die zwei Jungen erinnerten uns an die Fülle und Durchsetzungskraft des Lebens. Was für freundliche und liebenswerte Kinder!

Um sechs Uhr abends rief ich Fred in Pittsburgh an, um ihm von unserem Gottesdienst und Gebet zu berichten. Er sagte mir, daß er eben all die Lieder auf dem Klavier gespielt habe, die er mit Jim oft gesungen hat und auf diese Weise seiner Trauer Ausdruck geben wollte. Fred war mir für den Anruf sehr dankbar.

An solch einem Tag staune ich über das große Geschenk der Freundschaft.

Dienstag, 31. Oktober

Mit 50,6 Prozent zu 49,4 Prozent der Stimmen ist die Entscheidung für den Verbleib der Provinz Quebec beim kanadischen Bundesstaat gefallen. Ein Sieg für alle, die für die Einheit Kanadas eintreten, wenngleich ein hauchdünner Sieg! Viel Leid zeichnet sich ab. Die tiefe Spaltung der Provinz Quebec in Befürworter und Gegner einer Trennung von Kanada verlangt in den kommenden Jahren schöpferische und heilende Initiativen. Dem kanadischen Premierminister Jean Chrétien steht ein hartes Stück Arbeit bevor, um eine Entspannung zu erreichen. Sollte sich in den Beziehungen zwischen Quebec und der kanadischen Bundesregierung nichts ändern, wird bald ein neues Referendum folgen. Das Ergebnis könnte dann umgekehrt ausfallen.

NOVEMBER 1995

Ich bin unterwegs nach Cancún in Mexiko. Um 6.30 Uhr flog ich vom Bostoner Logan Airport nach Dallas ab, wo ich Joe und Nathan aus Daybreak treffen werde, die von Toronto nach Dallas fliegen; ebenso meinen Freund Malcolm aus Fort Worth in Texas, auf dessen Rat hin ich die Einladung nach Cancún angenommen habe.

Warum nach Cancún? Hier findet eine Tagung eines evangelikalen Hilfswerkes von Philanthropen statt, deren Mitglieder einmal im Jahr zum sogenannten „Gathering" zusammenkommen, dabei Erfahrungen austauschen, einander in ihrem philanthropischen Engagement bestärken und über das Thema „Geben im Geist des Evangeliums" diskutieren. Um bei diesem Treffen „erwünscht" zu sein, muß jedes Mitglied mindestens 250 000 Dollar im Laufe eines Jahres einer Wohltätigkeitsorganisation gespendet haben; und ist ein Mitglied Präsident einer Stiftung, so erhöht sich der Betrag auf mindestens 500 000 Dollar im Jahr.

Als ich die Einladung zu einem Vortrag bei diesem Treffen erhielt, wollte ich zuerst absagen, da der Termin in mein Sabbatjahr fiel und ich mir auch nicht sicher war, ob ich Philanthropen etwas Besonderes zu sagen habe. Dann aber bat ich Nathan und Joe, mich zu begleiten, um bei der Tagung unsere Erfahrungen in der Gemeinschaft gemeinsam vorzutragen. Jetzt auf dem Flug nach Dallas sehe ich diesem Unternehmen gespannt entgegen.

Das Leitmotiv der Männer und Frauen, die uns in Cancún erwarten, ist das Wort Jesu: „Ihr könnt nicht beiden dienen, Gott und dem Mammon" (Matthäusevangelium 6,24). Ich frage mich, worin unser Beitrag zu dieser Weisheit bestehen soll. Es ist für mich sehr wichtig, daß ich als Mitglied einer Gemeinschaft sprechen kann, in deren Mittelpunkt die Armen stehen. Ich bin froh, daß Nathan und Joe dabeisein werden.

Donnerstag, 2. November

Wir wohnen hier im luxuriösen Ritz-Carlton-Hotel, in dem es drei Restaurants gibt, zwei große Freischwimmbecken, einen weitläufigen Empfangsraum, riesige Tanzsäle, breite, geschwungene Treppenaufgänge, große glitzernde Kronleuchter und viele kleine Geschäfte mit sehr teuren Waren. Und die Krönung all dieser Pracht ist das blaue, sonnenüberflutete Karibische Meer.

Das mexikanische Hotelpersonal ist sehr freundlich; alles junge Männer und Frauen, die durchweg englisch sprechen und für ihre Aufgaben offensichtlich gut geschult wurden. „My pleasure! – Es ist mir ein Vergnügen!" hört man sie am häufigsten sagen. Sie gebrauchen diese Wendung so oft und sprechen sie mit einem so sympathischen mexikanischen Akzent aus, daß sie wie ein heiliges Mantra klingt.

Gestern abend feierten wir – Joe, Nathan, Malcolm und ich – die Eucharistie mit den liturgischen Texten vom Fest Allerheiligen. Es war ein sehr intimer, stiller Gottesdienst. Wir beteten für viele Lebende und Verstorbene. Heute vormittag um elf Uhr feierten wir die heilige Messe von Allerseelen und beteten dabei für alle verstorbenen Verwandten und Freunde wie auch für alle Opfer von Gewalt, Krieg, Krebs und Aids.

Nach dem Abendessen wurde das Treffen mit dem Vortrag „Ein Aufruf zu froher Großzügigkeit" offiziell eröffnet: Sehr humorvolle und unterhaltsame Ausführungen über die Freude des Lebens und des Gebens mit vielen Anekdoten und einigen guten biblischen Reflexionen.

Morgen vormittag werde ich mein erstes Bibelreferat halten. Ich habe vor, über den Bericht von der Brotvermehrung zu sprechen. Wider meine Gewohnheit bin ich ziemlich aufgeregt.

Ich bete darum, daß ich mich auf Jesus konzentriere und nicht
so sehr auf das achte, was andere denken oder sagen.

Ich bin sehr, sehr müde, was in dieser prächtigen Umgebung
kaum zu erklären ist. Allerdings habe ich ein bißchen Heim-
weh nach der Ruhe und meinem Schreibtisch im Haus von
Jonas und Margaret.

Freitag, 3. November

Meine Betrachtung über die Brotvermehrung scheint gut angekommen zu sein. Ich sprach über Mit-Leid, Mangel, Schenken, Überfluß und Alleinsein und folgte dabei dem Verlauf des
biblischen Berichts. Zugleich versuchte ich, deutlich zu machen, was es bedeute, auch sich selbst den anderen zu geben.
Mein Hauptgedanke war, daß unsere Geschenke – selbst die
kleinsten – dadurch groß werden, daß sie als Geschenke Gottes für Menschen Gottes angesehen werden. Knausern und
geizen wir beim Geben, wird das Wenige, das wir haben, noch
geringer. Geben wir großzügig und froh, wird unsere Gabe
sich vermehren. Geschieht dies aber, wollen uns die Menschen
zu Königen und Königinnen erheben! Dann müßten wir in die
Einsamkeit zurückkehren und auf die Stimme Gottes lauschen,
die zu uns sagt: Ihr seid geliebt!

Die übrige Zeit des Tages verlief ruhig. Ich arbeitete an meiner Betrachtung für den morgigen Tag und feierte anschließend mit Joe, Nathan und Malcolm in meinem Zimmer die
Eucharistie. Danach besprachen wir die Grundgedanken des
Vortrags.

Samstag, 4. November

Ein sehr ausgefüllter Tag, an dem ich vor allem mit meinem
Vortrag beschäftigt war. Am Vormittag sprach ich über die
Stelle aus dem Johannesevangelium, wo der auferstandene Herr
zu Petrus sagt: „Liebst du mich? ... Weide meine Schafe ... Ein

anderer wird dich gürten und dich führen, wohin du nicht willst" (21, 15–18). Malcolm las den Bibeltext vor, Nathan stimmte in den kurzen Pausen, die ich zwischen den einzelnen Abschnitten meines Vortrags einlegte, ein Lied an, und Joe erzählte allen die Geschichte von Zenia und Rose. Die Zuhörer waren sichtlich gerührt und zeigten große Anteilnahme. Da der Hauptredner des Vormittags absagen mußte, stand genug Zeit zur Verfügung, miteinander Gedanken auszutauschen und die Botschaft des Evangeliums zu verinnerlichen.

Den Rest des Tages benutzte ich für meinen Abendvortrag „Könnt ihr den Kelch trinken?" Da ich über dieses Thema schon in den vergangenen Wochen etwas zu Papier gebracht habe, waren jetzt nicht die entsprechenden Gedanken oder der Stoff das Problem, sondern mehr die einfache Darstellung. Ich rang regelrecht um eine klare, eingängige und eindringliche Sprache, wobei ich darauf achten mußte, mich nicht in zwar interessante, aber doch nebensächliche Einzelheiten zu verlieren.

Der Vortrag kam gut an, wenngleich ich selbst mit ihm nicht so zufrieden bin wie mit den beiden vorausgegangenen biblischen Betrachtungen: zu lang und vielleicht zuviel Stoff. Zudem war er wohl nicht einfach genug. Aber der Gesang von Joe und Nathan war schön, und die kurzen Unterbrechungen für Rückfragen der Zuhörer fanden viel Anklang.

Wir nützten die Gelegenheit, mit den Tagungsteilnehmern in Kontakt zu kommen, schlossen Bekanntschaft, führten lebhafte Gespräche und stellten einander viele Fragen. Dabei zeigte sich, daß jeder von uns nach geistlicher Einsicht und Sinn sucht. Joe, Nathan und ich haben über die Vereinigung „Gathering" und über die Arbeit einer Stiftung viel gelernt. Vor allem aber sind wir großartigen und beeindruckenden Menschen begegnet und haben unter ihnen Freunde gefunden.

*

Am Nachmittag rief Jonas an, um mir zu sagen, daß der israelische Ministerpräsident Yitzhak Rabin nach einer Friedens-Rallye in Tel Aviv von einem rechts-extremistischen Jurastudenten ermordet worden sei. Eine erschütternde Nachricht, die mich sehr betroffen macht. Ein Friedensstifter wurde umgebracht! Ein tapferer Mann, tapfer im Krieg und im Frieden, von einem jungen Israeli brutal erschossen. Ein Politiker, der den Mut besaß, durch die Unterzeichnung eines Friedensabkommens mit Yasir Arafat seine Popularität aufs Spiel zu setzen; er wurde unvermittelt niedergestreckt von einem Mann, der glaubt, Gott habe ihm befohlen, den Friedensprozeß zwischen Israelis und Palästinensern zu stoppen. Ich bete heute abend für Yitzhak und seine Familie, für die Menschen in Israel, die um ihn trauern, und um Frieden.

Sonntag, 5. November

Heute früh machte Bob, unser Gastgeber, uns dreien den Vorschlag, noch bis Mittwoch, dem Tag unserer Abreise nach Boston und Toronto, im Hotel zu bleiben. Joe, Nathan und ich hatten eigentlich vor, nach Abschluß des „Treffens" in das Städtchen Playa del Carmen zu fahren, um dort etwas auszuspannen und das mexikanische Leben außerhalb des Ritz-Carlton-Hotels ein wenig kennenzulernen. Aber Bob wollte uns mit seinem Angebot ein Geschenk machen und sagte, daß wir uns viel Zeit und Anstrengung ersparen würden, wenn wir hier blieben. Ich hatte das Empfinden, daß Bob und seine Frau Linda uns gern noch näher kennenlernen und unsere in den vergangenen fünf Tagen entstandene Freundschaft vertiefen möchten. Wir entschieden uns, dem Rat unseres Freundes zu folgen und sein Geschenk anzunehmen.

Später fuhren wir drei mit dem Bus nach Cancún. Bald sahen wir, daß die Stadt in erster Linie ein lang sich hinziehender Einkaufsmarkt für Touristen ist. Wir entdeckten ein hübsches, kleines Restaurant und aßen zum ersten Mal wirklich mexikanisch. Es war ein sehr schöner Abend.

Montag, 6. November

Heute früh um sieben sah ich die Fernsehübertragung der Beisetzung von Premierminister Rabin. Es war ein bewegender Anblick. Hohe Politiker aus allen Teilen der Welt gaben ihm das letzte Geleit. Ich bete darum, daß der gewaltsame Tod von Yitzhak Rabin Israel zu neuer Einheit führen und dem Frieden im Nahen Osten ein neues Denkmal errichten möge. Ich bedenke das Wort Jesu: „Wenn das Weizenkorn nicht in die Erde fällt und stirbt, bleibt es allein; wenn es aber stirbt, bringt es reiche Frucht" (Johannesevangelium 12, 24). Als ich die tiefe Trauer von Rabins Frau Leah, seiner Kinder und Enkelkinder sah, hatte ich die Hoffnung, daß ihre Tränen zu Regen werden, der auf dürres Land fällt und neues Leben erblühen läßt.

*

Um neun Uhr starteten wir mit Bob und Linda zu einer Tagestour nach Tulum, um das Maya-Zeremonialzentrum zu besichtigen und im Unterwasser-Aquarium Xel-Há zu schnorcheln.

Es war ein wunderbarer Tag. Die Tempelanlage der Maya und ihre hochentwickelte Kultur haben mich sehr beeindruckt. Als ich diesen Ort verließ, beschäftigte mich der Gedanke, wie eine so reiche Kultur durch Stammeskriege und schließlich durch die spanischen Eroberer so vollständig zerstört werden konnte. Die restlichen Stunden des Tages waren erholsam und kurzweilig. Joe, Nathan und ich schnorchelten im Unterwasser-Aquarium und beobachteten die schönen Fische, die an uns vorbeischwammen und die Felsenriffe umschwärmten.

Ich bin Linda und Bob für ihre Sorge um uns und ihre Großzügigkeit dankbar wie auch für den schönen Tag, den wir zusammen erlebt haben.

Dienstag, 7. November

Unser letzter Tag in Cancún! Um 12.30 Uhr verabschiedeten wir uns von Bob und Linda und dankten ihnen nochmals für ihre Großzügigkeit und Freundschaft.

Nach ihrer Abreise feierten wir zusammen die Eucharistie und aßen auf der Hotelterrasse zu Mittag. Nathan schlug mir vor, einen Fallschirmflug zu unternehmen. Dabei ist man an einen Fallschirm angegurtet, der an einer Leine von einem schnell fahrenden Motorboot hoch in die Luft gezogen wird, und kann eine weite Aussicht über die Umgebung von Cancún genießen. Ich sagte, daß ich es mit ihm zusammen gern versuchen würde. Bald darauf schnallten uns drei mexikanische Jungen, die die Startvorbereitungen am Strand trafen, in unsere „Sitze" fest, zogen jedem eine Schwimmweste über, gurteten uns mit hochgezogenen Knien an und gaben dem Motorboot das Startzeichen. Wenige Sekunden später hingen wir am Himmel. Wir genossen die frische Brise, die großartige Aussicht und ein herrliches Gefühl! Eine gute Viertelstunde lang ließ uns das Boot über den Strand und die Wasserfläche gleiten. Beim „Rückflug" hatten wir unseren Landeplatz aus den Augen verloren. Wir sahen, wie uns die Jungen zuwinkten und auf die rote Flagge deuteten, an der wir ziehen sollten, um den Fallschirm zum Strand zu lenken. Es gelang uns jedoch nicht. Und so gingen wir schließlich auf den wogenden Wellen nieder. Im Nu waren die Jungen zur Stelle und befreiten uns aus den Schnüren, Westen und Gurten und brachten uns unter dem Gelächter der Strandgäste sicher an Land. Die Jungen verlangten für die Rettungsaktion einen Extrabetrag, aber Nathan und Joe gaben ihnen zu verstehen, daß wir genug gezahlt hätten.

Um sechs Uhr gingen wir nach Cancún, um ein paar Geschenke zu kaufen und mit einem mexikanischen Abendessen unseren Mexiko-Aufenthalt abzuschließen.

Watertown, Mittwoch, 8. November

Während des Fluges nach Dallas kamen wir auch auf meine künftige Rolle in Daybreak zu sprechen. Ich stellte die Frage, ob es denn für mich nicht besser wäre, wenn ich nicht mehr in der Funktion des Seelsorgers nach Daybreak zurückkehren würde und keine Verpflichtungen gegenüber der Gemeinschaft mehr hätte, um mich ausschließlich der schriftstellerischen Arbeit und der geistlichen Ausbildung in den verschiedenen „Arche"-Gemeinschaften widmen zu können. Es sollte nur der Anstoß zu einem Gespräch sein, das in den kommenden Monaten sicherlich fortgesetzt werden wird.

Am Dallas Forth Worth Airport verabschiedeten wir uns. Joe und Nathan flogen nach Toronto weiter und ich nach Boston.

Ich blicke auf diese Reise dankbar zurück. Es war eine interessante und, wie ich hoffe, auch fruchtbare Erfahrung. Wir haben viel empfangen und konnten auch etwas geben. Vor allem aber war es eine miteinander gemachte Erfahrung, an die wir oft und gerne zurückdenken werden.

Eine Stunde vor Mitternacht war ich wieder in meiner behaglichen Wohnung. Es tut gut, wieder „daheim" zu sein.

Freitag, 10. November

Als ich heute wieder zu schreiben begann, wurde mir klar, daß das „Treffen" in Cancún mich vor neue Fragen in bezug auf Missionierung, Evangelisation, Zeugenschaft und manches andere gestellt hat. Viele, denen ich in Cancún begegnet bin, glauben, daß wir ohne ein ausdrückliches, persönliches Bekenntnis unseres Glaubens an Jesus Christus, unseren Herrn und Erlöser, nicht in den Himmel kommen. Sie sind überzeugt, daß Gott uns berufen hat, jeden Menschen zu Jesus zu bekehren.

Diese Einstellung inspiriert zu großer Freigebigkeit, Hingabe und weitgesteckten, weltumfassenden Zielsetzungen. Nicht wenige der Männer und Frauen, die ich bei diesem „Treffen" kennengelernt habe, sind viel und weit gereist, haben ihr Leben und ihre Gesundheit aufs Spiel gesetzt, einen großen Teil ihres persönlichen Vermögens geopfert und viele finanziellen Risiken auf sich genommen. Ihre Jesusliebe ist tief, ausgeprägt und radikal. Sie sprechen ohne Furcht von Jesus und sind darauf gefaßt, zurückgewiesen und verspottet zu werden. Es sind sehr hingabebereite Jünger und entschlossene, den Preis für ihre Jüngerschaft zu zahlen.

Dennoch empfand ich ein gewisses Unbehagen, wenngleich ich selbst in diesem Glauben aufgewachsen bin. Ich war als junger Mann überzeugt, daß außerhalb der katholischen Kirche kein Heil ist und ich die Aufgabe habe, alle „Ungläubigen" in die eine wahre Kirche zu führen.

Aber im Laufe der Jahre hat sich bei mir vieles ereignet. Meine psychologische Ausbildung, der Umgang mit Menschen verschiedenster religiöser Herkunft, das Zweite Vatikanische Konzil, eine neue Missionstheologie und mein Leben in der „Arche" haben mein Verständnis des Erlösungswerkes Jesu vertieft und erweitert. Heute glaube ich persönlich, daß alle Menschen – ob sie Jesus kennen oder nicht – durch das Tor gelangen können, das Jesus zum Haus Gottes aufgeschlossen hat. Heute betrachte ich es als meine Berufung, jedem den ihm eigenen Weg zu Gott finden zu helfen. Ich fühle mich tief berufen, Zeugnis zu geben von Jesus als dem Ursprung meiner eigenen geistlichen Lebensreise und anderen dadurch die Möglichkeit zu bieten, Jesus kennenzulernen und sich ihm anzuvertrauen. Ich bin fest davon überzeugt, daß der Geist Gottes unter uns gegenwärtig ist und daß jede(r) einzelne von Gottes Geist berührt werden kann auf Wegen, die über mein Verständnis und meine Absicht hinausgehen.

Die kurzen Tagesmeditationen, die ich gerade schreibe, bieten mir einen Rahmen, meine eigene Theologie der Evangelisation, der Mission, des Heils und der Erlösung darzulegen. Ich bin sehr dankbar, daß ich an dem Treffen in Cancún teilnehmen konnte, sehe ich mich doch dadurch gezwungen, meine persönlichen religiösen Überzeugungen zu überdenken.

Sonntag, 19. November

Die Eucharistiefeier in der „Leeren Glocke" heute früh mit Jonas und seiner Gebetsgruppe war voll Spannung und lebendig.

Im heutigen Evangelium sagt Jesus: „Gebt acht, daß man euch nicht irreführt! Denn viele werden unter meinem Namen auftreten und sagen: Ich bin es!, und: Die Zeit ist da. – Lauft ihnen nicht nach! ... Ein Volk wird sich gegen das andere erheben und ein Reich gegen das andere ... Schreckliche Dinge werden geschehen ... Man wird euch festnehmen und euch verfolgen ... Dann werdet ihr Zeugnis ablegen können. Nehmt euch fest vor, nicht im voraus für eure Verteidigung zu sorgen; denn ich werde euch die Worte und die Weisheit eingeben, so daß alle eure Gegner nicht dagegen ankommen und nichts dagegen sagen können ... Und ihr werdet um meines Namens willen von allen gehaßt werden. Und doch wird euch kein Haar gekrümmt werden. Wenn ihr standhaft bleibt, werdet ihr das Leben gewinnen" (Lukasevangelium 21, 8–19).

Ein machtvolles und hoffnungsvolles Wort! Das Leben ist bei aller Wirrnis eine Gelegenheit, von Gottes Liebe Zeugnis zu geben! Unser Zeugnis wird unabweisbar sein, wenn uns bewußt ist, daß wir in Gottes Hand sicher und geborgen sind.

Die Wechselfälle des Lebens werfen uns leicht aus der Bahn und lassen uns schnell verzagen. Bleiben wir aber im Herzen Gottes verankert, in seiner Liebe verwurzelt, brauchen wir nichts – selbst nicht den Tod – zu fürchten. Jede Freude und jedes Leid bietet sich dann als Chance, das Reich Gottes zu verkünden.

Einige Mitglieder des Gebetskreises trugen ihre Gedanken vor und ließen an ihrem Glauben und ihrer Hoffnung teilhaben. Danach beteten wir gemeinsam und empfingen den Leib und das Blut Christi. Wir ermutigten einander, furchtlose Menschen in einer Welt voll Furcht zu sein.

Montag, 20. November

Ein sehr ruhiger, friedlicher Tag. Ich habe geschrieben, gelesen, mit Jonas den Fitneß-Club besucht, anschließend geschlafen und ein paar Telefongespräche geführt, unter anderem mit meinem langjährigen Freund Timothy, der mit Phyllis verheiratet und Vater von drei kleinen Kindern ist. Er ist Religionslehrer an einer katholischen High School, ein ausgezeichneter Gittarist und Sänger und hat mit seinem Freund Paul viele liturgische Lieder komponiert. Er liebt Jesus, verehrt Maria und die Heiligen und ist ein vom Geist Gottes erfüllter Mann.

Timothy vertraute mir vor einem Jahr an, daß bei ihm Leberkrebs festgestellt worden sei und er sich einer Chemotherapie unterziehen müsse. Inzwischen ist er sehr geschwächt und fragt sich, wie lange er noch leben werde. Vor kurzem unternahm er mit Phyllis eine Pilgerfahrt nach Lourdes, wo er große Hoffnung und Mut schöpfte, seine Krankheit als Teil seines geistlichen Weges zu ertragen.

Es tat mir gut, wieder einmal mit Timothy zu sprechen. Sein Glaube ist unerschütterlich. So sehr er auch leidet, betrachtet er seine Krankheit als ein „Privileg", eine Gnade Gottes, als einen Segen, der ihn näher zum Herzen Jesu zieht. Kein Hauch von Sentimentalität, süßlicher Frömmigkeit, sondern tiefer, fester Glaube. Wenn er von Jesus und Maria spricht, ist seine Stimme voller Liebe und Dankbarkeit.

Welch ein heiligmäßiger Mann! Welch ein Glück, ihn zum Freund zu haben!

Dienstag, 21. November

Müde, müde und nochmals müde! Ich weiß wirklich nicht warum. Ich bin um sechs Uhr aufgestanden, habe gebetet, die Eucharistie gefeiert und bis zum Mittag geschrieben. Die ganze Zeit aber war ich lustlos, innerlich unruhig und depressiv gestimmt.

Vielleicht Timothys Krankheit? Die strenge Woche in Cancún? Oder nur Vitaminmangel (seit zwei Wochen habe ich vergessen, die Tabletten einzunehmen)? Ich weiß es nicht.

Nachdem ich aus Belmont, wo ich mit Jonas zu Mittag gegessen habe, nach Hause gekommen war, legte ich mich ins Bett und schlief drei Stunden.

Danach schrieb ich sechs Postkarten, las die „New York Times Book Review" und betete für alle meine leidenden Freunde, besonders für Timothy. Das war mein ganzer Tag.

Mittwoch, 22. November

Heute vormittag brachte der Florist aus dem Ort ein schönes Gesteck: ein Gruß meiner guten Freundin Joan zum Thanksgiving Day: Sonnenblumen, zwischen denen ein paar rotbackige Äpfel steckten. Ich freue mich über dieses Zeichen der Verbundenheit und Freundschaft.

Den Blumen lag ein Kärtchen bei mit dem Vermerk: „Bitte die Früchte nicht essen!" Eine Warnung aus dem Paradies? Ich mußte an Adam und Eva im Garten Eden denken.

Gegen Mittag ging ich in den Supermarkt in der Nähe, um einzukaufen. Nachdem ich an der Kasse gezahlt hatte, bat ich um ein Formular, das ich dann ausfüllte, um eine Ausweiskarte zum Einkauf mit Rabatt zu bekommen. Als ich schließlich am Ausgang stand und in meinen Einkaufswagen schaute, sah ich darin einige Artikel, die ich meines Wissens gar nicht gekauft hatte. Bald war mir klar: In Gedanken versunken hatte ich einen fremden Wagen erwischt. Und schon eilten ein Angestellter und eine Frau auf mich zu. Im Augenblick kam ich mir wie ein Ladendieb vor. Zum Glück hatte die eigentliche Eigentümerin des Wagens Humor und war froh, wieder im Besitz ihrer Truthähne zu sein.

Wieder zu Hause, erwarteten mich neue Blumen: von Kathy und Margaret aus dem Büro in Toronto. Doch diesmal ohne Äpfel! Ich beschaffte mir eine große Vase und steckte einen wunderbaren Strauß zusammen. Ein wirklich schöner Tag!

Heute abend kommt Jutta, um mit Jonas, meinem Freund Vincent und mir ein Konzert der Bostoner Symphoniker mit Bernard Haitink als Dirigenten zu besuchen. Auf dem Programm stehen Werke von Mozart und Ravel. Ich bin darauf sehr gespannt. Morgen ist Thanksgiving Day.

Donnerstag, 23. November

Heute bin ich zu Hause, um zu schreiben, zu beten und auszuruhen. Ich habe überlegt, ob ich am heutigen Thanksgiving Day mit einem Freund zum Abendessen ausgehen soll. Doch dann hielt ich es für besser, mir es daheim bequem zu machen. Jonas, Margaret und Sam verbringen ein paar Tage in Vermont. So bin ich in dem großen Haus ganz allein und genieße die Stille: kein Rasenmäher, kein Kinderlärm, kein Mülleimergeklapper, nur Stille, vollkommene Stille.

In dieser Stille klingt die herrliche Musik von Mozart und Ravel in mir nach, die wir gestern abend gehört haben. Selten hat mich ein Konzert so ergriffen. Jutta, Vincent, Jonas und ich genossen die Musik vom ersten bis zum letzten Takt. Bernard Haitink dirigierte die 33. Symphonie und das 22. Klavierkonzert von Mozart, nach der Pause die „Mutter-Gans-Suite" und die „Spanische Rhapsodie" von Ravel.

Wenngleich mich jedes Werk gepackt hat, wird mir das Klavierkonzert mit Robert Levin als Solist am nachhaltigsten in Erinnerung bleiben. Beim Andante und Finale traten mir die Tränen in die Augen.

Wieder zu Hause, las ich mich fast eine Stunde in Maynard Solomons neuem Buch „Mozart. Ein Leben" fest. Eine so harmonische, bezaubernde, erheiternde Musik und ein so kummervolles, melancholisches, tief tragisches Leben!

Am heutigen Danksagungs-Tag danke ich Gott für Wolfgang Amadeus Mozart, danke Gott aber auch für das Friedensabkommen, das vor zwei Tagen in Dayton/Ohio für Bosnien abgeschlossen wurde.

Wird der Frieden von Dauer sein? Vielleicht sind die Chancen dafür heute größer denn je, da die Parteien kriegsmüde geworden sind, ein harter Hungerwinter bevorsteht, massive Hilfe aus dem Ausland notwendig ist, um das ausgelaugte und verwüstete Land wiederaufzubauen, und schließlich keine Seite eine große Chance sieht, mehr für sich herauszuholen. Aber unter der Oberfläche all der Friedensgespräche schwelen Haß und Ressentiment, brennen viele kaum zu vergessende Grausamkeiten. Werden die maßgebenden Politiker, die die Vereinbarungen unterzeichnet haben, ihre Befehlshaber und Truppen wie auch die Bevölkerung zur Einhaltung ihres Friedensplans gewinnen können?

Ich denke auch an meinen Freund Frank, der sich zum Dienst in der Friedenstruppe freiwillig nach Bosnien gemeldet hat, und hoffe, daß er angenommen wird. Er möchte einen Beitrag zum Frieden in dieser Region leisten und glaubt, daß er in Bosnien dringender gebraucht wird als zu Haus. Ich bete heute abend für ihn.

Freitag, 24. November

Jean Vanier legte mir schon oft nahe, über die Kirche zu schreiben. Ich habe es aber nicht getan, zumindest nicht direkt. Immer spürte ich einen tiefen inneren Widerstand, über das Thema Kirche zu schreiben, da es mir wie ein Feld voller Dornengestrüpp erschien. Vermutlich fürchtete ich, mich darin zu verstricken, und mied es deshalb bis heute.

Nachdem ich mehrere Meditationen über die Taufe und die Eucharistie für das „Jahreslesebuch" verfaßt hatte, war ich unversehens beim Thema Kirche angelangt, indem ich folgerichtig damit begann, sie als eine durch diese beiden Sakramente gebildete Gemeinschaft von Menschen zu beschreiben. Kaum hatte ich die ersten Sätze zu Papier gebracht, wurde mir klar, wieviel es hier zu bedenken und durchzudenken gibt.

Ich liebe die Kirche. Ich will über die Kirche nicht als ein Problem, als einen Konfliktherd, einen Ort der Kontroversen schreiben, sondern sie als den Leib Christi für uns hier und heute darstellen.

*

Der Tag verlief sehr ruhig und brachte keine Ablenkungen. Am Nachmittag überfiel mich der Schlaf, ganze drei Stunden. Ich kann einfach nicht verstehen, warum ich nach sechs Stunden Beten, Lesen und Schreiben so müde bin. Wahrscheinlich muß ich mich an das halten, was die Beatles singen: „Let It Be – Laß es sein!"

Heute abend will ich meiner Neugierde nachgeben und mir das Interview von Barbara Walter mit Prinzessin Diana über ihre gescheiterte Ehe mit Prinz Charles ansehen.

Samstag, 25. November

Ich habe im Fernsehen „Die Beatles-Anthologie" und das Interview von Barbara Winter mit Prinzessin Diana gesehen. Beide Sendungen waren faszinierend, zeigten doch beide überzeugend, wie sehr sich das menschliche Herz selbst bei großem Reichtum und großer Popularität nach Liebe sehnt und angenommen sein möchte.

Bei der „Beatles-Anthologie" fesselten mich vor allem die Selbstzweifel des Schlagzeugers Ringo Starr. Als er erkrankte und ein anderer vorübergehend seine Stelle einnahm, fragte er sich, ob er jemals wieder in der Band spielen würde. Und als er später meinte, für die Beatles nicht mehr gut genug zu sein, und John, Paul und George sagte, er wolle sie verlassen, mußten sie ihm Berge von Blumen ins Haus schicken, um ihn davon zu überzeugen, daß er geschätzt und geliebt werde und er der beste Schlagzeuger weit und breit sei.

Auch Prinzessin Dianas Lebensgeschichte ist die Suche eines Menschen nach Liebe und Angenommensein. Das größte Problem, mit dem diese meistfotografierte Frau der Welt zu kämpfen hatte, war ihre Selbsteinschätzung. Sie litt an Depressionen, hatte Bulimie, fügte sich selbst Verletzungen zu und begann eine außereheliche Beziehung: dies alles in dem Versuch, sich als diejenige geliebt fühlen zu können, die sie ist.

Das Interview mit Diana zeigt das Bild einer Frau, die durch viele Leiden zu einem starken, selbstbewußten Menschen herangereift und bereit ist, ihre leidvollen Erfahrungen in den Dienst an anderen zu stellen. Dianas innere Stärke, ihre feste Einstellung, ihr klares Ziel und ihr relatives Freisein von Verbitterung nach ihrer Trennung von Prinz Charles haben mich sehr beeindruckt.

Die Lebensgeschichte der Beatles wie die Prinzessin Dianas führen deutlich vor Augen, daß Glücklichsein wenig mit Geld, Erfolg oder Popularität zu tun hat, aber sehr viel mit Freundschaft, Liebe und einer Lebensperspektive.

Sonntag, 26. November

Christkönigsfest. Am letzten Sonntag des liturgischen Jahres tritt Christus als gekreuzigter, verspotteter König und als „König des Weltalls" vor uns. Größte Demütigung und größte Verherrlichung bilden die beiden Pole der heutigen Liturgie.

Bevor wir mit der Feier des Advents das neue liturgische Jahr beginnen, schauen wir auf den gedemütigten und verherrlichten Herrn Jesus Christus. Das ganze Jahr über müssen uns die Demütigung und die Verherrlichung Christi nahe sein, sind wir doch aufgerufen, beides in unser tägliches Leben zu integrieren. Wir sind klein und groß, sind winzige Punkte im Weltall und zugleich die Herrlichkeit Gottes; armselige, furchtsame Menschen und zugleich Söhne und Töchter des Herrn der Schöpfung.

*

Die große Überraschung dieses Tages war das Wiedersehen mit meinem Freund Kevin, den ich in Kalifornien kennengelernt habe. Er hat seine Eltern in Boston besucht und mit ihnen Thanksgiving und seinen Geburtstag gefeiert. Es war schön, ihn wiederzusehen und mit ihm zusammenzusein. Ich glaube, es hat uns beiden gutgetan.

Nachdem sich Kevin verabschiedet hatte, besaß ich die Energie, zehn kurze Meditationen über die Gemeinschaft der Heiligen auszuarbeiten. Sicherlich hat Kevins Besuch viel dazu beigetragen.

Dienstag, 28. November

Gestern abend bin ich beim Schreiben steckengeblieben. Ich versuchte, ein paar Gedanken über die Auferstehung Jesu und unsere eigene Auferstehung zu Papier zu bringen, und geriet dabei in die Klemme. Ich wußte nicht, wie ich diese zwei Seiten zusammenbringen und es ausdrücken soll, daß nämlich unser Leib „zum Staub zurückkehren", aber nichts von dem, was wir im Leib gelebt haben, vergehen wird.

Als ich mich heute früh wieder an den Schreibtisch setzte, war mir noch unklar, in welche Richtung ich weiterdenken könnte. Dann sah ich, daß es Paulus genau um meine Frage geht, wenn er rhetorisch fragt: „Wie werden die Toten auferweckt, was für einen Leib werden sie haben?" Und er antwortet fest überzeugt: „Was für eine törichte Frage! Auch das, was du säst, wird nicht lebendig, wenn es nicht stirbt. Und was du säst, hat noch nicht die Gestalt, die entstehen wird; es ist nur ein nacktes Samenkorn, zum Beispiel ein Weizenkorn oder ein anderes. Gott gibt ihm die Gestalt, die er vorgesehen hat, jedem Samen eine andere" (1. Korintherbrief 15, 35–38).

Diese Antwort hat mich wirklich aufgeweckt! Es war, als hörte ich sie zum allerersten Mal. Unser Leben ist ein Samenkorn, das sterben muß, um mit Unsterblichkeit bekleidet zu werden! Plötzlich fügte sich alles zusammen und hatte einen Sinn, geistlichen Sinn. Von da an ließ sich mein Kugelschreiber fast nicht mehr bremsen.

*

Als ich heute vormittag mit Kathy telefonierte, sagte sie mir, daß Carrie und Geoff – Mitglieder der Daybreak-Gemeinschaft und zwei gute Freunde – einen kleinen David Friend bekommen hätten. Er kam gestern abend um sieben Uhr auf die Welt. Janet und Monica haben nun ein gesundes Brüderchen und wir alle in der Gemeinschaft neuen Grund zur Freude.

Am Nachmittag rief Kathy an und teilte mir mit, daß Robin, der ehemalige Geschäftsführer von Daybreak und Vater von Laura und Elaine, gestern mit ernsthaften Herzbeschwerden ins Krankenhaus eingeliefert werden mußte. Ich versuchte gleich seine Frau Joan zu erreichen, doch ohne Erfolg. Daraufhin rief ich Joe an, um von ihm etwas mehr zu erfahren. Er sagte, daß Robins Gesundheitszustand Anlaß zur Sorge gebe und er mich informieren würde, sobald er mehr wisse.

Wie zerbrechlich ist das Leben! Ich bete für David Friend und Robin. Möge Gott beide in Liebe behüten!

Mittwoch, 29. November

Als ich meine „Betrachtungen für jeden Tag des Jahres" zu schreiben begann, ging ich nach keinem inhaltlichen Aufriß oder Plan vor. Ich brachte einfach zu Papier, was ich an diesem Tag gerade im Kopf hatte. Zuerst waren es Themen, über die ich schon öfter etwas geschrieben habe. Bald merkte ich aber, daß ich mir Themen vornahm, an die ich früher gar nicht gedacht habe, wie: Taufe, Eucharistie, die Kirche, Auferstehung, Himmel und Hölle. Grundlegende Themen! Heute habe ich einen Text über die Hölle verfaßt! Nach so eingehender Betrachtung der Liebe Gottes, seiner allumfassenden Güte und seines Erbarmens, sah ich mich strengen Worten über die Hölle gegenüber.

Ich las in der „Offenbarung des Johannes" die eindrucksvolle Stelle über den Neuen Himmel und die Neue Erde und stieß auch auf die Worte: „Aber die Feiglinge und Treulosen, die Befleckten, die Mörder und Unzüchtigen, die Zauberer, Götzendiener und alle Lügner – ihr Los wird der See von brennendem Schwefel sein. Dies ist der zweite Tod" (21, 8).

So wie es ein ewiges Leben gibt, gibt es einen ewigen, den zweiten Tod. Hölle, das ist ewiger Tod. Gibt es diese Möglichkeit für mich, für uns? Ich spürte tatsächlich einen inneren Widerstand, diese Frage mit Ja zu beantworten, aber Jesus und die Apostel lassen mir hier keinen Ausweg. Ewiger Tod ist ebenso möglich wie ewiges Leben. Gott läßt uns die Wahl, zur Liebe ja oder nein zu sagen. Mir die Wahl zu überlassen heißt, mich als Menschen mit einem freien Willen zu respektieren. Ich bin weder ein Roboter noch eine Maschine: beide können nicht wählen. Gott, der mich in Freiheit liebt, will meine Liebe in Freiheit. Das bedeutet, daß die Möglichkeit für ein Nein besteht. Ewiges Leben ist kein vorherbestimmtes Faktum. Es ist die Frucht unserer Antwort als Mensch.

*

Heute besuchte ich mit Jonas wieder den Fitneß-Club. Ich habe inzwischen etwas Routine gewonnen: zwanzig Minuten Laufband, einige Runden im Schwimmbecken, anschließend ein Dampfbad. Ich komme danach erfrischt nach Hause und führe mit Jonas immer anregende Gespräche. Auch lese ich meist in der Ecke beim Schwimmbecken, heute einige amüsante Geschichten aus Christopher de Vincks neuem Buch „Simple Wonders. A Book of Meditations". Was er schreibt, tut mir gut.

Donnerstag, 30. November

Heute vormittag führte ich mit Susan ein gutes Gespräch. Sie ist mit Jonas gut befreundet und freischaffende Verlagslektorin. Ich begegnete ihr schon öfter bei der Eucharistiefeier am Sonntag. Jonas riet mir, Susan zu fragen, ob sie interessiert sei, für mich als Lektorin zu arbeiten.

Ihre Vorstellungen über eine Zusammenarbeit haben mich überzeugt. Susan ist in der Bearbeitung von Manuskripten und der Herausgabe von Büchern sehr erfahren. Darüber hinaus ist sie für spirituelle Themen sehr aufgeschlossen und hat im übrigen Zeit. Susan sagte, sie habe für den Januar noch keine größeren Arbeiten übernommen. Bis dahin werde ich ihr zwei fertige Manuskripte zur Bearbeitung übergeben können. Ich bin sehr froh, daß sich alles so günstig fügt.

*

Als ich Kathy am frühen Nachmittag anrief, sagte sie mir, daß Conrad, mein früherer Lektor in Toronto, heute morgen gestorben sei. Conrad hatte im Laufe der vergangenen Jahre mehrere Schlaganfälle erlitten und war von Mal zu Mal gebrechlicher geworden. In letzter Zeit konnte er nicht mehr sprechen.

Wenn ich auch damit rechnen mußte, daß Conrad bald sterben würde, hat mir sein Tod doch einen Schock versetzt. Wir bereiteten gemeinsam viele Manuskripte für die Veröffentlichung vor, und in den Vorworten aller meiner seit 1987 erschienenen Bücher ist sein Name dankbar erwähnt. Conrad war früher Priester und lebte zuletzt in einem Genesungsheim für Alkoholkranke. Er war ein heiligmäßiger Mann und besaß eine große Liebe für die Armen; er zeigte sich stets als treuer Freund, hatte viel Sinn für Humor, war sehr sprachbegabt und führte ein hingebungsvolles geistliches Leben. Ich bin ihm für alles, was er stets mit großer Liebe und Hingabe für mich getan hat, zutiefst dankbar.

Es tut mir leid, daß ich an seinem Begräbnis am Montag nicht teilnehmen kann, freue mich aber, daß Kathy dabei sein wird. Sie und auch meine frühere Sekretärin Connie waren ihm freundschaftlich verbunden.

Ich bete heute abend für ihn und danke Gott für sein Leben und seine Freundschaft. Auch habe ich Gott dafür zu danken, daß er mir an dem Tag, an dem er Conrad heimrief, einen neuen Lektor gab.

DEZEMBER 1995

Freitag, 1. Dezember

Das wichtigste Ereignis dieses Tages war der Abschluß meiner „Betrachtungen für jeden Tag des Jahres". Heute habe ich mit Text Nummer 387 die letzte Seite meines letzten Museum-Notizbuchs beschrieben. Wenngleich ein Jahr nur 365 bzw. 366 Tage hat, schrieb ich einige Betrachtungen mehr, um eventuell sich überschneidende oder weniger gut gelungene Texte austauschen zu können.

Ich war sehr erleichtert, als ich dem Boten vom Expreß-Dienst das Päckchen mit diesem letzten Notizbuch an Kathy in Toronto übergab. Ich bin mit meinen Texten, vor allem mit denen zu den letzten Monaten, sehr zufrieden. Das Ausarbeiten dieser Betrachtungen hat meine Liebe zu Jesus endgültig gestärkt und meine Verpflichtung, das unfaßbare Geheimnis des Erlösungswerkes Gottes zu verkünden, erneuert.

Während der übrigen Zeit des Tages habe ich Briefe geschrieben und etwas gelesen. Morgen will ich mit der Durchsicht und dem Korrigieren des Kelchbuch-Manuskripts beginnen.

Samstag, 2. Dezember

In der „New York Times" las ich heute, daß sich Senator Mark Hatfield zurückziehen will. Bei der Einweihung eines Hospitals in Silverton/Oregon kündigte der dreiundsiebzig Jahre alte Senator gestern an, daß er nach Ablauf seiner fünften Amtsperiode im nächsten Jahr nicht mehr kandidieren werde.

Ich lernte Senator Hatfield 1983 kennen, als ich zur Zeit der Sandinisten-Herrschaft beim Senat der Vereinigten Staaten um

Hilfe für Nicaragua vorsprach. Daraus entstand eine herzliche Freundschaft. Hatfield war von meinen Lobby-Aktivitäten nicht sehr angetan, ermunterte mich aber, mit ihm und verschiedenen anderen Senatoren in Verbindung zu bleiben. Ich höre noch gut, wie er mir sagte: „Wir brauchen keinen weiteren Lobbyisten, wir brauchen aber einen Priester, der darauf brennt, uns etwas über das geistliche Leben zu sagen." Ich wurde von ihm mehrmals zum Essen mit ihm und einigen seiner Mitarbeiter im Speisezimmer des Bewilligungsausschusses des Senats eingeladen, um dabei über Gebet und kontemplatives Leben zu sprechen.

Ich war sehr gerührt, als er einmal einen kleinen Zettel aus seiner Brieftasche hervorholte, auf dem die Namen mehrerer Personen standen, für die er betete. „Sie sind auch dabei, Father", sagte er. „Ich bete jeden Tag für Sie." Wenn wir uns auch mehrere Jahre nicht mehr begegnet sind, denke ich oft an diesen aufrichtigen, mutigen und tiefgläubigen Politiker. Mehr als jeder andere lehrte er mich, was wahre „politeia", Sorge für die Menschen, heißt.

Ich hoffe, ihn noch besuchen zu können, bevor er Washington verläßt.

Sonntag, 3. Dezember

Heute vormittag feierten wir – insgesamt zweiundzwanzig Personen – in der „Leeren Glocke" den Ersten Sonntag im Advent. Es war ein besinnlicher und frohstimmender Gottesdienst, bei dem eine Atmosphäre der Freundschaft, des Füreinander-Daseins und der geistlichen Verbundenheit herrschte. Jonas hat für die Besucher einen wirklich sicheren und heiligen Ort geschaffen. Ich hoffe, daß sie auch dann noch kommen werden, wenn ich nicht mehr da bin. Es war meine letzte Eucharistiefeier in der „Leeren Glocke". Ich bin dankbar, daß ich an dem seelsorglichen Dienst, den Jonas leistet, so eng verbunden teilnehmen konnte.

Montag, 4. Dezember

Heute nachmittag rief Kathy an und berichtete mir von Conrads Begräbnis. Sie sagte: „Um den Altar waren fast genau so viele Priester versammelt, wie sich Leute in der Kirche befanden. Es war ein sehr persönlicher und eindrucksvoller Gottesdienst."

Ich hätte gern daran teilgenommen. Das Wochenende über habe ich oft an Conrad gedacht. Das Leben ist so kurz! Bei Carrie und Geoff ist eben ein Baby angekommen, Kathy, eine andere gute Freundin in Daybreak, erwartet ein Baby, ebenso Alan und Judy. Conrad ist tot, Tim liegt im Sterben.

Wie lange werde ich noch leben? Einige meiner Klassenkameraden sind bereits gestorben. Aber mein Vater geht schon auf die Dreiundneunzig zu und ist geistig sehr wach. Ich könnte demnach noch dreißig Jahre leben! Möchte ich so lange leben? Oder hoffe ich, früher mit Christus vereint zu sein?

Eines erscheint mir jedenfalls klar: Jeder einzelne Tag sollte ein gut gelebter Tag sein. Eine ganz einfache Wahrheit! Doch ich muß sie beachten. Habe ich heute Frieden gestiftet? Habe ich jemanden zum Lächeln gebracht? Habe ich heilende Worte gesagt? Habe ich auf Verärgerung und Ressentiments verzichtet? Habe ich vergeben? Habe ich Liebe geübt? Das sind die eigentlichen Fragen! Ich muß darauf vertrauen, daß das bißchen Liebe, das ich jetzt aussäe, hier in dieser Welt und im kommenden Leben viele Früchte bringen wird.

Conrad hat für mich viel Gutes getan. Ich bete, daß Gott seinen vergänglichen Taten Unvergänglichkeit verleihen möge. Und möge er jetzt im Reiche Gottes den Frieden und die Freude erfahren, die ihm im Laufe seines Daseins in diesem Tal der Tränen kaum beschieden waren.

Dienstag, 5. Dezember

Eben habe ich eines der spannendsten Bücher zu Ende gelesen, die mir seit langem in die Hand gekommen sind: „Young Man from the Provinces." Es trägt den Untertitel: „Gay Life Before Stonewall" (Ein junger Mann aus der Provinz. Leben als Gay vor Stonewall), der Verfasser ist Alan Helms. Wenige haben so viel gesehen, sind so vielen Leuten begegnet, und wenigen wurde so hart „mitgespielt" wie ihm. In dem Buch findet sich alles: Mißhandlung, Sex, Drogen, Berühmtheit, Geld, Reisen, Bücher, Film, Theater und eine lange, lange Liste berühmter Männer und Frauen.

Im Nachwort schreibt Helms u. a.: „Ich habe einiges gelernt ... Ich habe gelernt, daß Beneidet-Werden das einsamste Vergnügen der Welt ist, daß das Sich-selbst-Absondern eine Garantie zum Unglücklichsein bietet, daß das schlechteste Handlungsmotiv unbegründete Furcht ist. Ich würde heute keinen Schritt tun, nur um einem Menschen zu begegnen, der nichts weiter als berühmt oder reich ist. Ich habe so viele dieser verschlossenen Leute gesehen, daß ich weiß, wie wenig dies alles zählt, um gut und zufrieden zu leben."

Wenn mir je aufgegangen ist, was es heißt, den Weg vom Gefangensein zur Freiheit zurückzulegen, dann bei der Lektüre dieses Buches.

Ich werde Alan Helms ein Exemplar meines Buches über den Verlorenen Sohn „Nimm sein Bild in dein Herz" schicken. Er wird es vermutlich nicht lesen, doch möchte ich es ihm als Dank für seine „Beichte" dedizieren.

Mittwoch, 6. Dezember

Heute ist das Fest des heiligen Nikolaus. Gestern, am Nikolausabend, riefen meine holländischen Freunde aus Daybreak an und sangen mir Nikolauslieder aus der Heimat vor. Am späteren Abend legte ich in die Schuhe von Sam, die er vor die Haustür gestellt hatte, ein kleines Geschenk „vom Nikolaus".

Ich erinnere mich noch gut, wie wir in Holland Nikolaus gefeiert haben. Am Nikolausabend gab es Überraschungen, wurden Geschenke gemacht, Gedichte aufgesagt, Späße getrieben, und selbstverständlich kam der heilige Nikolaus mit dem Knecht Ruprecht! Zu Weihnachten gab es keine Geschenke, aber zahlreiche am Nikolausabend! Viele schöne und liebe Erinnerungen aus meiner Kindheit sind mit diesem Tag verbunden.

Peapack / New Jersey, Donnerstag, 7. Dezember

Ein angenehmer Tag. Peggy erwartete mich am Newark Airport und fuhr mit mir nach Peapack in ihr Haus. Sie hatte vier Gäste zum Abendessen eingeladen. Auch Peggys jüngster Sohn Andrew war aus New York gekommen. Wir diskutierten angeregt über die katholische Kirche, über das Christsein und die Werte der Familie. Peggy lag es daran, daß die Gespräche kein bloßer „small talk" waren. Vielmehr ging es ihr um wirkliches Diskutieren von wichtigen Fragen. Eine ausgezeichnete Freundin mit viel Humor, sehr lebendig und liebenswürdig. Ich habe sie gefragt, ob ich im Februar bei ihr bleiben könne, wenn ich aus Holland zurückkomme. Sie war von dieser Idee entzückt und bot mir ihre „Scheune" an, ein kleines Gästehaus, das etwas abseits von ihrem großen Wohnhaus liegt. Es ist der ideale Ort für mich, um allein zu sein und zu schreiben. Ich bin froh, Peapack zu meinem Winter-, Frühjahrs- und Sommerquartier machen zu können.

New York, Freitag, 8. Dezember

Heute vormittag fuhr ich nach New York, wo ich mich mit Jim und Margaret zum Mittagessen getroffen habe. Wir sprachen über ihre morgige Hochzeit. Jim ist Juttas Sohn. Da ich

Margaret noch nie und Jim nur kurz bei der Hochzeit seiner Schwester vor einigen Jahren begegnet bin, wollte ich beide noch etwas näher kennenlernen, bevor ich die Ansprache bei ihrer Trauung halte. Wir sprachen sehr offen und ehrlich miteinander.

Es war ein sehr ausgefüllter und irgendwie unruhiger Tag. Ich merke bei diesem Hinundherreisen, wie sehr ich das Alleinsein und die Zeit zum Schreiben brauche. Andererseits sind alle sehr liebenswürdig, gastfreundlich und großzügig.

Samstag, 9. Dezember

Was soll ich über die Trauung von Jim und Margaret festhalten? Sie war schön, feierlich, farbenfroh und im Stil bewußt mittelalterlich. Den Rahmen dafür bot die St.-John-the-Divine-Kathedrale, einer der größten Kirchenbauten der Welt: majestätisch, hoch, weiträumig und in verschiedenster Hinsicht überwältigend. Die Trauungszeremonie fand vor dem Hauptaltar statt, links und rechts im Chorgestühl hatten die Hochzeitsgäste Platz genommen. Brautjungfern und Freunde des Bräutigams standen neben dem Brautpaar: gutaussehende, exquisit gekleidete junge New Yorker Geschäftsleute. Der Chor der Kathedrale sang, Jungen und Mädchen in roten Chorröcken mit weißen Chorhemden ministrierten. Viele Kerzen brannten und überall Blumenschmuck. Dazu erfüllte herrliche Orgelmusik von Bach den Raum. John, ein Pastor der Episkopalkirche, der die Trauung vornahm, leitete uns alle mit Würde.

In der Predigt sagte ich dem Brautpaar, ihren Angehörigen und Freunden, daß ich am Vormittag noch im Metropolitan-Museum gewesen sei, um das Gemälde „Die Toteninsel" von Arnold Böcklin zu betrachten. Es ist das Bild, das Margaret und Jim bei ihrem ersten Zusammentreffen gesehen und bewundert haben. Das Gemälde zeigt Dunkelheit und Licht, Tod und Leben und hat einen „trügerischen Glanz". Ich stellte dem Brautpaar einfach die Frage: „Auf welche Weise haltet ihr eure gegenseitige Liebe in einer Welt von ‚trügerischem Glanz‘ lebendig?" Und ich gab zur Antwort: „Eure Liebe zueinander entspringt Gottes erster Liebe. Nehmt diese Liebe immer in Anspruch! Eure Liebe zueinander ist verzeihende Liebe. Sprecht immer miteinander, verzeiht einander Fehler und lobt gegenseitig eure Gaben. Eure Liebe zueinander ist Liebe für andere: für eure Kinder, Gäste, für die Armen. Achtet stets auf diejenigen, die sich an eurer Liebe nähren möchten." Zum Schluß überreichte ich dem Brautpaar einen eingerahmten Druck der Rembrandt-Radierung „Drei Bäume" und sagte dazu, daß sie zu zweit seien, ein Dritter ihnen aber immer zur Seite stehe und sie durch das Tal des Todes führen würde, ob es ihnen vor Augen sei oder nicht.

Der anschließende Empfang und das Hochzeitsmahl waren vorzüglich. Eine zuckende und zappelnde Rockband spielte zum Tanz, und alle stellten schließlich fest, daß alles wunderbar gewesen sei. Jutta begleitete mich zum Abschied an die Tür. Es war gut, daß ich an diesem besonderen Tag ihres Lebens in ihrer Nähe sein konnte, und bin froh, daß ich die Einladung angenommen habe. Wahrscheinlich war meine Anwesenheit gerade für Jutta wichtig, denn ein solches Ereignis dürfte ihr manches zusätzliche Herzklopfen bereitet haben, wie es auch bei mir der Fall war.

Watertown, Sonntag, 10. Dezember

Nach einer schlichten Eucharistiefeier mit Wendy, Jay und Jutta flog ich nach Boston zurück.

Michael und seine Zwillingssöhne Nicolas und Andres erwarteten mich am Logan Airport. Wir fuhren zusammen zu ihnen nach Hause, wo mich Michaels Frau Marta herzlich willkommen hieß. Bald darauf trafen Peter und Kate mit ihrem Sohn Paul ein. Wir versammelten uns um den Tisch im Eßzimmer, in dem der Christbaum brannte, aßen, beteten und sangen. Es tat gut, mit lieben Freunden zusammen zu sein, die Vor-Weihnachtszeit zu genießen, sich anregend zu unterhalten, die Freude der Kinder mitzuerleben und in alldem die Gegenwart Gottes zu erfahren. Peter und Kate brachten mich wieder nach Hause zu Jonas. Ich bin müde, aber sehr dankbar.

*

Heute vor siebenundzwanzig Jahren starben Thomas Merton und Karl Barth. Ich bete für beide und danke Gott für den unschätzbaren Dienst, den sie der christlichen Spiritualität und Theologie erwiesen haben.

Dienstag, 12. Dezember

Meine Zeit bei Jonas, Margaret und Sam geht zu Ende. In gut einer Woche werde ich nach Holland reisen. Morgen ist mein letzter Tag in dieser Wohnung, denn am Freitag kommt Sarah zurück. Es ist schön, hier zu sein. Ich werde es sehr vermissen.

Heute ist das Fest „Unserer Lieben Frau von Guadalupe". Möge Maria den beiden amerikanischen Kontinenten und der Welt zur Einheit verhelfen. Es herrscht so viel Trennung! Und das Verlangen nach Versöhnung und Heilung ist so groß! Maria, bitte für uns!

Mittwoch, 13. Dezember

Ein Tag mit vielen Erledigungen: Weihnachtsgeschenke an Freunde abgeschickt, mit Jonas das Fitneß-Center besucht, die letzten Korrekturabzüge des „Jahreslesebuchs" durchgesehen, die Wohnung geputzt und Telefongespräche mit Verlegern geführt.

Morgen werde ich nach San Diego fliegen, wo ich das Wochenende über im Landhaus meiner guten Freundin Joan zu Gast sein werde. Sue kommt aus Daybreak nach Boston, um dann mit mir weiterzureisen. Joan hat auch andere Gäste eingeladen.

Das Programm für das Wochenende ist reichhaltig; schon morgen ein Abendessen, am Freitag ein Vortrag mit einer Weihnachtsfeier im San-Diego-Hospiz, am Sonntag vor dem Rückflug eine Eucharistiefeier und eine Bootsfahrt. Ich freue mich auf den Besuch bei Joan. Es werden ausgefüllte Tage werden, an denen ich eine Stunde nach der anderen auf mich zukommen lassen muß, um jede einzelne bewußt zu erleben.

San Diego, Donnerstag, 14. Dezember

Heute morgen brachte mich Jonas zum Flughafen. Es schneite, und ich wurde unruhig, weil Sues Flugzeug eine halbe Stunde Verspätung hatte. Als sie kurz vor 10 Uhr ankam, sagte ihr Jonas „Hallo" und zugleich „Auf Wiedersehen". Unsere Maschine wurde enteist, und kurz vor Einsetzen eines Schneesturms, der den Flugplatz in Dunkelheit hüllte, waren wir in der Luft.

In San Diego wurden wir am Airport abgeholt und waren vierzig Minuten später im Landhaus von Joan. Es begann wunderbar. Joan begrüßte uns herzlich und sagte, daß wir uns bei ihr wie zu Hause fühlen sollten. Sie begleitete uns in unsere Zimmer, zeigte uns dabei ihr prachtvolles, vornehm eingerichtetes Haus. Wohin wir kamen, überall kostbare Kunstgegenstände, Vasen mit frischen Blumen, an den Wänden wertvolle Teppiche.

Auf der Terrasse um den Swimmingpool, auf der ein großes Zelt aufgebaut war, herrschte reges Hin und Her. Ein Schwarm von Helfern war dabei, die letzten Vorbereitungen für die morgige Weihnachtsparty zu treffen. Als es dunkel wurde, leuchtete der ganze Garten von geradezu Myriaden von kleinen Lichtern auf. In den Bäumen hingen große leuchtende Sterne, der Zufahrtsweg und die Hecken rund um das Landhaus waren mit unzähligen roten und weißen Weihnachtskerzen geschmückt.

Gegen 18 Uhr trafen die anderen Gäste ein. Joan führte uns alle in ein französisches Restaurant zum Abendessen aus. Wir unterhielten uns angeregt über alle möglichen Themen. Ich wurde gefragt, was meine schriftstellerische Arbeit mache, und erzählte von meinem neuen Manuskript „Der Kelch meines Lebens", woraus sich eine lebhafte Diskussion entwickelte, bei der wir unseren Glauben und unsere Fragen zur Sprache brachten.

Kurz nach 21 Uhr waren wir zu Hause. Ich zog mich bald in mein Zimmer zurück. Als ich in Gedanken all das vorüberziehen ließ, was ich in den vergangenen vierzehn Stunden gesehen, gehört und empfunden habe, erfüllte mich Dankbarkeit.

Freitag, 15. Dezember

Nach einem ausgedehnten Frühstück fuhren wir gemeinsam in das San-Diego-Hospiz, wo Sue und ich einen Vortrag zum Thema „Eine Spiritualität der Fürsorge" hielten.

Joan hatte viele Jahre davon geträumt, in San Diego ein Hospiz in freier Trägerschaft zu eröffnen. Nach langwierigen Verhandlungen um die notwendige Genehmigung konnte schließlich ein großartiges Haus mit 24 Zimmern, das an einem Abhang über der Stadt liegt, in Betrieb genommen werden. Das Pflegepersonal ist sehr zuvorkommend und freundlich, die Atmosphäre einnehmend und sehr familiär.

In unseren Vorträgen sprachen Sue und ich darüber, wie wir uns selbst und andere auf ein „gutes Sterben" vorbereiten. Wir sangen Taizé-Lieder und führten mit den Zuhörern einen anregenden Gedankenaustausch. Auch mit den Hospiz-Seelsorgern trafen wir zusammen. Der Vormittag verlief sehr gut; alle waren gut gelaunt.

Um 18 Uhr begann bei Joan die Weihnachtsparty. An die neunzig Personen hatten sich eingefunden. Ein kleiner Chor sang Weihnachtslieder und eine große Schar von Kellnern bot die verschiedensten Getränke und Snacks an. Die Umgebung war faszinierend, das Essen köstlich, die Gespräche freundlich, die Musik angenehm und alles höchst elegant. Joan ist eine perfekte Gastgeberin und bewegte sich unter ihren vielen

Gästen souverän. Sie besitzt die Gabe, jedem das Gefühl zu geben, besonders geschätzt zu sein. Jede(r) genoß die herzliche und freundliche Atmosphäre. Gegen 22 Uhr verabschiedeten sich die meisten Gäste. Von dem Leben, an dem ich teilgenommen habe, irgendwie geblendet, fasziniert und ratlos, ging ich zu Bett.

Samstag, 16. Dezember

Um 8.30 Uhr fuhr uns Phil in die Stadt San Diego, wo wir das von Father Joe gegründete und geleitete Asyl für Wohnsitzlose besichtigten. Ich hatte Father Joe bei der Weihnachtsparty kennengelernt und ihm gesagt, daß ich das Heim gern sehen würde.

Father Joe, ein stämmiger Mann mit wachen Augen, einem breiten Lachen und selbstsicherem Auftreten, begrüßte uns mit dem Hinweis: „Laßt euer Geld nicht im Auto liegen, ich kann es nämlich gebrauchen!" Er trug blaue Shorts, ein ausgebleichtes T-Shirt und sah nicht viel anders aus als die an uns vorbeigehenden Wohnsitzlosen.

Father Joe führte in erster Linie das Wort. Er zeigte uns das Haus für die Dauerbewohner, die Häuser für Männer und Frauen, die nur die Nacht über bleiben und sich am Tag auf der Straße aufhalten; führte uns in das neuerrichtete medizinische Zentrum, das über eine Zahn- und Augenambulanz verfügt, und in das Zentrum für die tägliche Essenausgabe. Als wir die Terrasse betraten, warteten hier in langer Reihe Männer und Frauen auf ihre Mahlzeit. Viele fleißige freiwillige Helfer christlicher, buddhistischer und mormonischer Gruppen bereiteten das Essen vor und teilten die Mahlzeiten aus, machten die Tische sauber und spülten das Geschirr.

Father Joe hat die Vision, die Wohnsitzlosen mit der Zeit dazu zu bringen, daß sie die Reihe der bloßen Essenempfänger verlassen, im Asyl übernachten, Dauerbewohner werden, ein Jobtraining aufnehmen, eine Beschäftigung suchen und ihre volle menschliche Würde geltend machen. Vierzehn Jahre lang hat er dieses mehrere Millionen teure Unternehmen aufgebaut und mit strenger, autoritärer Hand geführt.

Ich frage mich, wie man das, was Father Joe tut, überhaupt schaffen kann. Er bewältigt ein schier unglaubliches Arbeitspensum. Ich frage mich aber auch manchmal, ob man gut daran tut, die anderen nur zu bedienen. Die „Arche" hat mich manches über die Bedeutung der Wechselseitigkeit zwischen Geber und Empfänger gelehrt. Ich hätte gern mehr Zeit gehabt, um die Erfahrungen von Father Joe und den Fürsorgern zu hören. Ich bin mir sicher, sie hätten darauf hingewiesen, daß die Insassen dieses Heimes nicht nur Empfänger von Gaben, sondern selbst auch Geber sind.

*

Nach der Rückkehr auf Joans Landhaus feierten wir im Garten gegenüber dem Kinderhort gemeinsam die Eucharistie. Es war ein inniger Gottesdienst. Wir waren um den kleinen Tisch versammelt, lasen die Texte aus der Bibel, tauschten darüber Gedanken aus, beteten und empfingen die heiligen Gaben des Leibes und des Blutes Christi.

Danach schlossen sich Joans Enkelin und ihr Freund unserer kleinen Gruppe an. Wir fuhren zusammen zum Hafen, wo Joans weihnachtlich beleuchtete große Yacht schon von weitem zu sehen war. Die sieben Mann der Besatzung standen am Kai und begrüßten uns. Gleich nachdem wir an Bord waren, legten wir zu einer Hafenrundfahrt ab. Phil lud uns zu einem Bordrundgang ein. Wir bewunderten das geräumige Logis mit dem separaten Eßraum, die schönen Kabinen, die perfekt eingerichtete Kombüse, den Dienstraum und das große Sonnendeck. Auf der Brücke erklärten uns der Kapitän und Mitglieder der Besatzung verschiedene High-Tech-Navigationsinstrumente.

Nach dem Rundgang wurden wir an einen schön geschmückten Tisch zum Abendessen gebeten. Während des Essens „segelten" wir langsam an der imposanten Wolkenkratzerkulisse von San Diego vorbei, fuhren unter der hohen

Coronado-Brücke durch und sahen vor uns die auf See ankernden Flugzeugträger. Überall leuchteten Weihnachtslichter: an den Fassaden der Wolkenkratzer, an den großen Hotels und an den Schiffen im Hafen.

Joan ist eine sehr freundliche und großzügige Gastgeberin. Sie war zu jedem von uns sehr aufmerksam und tat alles, damit wir uns bei ihr wohl fühlten. Beim Abendessen tauschten wir uns über den Gottesdienst am Nachmittag aus, sprachen über die „Kirche", den Sinn des Lebens, die Lage in der Welt und über die Vorbereitung auf den Tod. Es gab vieles aufzunehmen – das Gespräch über den Sinn des Lebens, neue Freundschaften, die großartigen Eindrücke auf der Bootsfahrt und das vorzügliche Essen –, so daß ich manchmal von einem Superlativ in den andern fiel: phantastisch, großartig, unglaublich, spektakulär, köstlich, fabelhaft.

Gegen 21 Uhr legten wir wieder im Hafen an. Wir dankten der Besatzung und den Köchen und fuhren in Joans Landhaus zurück. Ich ging früh zu Bett. Es gab von so vielem zu träumen!

Watertown, Sonntag, 17. Dezember

Heute war unser Reisetag und der Tag des Abschieds von Joan, die uns ein sehr schönes Wochenende mit neuen und alten Freunden bereitet hat. Verschiedene Gäste wollten gemeinsam abreisen und nahmen sich noch etwas Zeit für Besichtigungen. Gegen 19 Uhr waren wir wieder in Boston.

Jonas holte mich am Flughafen ab und brachte mich nach Hause. „Na, wie war's?" fragte er. Ich erwiderte: „Joan ist unglaublich. Auch ihre Gäste waren großartig. Mir wird immer klarer, wie sehr wir einander brauchen. Ich bin für diese wertvolle Erfahrung sehr dankbar."

Dann berichtete ich Jonas im einzelnen über die Tage bei Joan. Es gab vieles zu erzählen. Dabei spürte ich, daß ich die Szenen, die sich mit diesem Aufenthalt in meiner Erinnerung verbanden, in Worten kaum wiederzugeben vermochte. Ich versuchte, die Menschen zu beschreiben, denen ich begegnet bin, unsere Gespräche zu schildern, meine Eindrücke von unserem Besuch im San-Diego-Hospiz und im Heim für Wohnsitzlose. Ich wollte ihn an der Herzlichkeit teilnehmen lassen, mit der uns Joan empfangen hatte, eine Vorstellung von ihrem wunderbaren Haus vermitteln, von dem Weihnachtsschmuck, den sie überall anbringen ließ, und beschrieb die Gemälde und Skulpturen, die mich sehr beeindruckt haben. Ich erzählte von der unvergeßlichen Rundfahrt auf ihrer Yacht und konnte schier nicht aufhören zu erzählen. Schließlich fragte ich Jonas: „Und wie hast du das Wochenende verbracht?" und war froh, Jonas zuhören zu können.

Sues berühmte Frage: „Was *soll* das alles?" deckt sich mit meiner Frage nach dem Sinn dieser bemerkenswerten Reise, bei der ich großartige Menschen aus einer Welt des Überflusses und großartige Menschen in nackter Armut, dem Tode nahe und inmitten himmelschreiender Not erlebt, getroffen und mit ihnen gesprochen habe. Aufgrund meiner Erfahrung stelle ich erneut fest, daß unsere Weise, in dieser Welt zu leben, darin besteht, das geistliche Leben im Blick zu haben – unser eigenes wie das jedes anderen, dem wir begegnen. Ich bin überzeugt, daß es für uns bei dieser Reise wichtig war, daß wir die Freundschaft untereinander vertiefen, im Hospiz sprechen, gemeinsam Eucharistie feiern und Erfahrungen über das geistliche Leben austauschen konnten. Alles andere tritt vor diesen „geistlichen Ereignissen" zurück, die Teil unserer beständigen Suche nach der Wahrheit des Lebens und der Liebe Gottes sind.

In meinem Gebet heute abend kehre ich zur Daybreak-Gemeinschaft zurück und danke dafür, daß ich zu ihr „berufen" worden bin. Ich weiß, daß es der ersehnte Ort ist, an dem ich meiner Berufung, Gottes Liebe allen Menschen zu verkünden, nachkommen kann. Ich bin zutiefst dafür dankbar, da ich immer mehr davon überzeugt bin, daß es meine Bestimmung ist, auf ewig in den Armen Gottes geborgen zu sein. Diese klare Einsicht erlaubt es mir immer mehr, mich jedem Menschen neben mir zuzuwenden, und dessen Güte, Schönheit und

Liebe zu empfangen. Die Herausforderung liegt für mich wie immer darin, bei diesem unfaßbaren und geheimnisvollen Gott, der mich in die Welt gesandt hat, um im Namen Jesu zu sprechen und zu handeln, zu verharren.

Montag, 18. Dezember

Ein Tag, ausgefüllt mit Kofferpacken, Weihnachtseinkäufen, Briefeschreiben, Verschicken von Geschenken, mit Telefonanrufen und Vorbereitungen für meine Reise nach Holland, zu der ich morgen abend aufbreche.

Jonas und ich haben mit Laurent am Harvard Square zu Mittag gegessen. Wir sprachen über sein in Kürze erscheinendes Buch zum Thema „Engagement und weltweites Mit-Leid", das er gemeinsam mit seiner Frau Sharon und anderen Autoren verfaßt hat. Es handelt sich um eine beachtenswerte Studie, die sich auf zahlreiche Interviews und eingehende Forschungen stützt. Einer der Befunde, zu dem diese Untersuchung kommt, ist, daß alle, die sich für ein humanitäres Anliegen einsetzen, an einem bestimmten Punkt eine entscheidende Begegnung mit einer außerhalb ihres normalen Erfahrungsbereiches stehenden Person hatten, die die Grenzen ihres Lebens erweitern und ihnen größere Perspektiven eröffnen konnte. Laurent sagte: „An der Wurzel jedes großen Engagements findet sich stets eine entscheidende Beziehung zu einem Menschen, der wirklich ‚anders' ist." Ich halte es für eine wichtige Einsicht, die sich mit meiner Erfahrung deckt. Ohne die Begegnung mit Jean Vanier wäre ich nie von der Harvard-Universität in die „Arche" gewechselt. Daß ich mich für behinderte Menschen einsetze, mit ihnen lebe und für sie arbeite, gründet ohne Frage auf einer Beziehung zu einem anderen, der meine Grenzen durchbrochen und meinen Horizont radikal erweitert hat.

Dienstag, 19. Dezember

Ein heftiger Schneesturm behindert meine Abreise nach Amsterdam. Ich hatte meine Sachen bereits gepackt und wollte aufbrechen, als mein Nordwest-Flug gestrichen wurde. Zum Glück hatte ich noch einmal telefonisch nachgefragt, so daß ich die Fahrt zum Flughafen nicht umsonst machen mußte. Ich telefonierte lange herum, um einen neuen Flug zu erhalten. Wenn alles klappt, werde ich morgen nach Toronto und von dort nach Amsterdam fliegen. Allerdings wurde ein Blizzard vorausgesagt, so daß der Start meines Flugzeugs von Boston nach Toronto in Frage gestellt ist. Hoffentlich bringe ich genug Geduld auf. Ich bin beunruhigt, ob ich noch rechtzeitig bei meinem Vater ankommen werde, denn wir wollen schon am Samstag nach Deutschland reisen und dort ein paar Tage Ferien machen. Es bleibt mir aber schließlich nichts anderes übrig, als abzuwarten, die Augen offenzuhalten und meine Zeit gut zu nützen!

Toronto, Mittwoch, 20. Dezember

Viel Schnee, aber kein Blizzard. Um 11 Uhr fuhr mich Jonas zum Flughafen. Wenn auch das Flugzeug erst nach 14 Uhr starten sollte, wollte ich beizeiten am Flughafen sein, um meine Tickets ändern zu lassen und Jonas die Möglichkeit zu geben, wieder daheim zu sein, bevor das Wetter sich weiter verschlechtert.

Das Schneetreiben wurde dichter, aber das Flugzeug traf ein und konnte auch wieder starten, kurz bevor der Flugplatz erneut geschlossen wurde. Ich kam um 17.30 Uhr in Toronto an und war gespannt, ob ich es zum KLM-Flug nach Amsterdam noch schaffen würde, zu dem ich mich an ein anderes Terminal begeben mußte. Ich kam aber bevorzugt durch die Kontrolle, erhielt schnell mein Gepäck, lud es auf einen Gepäckkarren und erreichte rechtzeitig den KLM-Flug. Ich war außer Atem, aber froh, auf dem Flug nach Holland zu sein.

Geysteren/Holland, Donnerstag, 21. Dezember

Mein Neffe Reinier erwartete mich am Flughafen. Nach zweistündiger Autofahrt kamen wir bei meinem Vater zu Hause in Limburg an. Er wird bald dreiundneunzig und begrüßte mich mit der Bemerkung: „Na, du mußt aber dringend zum Frisör. Ich werde mir für uns beide einen Termin zum Haarschneiden geben lassen, damit wir auf unserer Reise anständig aussehen." Wenig später sagte mein Vater: „Du solltest jetzt lieber ins Bett gehen und ausschlafen." Ein Vater bleibt immer ein Vater! Ich habe mich sehr gefreut, meinen Dad in so guter geistiger Verfassung anzutreffen. Es liegt ihm sehr daran, mit mir in Deutschland Weihnachtsferien zu machen.

Freitag, 22. Dezember

Alles ist erledigt! Beim Frisör gewesen! Geschlafen! Gepackt! Telefoniert! Heute abend kam meine Schwester Laurien mit ihrem Lebensgefährten Henri, um mich zu begrüßen. Wir gingen zusammen zum Abendessen nach Horst, einem Städtchen ganz in der Nähe.

Freiburg im Breisgau, Samstag, 23. Dezember

In der vergangenen Nacht litt mein Vater an Übelkeit, was bei ihm nach einem guten, aber zu fetten Essen immer wieder vorkommt. Als ich ihn wiederholt ins Bad gehen hörte, machte ich mir wegen seines Gesundheitszustands Sorge. Er ist so schmal, sein Herz ist schwach und sein Körper hinfällig geworden. Ich habe Angst, er könnte plötzlich sterben.

Doch pünktlich um 9 Uhr stand er reisefertig da und erwähnte kaum noch die Magenbeschwerden. Joe, ein Freund und entfernter Verwandter meines Vaters, brachte uns nach Venlo zum Zug nach Köln. Von dort ging es um 12 Uhr nach

Freiburg weiter, wo wir um 16 Uhr ankamen. Franz erwartete uns am Bahnsteig und brachte uns in ein kleines, behagliches Hotel in der Nähe des Münsters. Während sich mein Vater etwas ausruhte, fuhr ich mit Franz nach Hause, um Reny zu begrüßen und zwei Koffer mit Wäsche und Büchern von mir zu holen, die ich bei meinem letzten Besuch vor zwei Jahren bei ihm zurückgelassen hatte. Nach einem wohltuenden Abendessen im Hotel zogen sich mein Vater und ich in unsere Zimmer zurück. Ich bin sehr müde.

Sonntag, 24. Dezember

Um 21.30 Uhr holten mich Franz und Reny im Hotel zur Christmette in ihrer Pfarrkirche St. Urban ab. Mein Vater, dem der Magen wieder zu schaffen machte, wollte im Hotel bleiben und früh zu Bett gehen.

Ich war überrascht, die Kirche nicht so voll besetzt zu sehen, wie ich es von den überfüllten Weihnachtsgottesdiensten in Richmond Hill gewöhnt bin und auch hier erwartet hatte. Die Kirche war aber nicht „überfüllt", sondern „gut gefüllt".

Der Pfarrer begrüßte uns herzlich und lud mich ein zu konzelebrieren. Der Kaplan als Hauptzelebrant hielt eine gute Weihnachtspredigt. Er sprach vom Verlangen Gottes, von der Macht zur Ohnmacht zu gelangen, von der Stärke zur Schwachheit, vom Schöpfer-Sein zum Schöpferisch-Sein, vom Groß-Sein zum Klein-Sein, von der Unabhängigkeit zur Abhängigkeit.

Die Predigt brachte mich auf meine Gedanken zu Anfang dieser Woche zurück. Ich glaube, daß wir die immensen Implikationen des Geheimnisses der Menschwerdung kaum durchdacht haben. Wo ist Gott? Gott ist dort, wo wir schwach, verwundbar, klein und abhängig sind. Gott ist dort, wo die Armen sind, die Behinderten, die geistig Kranken, die Alten, die Machtlosen. Ich bin mehr und mehr davon überzeugt, daß unsere Glaubwürdigkeit von unserer Bereitschaft abhängt, dort hinzugehen, wo Gebrochenheit, Verlassenheit und Armut sind. Wenn die Kirche eine Zukunft hat, dann ist es eine Zukunft bei den Armen, in welcher Form auch immer. Jeder von uns ist ernsthaft bemüht, in diesem Glauben zu leben und zu wachsen. Durch unsere Freundschaft stützen wir uns gegenseitig. Es ist mir klar, daß der einzige Weg, in den vielen „Welten" fest zu bleiben, für uns darin besteht, dem kleinen, verwundbaren Kind, das in unserem Herzen und im Herzen aller Menschen wohnt, nahe zu bleiben. Oft wissen wir nicht, daß das Christkind in uns ist. Entdecken wir es, um zu wahrer Freude zu finden!

Montag, 25. Dezember

Kurz vor zehn fuhren mein Vater und ich mit einem Taxi zum Weihnachtsgottesdienst im Freiburger Münster. Alle Bänke waren besetzt, selbst in den Gängen standen die Menschen dicht gedrängt. Dennoch konnte ich für meinen Vater einen Sitzplatz in der ersten Reihe, die für alte und behinderte Menschen reserviert war, finden. Der Gottesdienst war festlich, feierlich und sehr „fürstlich": Ein- und Auszug in Prozession, Weihrauch, Kerzenträger und eine Schar von Ministranten.

Der Erzbischof von Freiburg feierte das Pontifikalamt und hielt die Predigt. Dabei stellte er die Frage: „Hilft uns oder hindert uns das Münster, das Geheimnis von Weihnachten zu verstehen?" Ich horchte auf, denn ich hatte mir gerade darüber Gedanken gemacht, daß ein so verborgenes und armseliges Ereignis wie die Geburt Jesu einen so majestätischen Bau und eine so prunkvolle Liturgie hervorgebracht hat. Was hatten die ganze gotische Erhabenheit, die Fenstermalereien, die Gemälde und die Figuren, die Gewänder, Stab, Mitra und lange Zeremonien mit dem vor bald zweitausend Jahren in Betlehem geborenen kleinen Kind zu tun?

Der Erzbischof „verteidigte" seine Kathedrale. Ich komme auf den Gedanken, daß die Kathedrale vielleicht ebenso das Ergebnis menschlichen Stolzes, menschlicher Arroganz und

Begierde nach Macht, Einfluß und Erfolg ist wie Ausdruck eines tiefen Glaubens, großer Frömmigkeit, der Anbetung, der Großmut und der Gottesliebe. Das Freiburger Münster ist einer der eindrucksvollsten Orte in Stein, an dem Macht und Frömmigkeit sich treffen.

Ich hatte vom Altar aus einen herrlichen Blick in den majestätischen Raum. Das Münster ist zweifellos eine der schönsten gotischen Kirchen überhaupt. Es dauerte fünf Jahrhunderte, bis der Bau vollendet war. Als Ende November 1944 ein Bombenangriff der Alliierten die ganze Innenstadt in Schutt und Asche legte, blieb das Münster mit seinem einzigartigen Turm und dem fein durchbrochenen Helm stehen, trug aber schwere Schäden davon. Man brauchte über zwanzig Jahre, um sie zu beseitigen und dem Münster die ganze Schönheit wiederzugeben.

Dienstag, 26. Dezember

Um 11 Uhr besuchte mich ein einflußreicher Geistlicher der Erzdiözese im Hotel. Ich war von unserem Gespräch bewegt. Er sprach sehr ehrlich über seine Zugehörigkeit zur kirchlichen Hierarchie, wenn ihm auch vor allem die geistliche Bildung der Priester und Laien am Herzen liege. Er erzählte mir, daß er sich die Woche über den Aufgaben in der Diözesanverwaltung widme, sich aber am Wochenende oft in ein geistliches Zentrum in der Nähe zur Besinnung und zum Gebet zurückziehe. Ein freundlicher, liebenswürdiger und aufgeschlossener Mann, der Jesus und die Kirche zweifellos liebt, zugleich aber sieht, daß liturgische Zeremonien, Mitren, purpurne Talare, Weihrauch und klerikale Förmlichkeiten junge, Sinn suchende Menschen heute nicht mehr ansprechen.

Ich erkenne in diesem Geistlichen mein eigenes Ringen wieder, nämlich in der Kirche zu sein, ohne in vielen komplizierten Strukturen festgehalten zu werden. Für ihn wie für mich stellt sich die Frage: Wie können wir heute die Kirche lieben? Er sagte mir: „Ich muß Tag um Tag bestehen, meiner Berufung treu bleiben und darauf vertrauen, daß mein Leben Frucht bringen wird, auch wenn sich die Dinge nicht so schnell ändern, wie ich es gern möchte." Mir hat dieser bescheidene, ehrliche Mann der Kirche wirklich gefallen.

*

Heute nachmittag schrieb ich einen Stoß Postkarten. Dabei empfand ich eine große Liebe für alle, denen ich Grüße sandte. Ich war voll Dankbarkeit und Zuneigung und hätte jeden einzelnen meiner Freunde am liebsten umarmt und ihnen gesagt, wieviel sie mir bedeuten und wie sehr ich sie vermissen würde. Es scheint so zu sein, daß Distanz oft Nähe schafft, Abwesenheit Gegenwart stiftet, Einsamkeit zu Gemeinschaft führt. Ich spürte, wie mein ganzes Sein, Körper, Geist und Sinn, danach verlangte, Liebe zu geben und zu empfangen, bedingungslos, furchtlos und vorbehaltlos.

Warum sollte ich jemals etwas anderes als Liebe denken oder sagen? Warum sollte ich jemals mißgünstig sein, Haß oder Eifersucht empfinden, Argwohn hegen? Warum nicht immer geben und vergeben, ermutigen und bestärken, Dank und Lob spenden? Warum nicht?

Ich danke Gott für dieses Fünkchen Ewigkeit in meinem Herzen. Ich bete darum, daß ich an der Wahrheit, die mein geistliches Auge sieht, festhalte und die Stärke finde, im Einklang mit dieser Vision zu leben.

Mittwoch, 27. Dezember

Ein sehr ruhiger Tag. Es gibt in Freiburg vieles, das wir unternehmen und besichtigen könnten, aber mein Vater wie auch ich genießen es statt dessen, einfach hier zu sein, genug Zeit zu haben, um zu schlafen, in Ruhe zu frühstücken, die Eucharistie zu feiern und auszuspannen. Wenn ich früher in einer fremden Stadt war, wollte ich möglichst jede Kirche besichtigen, jedes Museum besuchen und jedes alte Bauwerk sehen. Aber in diesen Tagen hier bin ich zufrieden, in meinem Zimmer zu sein, etwas zu lesen, etwas zu schreiben und etwas zu beten.

Es tut meinem Vater und mir gut, zusammen zu sein und kein Programm zu haben. Ich glaube nicht, daß wir schon einmal solch unverplante Tage miteinander verbracht haben. Es sind keine großen Themen, über die wir uns unterhalten, aber unsere Gespräche sind lebendig und angenehm. Ich bin immer wieder über das große Interesse meines Vaters an Religion, Literatur, Kunst und Politik überrascht. Wenn sein Körper auch müde ist und er nur mit Mühe gehen kann, ist sein Geist doch so klar und scharf wie je. Auch seine Überlegungen, Urteile und Ansichten sind treffend und oft scharfsichtig. Ich betrachte es als ein Privileg, diese Zeit mit ihm verbringen zu können, und merke, daß auch er sich über unser Zusammensein freut.

Um 17 Uhr nahmen uns Franz und Reny zu Ulrich und Elisabeth mit, gute Freunde, die ich bei meinen früheren Besuchen in Freiburg kennengelernt habe. Wir feierten bei ihnen die Eucharistie. Anschließend lud uns Elisabeth zu einem leichten Mahl ein. Mein Vater, der selten laut betet, trug bei der Eucharistiefeier die Fürbitte vor, daß seine Enkelkinder in ihrem Leben Gott Platz geben und nicht nur materiellen Dingen nachgehen mögen. Ich empfand großen inneren Frieden und tiefe Freude, als ich ihn „frei" beten hörte. Wer so wie mein Vater gewohnt ist, immer das Meßbuch in der Hand zu haben und jedes Wort der Liturgie genau zu verfolgen, für den bedeutet ein Gebet spontan sprechen sich einen Ruck geben.

Donnerstag, 28. Dezember

Als ich mit meinem Vater vor fünf Jahren ein paar Tage in Freiburg verbrachte, besuchten wir zusammen einen Zirkus. Dabei hatten mich die Vorführungen der „Fliegenden Rodleighs", einer südafrikanischen Trapezartistentruppe, so beeindruckt, daß ich sie nach der Vorstellung aufsuchte und mich ihnen vorstellte. Diese eher unwichtige Begebenheit war für mich folgenreich. Ich schloß mit den „Rodleighs" Freundschaft, reiste mit ihnen durch Deutschland, führte mit ihnen ausführliche Gespräche, schrieb über sie verschiedene Artikel und wirkte mit ihnen in einem Dokumentarfilm mit, der am kommenden Montag, am Neujahrsabend, im holländischen Fernsehen gesendet wird.

Mein Vater muß an die „Rodleighs" gedacht haben, als er mir sagte: „Ein Zirkus ist wieder in Freiburg. Du möchtest ihn doch sicher gern sehen." Es ist das Weihnachts-Zirkusfestival, ein Programm des Chinesischen Nationalzirkus, in dem Artisten aus Moskau, Paris und Freiburg auftreten.

Zu dritt, Franz, mein Vater und ich, fuhren wir zum Meßplatz, wo das große Zirkuszelt aufgebaut ist. Um 16 Uhr begann die Vorstellung. Es gab keine Tiernummern, nur Akrobaten traten auf! Jongleure, ein fabelhafter Seiltänzer, ein großartiger Artist auf einem Schaukeltrapez und wie schwerelos wirkende Trampolinspringer. Am meisten faszinierte mich allerdings die Vorführung dreier Männer, die aus einer Kombination von Clownerien, Tanz und Athletik mit Musikbegleitung aus dem Film „Chariots of Fire" bestand. Dabei nahmen sich die drei immer wieder selbst „auf den Arm". Während sie die erstaunlichsten Akrobatenstücke vollführten, blickten sie die Zuschauer und einer den anderen an, so als würden sie sich selbst verulken. Sehr lustig.

So spektakulär auch alles war, ergriff mich dennoch nichts so wie beim Zirkusbesuch vor fünf Jahren. Damals war ich von den „Rodleighs" ganz „gepackt". Sie zogen mich regelrecht an. Ich wollte sie immer wieder sehen und tief in ihre Welt eindringen. Heute sah ich zwar eine gute Show, ging aber ohne mir danach noch viele Gedanken darüber zu machen oder irgendwelche nachhaltigen Empfindungen nach Hause. Damals sah ich etwas, das einen neuen Ort in mir erschloß. Heute hatte ich einfach Spaß an verschiedenen außergewöhnlichen Darbietungen und genoß ein paar Stunden gute Unterhaltung. Damals erlebte ich hingegen eine persönliche Umwandlung.

Beim heutigen Zirkusbesuch wurde mir klar, daß es damals der ganz persönliche Charakter des Trapezaktes der „Rodleighs" war, der mich letzten Endes berührt hat. Ich konnte mich mit diesen Artisten identifizieren und sie mir als Menschen vorstellen, die ich gern zu Freunden hätte. Wir schlossen tatsächlich auch Freundschaft, die mich viele Verbindungen zwischen meiner und ihrer Welt entdecken ließ. Die Zirkusleute, die ich heute sah, blieben mir hingegen irgendwie fremd. Anders als bei den „Rodleighs" war ich auf ihr Leben im Alltag nicht neugierig. Nachdem sie ihre Vorstellung beendet hatten, machte ich mir keine Gedanken mehr über sie; sie waren für mich vergessen.

Dennoch hatten Franz, mein Vater und ich einen sehr unterhaltsamen Nachmittag. Kurz nach unserer Rückkehr im Hotel aßen wir angenehm zu Abend.

Freitag, 29. Dezember

Heute unternahmen wir mit Franz eine Autofahrt nach Bernau, einem kleinen Holzschnitzerdorf im Südschwarzwald, und von dort nach Sankt Blasien, einem bekannten Höhenluftkurort mit einem mächtigen Kuppeldom. Am schönsten aber war die Fahrt durch die verschneiten Wälder und Täler, bei der ich mir wie in einer Weihnachtskartenidylle vorkam. Der Blick aus dem wohlig-warmen Mercedes auf die kleinen verstreuten Dörfer mit ihren hübschen Kirchtürmen, die schmalen, gewundenen Straßen, die schneebedeckten Tannen und die tiefhängenden, treibenden Wolken taten den Augen gut.

Was mir von unserer Fahrt wohl am nachhaltigsten in Erinnerung bleiben wird, ist eine Frau mit Namen Ursula. Sie saß allein an einem Tisch des Restaurants, in dem wir zu Mittag aßen. Nachdem sie uns eine Weile beobachtet hatte, lud sie uns zu einem Glas Rotwein ein. Ich nahm ihre Einladung an, worauf sie sich – offensichtlich suchte sie Gesellschaft – an unseren Tisch setzte. Ursula ist Astrologin und versuchte, uns davon zu überzeugen, daß sie anhand unserer Geburtsdaten, des Jahres, Tages und der Minute, unsere Persönlichkeit bestimmen könne. Sie redete viel und eindringlich und bot uns kaum Gelegenheit, etwas zu erwidern.

Es dauerte nicht lange, bis sie heftig den Vatikan attackierte, den Papst einen Vergifter nannte und uns erzählte, daß sie an Gott glaube, aber dazu nie die Kirche gebraucht habe. Auch erklärte sie, daß alle guten Päpste, wie zum Beispiel Johannes Paul I., umgebracht worden seien, daß die Kreuzzüge, die Inquisition und die Pogrome Beweise dafür seien, welch ein Übel die Kirche darstelle, daß sie Leonardo Boff als Helden betrachte und die meisten Theologen nicht wüßten, worüber sie eigentlich redeten.

Nachdem ich mir diese Tiraden vielleicht zehn Minuten angehört hatte, konnte ich einfach nicht mehr an mich halten und stach mit einer Nadel in ihren Luftballon. Ich blickte ihr scharf in die Augen und bat sie, mir einmal zur Abwechslung zuzuhören. Dann sagte ich ihr, daß ich katholischer Priester sei, bei geistig Behinderten lebe und arbeite, selbst schon dem Papst begegnet sei, über Leonardo Boff sehr gut Bescheid wisse und ihre Ausfälle für unsinnig, unqualifiziert, nachgeplappert und für sehr arrogant halte. Schließlich legte ich ihr eindringlich nahe: „Sie haben viel Einfluß auf andere. Was Sie sagen, nimmt man ernst. Achten Sie doch bitte darauf, daß das, was Sie sagen, diejenigen, denen Sie es sagen, nicht verletzt. Und bedenken Sie bitte auch, daß die Geschichte des Christentums nicht auf zwei, drei Verurteilungen reduziert werden darf."

Ursula erwiderte darauf kein Wort. Eine solch strenge Zurechtweisung hatte sie sicherlich nicht erwartet. Sie akzeptierte sie, so gut sie konnte, fragte mich nach meinem Namen und schrieb mir ihren auf einen Zettel. Ich bin mir nicht sicher, ob ich mich richtig verhalten habe. Franz sagte mir: „Ich habe dich noch nie so vorbehaltlos den Papst verteidigen gehört." Mir war klar, daß Ursulas pauschale, vereinfachende Kritik an der Kirche mich zu einem irgendwie vereinfachenden Verteidiger gemacht hatte. Ich glaube nicht, daß ich sie in ihrer Meinung ändern konnte. Jedenfalls brachte sie mir meine eigene Meinung zu Bewußtsein.

Samstag, 30. Dezember

Seit wir unterwegs sind, drängt mich mein Vater immer wieder: „Du solltest dir eine neue Mütze kaufen." Ich hatte meine letzte im Auto von Reinier liegengelassen, als er mich am Flugplatz in Amsterdam abholte. Seitdem behalf ich mir mit einer alten, abgegriffenen und viel zu kleinen meines Vaters. „Wann kaufst du dir endlich eine neue Mütze?" drängte er mich wiederholt. Heute bestand dazu die letzte Gelegenheit, denn morgen und an Neujahr bleiben hier alle Geschäfte geschlossen. Die Innenstadt war voller Menschen. Ich kam nur mühsam voran. Alle schienen es eilig zu haben, um noch vor Neujahr etwas zu kaufen.

Ich landete in der Hutabteilung eines Kaufhauses vor einem großen Tisch mit einem Berg von Mützen und fragte eine der Verkäuferinnen: „Können Sie mir eine passende Mütze aussuchen helfen?" Darauf erwiderte sie: „Nein, leider nicht! Sie müssen schon selbst schauen. Eine in Ihrer Größe wird bestimmt da sein. Ich kann diesen ganzen Berg nicht nach Größen sortiert halten. Ständig sucht und probiert jemand. Bemühen Sie sich doch selbst." Umgeben von Männern und Frauen, die in den Mützen wühlten, die eine oder andere aufsetzten, in den Spiegel schauten, dabei das Gesicht verzogen und sie dann wieder auf den Haufen warfen, versuchte ich, eine einigermaßen vernünftige Mütze für mich herauszufinden, bis mich das ganze Drumherum so entnervte, daß ich wieder ging und mein Glück in einem anderen Geschäft mit weniger Leuten und höheren Preisen versuchte. Ich erstand eine „auf den Hebriden handgewebte Harris-Tweed-Mütze", die zweimal so teuer war wie die in der Hutabteilung, in der ich vorher gesucht hatte. Aber immerhin gab es eine Geschichte, über die ich schreiben konnte.

*

Um 16 Uhr feierte ich mit meinem Vater im Hotelzimmer die Eucharistie. Diese regelmäßige gemeinsame Zeit des Gebets ist zu einem zentralen Abschnitt unseres Tages geworden. Mein Vater, der gerade ein holländisches Buch mit einer Reihe von Beiträgen zum Thema „Religion und Lebensperspektiven in der Postmoderne" gelesen hatte, sagte mir: „Es enthält auch einen interessanten Beitrag über die Sakramente. Du mußt ihn unbedingt lesen." Seiner Meinung nach würden der Artikel und unsere Gottesdienste gut zusammenpassen.

Der Beitrag bietet tatsächlich geistliche Einsicht und Hilfe. Von der Philosophie Martin Heideggers beeinflußt, betrachtet die Autorin die Sakramente als Zugang zu einer neuen Erfahrung der potentiellen Heiligkeit des Alltäglichen. Für sie sind die Sakramente der wahre Schatz der Kirche.

Als ich mit meinem Vater die Messe im Hotelzimmer feierte, konnte ich nachempfinden, wie zutreffend diese Ansicht ist. Die innige, schlichte und tiefe Nähe zwischen uns beiden ermöglichte die einfache, tiefe und innige Gegenwart Christi unter uns. Von diesen geheiligten Augenblicken wird mein Herz noch zehren, wenn mein Vater schon längst von dieser Welt geschieden ist.

Sonntag, 31. Dezember

Hermann und Mechthild hatten uns eingeladen, den „Silvesterabend" mit ihrer Familie zu verbringen. Zu Beginn feierten wir im Wohnzimmer die Eucharistie. Wir bildeten nur einen kleinen Kreis. Die Liturgie war anrührend, aber auch sehr feierlich. Den intimsten Teil bildeten die Fürbitten, bei denen einige Teilnehmer ihre persönlichen Anliegen vortrugen.

An die Eucharistiefeier schloß das Abendessen an. Es gab Fondue Bourguignonne, bei dem jeder ein Stückchen Fleisch an einem kleinen Spieß in einen Topf mit siedendem Öl taucht und darin gar werden läßt, um es dann in eine der verschiedenen Saucen zu dippen und zu genießen. Es ist ein Essen, bei dem jeder beschäftigt ist und das zu Gesprächen anregt.

Um 22 Uhr fuhr ein Taxi vor, das meinen Vater und mich ins Hotel zurückbrachte. Kaum waren wir in unserem Zimmer, krachten die ersten Feuerwerkskörper, die meinen Vater, dessen Zimmer zur Straßenseite liegt, für den Rest der Nacht kaum mehr schlafen ließen. In meinem Zimmer zur Gartenseite hin war der Neujahrslärm nicht so groß. Ich schlief jedenfalls prächtig.

JANUAR 1996

Montag, 1. Januar

Nach einem ruhig und friedlich verbrachten Tag im Hotel hatten wir am Abend Hermann und Mechthild wie auch Franz und Reny zu einem Abschiedsessen eingeladen. Der Geschäftsführer des Hotels hatte sich sehr bemüht, damit wir uns wohl fühlen konnten. Wir saßen an einem größeren runden Tisch, der etwas abseits stand und schön dekoriert war. Seine Frau hatte eigens für meinen Vater ein besonders leichtes Menü zubereiten lassen.

Ein zusätzlicher Anlaß für das Abendessen waren der siebzigste Geburtstag von Hermann am 17. Januar und der dreiundneunzigste Geburtstag meines Vaters am 3. Januar. Ich überreichte Hermann einen silbernen Brieföffner als Geburtstagsgeschenk und meinem Vater einen Kupferstich vom Schwabentor mit dem davorgelegenen Oberlindenplatz und dem Hotel „Zum Roten Bären". Mechthild erhielt ein kleines Lesezeichen in Form einer Eule als „Trostpreis".

Mein Vater genoß den Abend sichtlich und nahm an unseren Gesprächen über „Kunst und Kultur" lebhaft teil. Ein wirklich herzlicher, angenehmer und gelungener Abschluß unseres Aufenthalts in Freiburg.

Geysteren, Dienstag, 2. Januar

Die Heimreise verlief sehr gut, vom Umsteigen in Köln allerdings abgesehen. Da der Intercity aus Freiburg zehn Minuten Verspätung hatte, blieben uns nur sieben Minuten Zeit, um mit unserem Gepäck von Bahnsteig 2 auf Bahnsteig 9 zu kommen.

Wir waren beide sehr aufgeregt. Kaum war mein Vater aus dem Zug ausgestiegen, stolperte er über einen Koffer und stürzte auf den Bahnsteig. Sein Gehstock fiel ihm aus der Hand und landete im Bogen auf den Schienen unter dem Waggon. Zum Glück konnte mein Vater bald wieder aufstehen. Er hatte sich nichts gebrochen und sich auch nicht verletzt. Der Schaffner, der uns schon beim Aussteigen geholfen hatte, angelte den Stock unter dem Zug hervor, so daß wir bald wieder weiter konnten. Mit fünf Koffern bepackt und meinem Vater im Schlepptau zwängte ich mich durch die Menschenmenge. Auf der Rolltreppe in die Unterführung hinunter und ein Stück weiter zum anderen Bahnsteig wieder hinauf erreichten wir unser Abteil eine Minute, bevor sich der Zug nach Holland in Bewegung setzte.

Am Bahnhof in Venlo begrüßten uns Joe und Vaters Haushälterin Tilly und brachten uns nach Hause. Wir waren in Freiburg um 13 Uhr abgefahren und um 19.30 Uhr wieder daheim. Eine gute und angenehme Reise, wenn ich auch sagen muß, daß wir dabei einem schlimmen Unfall um Haaresbreite entgangen sind. Ich erinnere mich an meinen über achtzigjährigen Großvater, der bei guter Gesundheit war, aber kurz nach einem kleinen Unfall gestorben ist, den er unmittelbar vor seinem Haus erlitten hatte. Mein Vater ist so schmal und zart, daß schon ein kleiner Sturz genügen würde, um nicht nur seine Knochen, sondern auch seinen Geist zu brechen. Ich bin froh, daß wir beide wohlbehalten zu Hause sind und mein Vater dankbar an die Reise zurückdenkt.

Mittwoch, 3. Januar

Heute vollendet mein Vater sein 93. Lebensjahr. Er erhielt viele Anrufe und empfing eine Reihe von Gratulanten. Am Samstag will die ganze Familie kommen und den Geburtstag nachfeiern. So konnten wir beide heute einen ruhigen, angenehmen Tag verbringen.

Um 16 Uhr trafen Robert, der Sohn von Franz und Reny,

und Susanne, seine Verlobte, ein. Beide sind Arzt, und beide haben sich auf Innere Medizin spezialisiert. Es hat mich wirklich gefreut, daß sie gekommen sind: zwei selbstsichere, intelligente und religiös aufgeschlossene Menschen. Beide arbeiten viele Stunden am Tag und müssen sich die Zeit füreinander abringen. Beide sind römisch-katholisch und haben kaum Ressentiments gegenüber der Kirche. Keiner von beiden war schon einmal verheiratet, obwohl sie Anfang der Dreißig sind. Auch haben beide ein herzliches Verhältnis zu ihren Eltern und Geschwistern. Im Vergleich zu anderen im Beruf stehenden jungen Menschen unserer Postmoderne ist ihr Leben bemerkenswert unkompliziert, nicht leicht, nicht frei von den normalen Spannungen engagierter junger Menschen im beruflichen Alltag, nicht ohne sich ernsthaft zu fragen, wie sich ein inniges Familienleben in einer nicht so innigen medizinischen Welt führen läßt, aber durchaus mit klaren Zielen, klaren Gewichtungen, klaren Wertvorstellungen und einer klaren Liebe zueinander und zu Gott.

Mein Vater und ich haben uns über den Besuch von Robert und Susanne gefreut. Sie kamen, um mich zu fragen, ob ich sie am 15. Juni trauen würde. Ich fühle mich durch ihre Einladung sehr geehrt und sagte aus ganzem Herzen zu. Wir besprachen eine Stunde lang die Einzelheiten der Feier und die Vorbereitungen. Danach fuhren wir alle zum Abendessen in ein Restaurant in der Nähe. Um 20 Uhr traten Robert und Susanne wieder den Heimweg nach Deutschland an. Ihr Besuch war ein schöner Abschluß unserer „deutschen Erlebnisse".

Freitag, 5. Januar

Während des Abendessens rief Kathy an und teilte mir mit, daß mein Freund Timothy im Sterben liege. Ich rief Tim in Toronto sofort an und war erstaunt, als er sich selbst meldete.

„Die Chemotherapie wirkt nicht", sagte er. „Es geht mir immer schlechter." Ich fragte, wie es ihm „innerlich" gehe. Er erwiderte: „Innerlich lebe ich in großem Frieden. Phyllis und

ich beten viel zusammen. Wir haben uns Jesus und der Gottes-
mutter ganz und gar anvertraut." Dabei lag eine gewisse
Freude in seiner Stimme, die zwar klar, aber doch sehr schwach
klang.

Ich sprach auch kurz mit seiner Frau Phyllis und seinem besten Freund Paul, der gerade bei ihm war. Ich sagte Phyllis:
„Ich bin sehr dankbar, daß ich an Tims Leben Anteil nehmen
kann. Sein tiefer Glaube und sein unerschütterliches Vertrauen
sind mir ein starker Ansporn. Ich bin überzeugt, daß Tims
Leben viele, viele Früchte bringen wird." Sie erwiderte: „Vielen
Dank, daß du das sagst. Deine Anteilnahme und dein Interesse
bedeuten Tim sehr viel. Glaub mir, dein Anruf ist für ihn der
Lichtblick am heutigen Tag." Paul sagte: „Ich werde dich auf
dem laufenden halten, glaube aber, daß Tim nicht mehr lange
leben wird, vielleicht noch zwei Wochen."

Seit diesem Anruf habe ich oft an Tim gedacht. Seine Verbundenheit mit Gott ist so tief, daß alle Qual, alle Sorge und
Furcht in den Hintergrund zu treten scheinen. Selten oder sogar noch nie bin ich einem Menschen begegnet, der seinem
sich nahenden Tod mit so großer Liebe und so starkem Vertrauen entgegenging, wie Tim es jetzt tut. Es ist ein großes
Geschenk, ihn zu kennen!

Samstag, 6. Januar

Ein besonderer Tag. Heute wurde der 93. Geburtstag meines
Vaters gefeiert! Er hatte alle seine Kinder und näheren Verwandten eingeladen: meinen Bruder Paul, meinen Bruder Laurent und seine Frau Heiltjen mit ihren drei Kindern Sarah,
Laura und Raphael; meine Schwester Laurien und ihren Lebensgefährten Henri, Lauriens Kinder Frédéric, Marc mit seiner Freundin Marije, Reinier und mich. Außerdem waren gekommen: Vaters Schwester Hetty mit ihrem Mann Jan, seine
Schwestern Ella und Truus; Cathrin, die Tochter seines verstorbenen Bruders Sef, mit ihrem Mann Chris; Elisabeth, eine
Freundin seiner verstorbenen Schwester Corrie; sowie Jo, ein

Verwandter und sein jetziger Fahrer und Reisebegleiter; insgesamt zweiundzwanzig Personen.

Da mein Vater aus einer Familie mit elf und meine Mutter aus einer Familie mit acht Kindern stammt, wurde uns bei diesem Treffen so recht bewußt, wie viele unserer Angehörigen in den vergangenen Jahren gestorben sind. Mein Vater hatte mich gebeten, die Eucharistie zum Gedenken an meine vor achtzehn Jahren gestorbene Mutter und alle verstorbenen Familienmitglieder zu feiern.

Wir saßen in zwei Reihen um den Tisch im Wohnzimmer. Ganz anders als ich die Liturgie sonst zu feiern gewohnt bin, war es ein ziemlich formeller Gottesdienst, da viele der Anwesenden nicht in die Kirche gehen. Sarah, Raphael und Reinier trugen die Lesungen vor. Es schien, als hätten sich manche unbehaglich gefühlt.

Es fällt mir schwer, die Eucharistie formell oder als bloßen Ritus zu feiern. Ich möchte sehr gern, daß wir enger verbunden sind und uns stärker inspirieren, doch sieht es so aus, als ob ihr und mein geistliches Leben meilenweit voneinander entfernt wären. Ich sagte in der Predigt, daß Gott sich uns in Schwachheit offenbart, so wie es nicht nur vor langer Zeit bei der Geburt Jesu geschah, sondern auch heute dort geschieht, wo Menschen krank, alt, hilfsbedürftig und verwirrt sind. Ich legte auch dar, daß wir unsere Schwachheit nur dann als einen Ort des Erscheinens Gottes (heute war das Fest Epiphanie) leben und erfahren können, wenn wir wirklich daran glauben, daß wir bereits geliebt wurden, bevor wir das Licht der Welt erblickten, und noch geliebt werden, wenn wir gestorben sind. Glaubten wir nicht daran, würde unsere Schwachheit sehr schnell zu Verbitterung und Härte führen. Wenngleich ich damit meine innerste Überzeugung aussprach, schienen meine Worte keinen besonderen Anklang zu finden.

Nach der Eucharistiefeier besuchten wir das Grab unserer Mutter. Wir dachten daran, wie wir an jenem nebligen Vormittag im Oktober 1978, nach dem Gottesdienst von der Kirche zum Friedhof zogen und sie zu Grabe trugen. Die meisten von uns waren damals dabei, außer Sarah, Laura und Raphael, die erst nach Mutters Tod zur Welt kamen. Wie würde sie sich über ihre Enkelkinder freuen!

Die Geburtstagstafel in einem Restaurant in der Nähe war festlich. Mein Bruder Paul hatte die Rolle des Zeremonienmeisters übernommen. Sarah gratulierte im Namen der Enkelkinder, meine Schwester Laurien und mein Bruder Laurent trugen ebenso ironische wie humorvolle, aber von Herzen kommende Betrachtungen über das Leben und die Tugenden unseres Vaters vor.

Während wir speisten, zog die kleine Dorfkapelle ein. Die Musikanten trugen anläßlich des Festes der Heiligen Drei Könige Königsgewänder. Sie stimmten für meinen Vater „Happy Birthday to you" an und gaben noch ein paar andere Stücke zum besten. Daraufhin ließen sie ihren Hut herumgehen und verabschiedeten sich. Eine bunte musikalische Unterbrechung.

Um 18 Uhr wurde die Geburtstagstafel aufgehoben. Obwohl es draußen spiegelglatt war, gelangten alle heil in ihre Autos und schließlich auch nach Hause.

*

Die Tage mit meinem Vater in Deutschland und sein dreiundneunzigster Geburtstag werden mir immer in kostbarer Erinnerung bleiben. Es ist für mich die schönste Zeit, die wir jemals zusammen verbracht haben. Vielleicht mußte er dreiundneunzig und ich vierundsechzig Jahre alt werden, damit dies möglich werden konnte. Die Nähe, zu der wir heute gefunden haben, wäre vor dreißig Jahren undenkbar gewesen. Damals war es meine Mutter, die einem Nähe bot, Zuneigung und Fürsorge entgegenbrachte. Mein Vater hingegen erschien eher distanziert. Er war der Verdiener, derjenige, der für die Familie sorgte und seine Frau liebte, von seinen Kindern viel erwartete, selbst hart arbeitete und in wichtigen Angelegenheiten das letzte Wort hatte. Ein lauterer, aufrechter Mann, dem ich mich aber nur schwerlich nahe fühlen konnte.

Ich muß bekennen, daß ich meinem Vater lange Zeit mit großem Respekt begegnet bin und eine gewisse Furcht vor ihm hatte. Nach dem Tode meiner Mutter wurde mir plötzlich bewußt, daß ich ihn kaum kannte. Als wir beide aber älter wurden und uns nicht mehr so abwehrend verhielten, merkte ich, wie ähnlich wir uns sind. Wenn ich heute in den Spiegel schaue, meine ich, meinen Vater zu sehen, als er vierundsechzig war. Und bedenke ich meine Eigenarten – meine Ungeduld, meine Neigung zu bestimmen und meine Art zu sprechen –, so ist mir bald klar, daß der größte Unterschied zwischen uns das Alter und nicht der Charakter ist! Wenige erwachsene Söhne haben die Gelegenheit, ihren Vater wirklich kennenzulernen und mit ihm einige Zeit zu verbringen. Es war ein besonderes Geschenk, das ich dem Sabbatjahr zu verdanken habe. Wir beide sind gern zusammen. Mein Vater genießt seine Stellung als Patriarch, er weiß gute Hotels, gute Restaurants und gute Kunst zu schätzen. Er liebt anregende Gespräche, guten Stil, bevorzugte Behandlung und beste Bedienung, und er mag es, wenn ich die Rechnung bezahle! Nicht, weil er kein Geld hätte oder geizig wäre, sondern weil es ihn freut, einen Sohn zu haben, der für seinen Vater zahlen kann.

Mein Vater interessiert sich sehr für mich, aber mehr für meine Gesundheit als für meine Arbeit; mehr für meine Kleidung als für meine Bücher, mehr für meine deutschen als für meine amerikanischen Freunde. Er ist ein echter Europäer alter Schule. Als es vor vielen Jahren eine Auseinandersetzung zwischen uns gab, sagte mein Vater: „Als Psychologe weißt du über autoritäre Väter bestens Bescheid. Versuch darüber glücklich zu sein, daß du einen hast, versuch aber nicht, ihn zu ändern!"

Heute genieße ich es, mit meinem Vater zusammenzusein. Je weniger ich ihn ändern möchte, desto wohler fühlt er sich bei mir, und um so mehr läßt er an seiner Verwundbarkeit teilhaben. Da wir beide „alte Leute" geworden sind, ähneln sich unsere Bedürfnisse immer mehr. Beide schätzen wir das Alleinsein, die Ruhe, erholsame Orte, gute Freunde, gutes Essen und eine friedliche Atmosphäre. Unser gemeinsames Interesse an Kunst, Literatur und an geistlichem Leben bietet uns reichlich Gesprächsstoff. Als ich zweiunddreißig war und mein Vater einundsechzig, gehörten wir zwei verschiedenen Generationen an und waren weit voneinander entfernt. Heute hingegen scheint es so, als gehörten wir ein und derselben Generation an und wären nahe beieinander aufgewachsen, wären dem Tod und einander nahe. Ich danke Gott für meinen Vater. Was ihm im kommenden Jahr auch beschieden sein mag, immer werde ich dafür dankbar sein, daß wir diese einmalige Zeit zusammen verbringen konnten.

Utrecht/Holland, Sonntag, 7. Januar

Es war eine große Überraschung, als vor ein paar Tagen Rodleigh anrief. „Wo steckt ihr denn?" fragte ich ihn. „Wir sind zur Zeit in Zwolle", erwiderte er. „Seit wir in Holland sind, haben wir immer wieder versucht, dich zu erreichen. Besuchst du uns mal?"

Ich war begeistert, von meinen Trapez-Freunden zu hören. Seit fast einem Jahr haben wir uns nicht mehr gesehen. Die Frage war nun: Wie komme ich noch vor Sonntag abend nach Zwolle? Denn danach wollen die „Fliegenden Rodleighs" nach Südafrika und in die USA abreisen, um Urlaub zu machen. Der heutige Vormittag bot die letzte Möglichkeit zu einem Besuch. Ich rief Jan an und fragte ihn, ob er mitkommen wolle.

Um 10.45 Uhr trafen wir uns am Bahnhof in Zwolle, und schon zehn Minuten später saßen wir mit Rodleigh und seiner Frau Jennie zusammen in ihrem Wohnmobil. Bald erschienen auch Jonathon, Karlene, Kailene, Slava und John. Es hat mich gefreut, sie alle wiederzusehen. Ich habe oft an sie gedacht.

Rodleigh berichtete von der schweren Zeit, die hinter ihnen liegt: Komplikationen und Probleme mit ihrem Wohnmobil, ernste gesundheitliche Probleme, und vor allem der Tod von Rodleighs und Karlenes Schwester Raedawn in Italien.

Nachdem sie die Todesnachricht erhalten hatten, kaufte Rodleigh ein Auto und fuhr allein nach Reggio, wo die Trauerfeier und Einäscherung stattfand. Raedawns Freunde nahmen ihn in die Leichenhalle mit, um ihm die Gelegenheit zu geben, seiner Schwester ein letztes Lebewohl zu sagen. Doch er sträubte sich, da er noch nie eine(n) Tote(n) gesehen hatte und seine Schwester so in Erinnerung behalten wollte, wie er sie bei ihrem letzten Besuch erlebt hatte. Seine Freunde bestanden jedoch auf dieser Tradition. Der Anblick des ausgezehrten Körpers seiner Schwester schockierte Rodleigh so sehr, daß er zwei Tage lang unter Schwindelanfällen litt. Um so erstaunlicher, daß die „Fliegenden Rodleighs" dennoch keinen einzigen Auftritt ausfallen ließen. Jennie verzichtete für kurze Zeit auf den Trapezakt. Aber Kerrie, eine sechzehnjährige Südafrikanerin, war entsprechend trainiert, um für sie einspringen zu können.

Wie immer erklärte mir Rodleigh das, was ich wissen wollte, sehr klar und systematisch wie ein Lehrer. Es lag ihm daran, daß ich über alles Bescheid weiß, und nahm sich die Zeit, mir das eine oder andere auch ein zweites Mal zu erklären, selbst wenn dadurch die Truppe erst ein paar Stunden später nach Hannover aufbrechen konnte, um dort ihre Wohnwagen bis März abzustellen.

Um 12.30 Uhr nahm Rodleigh Jan und mich in die Vorstellung mit, die sehr schön, aber nur schwach besucht war. Anders als sonst boten die „Rodleighs" ein verkürztes Programm. Wegen der niedrigen Halle mußte der ganze Auftritt tiefer angelegt werden, wodurch die zwei spektakulärsten Kunststücke entfielen. Slava und Rodleigh verfehlten ihren Fänger John und landeten im Netz. Die riesige, fast leere Halle war für diese Meisterartisten kein entsprechender Rahmen.

Die Zeit nach dem Auftritt der „Fliegenden Rodleighs" bis zum Finale verbrachten Jan und ich bei Karlene und Jonathon, die uns zu einer Tasse Tee in ihren Wohnwagen eingeladen hatten. Die beiden haben sich, seit ich sie das letzte Mal sah, ineinander verliebt und sind ein Paar geworden. Karlenes Tochter Kailene war glücklich, jetzt eine richtige Familie zu haben. Es war ein froher und angenehmer Besuch.

Vor Beginn der zweiten Vorstellung brachte Rodleigh Jan und mich zur Bahn. Als ich diesen kurzen Besuch noch einmal in Gedanken vorüberziehen ließ, merkte ich, wie gut er mir getan hat. Ich freue mich schon auf das nächste Zusammensein mit den „Fliegenden Rodleighs" im Juni oder Juli ... und darauf, meinen ständigen Traum, ein Buch über sie zu schreiben, zu verwirklichen. Dieser Wunsch verstärkte sich noch, als ich von Rodleigh und Jennie hörte, daß ihnen die Fernsehsendung am Neujahrstag nicht besonders gefallen habe. Sie meinten, ihr Trapezakt sei zu sehr beschnitten und in die ganze Sendung schlecht eingefügt worden. Da ich die Sendung nicht gesehen habe, konnte ich nicht viel dazu sagen. Ich habe aber einen neuen Anstoß erhalten, über die Truppe so zu schreiben, daß sie sich darin wiedererkennt.

Um 17.30 Uhr war ich wieder in Utrecht. Jan brachte mich direkt ins Hotel „Pays Bas", wo er für mich ein Zimmer reservieren ließ, das mir sehr gefällt. So habe ich mich entschlossen, eine Woche hier zu bleiben.

Montag, 8. Januar

Ein ruhiger Tag. Ich habe etwas gearbeitet, war aber so müde, daß mir ständig die Augen zufallen wollten. Um 13 Uhr gab ich der Müdigkeit nach und schlief ganze drei Stunden.

Ich war ins Ariensconvict, das Ausbildungszentrum der künftigen Priester der Diözesen Utrecht und Groningen, zum Abendessen und zur Feier der Eucharistie eingeladen worden und habe die Einladung gern angenommen, um mit meiner Heimatdiözese in Verbindung zu bleiben.

Welch ein Unterschied zu meiner Seminarzeit! Damals gab es hunderte von Bewerbern. Ich habe sechs Jahre im selben großen Gebäude verbracht. Es herrschte eine strenge Hausordnung; der Lebensstil war einfach und solide, die Vorlesungen waren sehr traditionell und konservativ. Das Haus durfte nur in Begleitung anderer verlassen werden. Mein großer Beitrag zur „Befreiung" des Seminars betraf das Benutzen von Fahrrädern. Es gelang mir, die Oberen davon zu überzeugen, daß die Seminaristen Räder bräuchten. Es war immerhin Anfang der fünfziger Jahre und das Konzil noch lange nicht in Sicht.

Das Ariensconvict ist in einem alten Gebäude mit schöner Fassade, das in der Utrechter Innenstadt liegt, untergebracht. Es wird von einem Rektor geleitet und beherbergt die Priesteramtskandidaten in den Jahren ihres Theologiestudiums an der Universität; zur Zeit sind es sechsunddreißig. Man ist in Sorge, daß die Zahl der Neubewerber weiter sinkt und in den nächsten Jahren noch weniger Priester geweiht werden.

Ich stellte mich den Studenten beim Abendessen vor. Die Atmosphäre war sehr freundlich und gelöst. Wenn auch die Institution des Großen Seminars der Vergangenheit angehört und eher eine familiäre Atmosphäre herrschte, war es doch unverkennbar ein Miniatur-Seminar mit den Diskussionen, Interessen und Problemen wie zu meiner Zeit. Die einzige Frau war eine Ordensschwester, die Köchin.

Die Eucharistiefeier war tadellos, wenngleich eine Miniatur der alten Hochkirchen-Liturgie. Sie wirkte wie die Adaptation einer ursprünglich für eine große Volksmenge gedachten Zeremonie. Der Zelebrant trug ein kostbares Meßgewand und stand hinter einem Altar aus Stein in einer kryptaähnlichen Kapelle. Die Studenten saßen im Halbkreis vor dem Altar. Die Lieder wurden auf einer Tafel angezeigt, der Lektor trug die Lesungen vom Ambo aus vor, die Predigt war durchdacht und gut formuliert, und die Seminaristen empfingen die heilige Kommunion sehr andächtig. Ich zweifle allerdings, ob ein Fremder gemerkt hätte, daß es sich hier um Menschen handelte, die zusammen leben, zusammen essen und zusammen studieren.

Der formelle Charakter des Ritus schien in Wort, Geste und Bewegung eine Distanz zu schaffen, die unter diesen jungen Männern kurz vor oder nach der Messe gar nicht bestand. Es schien, als würde man bei der Feier eine vom normalen Leben getrennte Verhaltenswelt betreten. Der gegenseitige Händedruck dieser Männer als Zeichen des Friedens und der Versöhnung, nachdem sie kurz zuvor miteinander zu Abend gegessen hatten, wirkte auf mich irgendwie unwirklich, um so mehr als niemand nach der Feier das Haus verließ! Die Predigt schien mir eher an Fremde gerichtet zu sein als an unter ein und demselben Dach Lebende. Daß jemand nach den Lesungen oder nach dem Evangelium sich spontan zu den Texten geäußert hätte oder es zu einer Art Gedankenaustausch darüber gekommen wäre, schien in diesem Rahmen ausgeschlossen.

Nach der Eucharistiefeier gab es „unter dem Christbaum" Kaffee und Tee, währenddessen man sich freundlich über theologische Bücher und Lehrer unterhielt.

Ich hatte das Gefühl, im Ariensconvict gern gesehen zu sein, und habe mich mit den Seminaristen auch gern unterhalten. Hoffentlich kann ich im Laufe dieser Woche dort noch öfter einen Besuch machen.

Dienstag, 9. Januar

Heute vormittag fuhr ich mit der Bahn nach Haarlem, um ein paar Tage bei meinem Freund Jurjen zu verbringen. Jurjen ist ein fähiger, intelligenter und engagierter Pastor, der sich als Seelsorger um die Wohnsitzlosen, Aidskranken und Armen in der Haarlemer City kümmert. Darüber hinaus ist er schriftstellerisch tätig und hat zahlreiche Beiträge zu religiösen Fragen unserer Zeit veröffentlicht. Sein wichtigstes Anliegen ist die Integration von Spiritualität und sozialem Handeln in die Pastoral der Kirche. Diese Fragestellungen brachten uns schon vor vielen Jahren miteinander in Kontakt und inspirieren unsere Gespräche noch heute: Welchen Stellenwert haben Gebet, Kontemplation, Meditation und inneres Leben in einem seelsorglichen Dienst, der den unmittelbaren Bedürfnissen der Armen und Unterdrückten Rechnung tragen will? Kann man Mönch und zugleich in der Gesellschaft tätig sein? Als Pastor der Holländischen Reformierten Kirche entwickelte sich Jurjen zu einem bedeutenden Gesellschaftskritiker, der die Kirche aufruft, aus der Isolation herauszutreten und sich mit den „wirklichen Problemen" zu befassen. Vor solch einem Hintergrund erscheint ein Leben der Abgeschiedenheit, Stille und des Gebets sehr leicht wie „Weltflucht".

Jurjen meint, ich habe ihn stark beeinflußt, und hatte sich

schon vor Jahren vorgenommen, ein kleineres Buch über mich zu schreiben. Sicherlich ist niemand anderes dafür so qualifiziert wie er. Jurjen hat jede von mir veröffentlichte Zeile gelesen, kennt mich selbst gut, ist mit der holländischen „religiösen Szene" bestens vertraut und ein hochgeschätzter Seelsorger. Wenn ich auch Vorbehalte gegen eine „Biographie" von mir zum jetzigen Zeitpunkt meines Lebens habe, freut es mich doch, daß gerade Jurjen daran arbeitet.

Wir verbrachten zusammen einen angenehmen Tag. Ich konnte Jurjen verschiedene Daten und Fakten aus meinem Leben angeben und ihm bei einigen „Fragestellungen" helfen. Dennoch wollte ich mich nicht zu sehr in das Buchprojekt einmischen und ermutigte Jurjen, sich vollkommen frei zu fühlen, wie auch zu einer kritischen Auseinandersetzung mit meinem Denken.

Mittwoch, 10. Januar

Heute nachmittag hielt ich mich einige Stunden bei meinem Freund Jan im Pax-Christi-Zentrum auf.

Allein schon die Anlage und Umgebung sind interessant. Ein riesiges, um den Bahnhof errichtetes Einkaufszentrum: ein Ort, an dem ein ständiges Gedränge von Reisenden und Einkaufenden herrscht – unruhig, laut und sehr kommerziell. Das Pax-Christi-Zentrum bildet gewissermaßen den ruhenden Pol im Sturm. Sobald man es betritt, fühlt man sich wie in einer anderen Welt: eine schöne Kapelle, um innezuhalten, zu beten und eine Kerze anzuzünden, eine Reihe von Räumen, in denen die Leute, die mit der Bahn von weiter her anreisen, in Ruhe zusammen arbeiten können; eine Empfangshalle, in der Wohnsitzlose ankehren, und schließlich die Büroräume der Pax-Christi-Mitarbeiter. Es unterhält Hilfsprojekte für das ehemalige Jugoslawien, vor allem für Bosnien; Projekte für Lateinamerika, insbesondere Kolumbien, Kuba, Ecuador und Brasilien; ein Projekt für den Mittleren Osten, verschiedene afrikanische Projekte und ein tschechisches Projekt. Darüber hinaus

führt Pax Christi eine Kampagne gegen den Einsatz von Land-
minen durch, eine Pilgerfahrt nach Auschwitz, ein umfangreiches Jugendprogramm und besitzt eine große Abteilung für
Kommunikation und Bildung. Außerdem gibt das Zentrum
verschiedene Magazine heraus und bietet Kurse und interreli-
giöse Gespräche an. Die Mitarbeiterinnen und Mitarbeiter des
Zentrums sind sehr engagiert. Sie betrachten ihre Arbeit als
Sendung und lassen an ihrer Sichtweise teilnehmen.

Dieses Zentrum mit der stillen Kapelle und den vielen Aktivitäten hier mitten auf dem „Marktplatz" ist ein Symbol, ein
Aufruf zu Nähe und Solidarität in einer Welt, der es an beidem
mangelt. Es ist ein Ort voller Hoffnung: klein, verborgen, einfach, aber mit der inneren Kraft eines Senfkorns.

Freitag, 12. Januar

Heute vormittag fuhr ich mit der Bahn nach Amsterdam, wo
ich den Chefredakteur der „Trouw" besuchte. Die „Trouw"
ist eine holländische christliche Tageszeitung, die auf einer
eigenen Seite über das Leben der Kirchen in den Niederlanden
berichtet. Ursprünglich ein protestantisches Blatt, ist sie heute
ökumenisch ausgerichtet und bringt Nachrichten und Berichte
aus allen christlichen Kirchen.

Schon lange überlege ich, wo ich in Holland die eine oder
andere Schrift von mir am besten veröffentlichen könnte. Die
Zeitschriften und Zeitungen, in denen bisher Betrachtungen
von mir erschienen, erreichten nur einen begrenzten und oft
sehr traditionellen katholischen Leserkreis. Meine Freunde
drängten mich, ein besseres „Forum" zu suchen, um damit
auch vorzubeugen, nicht als ultra-konservativer katholischer
Autor abgestempelt zu werden: „Du mußt in dieser Hinsicht
etwas unternehmen, sonst wirst du von deinen eigenen Leuten
nicht ernst genommen."

Vor einigen Tagen rief ich den Chefredakteur der „Trouw"
an und bat, ihn besuchen zu dürfen. Wir hatten ein gutes Gespräch. Als ich ihm meine „Betrachtungen für jeden Tag des

Jahres" vorlegte und ihn fragte, ob er an der Veröffentlichung der Texte in einer täglichen Spalte interessiert sei, bestätigte er dies lebhaft. Er sagte, ich käme zum richtigen Zeitpunkt, da in der Redaktion darüber diskutiert worden sei, der Seite über das Leben der Kirchen ein neues Gesicht zu geben und mehr thematische und bildende Beiträge zu bringen.

Es war ein sehr wertvoller Besuch. Ich bin mir nicht sicher, ob meine Betrachtungen Verwendung finden werden. Vielleicht ergibt sich auch etwas anderes aus unserem Gespräch. Auf alle Fälle ist es gut, mit Leuten aus der holländischen Verlagswelt in Verbindung zu stehen, die auf derselben Wellenlänge liegen wie ich.

Samstag, 13. Januar

Endlich habe ich mir das Winnipeg-Manuskript vorgenommen. Bill, mein Lektor im Verlag Doubleday, ist daran interessiert. So lese ich noch einmal meine Tagebuchaufzeichnungen aus einem der schwierigsten Abschnitte meines Lebens, aus der Zeit zwischen Weihnachten 1987 und Frühjahr 1988, in der ich an Depressionen litt. Ich sehe, daß noch einige Arbeit nötig ist. Hoffentlich habe ich dazu die Zeit und Energie, solange ich in Holland bin. Es ist aber schwierig, die Ruhe und den Frieden zu finden, die solch eine Arbeit verlangt.

Rotterdam/Holland, Sonntag, 14. Januar

Heute früh fuhr ich mit der Bahn nach Amsterdam, um hier die Sonntagsmesse zu besuchen. Als ich die Westerkerk betrat, wurde mir bewußt, daß ich diese berühmteste und bedeutendste Kirche der Stadt zum ersten Mal von innen sah. Welch eine Schlichtheit, Erhabenheit und Schönheit! Alles strahlte gesetzte Feierlichkeit aus. Die Atmosphäre war formell, vornehm und etwas steif. Einige hundert Leute nahmen am Gottesdienst teil, die meisten älter als fünfzig.

Ich selbst brauche mehr Wärme, eine intime Atmosphäre, Weggemeinschaft, Teilhabe, ein Lächeln oder gar Lachen und Festlichkeit. Alles verlief exakt und planmäßig. Alle waren gut gekleidet und verhielten sich tadellos, so daß ich nicht das Gefühl hatte, Teil einer Gemeinschaft von Menschen zu sein, die unterwegs zu Gott ist.

Anschließend gingen Jurjen, seine Frau Willie und ich in ein Café. Ich versuchte, Jurjen davon zu überzeugen, daß er ohne ein vorbereitetes Manuskript besser und überzeugender predigen würde. Er fühlte sich dazu aber nicht in der Lage, was ich verstehen konnte. Als ich Jurjen oben auf der Kanzel stehen sah, unter ihm all die wohlerzogenen und wohlgekleideten holländischen Männer und Frauen um die Vierzig und Fünfzig, merkte ich bald, daß hier kaum Raum für Spontaneität und Unmittelbarkeit besteht. „Das ist eine der angesehensten protestantischen Kanzeln im Land", sagte Jurjen. „Du mußt im voraus genau wissen, was du sagen willst." Dennoch bin ich überzeugt, daß Jurjen mehr auf seine intellektuelle Stärke und seine spirituellen Gaben vertrauen sollte und eine etwas weniger „perfekte" Predigt tiefer zu Herzen gehen würde.

*

Um 14.30 Uhr fuhr ich mit der Bahn nach Rotterdam, um meinen Bruder Laurent, seine Frau Heiltjen und ihre Kinder Sarah, Laura und Raphael zu besuchen. Es war schön, alle wiederzusehen. Am Abend hatte ich endlich Gelegenheit, das Video der Fernsehsendung mit den „Fliegenden Rodleighs" anzusehen. Die Sendung gefiel mir viel besser, als ich erwartet hatte. Sie ist nicht so reflektierend wie die englische Fassung und etwas fragmentarischer, aber sehr lebendig und mit vielen Verbindungen zum Leben mit Behinderten und zum Leben mit großen Athleten.

In erster Linie habe ich zu bemängeln, daß bei einem Ausschnitt aus einem Trapezakt anderer Artisten der Eindruck entsteht, es handle sich hier um die „Fliegenden Rodleighs". Ich kann Rodleighs Ärger über die Mixtur seines Trapezaktes mit dem einer anderen, unbekannten Truppe gut verstehen.

Ebenso verstehe ich, daß Rodleigh über die zwei Abstürze ins Netz, die auch gezeigt wurden, nicht gerade glücklich ist, entsteht doch dadurch der Eindruck, solche Fehler seien die Regel. Für Außenstehende erscheint mir dies allerdings zweitrangig. Alle, die diese Sendung sahen, waren begeistert. Meine Nichte Laura, die am Down-Syndrom leidet, spielte ihre Rolle großartig. Es war herrlich, sie lächeln zu sehen, wie sie die Vorführung gefesselt hat und wie sie spontan reagierte. Nach der Videovorführung saßen wir um den Küchentisch, tranken Tee, Wein oder Fruchtsaft und unterhielten uns über alles mögliche. Es tut gut, zusammenzusein.

Tielt/Belgien, Dienstag, 16. Januar

Heute vormittag fuhr ich mit der Bahn von Rotterdam nach Gent, um meinen belgischen Verleger zu besuchen. Lieven Sercu, der im Verlag Lannoo seit zehn Jahren mein Lektor ist, erwartete mich am Bahnhof. Wir fuhren nach Tielt, wo der Verlag seinen Sitz hat.

Wie immer wurde ich auch heute sehr herzlich und gastfreundlich empfangen. Den größten Teil des Nachmittags nahmen „geschäftliche Besprechungen" in Anspruch. Vierzehn holländische Ausgaben meiner Bücher befinden sich zur Zeit bei Lannoo in Druck. Der Verkauf hat im vergangenen Jahr spürbar zugenommen. Obwohl das Flämische und das Holländische sich praktisch nicht voneinander unterscheiden, besteht zwischen Holland und Belgien nicht nur eine physikalische, sondern auch eine psychologische Grenze. In Belgien veröffentlichte Bücher „taten sich" in Holland immer schwer. Daher hat es mich gefreut zu hören, daß meine Bücher mehr und mehr die Grenze überwinden.

Um 19 Uhr war ich von Godfried Lannoo, dem Leiter und Inhaber des Verlagsunternehmens, und seiner Frau Maria zum Abendessen eingeladen. Auch Godfrieds Schwester Godelieve und sein Sohn Mattias, der die unternehmerische Verantwortung bereits mitträgt, nahmen daran teil. Wir unterhielten uns angeregt über Religion, Kunst, Geschichte und Fragen der Verlagsarbeit.

Mittwoch, 17 Januar

Heute früh begleitete mich Godelieve in den kleinen Schwesternkonvent, wo ich die Eucharistie feierte. Die meisten Schwestern sind an die Sechzig und älter. Sie tragen noch heute die geschlossene Ordenstracht und leben in strenger Klausur. Der Altar stand gegenüber einem großen offenen „Fenster", durch das ich die Schwestern sehen konnte. Es gab keinen persönlichen Kontakt, lediglich ein Lächeln aus gebührendem Abstand nahm ich wahr. Da ich das Gefühl hatte, daß die Schwestern darauf warteten, ein aufmunterndes Wort zu hören, hielt ich eine ziemlich lange Predigt, in der ich auf die Lesung und das Evangelium des Tages einging. Ich habe keine Vorstellung, was sie empfunden oder gedacht haben.

Utrecht, Donnerstag, 18. Januar

Ein ruhiger Tag. Gied, ein Mitarbeiter der holländischen Pax-Christi-Bewegung, besuchte mich im Hotel und führte mit mir ein Interview. Wir sprachen zwei Stunden miteinander, aßen zu Mittag und setzten dann das Gespräch fort. Es war mehr eine freundliche Unterhaltung als ein Interview. Ich meine aber, daß Gied aus all dem Gesagten einen guten Artikel schreiben kann.

Nach der Feier der Eucharistie mit dem Rektor und den Studenten des Ariensconvicts besuchte ich Piet, den Generalvikar der Erzdiözese, in seiner Wohnung. Als er mich fragte, ob ich bereit wäre, auf einer Sitzung des Diözesanrats, der alle zwei Wochen tagt, zu sprechen, sagte ich, daß ich mir nicht sicher sei, ob dem Rat wirklich an mir liege, und klagte, daß ich mich in der Diözese nicht willkommen fühle. Ich sprach meine Enttäuschung darüber aus, nie eingeladen worden zu sein, einen

Gottesdienst zu feiern, den Studenten des Konvikts etwas über die „Arche" zu sagen, und nie als Bruder behandelt worden zu sein.

Ich war über mein Klagen selbst erstaunt, war mir aber andererseits im klaren, daß es auf mein Empfinden zurückgeht, von meinen „eigenen Leuten" vollständig ignoriert zu werden, seit ich vor fünfundzwanzig Jahren Holland verließ. Einerseits möchte ich meinen eigenen Weg gehen und bin für die Freiheit dankbar, die mir gewährt wird. Andererseits aber möchte ich als Priester der Erzdiözese Utrecht anerkannt sein, auf dem laufenden gehalten und eingeladen werden, einen Beitrag zu leisten. Ich bedaure mein Klagen, weil es von meinem kleinen verletzten Ich herrührt und sich gegen niemanden richtet. Ich frage mich sogar, ob ich mich über mehr Beachtung wirklich freuen würde und mehr Aufhebens mir nicht zuwider wäre.

Piet ist ein ehrlicher, fürsorglicher und korrekter Mann, der von meinen negativen Empfindungen etwas irritiert schien. Er sagte: „Du bist einer von uns und sollst wissen, daß du immer willkommen bist." Er meint es zweifellos ernst, wenngleich ich durch meinen langen Aufenthalt in den USA und in Kanada eine großzügige und herzliche Gastfreundschaft gewohnt bin, wie ich sie von meinen Landsleuten nicht erwarten kann.

Indessen berichtete Piet mir von der Neustrukturierung der Diözese, den verschiedenen Aufgaben der Kanzlei, sprach seine Hoffnung auf neue Berufungen aus und kam auch auf sein Ringen um eine authentische geistliche Ausübung seines Amtes zu sprechen. Ich bin ihm für seine Freundlichkeit dankbar und ärgere mich etwas über mich, wie ein „Übergangener" aufgetreten zu sein.

Prag / Tschechische Republik, Freitag, 19. Januar

Heute vormittag flogen Jan und ich mit der KLM von Amsterdam nach Prag. Peter, ein holländischer Freund von Jan, der in Prag lebt und unterrichtet, erwartete uns am Flughafen. Peter wird in den nächsten drei Tagen unser Reiseführer sein.

Er spricht fließend Tschechisch, kennt die tschechische Geschichte von Wenzel bis Václav Havel, hat viele Kontakte zu
römisch-katholischen und protestantischen Gruppen und ist in
der tschechischen Pax-Christi-Bewegung aktiv.

Auf der Fahrt in die Innenstadt bemühte sich Peter, meine
vielen Fragen über Jan Hus und die Hussiten, über die erbitterten Auseinandersetzungen zwischen Reformatoren und
Gegenreformatoren, über den Einfluß der Habsburger, die
Nazi-Herrschaft, die Zeit des Kommunismus, über die Er-
ringung der endgültigen Unabhängigkeit der Tschechoslowa-
kei im Dezember 1989 und die Spaltung in die Tschechische
Republik und die Slowakei im Jahr 1993. Auch die Namen der
Schriftsteller Max Brod, Franz Kafka und Jaroslav Hašek wie
auch der Komponisten Bedřich Smetana und Antonín Dvořák
fielen bei dieser kurzen Taxifahrt. Mir wurde bewußt, daß ich
lauter Bruchstücke tschechischer Geschichte und Kultur im
Kopf hatte. Peter half mir, die Steinchen zusammenzufügen
und das ganze Mosaik neu zu sehen.

Nach dem Mittagessen in einem netten Restaurant ging
Peter nach Hause. Jan und ich hingegen unternahmen einen
Spaziergang zum Nationalmuseum, ans Moldauufer und über
die berühmte Karlsbrücke mit den an beiden Seiten stehenden
großen Barockfiguren von Christus und den Heiligen. Beim
Gang über die Brücke hatte ich das Gefühl, an einer leidvollen
Periode der Geschichte teilzunehmen. Die triumphalistischen,
im 17. Jahrhundert von Katholiken aufgestellten Figuren sind
Ausdruck des Sieges der Gegenreformation über die Reform-
bewegungen, die gegen Ende des 14. Jahrhunderts mit Jan Hus
einsetzten. Als ich später mit Peter sprach, erfuhr ich, daß die
katholische Kirche noch heute von vielen jetzt säkularisierten
Bürgern Prags als eine fremde, machthungrige Institution angesehen wird. Die von der kirchlichen Hierarchie nach der
kommunistischen Herrschaft erhobene Forderung um Rück-
gabe des St.-Veits-Doms wird von vielen mit großem Argwohn
betrachtet.

Nach unserem Spaziergang kehrten wir ins Hotel zurück
und gingen dann von hier in Peters Wohnung, wo wir mit der

Prager Pax-Christi-Gruppe zusammentrafen. Wir waren um den Wohnzimmertisch versammelt und tauschten Gedanken und Erfahrungen aus. Nach einer Weile bat mich Peter, einen kurzen Gebetsgottesdienst zu halten. Wir sangen Taizé-Lieder, lasen Texte aus der Heiligen Schrift, trugen kurze Betrachtungen vor und beteten gemeinsam. Zum Schluß sprach jeder das Vaterunser in seiner Muttersprache. Es war ein von Gebet erfüllter Abend, wenn es mir auch leid tat, daß sich die drei anwesenden Frauen kaum beteiligten. Sie ließen den Männern das Wort! Kurz vor Mitternacht waren Jan und ich wieder im Hotel. Die zurückliegenden sechzehn Stunden waren sehr angefüllt, sehr ergiebig und sehr herausfordernd. Ich bin reif für einen langen und tiefen Schlaf.

Samstag, 20. Januar

Hier in Prag habe ich ein neues Wort gelernt: *defenestration* = Fenstersturz. Es bedeutet genauer gesagt: „seinen Gegner aus dem Fenster stoßen". Es gibt in Prag so etwas wie eine Fenstersturztradition. Der erste Fenstersturz ereignete sich am 30. Juli 1419, als die Hussiten das Rathaus stürmten und drei Ratsherren und sieben Bürger (einen katholischen Richter und mehrere Ratsherren) aus dem Fenster warfen. Er leitete einen allgemeinen Aufstand der Hussiten und die Hussitenkriege ein. Der zweite Fenstersturz erfolgte am 23. Mai 1618, als aufständische Bürger zwei kaiserliche Statthalter aus einem Fenster im Hradschin in den Burggraben stürzten (beide überlebten, weil sie auf einem Misthaufen landeten). Es war der Auftakt zum Böhmischen Aufstand, der den Dreißigjährigen Krieg auslöste. Ein weiterer, dritter Fenstersturz trug sich sehr wahrscheinlich am 10. März 1948 zu, als der Außenminister der Tschechoslowakischen Republik Jan Masaryk, das einzige Kabinettsmitglied, das nicht der Kommunistischen Partei angehörte, im Innenhof der Prager Burg tot aufgefunden wurde. Ich hatte von diesem seltsamen „Brauch" noch nie gehört und habe mir vorgenommen, darauf zu achten, daß die Fenster meines Zimmers geschlossen sind, solange ich hier bin.

Nach einem vorzüglichen Abendessen und einer längeren Ruhepause nahm uns Peter zu sich nach Hause und führte uns den Film „Die unerträgliche Leichtigkeit des Seins" vor, der nach dem gleichnamigen Buch des tschechischen Schriftstellers Milan Kudera gedreht wurde. Der Film handelt von Liebe und Sexualität vor dem Hintergrund des Prager Frühlings im Jahr 1968 und hat mich sehr bewegt. Nach einem nur anderthalbtägigen Aufenthalt in Prag sahen wir Kuderas Geschichte mit neuen Augen.

Sonntag, 21. Januar

Noch vor Jans und meiner Ankunft in Prag hatte Peter mit Thomas, dem früheren Sekretär der Tschechischen Bischofskonferenz und jetzigen Studentenpfarrer, über unseren Besuch gesprochen. Da drei meiner Bücher, nämlich „Ich hörte auf die Stille", „Feuer, das von innen brennt" und „Du bist der geliebte Mensch", schon in Tschechisch erschienen sind, war ich einigen Studenten bereits bekannt. Thomas hatte mich eingeladen, bei der Eucharistiefeier um 14 Uhr in der Erlöserkirche, die direkt an der Karlsbrücke liegt, zu konzelebrieren und anschließend für alle Interessierten einen Vortrag zu halten.

In der großen Barockkirche war es eiskalt, so daß ich mich gefragt habe, ob bei diesen Temperaturen überhaupt jemand kommen würde. Thomas begrüßte uns in der Sakristei, die angenehm geheizt war. Er machte auf mich den Eindruck einer starken Persönlichkeit: aufgeschlossen, unkompliziert und in kirchlichen Fragen klar progressiv. Er schien sich in seiner Rolle wohl zu fühlen und gab mir Instruktionen über meinen Ort bei der liturgischen Feier.

Als wir in langer Prozession einzogen, an der Spitze die Akolythen, die das Kreuz, Kerzen und das Evangelienbuch trugen, waren Bänke und Stühle in der Kirche von Studenten, Besuchern und Freunden dicht besetzt. Viele mußten während des Gottesdienstes stehen. Es war so kalt, daß ich Sorge hatte, ob wir den langen Gottesdienst durchhalten würden. Zum Glück lieh mir der Küster kurz vor Beginn der Messe eine Pelzweste, die ich unter der Albe trug. Ohne diese Weste wäre ich beim Gottesdienst sicherlich nicht sehr aufmerksam gewesen.

Die Eucharistiefeier war schlicht, würdig und traditionell. Außer der Sprache unterschied sie sich nicht von einer Sonntagsmesse in Richmond Hill. Vor dem Schlußsegen stellte ich mich vor und berichtete kurz über mein Leben in der „Arche" Daybreak.

Nach dem Gottesdienst versammelten sich an die achtzig Personen in der großen Sakristei, um meinen Vortrag zu hören, an den sich eine rege Diskussion anschloß. Alle waren sehr gütig, freundlich, aufgeschlossen und aufmerksam. Sie betrachteten mich als eine Autorität und übten an meinen Gedanken kaum Kritik. Im Gegensatz zu meiner Heimat Holland, wo fast alles, was ich sage oder schreibe, kritisch untersucht und selten uneingeschränkt akzeptiert wird, nahmen hier alle meine Ausführungen mehr als Hilfe für ihr geistliches Leben entgegen und weniger als ein Diskussionsthema. Kennzeichnend für die Einstellung der Zuhörer war eine gewisse gehorsame Passivität, aber auch eine wohlwollende Aufnahmebereitschaft.

Später sagte mir ein Freund von Peter: „Einige Studenten meinten, du seist zu sehr Amerikaner, würdest zu viel herumgehen, gestikulieren und theatralisch reden. Wir sind das bei uns nicht gewohnt. Wir sind ruhiger und gelassener." Ich finde es interessant: ein in Kanada lebender Holländer wird als „zu sehr Amerikaner" angesehen. Sie hätten eher sagen sollen: „Du warst zu sehr Henri Nouwen!" Dennoch haben sie recht: Ich neige dazu, stimmlich zu übertreiben und zu dramatisieren, in ständiger Angst, Leute zu langweilen. Trotz aller Kritik hatte ich das Gefühl, daß die meisten das Treffen anregend fanden und es ihnen Auftrieb gegeben hat.

Utrecht, Montag, 22. Januar

Nach einem Abschiedskaffee mit Peter fuhren Jan und ich mit dem Kleinbus zum Flughafen. Zu Mittag startete unsere KLM-Maschine in Prag, um 13.15 Uhr landeten wir in Amsterdam. Ich staune, daß man um 11 Uhr in Prag Kaffee trinken und schon vor 15 Uhr wieder an seinem Schreibtisch im Hotel in Utrecht sitzen kann.

Die Reise nach Prag wird mir immer als eine Zeit in Erinnerung bleiben, in der Freundschaft, Bildung, Sehenswürdigkeiten, Geschichte, gute Gespräche und Erholung Teile der Gesamterfahrung sind. Es ist, als hätte ich einen flüchtigen Blick in das Herz Mitteleuropas geworfen und einen Schimmer der großen Entwicklungsgeschichte der Kultur, der ich angehöre, wahrgenommen.

Etwas erscheint mir klarer denn je: Was ich denke, sage und tue, ist nicht ohne Bedeutung. Ich kehre von dieser Reise mit einem neuen Verantwortungsbewußtsein zurück. Einerseits bin ich nur eine kleine Erscheinung im großen Chor der Stimmen. Andererseits ist meine Stimme ebenso wichtig wie die eines Jan Masaryk, Alexander Dubček, Václav Havel und vieler anderer. Havels Aufruf, „in der Wahrheit zu leben", stellt eine große Herausforderung für mich dar. Mehr denn je ist mir bewußt, daß ich schreiben muß und dadurch der Wahrheit diene in Einfachheit, Ehrlichkeit und Demut.

Ich bin Jan und Peter sehr dankbar. Sie öffneten mir Augen und Ohren für viele neue Sichtweisen und Töne.

*

Kathy rief an, um mir zu sagen, daß Tim am vergangenen Samstagnachmittag gestorben sei. Ich hatte mit dieser Nachricht schon gerechnet, war aber dennoch sehr betroffen. Ein bewundernswerter Mann Gottes hat uns verlassen – seine Frau, seine drei kleinen Kinder und seine zahlreichen engen Freunde. Ich sprach mit Phyllis am Telefon und anschließend mit der Frau seines besten Freundes. Der Schmerz und die

Trauer waren groß. Daraufhin setzte ich mich an meinen Tisch im Hotelzimmer und schrieb an Tims Familie und Freunde einen Brief, in dem ich erklärte, wie sehr er meinen Glauben vertieft und gestärkt hat. Welch eine Gnade, ihn gekannt zu haben! Ich hätte gern an der Beerdigung teilgenommen, werde aber allen, die Tims Tod betrauern, nahe sein.

Geysteren, Dienstag, 23. Januar

Heute vormittag fuhr ich mit der Bahn nach Venray und von dort zu meinem Vater. Ich hatte fünf Koffer dabei. Beim Umsteigen in Nijmegen halfen mir zwei Schaffner, ein Mann und eine Frau, das Gepäck zum Anschlußzug auf einen andern Bahnsteig zu schaffen. Ich nahm ihre Freundlichkeit gern in Anspruch, wurde dabei aber auch daran erinnert, daß ich morgen vierundsechzig werde.

Mein Vater hat sich sehr gefreut, mich wiederzusehen. Er sorgt für mich, als wäre ich dreiundneunzig und er vierundsechzig! Sein Herz ist aber sehr schwach, und gegen Abend wirkte er völlig erschöpft, konnte kaum atmen und nur mit großer Mühe gehen. Als ich ihn so schmal, gebeugt, gealtert und blaß vor mir sah, hatte ich Sorge, ob er die Nacht überstehen würde.

Mittwoch, 24. Januar

Mein 64. Geburtstag. Ich bin wirklich froh, daß ich ihn mit meinem Vater zusammen feiern kann. Er fühlt sich wieder wohl und fuhr sogar mit dem Auto zur Bank. Etwas später besuchten wir einen Freund, um uns bei ihm das Video mit den „Rodleighs" anzusehen. Es gefällt meinem Vater. Bevor wir das Haus verließen, fiel die Heizung aus. So mußten wir uns nach der Rückkehr am Kaminfeuer wärmen: zwei alte Männer, die nah ans Feuer gerückt sind und sich die Hände wärmen.

Ich bin an diesem Tag glücklich und danke Gott, meiner Familie und meinen Freunden für alle Gnaden, die mir im Laufe dieser vierundsechzig Jahre zuteil wurden. Ich betrachte die kommenden Jahre als eine Zeit, in der ich mein Leben mit Gott und meine Freundschaft mit Menschen vertiefen möchte. Vor allem hoffe ich, in Zukunft mehr Raum und Zeit zum Schreiben zu haben. Im Innern spüre ich, daß etwas Neues geboren werden will: ein Buch mit Geschichten, eine Erzählung, ein geistliches Tagebuch – etwas ganz anderes als das, was ich in der Vergangenheit getan habe. Es beherrscht mich ein Gefühl von Abschluß und Neubeginn. Dieses Sabbatjahr scheint das Übergangsjahr von einem aktiven Leben auf Reisen zu einem Leben der Kontemplation und der schriftstellerischen Arbeit zu sein. Doch ist mir bewußt, daß viel Disziplin notwendig ist, um mein Leben neu auszurichten. Ohne solch eine Neu-Orientierung aber werde ich in Geschäftigkeit und Ruhelosigkeit enden und dabei immer die Anerkennung der Menschen suchen. Es ist an der Zeit, daß ich mich radikal für Abgeschiedenheit, Gebet und ruhige schriftstellerische Arbeit entscheide. Ich werde viel Unterstützung brauchen, um dahin zu gelangen.

Um 18 Uhr aßen mein Vater und ich in einem Restaurant in der Nähe zu Abend. Das Essen war ausgezeichnet. Wir waren die einzigen Gäste und genossen das ungestörte Zusammensein und die aufmerksame Bedienung durch den Kellner, der sich nur um uns zu kümmern brauchte!

Es mag der ruhigste Geburtstag meines Lebens gewesen sein, der mir aber immer als der friedlichste in Erinnerung bleiben wird.

Freitag, 26. Januar

Unter der Oberfläche meiner vielen Aktivitäten dieses Monats regte sich ständig eine große Furcht vor dem Winnipeg-Manuskript. Wenn auch der größte Teil des Textes vorliegt, gibt es noch viel daran zu tun: Korrekturen und Änderungen sind vorzunehmen, eine neue Einführung, ein neuer Schluß und manches andere sind noch zu schreiben. Ich bin mir bei diesem Manuskript irgendwie unsicher. Vielleicht habe ich Angst davor, mich in diese überaus leidvolle Erfahrung wieder hineinzubegeben. Heute aber brachte ich den Mut auf, wieder daran zu arbeiten, und plötzlich schienen mir neue Worte zuzufliegen. Ich schrieb die Einführung sowie den Schluß und änderte verschiedene Stellen im Haupttext. Ich bin wirklich erleichtert.

Morgen werde ich Geysteren wieder verlassen und den Abend bei meiner Schwester verbringen. Sie möchte meinen Geburtstag nachfeiern. Mein Vater ist zu müde, um mitzukommen. Das viele Reden und die vielen Leute würden ihn völlig erschöpfen. So ist dies mein letzter ganzer Tag bei meinem Vater, bis ich im Juni wiederkomme. Ich hoffe und bete, daß ich ihn bei guter Gesundheit und in guter geistiger Verfassung wiedersehe.

Rotterdam, Samstag, 27. Januar

Ein ganz besonderer Tag! Meine Schwester Laurien veranstaltete in ihrem Haus in Nijmegen eine Geburtstagsparty für mich. Sie hatte eine Reihe holländischer Freunde eingeladen, die ich an verschiedenen Stationen meines Lebens kennengelernt, aber zum größten Teil seit Jahren, vielleicht gar Jahrzehnten nicht mehr gesehen hatte.

Ich fand den Abend einmalig, vor allem weil alle in bester Stimmung waren und jeder jeden sehen und sprechen wollte. Die wichtigste Frage lautete selbstverständlich: „Was hat sich denn bei dir getan, seit wir uns das letzte Mal gesehen haben?" Vieles hatte sich getan: Die meisten hatten Kinder und Enkelkinder. Und beruflich: Ferry ist ein Computer-Fachmann, Toon ein Geschäftsmann, Arnold Arzt, Louis Direktor einer Fernseh- und Rundfunkstation, Wim Professor der Kinderpsychologie, Jurjen Seelsorger. Obwohl alle Geburtstagsgäste jünger waren als ich, hatten sich drei von ihnen – Ferry, Toon und Henri – schon ins Privatleben zurückgezogen, und einer, Louis, will Ende nächsten Monats in den Ruhestand gehen.

Was mich überrascht hat, war, daß meine Freunde noch in erster Ehe leben und auch Verbindung zur Kirche halten.

Natürlich erzählten wir viele „Erinnerst du dich noch"-Geschichten. Interessant für mich war, daß jeder von mir etwas zu erzählen wußte, woran ich mich selbst gar nicht erinnern konnte. Begebenheiten, die manche Freunde noch deutlich vor Augen hatten, waren bei mir wie aus dem Gedächtnis gelöscht. Und ich wiederum besaß Vorstellungen und Bilder von meinen Freunden, die sich von ihren völlig unterschieden.

Woran wir alle uns am genauesten erinnerten, waren unsere Reisen. Unsere Fahrradtour nach Belgien, unsere Autofahrt nach Deutschland, unsere Bootsfahrt auf die Insel Spetsai in Griechenland, unsere Flugreise nach Israel und die vielen Erlebnisse, die mit diesen Abenteuern verbunden sind.

Zum Abschluß des Abends hielten Louis, Wim und mein Bruder Laurent kurze Ansprachen, in denen viel Humor, Freundschaft und Liebe zum Ausdruck kamen. Es war eine große Geburtstagsparty, mit gutem Wein, einem ausgezeichneten Essen, vor allem aber kostbarer Freundschaft. Um 23 Uhr verabschiedete ich mich – ebenso Laurent, Heiltjen und Raphael –, die mich samt meinen Koffern zu ihnen nach Hause mitnahmen.

Montag, 29. Januar

Heute hatte ich mich entschlossen, mit der Bahn nach Oss zu fahren, wo meine achtzigjährige Brieffreundin Antoinette lebt. Als ich vor ein paar Tagen mit ihr telefonierte, war sie enttäuscht, als sie hörte, daß ich keinen Besuch bei ihr geplant habe. Seitdem habe ich nach einer Möglichkeit gesucht, nach Oss zu fahren.

Ich brauchte zwei volle Stunden (zwei Taxifahrten und zwei Strecken mit der Bahn), bis ich schließlich in der Wohnung von Antoinette angekommen war. Wir sprachen eingehend miteinander, und sicherlich war ich für sie der Lichtblick des Tages. Sie war es auch für mich! Es befriedigt mich sehr, denn ich kann jetzt nach Boston zurückkehren und habe sie gesehen und von ihr empfangen. Ich weiß, daß ich eine glückliche Freundin in Oss habe. Ich bin für ihre Zuneigung und Freundschaft sehr dankbar.

Als ich wieder in Rotterdam war, rief mein Bruder Paul vom Auto aus an und lud mich zum Abendessen ein. Eine Stunde später, um 19 Uhr, stand er schon vor der Tür und führte mich in ein gemütliches Restaurant aus. Es tat uns gut, Zeit zu haben, um voneinander zu berichten und über die eine oder andere Familienangelegenheit zu sprechen.

Dienstag, 30. Januar

Heute war mein letzter Tag in Holland. Morgen fliege ich wieder nach Boston. Ich bin zur Rückkehr bereit. So wertvoll mir die Zeit mit meinem Vater und die Besuche bei Freunden und Geschwistern waren, fehlte mir doch die regelmäßige schriftstellerische Arbeit und erlebte ich diese Tage irgendwie zerstückelt und ziellos. Ich freue mich auf das regelmäßige Leben mit vielen Stunden an meinem Schreibtisch.

Watertown, Mittwoch, 31. Januar

Mein Bruder Paul holte mich um 7 Uhr ab, um mich, „bevor der Berufsverkehr einsetzt", wie er sagte, zum Flughafen zu fahren. Um 8 Uhr waren wir in Schiphol.

*

Jonas erwartete mich um 1.30 Uhr Ortszeit in Boston und brachte mich in mein zweites Zuhause in Watertown. Es ist schön, wieder bei Jonas, Margaret und Sam zu sein.

Obwohl ich im Flugzeug etwas schlafen konnte, war ich so müde, daß ich gleich zu Bett ging.

FEBRUAR 1996

<u>Donnerstag, 1. Februar</u>

Viele Briefe geöffnet, viele Geburtstagsgeschenke ausgepackt, viele Anrufe getätigt und viele Kleinigkeiten für den Umzug nach New Jersey am Samstag erledigt.

Das besondere Ereignis des Tages war der Besuch von Borys. Seit wir uns das letzte Mal gesehen haben, war er viel unterwegs: in der Ukraine, in Italien, in Kalifornien und zwischendurch noch an einigen anderen Orten. Zur selben Zeit, als ich aus Holland wiederkam, kehrte er von einem einmonatigen Aufenthalt im Ukrainischen Kloster in Kalifornien zurück.

Es war schön, wieder mit ihm zusammenzusein. Unsere Freundschaft vertieft und festigt sich von Jahr zu Jahr. Borys, der oft erschöpft und überarbeitet wirkte, sieht heute ausgeruht und erholt aus. Es wurde uns beiden klar, wie wichtig einer für den anderen ist. „Wir sollten einmal zusammen auf Reisen gehen", meinte Borys. Daraus konnte ich entnehmen, daß er sich nach einem Gefährten auf seinen vielen Reisen sehnt, nach jemandem, mit dem er beten, sich unterhalten und ganz einfach zusammensein kann. Ich bin sehr dankbar, daß ich ihm ein wirklicher geistlicher Partner sein kann und immer mehr werde.

Die Einkehrzeit im Kloster hat Borys eine neue Ausrichtung, eine neue Perspektive und neue Energie gegeben. „Bei meinem betriebsamen Leben für Gott hatte ich Gott fast aus den Augen verloren", sagte er. „Ich bin sehr froh, meine erste Liebe wiedergefunden zu haben." Ich frage mich oft, wo wir beide in zehn, zwanzig oder dreißig Jahren sein mögen. Ich hoffe und bete, daß wir zusammen und Gott nahe sein werden.

Freitag, 2. Februar

Heute ist das Fest der Darstellung Jesu im Tempel. Borys, Jonas und ich feierten in der „Leeren Glocke" gemeinsam die Eucharistie. Sehr ruhig, sehr friedlich, sehr besinnlich. Jonas spielte auf der Shakuhachi, um uns ins Gebet einzustimmen und unseren Geist und unser Herz auf Gott hinzulenken. Wir lasen den bewegenden Bericht über den greisen Simeon (vgl. Lukasevangelium 2, 25–35), der im Jesuskind das Licht erkennt, das die Finsternis erleuchtet, und teilten miteinander das Brot und den Kelch als Zeichen der Gegenwart Gottes unter uns.

Der übrige Tag war sehr ermüdend. Susan, meine Bostoner Lektorin, hat meine Betrachtungstexte inzwischen sorgfältig durchgearbeitet und zahlreiche Fragen am Rand der Manuskriptseiten vermerkt. So stand fest, was ich heute zu tun hatte: Durchsicht von Seite 1–387! Mir ist dabei klargeworden, wieviel am Manuskript noch zu tun ist. Aber nach vier Stunden entschloß ich mich, das Ganze eine Weile beiseite zu legen. Ich werde nicht gedrängt, das Manuskript abzuliefern, und hätte es nicht so eilig haben sollen.

Heute abend will Borys mich wieder besuchen. Ich freue mich auf einen angenehmen Abend.

Samstag, 3. Februar

Ich habe heute den ganzen Tag mit Packen zugebracht. Es sieht so aus, als hätte sich meine „Habe", seit ich hier bin, verdreifacht. Mehr Bücher, mehr Kleidungsstücke, mehr Papier! Weihnachten und mein Geburtstag waren sicherlich Zeiten vieler Geschenke. Was soll ich behalten, was hergeben? Es ist mir manchmal lästig, diesen Berg von „Sachen" mit mir herumzuschleppen! Kann ich denn nicht mit weniger reisen?

Kurz vor Mittag besuchte mich Jutta, um „Auf Wiedersehen" zu sagen. Wir aßen in einer netten Gaststätte in der

Nähe eine Kleinigkeit: Hamburger! Jutta beschenkte mich wie immer reichlich: Tulpen, Schokolade, Kaffee und ein Buch mit Beiträgen über May Sarton. Ich bin Jutta für die Treue dankbar, auch wenn ich selbst ein „armer" Freund bin.

Jutta hat eine schwere Woche im Pflegeheim hinter sich: Zwei ihr sehr nahe stehende Menschen sind gestorben. Sie widmete sich ihnen und deren Angehörigen hingebungsvoll. Doch wer ist für sie da, wenn sie am Abend nach Hause kommt? Wer sorgt für sie, so wie sie für andere sorgt? Ihre Einsamkeit ist tief und schmerzt. Sie kennt und akzeptiert sie, wenn es auch ein schwer zu tragendes Kreuz ist.

Peapack, Sonntag, 4. Februar

Nach der Feier der Eucharistie in der „Leeren Glocke" fuhren Jonas und ich zu Peggy nach Peapack, wo ich in ihrem Gartenhaus die zweite Hälfte meines Sabbatjahres verbringen werde. Wir hatten eine schöne Fahrt. Ich bin Jonas sehr dankbar, daß er mich begleitet hat. Es war sehr kalt, aber die Sonne schien. Die Straßen waren frei, nur auf den Wiesen und Hügeln lag Schnee.

Nach knapp fünf Stunden waren wir an Ort und Stelle. Dorothy, Peggys Haushälterin, begrüßte uns freundlich und zeigte uns das Häuschen, das in den nächsten Monaten mein Domizil sein wird. Es ist sehr geräumig: ein Wohnzimmer mit Küche und zwei Schlafzimmer. Jonas unternahm einen Spaziergang, während ich meine Sachen verstaute. Ich bin wirklich froh, ein neues Zuhause und einen ruhigen Ort zum Schreiben zu haben. Der Januar war schön, vor allem die Zeit bei meinem Vater. Es wird mir jetzt aber guttun, etwas länger an einem Ort zu bleiben, wieder am Tisch zu sitzen, Gedanken zu fassen und sie in Worte zu kleiden.

Montag, 5. Februar

Nach der Feier der Eucharistie, brachte ich Jonas nach Bernardsville, wo er den Bus nach New York nahm. Bevor er von dort nach Boston weiterfährt, möchte er noch den Verlag Crossroad besuchen, in dem sein Buch „Rebecca" erscheinen wird.

Ich benutzte den Tag, um mich in meiner neuen Umgebung umzusehen: machte das Lebensmittelgeschäft ausfindig, die Post, die Bank, die Tankstelle und anderes mehr. Daneben tätigte ich einige Anrufe: um ein Faxgerät zu bestellen, den Expreßdienst zu informieren, einen Besuch im Verlag Doubleday abzusprechen, Freunden meine neue Telefonnummer mitzuteilen und meiner Sekretärin Kathy zu berichten, wie ich hier eingerichtet bin.

Peggy ist noch verreist. Sie will am Freitag wiederkommen. Da sie nicht hier ist, bin ich gezwungen, selbst zurechtzukommen, und brauche sie deshalb nicht ständig zu plagen: Wo befindet sich dies und wo jenes? Bis sie wieder zu Hause ist, bin ich mit meiner neuen Umgebung schon etwas vertraut. Alles ist hier sehr schön.

Dienstag, 6. Februar

Susan, meine Bostoner Lektorin, sandte mir die Fotokopie eines Abschnitts aus dem Buch „Thoughts Without a Thinker – Gedanken ohne einen Denker. Psychotherapie aus buddhistischer Perspektive" von Mark Epstein. Der Text hat mir tatsächlich die Augen geöffnet.

Epstein bezieht sich auf das erste interkulturelle Treffen östlicher Meister und westlicher Psychotherapeuten, bei dem dem Dalai-Lama das Durchdrungensein von „geringer Selbstachtung", von dem er immer wieder hörte, unverständlich war. In der Tibetanischen Kosmologie scheinen solche Gefühle in den „Bereich des hungrigen Geistes" und nicht in den menschlichen

Bereich zu fallen. In Tibet setzt man ein positives Selbstempfinden voraus, das sich früh einprägt und auf die vielen gegenseitigen Beziehungen stützt, die das Netz der Familie schafft. So wird erwartet, daß ein Mensch diese positive Selbsteinschätzung behält, andernfalls er als Narr angesehen würde.

Ich finde den Begriff „hungrige Geister" interessant. Epstein vertritt die These, daß die Wurzeln westlicher Gefühle der Unwertigkeit in der Szenerie des „hungrigen Geistes" liegen, da wir in unserer Kindheit zu früh entwöhnt wurden. Dadurch seien viele als Erwachsene unfähig, Nähe zu suchen oder zu pflegen, und beschäftigten sich statt dessen mit den ungelösten Frustrationen ihrer Vergangenheit. Tatsächlich scheinen viele das Problem der geringen Selbstachtung dadurch lösen zu wollen, daß sie ihre Vergangenheit erforschen, sich dabei aber oft in den vielen Verstrickungen ihrer Lebensgeschichte verfangen. Hier zeigt sich der „hungrige Geist", der nach einer Befriedigung sucht, die nicht zu finden ist.

Die hungrigen Geister, sagt Epstein, „sind die Metaphern des (buddhistischen) Lebensrads, die vermutlich den lebhaftesten Zuspruch finden". Er beschreibt sie als „gespensterähnliche Wesen mit verdorrten Gliedmaßen, dick aufgeblähten Bäuchen und langen dünnen Hälsen". Überdies würden die Geister, wenn sie essen oder trinken, um ihren Hunger und Durst zu stillen, unter schrecklichen Qualen und Leibschmerzen leiden. Ihre Kehle brennt, ihr Magen verdaue nicht, und ihr Verlangen nach Nahrung sei nicht so schnell zu befriedigen. So verfolge sie ständig die trügerische Vorstellung, sich von all dieser Qual, insbesondere der der Vergangenheit, vollständig befreien zu müssen, verkennen dabei aber, daß dieses Verlangen unerfüllbar ist.

Als Jesus den Jüngern nach seiner Auferstehung erschien, meinten sie einen Geist zu sehen. Aber Jesus sagte zu ihnen: „Was seid ihr so bestürzt? Warum laßt ihr in eurem Herzen solche Zweifel aufkommen? Seht meine Hände und meine Füße an: Ich bin es selbst. Faßt mich doch an, und begreift: Kein Geist hat Fleisch und Knochen, wie ihr es bei mir seht" (Lukasevangelium 24, 38 f).

Die buddhistische Sichtweise der „hungrigen Geister" und die christliche Sicht der Auferstehung ergänzen sich. Indem wir zu unserem Dasein hier und heute stehen und unsere unerfüllten Bedürfnisse anerkennen, ohne ihnen „Nahrung" aus der Vergangenheit zukommen zu lassen, können auch wir die Freude erlangen, die die Jünger erfüllte, als sie den auferstandenen Herrn erkannten, als er ein Stück gebratenen Fisch nahm und es vor ihren Augen aß (vgl. Lukasevangelium 24, 43).

Ich bin mehr und mehr davon überzeugt, daß die Wunden der Vergangenheit nicht als ein gähnender Schlund angesehen werden müssen, der sich nicht auffüllen läßt und uns deshalb bedroht, sondern als Zugang zu neuem Leben verstanden werden kann. Der „unzugängliche Zugang" des Zen und die „heilenden Wunden Christi" ermutigen uns, uns von der Vergangenheit zu lösen und auf die *Herrlichkeit* zu vertrauen, zu der wir berufen sind.

Mittwoch, 7. Februar

Es sieht so aus, als hätte ich den „hungrigen Geist" in mir geweckt, währenddessen ich über ihn schrieb! Den ganzen heutigen Tag fühlte ich mich wie ein hungriger Geist: hungrig nach Aufmerksamkeit und Zuneigung, nach Telefonanrufen, Briefen und anderem mehr. Schließlich war ich verärgert, nicht nur über alle, die mir nicht gaben, wonach ich verlangte, sondern auch über meinen hungrigen Geist, der sich so begierig zeigte. Ich weiß, daß nach den vielen Reisen und dem Hin und Her der vergangenen zwei Monate jetzt die Zeit für Stille, Gebet, ruhige schriftstellerische Arbeit und ganz einfach für Alleinsein gekommen ist. Aber mein „hungriger Geist" gibt keine Ruhe, sucht nach kleinen Ablenkungen, um so einer direkten Konfrontation, die allem Lamentieren ein Ende setzen würde, zu entgehen.

Nachdem ich kurz in den Nachbarort Chester gefahren war und dort ein paar Dinge einkaufte, die ich eigentlich nicht brauchte, nahm ich mir die Korrekturabzüge meines Kelch-buches vor, an denen sich mein Frust aufbaute. Mir war durchaus klar, daß nicht das Buch das Problem darstellte, sondern mein „hungriger Geist", der sich verlassen, abgewiesen, vergessen fühlte.

Zum Glück gab mir das Abendgebet etwas Trost. Ich sprach es laut, fast schreiend im leeren Haus und spürte allmählich einen Hauch von innerem Frieden.

Mit einem Glas Wein in der einen und den Kriegstagebüchern von Thomas Mann in der anderen Hand beschloß ich den Tag. Als ich von seinem inneren Ringen bei seiner schriftstellerischen Arbeit und seinem Leiden am Hitler-Regime las, verflog meine Verstimmung, und ich ging relativ ruhig zu Bett.

Donnerstag, 8. Februar

Wieder ein schwieriger Tag. Ich fühle mich einsam, bin niedergeschlagen und lustlos. Den größten Teil des Tages habe ich mit Nichtigkeiten vertändelt. Das alte Leiden, das mich seit Jahren begleitet und wohl nie ganz verlassen wird.

Zwischendurch versuchte ich mich am neuen Faxgerät, das gestern geliefert wurde. Ich schaffte es, die verschiedenen Teile anhand der Anleitung zusammenzubauen. Und zu meiner großen Überraschung: es funktionierte! Danach fuhr ich nach Flanders, einer kleinen Stadt, die zehn Meilen von Peapack entfernt ist, um in einem Schreibwarengeschäft das richtige Papier für das Faxgerät zu kaufen. Ich bin mir darüber im klaren, daß ich mit dieser Geschäftigkeit meine Depression in Schach zu halten versuche. Aber es geht nicht. Ich muß mehr beten. Ich weiß, daß ich nur in Gottes Gegenwart verweilen und ihm meine ganze Dunkelheit offenbaren muß. Aber alles in mir lehnt sich dagegen auf. Trotzdem weiß ich, daß dies der einzige Weg ist.

Ein paar sehr freundliche Briefe waren ein kleiner Lichtblick.

Gott, hilf mir, sei bei mir, tröste mich und vertreib die Wolke von meinem Herzen.

Freitag, 9. Februar

Heute abend kehrten Peggy und ihr Freund Phil von der Reise zurück.

Peggy rief gleich aus ihrer Wohnung bei mir an und lud mich zum Abendessen ein. Ich habe mich gefreut, sie wiederzusehen und Phil kennenzulernen. Ich bin ihm vor einigen Monaten nur kurz am Newarker Flughafen begegnet. Es gab ein schmackhaftes Essen (Hackbraten mit Reis), bei dem wir uns angeregt unterhielten: über Fragen unseres Glaubens, verheiratete Priester, Priesterweihe für Frauen, den Verfall der Kernfamilie, die Einstellung des Papstes und manches andere. Peggy vertrat eine klare Meinung zu diesen Fragen und plädierte für eine radikale Erneuerung der Kirche. Phil zeigte sich etwas zurückhaltender, war aber für Peggys Argumente offen. Aufgrund seiner konservativ-katholischen Einstellung braucht er noch etwas Zeit, um ihre Richtung einzuschlagen.

Ich bin froh, daß Peggy wieder da ist und wir nun eine kleine Gemeinde der Freundschaft, des Gebets und Gleichgesinnter bilden.

Samstag, 10. Februar

Um neun Uhr feierten Peggy, Phil und ich im zweiten Schlafzimmer des Gästehauses, in dem ich wohne, die Eucharistie. Es war ein schöner, inniger Gottesdienst.

Den ganzen Tag über arbeitete ich an dem Winnipeg-Manuskript. In den Pausen sah ich den Riesenstapel von Weihnachtskarten und Geburtstagsgrüßen durch, die mir Kathy in einem großen Karton zugeschickt hat. Beim Lesen der Karten und Briefe wurde mir deutlich, wie viele Menschen mich in ihr Herz geschlossen haben. Viele Fotos von neugeborenen Babys und verstorbenen Verwandten und Freunden befanden sich unter der Post. Ich habe die Heiligenbildchen in meinem Brevier gegen diese Fotos ausgetauscht, um sie vor mir zu haben, wenn ich für all diese mir lieben Menschen bete.

Zu Mittag rief mich Nathan aus Calgary an. Es war ein schwieriges, aber gutes Gespräch. Ich erzählte ihm von meiner Depression und meinem tief in mir sitzenden Gefühl der Einsamkeit, ja der Ablehnung, unter dem ich in den vergangenen Tagen gelitten habe. Ich sagte ihm auch, daß ich über das letzte Gespräch, das wir miteinander geführt haben, enttäuscht war.

Nathan ging sehr verständnisvoll auf mich ein. Er zeigte sich nicht abweisend oder verärgert, sondern sagte, daß ihm nicht bewußt gewesen sei, wie groß meine Niedergeschlagenheit war, und er mir helfen wolle, wo er nur könne. Er selbst hatte – im Gegensatz zu mir – eine sehr ausgefüllte Woche hinter sich mit Besuchen aus der Familie und vielen anstrengenden Gesprächen. Er hatte sich offensichtlich auf einer anderen Ebene als ich bewegt und konnte meine Ängste verständlicherweise nicht verstehen. Ich war für die Freundschaft, die ich bei unserem Gespräch erfuhr, dankbar. Mein Gefühl der Angst, Niedergeschlagenheit, Unruhe und Ablehnung verschwindet langsam wie der Schnee auf den Feldern. Gott sei Dank!

Sonntag, 11. Februar

Heute früh feierten wir im Wohnzimmer meines kleinen Gästehauses die Eucharistie. Peggy hatte ein paar Nachbarn eingeladen und Phil seinen ältesten Sohn mit seiner Familie. Ich glaube, daß sich diese kleine Gruppe von Freunden und deren Familienangehörigen durchaus zu einer kleinen liturgischen Kerngemeinde entwickeln kann. Es scheint, als hätten wir bereits dieselbe Richtung eingeschlagen wie bei Jonas in der „Leeren Glocke".

Richmond Hill / Ontario, Montag, 12. Februar

Nach der Eucharistiefeier heute früh rief mich Kathy aus Toronto an. Sie sagte mir, daß Adam Arnett einen ernsten gesundheitlichen Rückschlag – wahrscheinlich eine Herzattacke im Zusammenhang mit einem epileptischen Anfall – erlitten habe und unverzüglich ins Krankenhaus gebracht werden mußte. Kurz darauf sprach ich mit Nathan, wobei sich meine Befürchtung erhärtete, daß Adam im Sterben liege. Ich wollte sofort nach Hause fliegen, was mir auch Nathan nahelegte.

Adam ist einer derjenigen, die mich in die „Arche"-Gemeinschaft Daybreak eingeführt und mit einer regelrechten Spiritualität der Schwachheit, die mein Leben veränderte, vertraut gemacht haben. Das Zusammenleben mit Adam in der „Arche" Daybreak hat mein Beten, mein Selbstverständnis, mein geistliches Leben und meinen priesterlichen Dienst tief geprägt. Adam, ein junger Mann, der an schwerer Epilepsie leidet und dessen Leben aufgrund seiner verschiedenen Behinderungen allem Anschein nach eingeschränkt war, hat das Leben hunderter von „Arche"-Assistenten, Gästen und Freunden berührt. Als mein Freund und Hausgenosse ist er in das Innerste meines Herzens vorgedrungen und hat mein Leben, ohne ein Wort zu sagen, beeinflußt.

Bei meiner Ankunft in Toronto wurde ich am Einwandererschalter aufgehalten, da ich längere Zeit außer Landes war. Schließlich kam ich aber durch alle Kontrollen. Nathan erwartete mich und berichtete mir über Adams Gesundheitszustand. Wir fuhren vom Flughafen direkt ins Krankenhaus.

Rex und Jeanne, Adams Eltern, begrüßten mich und freuten sich, mich wiederzusehen. Mehrere Mitglieder der Daybreak-Gemeinschaft standen Rex und Jeanne zur Seite und wollten auch in den letzten Stunden seines Lebens bei Adam sein.

Als ich Adams Krankenzimmer betrat, atmete er regelmäßig unter einer Sauerstoffmaske. Anne, die Leiterin des Hauses, in dem Adam wohnte, berichtete mir: „Heute vormittag, kurz nach seiner Einlieferung ins Krankenhaus, hörte Adams Herz auf zu schlagen, worauf der Arzt ihn für tot erklärte. Aber nach einigen Minuten setzten sein Puls und seine Atmung wieder ein. Er war wohl noch nicht bereit zu sterben und hat bestimmt auf Rex, Jeanne und dich gewartet."

Ich war sehr gerührt, meinen Freund Adam hier liegen zu sehen, zweifellos in seinen letzten Stunden unter uns. Ich küßte ihn auf die Stirn und strich ihm über das Haar.

Nachdem ich eine halbe Stunde Adam nur betrachtet und mit Rex und Jeanne ein paar Worte flüsternd gewechselt hatte, bat ich alle, die im Wartezimmer versammelt waren, an Adams Bett zu treten. Wir hielten uns an den Händen und beteten für Adam, für seine Eltern und Verwandten wie auch für seine vielen Freunde. Danach saßen wir einfach bei ihm und verfolgten sein Atmen.

Eine Stunde später kam Adams Bruder Michael. Man sah ihm an, daß er sehr litt. Er begann zu weinen, als er seinen Bruder erblickte. Sein Vater nahm ihn in die Arme. Als er mich bald darauf sah, kam er zu mir, umarmte mich und weinte heftig. Ich drückte ihn lange an mich und trat dann mit ihm wieder an Adams Bett.

Auch Michael gehört zur „Arche" Daybreak und leidet wie sein Bruder Adam an Epilepsie. Ich bat Michael, den kleinen silbernen Behälter mit geweihtem Öl zu halten, und salbte dann, umgeben von seinen Angehörigen und Freunden, Adams Stirn und seine beiden Hände. Ich bat Gott, ihm die Kraft zu geben für den Übergang in sein endgültiges Zuhause.

„Mein, mein, mein Bruder ... geht ... in den Himmel", stammelte Michael unter Tränen. „Father, mein Herz tut weh, mein Herz tut weh." Ich nahm ihn wieder in die Arme, und wir weinten.

Gegen 18 Uhr gingen Nathan und ich in das „Arche"-Haus in der Church Street, um das Essen abzuholen, das die Assistenten dort für Jeanne und Rex gerichtet hatten. Anschließend aß ich mit ihm in einem Restaurant in der Nähe zu Abend.

Als wir ins Krankenhaus zurückkamen, lag Adam in einem anderen Zimmer, da er die Monitore, die seinen Herzschlag und die Veränderungen seines Kreislaufs anzeigten, nicht mehr brauchte. Der Tod nahte, sein Leben ging dem Ende zu. Jetzt ging es nur noch darum, es ihm so leicht wie möglich zu machen. Um ihm das Atmen zu erleichtern, trug er eine Sauerstoffmaske, was ihm aber offensichtlich kaum half. Schließlich nahmen ihm Jeanne und Rex die Maske ab, so daß er von allen unnötigen unterstützenden Apparaten befreit war. Adam atmete langsam und tief, aber unregelmäßig. Man sah, daß er kämpfte. Obwohl er keine Schmerzen zu haben schien, war es eine Qual, ihn um jeden Atemzug ringen zu sehen. Jeanne sagte: „Ich wundere mich, wie Adam das mit einem so schwachen Herzen schafft ... Es ist ein schwerer Kampf." Rex kniete neben dem Bett und hielt Adams Hand; Jeanne stand auf der anderen Seite und hatte ihre Hände auf Adams Knie gelegt. Ich saß am oberen Bettende, strich ihm zärtlich über den Kopf und das Haar und nahm ab und zu sein Gesicht in beide Hände.

Die Stunden vergingen. Gegen Mitternacht schien es, als würde Adam die Nacht überstehen. Nathan und die anderen Daybreak-Mitglieder waren nach Hause gegangen. Meine Müdigkeit machte sich immer mehr bemerkbar. Anne sagte zu mir: „Geh nach Hause und schlaf etwas. Rex, Jeanne und ich bleiben hier und werden anrufen, wenn Adam sterben sollte."

Kaum war ich in Dayspring eingeschlafen, rief Anne an: „Henri, Adam ist gestorben!" Adams Leben – und Sendung – waren zu Ende. Mir fielen die Worte Jesu ein: „Es ist vollbracht!" Eine Viertelstunde später war ich wieder im Krankenhaus. Adam lag völlig gelöst und friedlich da. Rex, Jeanne und Anne saßen neben dem Bett und berührten Adams leblosen Leib. Tränen flossen, Tränen der Trauer, aber auch der Dankbarkeit. Wir nahmen uns an den Händen, berührten Adams Leib und dankten im Gebet für sein vierunddreißigjähriges Leben wie auch für alles, was er uns in seiner großen körperlichen Schwachheit und unfaßbaren geistlichen Stärke gegeben hat.

Ich konnte die Augen von ihm nicht abwenden und dachte mir: Hier liegt der Mensch, der mich wie kein anderer mit Gott und mit der Daybreak-Gemeinschaft verbunden hat.

Hier liegt der Mensch, für den ich in meinem ersten Jahr in Daybreak Tag für Tag gesorgt und den ich liebgewonnen habe. Hier liegt der, über den ich geschrieben und in Kanada und in den Vereinigten Staaten Vorträge gehalten habe. Hier liegt mein Ratgeber, Lehrer und Begleiter, der kein Wort sprechen konnte, mich aber mehr gelehrt hat als irgendein anderer. Hier liegt Adam, mein Freund, mein lieber Freund, der verletzlichste und zugleich stärkste Mensch, dem ich je begegnet bin. Nun ist er tot. Sein Leben ist zu Ende, sein Gesicht regungslos. Ich empfand tiefe Trauer und große Dankbarkeit. Ich habe einen Gefährten verloren, aber einen Beschützer für den Rest meines Lebens gewonnen. Mögen alle Engel ihn ins Paradies geleiten. Mögen sie ihn aufnehmen und hinführen vor das Antlitz seines liebenden Gottes.

Während ich Adam betrachtete, sah ich, wie schön er war. Hier lag ein junger Mann in Frieden. Ein langes, langes Leiden ging zu Ende. Sein makelloser Geist war nicht mehr in einen Leib gesperrt, der diesem Geist nicht Ausdruck geben konnte. Ich fragte mich, worin der tiefste Sinn dieser vierunddreißigjährigen Gefangenschaft liegen mag. Doch das wird erst nach und nach offenbar werden. Jetzt können wir nur vertrauen und ausruhen.

Dienstag, 13. Februar

Um 8.30 Uhr feierten wir in der Dayspring-Kapelle die Eucharistie. Kurz zuvor begab ich mich noch ins Rote Haus, um Michael und den anderen Bewohnern zu sagen, daß Adam gestorben sei. Danach ging ich in das Haus, in dem Adam gewohnt hat, um einen Augenblick bei seinen Hausgenossen zu sein; schließlich auch in das Grüne Haus, um mit Bill, David und den anderen, die Adam besonders nahe standen, zu sprechen. Es gab viele Tränen und viele Umarmungen. In solchen Augenblicken brauchen wir einander sehr.

Während der Eucharistiefeier saß Michael an meiner rechten Seite. Er trug eine weiße Albe und hielt mich fest an der

Hand. Gordie und Francis hatten Ministrantengewänder angelegt und fungierten als Meßdiener. Ich predigte über die Auferweckung des Lazarus. In dieser Zeit der Trauer komme es auf unseren Glauben an die Auferstehung des Leibes an. Adams Leib, den wir alle im Laufe seines langen Überlebenskampfes oft berührt und gehalten haben, werde neu erstehen und bei der Auferstehung mit einem Leib bekleidet sein, der dem tiefsten Verlangen seines Herzens Ausdruck geben wird. Wie Maria, Marta und Jesus beim Tod ihres Bruders und Freundes Lazarus würden auch wir Tränen vergießen, aber der Tod ist nicht das Ende, sondern der Übergang zur Herrlichkeit, zum Sieg, zur Freiheit. Ich sah die tiefe Trauer, die uns alle bei Adams Tod ergriff, sah aber auch die Freude darüber, daß er endlich frei war.

Am Ende der Messe stand Gordie auf und wandte sich direkt an Michael: „Ich weiß, Michael, daß dein Herz schwer ist, aber ich möchte dir das gerne geben." Dabei ging er zu Michael und legte ihm ein Band mit einer Olympiamedaille, auf die er selbst immer stolz gewesen war, um den Hals. Michael war von Gordies Zuneigung sichtlich gerührt.

*

Die Rückkehr nach Daybreak ist ein Wiedersehen mit vielen Freunden, mit Kathy und Timmy, Carl, Kathy und Margaret, Jo und Stephanie und vielen anderen. Sue ist verreist, wird aber morgen zurückkehren.

Zufällig traf sich heute abend die Männergruppe, der ich auch angehöre. Es kam mir sehr gelegen, da ich so mit engen Freunden zusammensein und mit ihnen über manches, was mich bewegt, sprechen konnte. Carl und ich fuhren nach Toronto hinein, wo unser Treffen stattfand und wir auch zu Abend essen wollten. Unterwegs kehrten wir im Büro des Architekten Jo an, der mir die Pläne für das kleine Haus geschickt hatte, das nach meiner Rückkehr nach Daybreak hoffentlich gebaut werden kann. Wir besprachen eine halbe Stunde verschiedene Einzelheiten. Es war ein angenehmer und nützlicher Besuch.

Um 18 Uhr aßen Jo, Nathan, Carl und ich gemeinsam zu Abend. Ich mußte gegen meine Müdigkeit ankämpfen, da ich in der vergangenen Nacht kaum geschlafen hatte, und überlegte, wie ich bei unserem anschließenden Treffen wach und einigermaßen munter bleiben könnte. Aber das Zusammensein mit guten und lieben Freunden regt mich an und verscheucht meine Müdigkeit.

In der Wohnung, in der unser Treffen stattfand, kam noch Francis hinzu, der ebenfalls der Männergruppe angehört. So machten wir fünf in den folgenden zweieinhalb Stunden gegenseitige „Bestandsaufnahme" und tauschten uns darüber aus, was uns „im Innern" beschäftigt. Obwohl ich wegen meines Sabbatjahres an mehreren Treffen nicht teilgenommen hatte, wurde ich herzlich begrüßt. Ich sprach meine Sorge darüber aus, daß ich Freunden, mit denen ich längere Zeit nicht mehr zusammen war, fremd geworden sein könnte. Aber diese Sorge verflog rasch, da man mir versicherte, daß sich alle in der Gruppe über mein Kommen freuten.

Ich sprach kurz über meine schriftstellerische Arbeit und sagte auch, daß ich mit dem, was ich bisher zu Papier gebracht habe, zufrieden sei. Darüber hinaus kam ich auf meine Rückkehr nach Daybreak zu sprechen, die mir insofern etwas Kummer bereite, als man dort wieder mit vielen Dingen auf mich zukommen würde, und sprach meine Freude darüber aus, in Zukunft in einem eigenen kleinen Haus zu wohnen, in dem ich meiner schriftstellerischen Arbeit werde nachgehen können, ohne die Gemeinschaft verlassen zu müssen. In all dem spürte ich die Gegenwart Adams. Er hatte mir geholfen, in Daybreak Wurzeln zu fassen, und viele meiner Hoffnungen, Sehnsüchte und Pläne sind mit ihm in irgendeiner Weise verbunden. Es ging schon auf Mitternacht zu, als ich nach Hause kam und bald darauf zu Bett ging.

Mittwoch, 14. Februar

Am frühen Nachmittag machte ich einen Besuch in der Leichenhalle in Richmond Hill. Als ich vor Adams Bahre stand, war ich tief bewegt. Er sah friedlich aus wie ein junger Mann, der eben eingeschlafen ist. Tränen traten mir in die Augen. Die Beziehung zu ihm hat mein Leben tief geprägt. Ich betrachtete sein schönes, feines Gesicht und war sehr demütig und dankbar, daß ich zum Kreis seiner Freunde gehörte. Ich konnte ihn nicht lange genug anschauen. Er sah ganz normal, gesund und hübsch aus. Es war, als ob er mir eine Vorahnung von dem neuen Leib geben wollte, den er bei der Auferstehung haben wird.

Im Laufe des Nachmittags fanden sich fast alle Daybreak-Mitglieder an der Bahre Adams ein, nur, um ihm noch einmal nahe zu sein. Tiefe Trauer herrschte. Es ist schwer vorstellbar, wie das Leben im Neuen Haus ohne Adam weitergehen kann. In seiner Schwachheit rief Adam alle, die mit ihm zusammen lebten, zu Versöhnung, Heilung und zum Einssein auf und war daher ihr Friedensstifter.

Innerhalb einer Stunde füllte sich die Halle, in der Adam aufgebahrt war, mit Mitgliedern der Daybreak-Gemeinschaft, Angehörigen und Freunden. Ich war gerührt, als ich Greg, der einige Jahre bei Adam im Neuen Haus gewohnt hat, mit seiner Frau Eileen aus Chicago eintraf; Steve, ein früherer Assistent, der Adam beim täglichen Beschäftigungsprogramm in Obhut hatte, mit dem Flugzeug aus Seattle kam, und Peter, der als ehemaliger Leiter des Neuen Hauses Adam zwei Jahre lang begleitet hatte, aus Neu-Schottland anreiste, um in diesen Tagen mit uns allen zusammenzusein. Um 15 Uhr bildeten wir einen großen Kreis um den Sarg und beteten. Danach fragte ich, ob jemand eine Geschichte von Adam erzählen möchte, worauf einige die eine und andere Begebenheit aus ihrer Beziehung zu Adam erzählten. Diese „kleinen Geschichten" von Rex und anderen brachten uns zum Schmunzeln und Lachen; sie machten deutlich, auf welche Weise uns dieser einfache, arme junge

Mann – ohne ein Wort, ohne jegliche Erinnerung und Bilder – das edle Antlitz Gottes gezeigt hat.

Als sich dann um 19 Uhr viele von uns zu einer zweistündigen Totenwache um Adam versammelt hatten, herrschte eine andere, entspanntere, festlichere und spielerische Atmosphäre. Wir bildeten wieder einen Kreis, und Kathy und Elizabeth, zwei Mitglieder der Gemeinschaft, erzählten rührende Geschichten, doch keine Erlebnisse mehr mit Adam, sondern wie sie sich einmal ein Wiedersehen mit ihm vorstellen. Alle spürten die Freude und den Frieden, der aus ihren Worten sprach. Wir standen um Adams Leib, stellten uns seine neu gefundene Freiheit vor und feierten sein neu gefundenes Leben. Dann sangen wir das Lied vom Frieden, der sich wie ein Strom ausbreitet.

Adam, der Friedensstifter, hat alle Gefangenschaft endlich überwunden. In seiner Gebrochenheit hat er mir meine eigene Gebrochenheit vor Augen geführt und mir dadurch den Weg zur Heilung und zu neuem Leben gewiesen. Nun wird er einen neuen Leib empfangen, voller Licht, Liebe und Herrlichkeit, den Preis für seine einzigartige Sendung.

*

Nach der Totenwache besuchte ich Kathy mit ihrem Sohn Timmy. Kathy widmete sich Adam in den letzten fünf Jahren beim Tagesprogramm. Sie machte mir bewußt, wie viele um Adam trauern: Assistenten und Helfer, die ihm gehen geholfen, Massagen verabreicht, mit ihm Schwimmübungen gemacht und die Hand beim Essen geführt haben oder ihm beigestanden sind, wenn er einen epileptischen Anfall erlitt. Sie alle wie auch die Mitarbeiter des Tagesprogramms – Michael, Alia, Janice, Rosie und Tracy – haben Adam als lieben Freund schätzengelernt. Seine Abwesenheit ruft nicht nur in ihrer engen Pflegegemeinschaft, sondern auch in ihren Herzen Leere hervor. Ihre Trauer ist groß, und sie werden in den kommenden Wochen und Monaten schmerzlich darum ringen, auf welch neue Weise Adam in ihrem Leben und ihrer Zusammenarbeit nach wie vor präsent ist. Kathy erwartet in Kürze ihr zweites Kind, ein Mädchen, das Sarah heißen soll. Während Timmy ein großes Badman-Puzzle zusammenzusetzen versuchte, erzählte ich ihm die Geschichte von Abraham und Sara, zu denen drei Engel kamen, um ihnen zu sagen, daß sie noch in ihrem hohen Alter einen Sohn bekommen würden. Ich erzählte Timmy auch, daß Sara den Engeln zuerst nicht geglaubt hat, weil sie schon alt war. Aber nach einem Jahr brachte Sara einen Sohn zur Welt, der Isaak hieß. Er wurde der Vater Jakobs, dieser wiederum der Vater Josefs, und so fort.

Timmy sah mich an und sagte: „Cool, wirklich cool." Dann fragte er Kathy: „Mama, hast du das von Sara gewußt?" – „Freilich, ich habe es dir aber nicht erzählt, weil wir beide uns noch nicht einig waren, ob Sarah auch der schönste Name ist", erwiderte Kathy.

Darauf sagte Timmy: „Ach, ich glaub' schon! Meinst du nicht auch?" Danach wandte sich Kathy an mich: „Timmy und ich hätten dich gern als Taufpaten für Sarah. Was meinst du dazu? Denk doch mal darüber nach! Wir möchten doch, daß Sarah einen guten Paten bekommt, und hoffen, daß du zusagst."

Gerührt antwortete ich: „Darüber brauche ich gar nicht nachzudenken. Ich freue mich sehr darauf, Sarahs Taufpate zu sein ... es sei denn, ihr entscheidet euch für einen anderen Namen."

Tod und Geburt, so nahe beieinander! Als in unserer Daybreak-Gemeinschaft Maurice starb, kam Monika zur Welt. Nun hat Adam uns verlassen, und wir erwarten Sarah! Ich empfand eine tiefe Freude darüber, dem geheimnisvollen Ort, wo Tod und Leben sich umarmen, so nahe zu sein.

Donnerstag, 15. Februar

Als ich heute früh erwachte, fühlte ich mich wie zerschlagen. Der Magen zog sich mir zusammen, in meinem Kopf drehte es sich, und ich war wie gelähmt. Aber ich wußte, daß ich diese

Gefühle „überwinden" und bis zur Beerdigung so gut wie möglich dastehen muß. Schon der bloße Gedanke an die vielen Einzelheiten und an meine Predigt machte mich unruhig. Ich entschloß mich, mir nicht zu viele Gedanken zu machen, sondern aufzustehen und alles der Reihe nach anzugehen.

Um 9 Uhr war ich in der Pfarrkirche „Unbefleckte Empfängnis Mariä", mit dem Koffer in der Hand, in dem sich die Kelche, Patenen, farbigen liturgischen Gewänder und die in mein Tagebuch eingetragenen Predigtnotizen befanden. Um 9.45 Uhr hatten sich in der Kirche mehrere hundert Menschen von überall her versammelt, um Adams Leben und Tod zu feiern.

Als der Sarg von acht engen Freunden Adams in den Chorraum der Kirche getragen wurde, sang die ganze Gemeinde die „Seligpreisungen". Zur Lesung hörten wir das Wort des heiligen Paulus: „Das Schwache in der Welt hat Gott erwählt, um das Starke zuschanden zu machen" (1. Korintherbrief 1, 27).

Adam brauchte keine Lobeshymne. Sein einfaches, verborgenes Leben hatte keinen beeindruckenden „Werdegang". Hingegen verdiente er, für die Wunder gerühmt zu werden, die er in unseren Herzen gewirkt hat. Rex, sein Vater, Anne, die langjährige Leiterin des Hauses, in dem Adam gelebt hat, und Bill, einer seiner Hausgenossen, sprachen einfach und bewegend von diesen Wundern. Alle drei stellten fest, daß Adam an einen tiefen Ort in ihnen vorgedrungen sei, den nur wenige erreichen konnten, und daß er dort Samenkörner der Hoffnung ausgesät habe.

Im Laufe der letzten drei Tage wurde mir mehr denn je klar, daß Adam der lebendige Christus unter uns war. Wohin sonst hätten wir gehen müssen, um beim Mann der Schmerzen und der Freude zu sein? Wo denn sonst hätten wir die Gegenwart Gottes suchen müssen? Ja, Adam wurde von Gott geliebt, lange bevor ihn seine Eltern, sein Bruder und wir ihn liebten. Ja, Adam war von Gott gesandt, um unter uns zu leben, ein schweres, aber gesegnetes vierunddreißig Jahre dauerndes Leben. Und nachdem seine Sendung erfüllt war, ist er zu Gott heimgerufen worden, um ein neues Leben in einem neuen

Leib zu führen. Es ist die Lebensgeschichte Jesu wie auch Adams!

Ich weiß auch, daß die „Arche" meine Gemeinschaft und Daybreak mein Zuhause geworden sind, weil ich Adam in vollkommener Reinheit und vollkommener Freiheit berührt und in Händen gehalten habe. Er rief mich nach Hause. Es war nicht nur das Zuhausesein bei guten Menschen, sondern auch das Zuhausesein in meinem eigenen Leib, im Leib meiner Gemeinschaft, im Leib der Kirche, ja im Leib Gottes. Ich weiß nicht, wo ich heute ohne ihn wäre.

Als ich am Altar stand, vor mir Adams aufgebahrter Leib, das Brot in den Händen hielt und die Worte Jesu sprach: „Nehmt und esset: Das ist mein Leib, der für euch hingegeben wird", sah ich in einer ganz neuen Weise das Geheimnis Gottes, Adams und jedes einzelnen von uns. Gott hat in Christus wirklich einen Leib angenommen, damit wir Gott berühren können und geheilt werden. Heute spürte ich, daß der Leib Gottes und der Leib Adams ein Leib sind, sagt uns doch Jesus: „Was ihr für einen meiner geringsten Brüder getan habt, das habt ihr mir getan" (Matthäusevangelium 25, 40). In Adam berührten wir tatsächlich den lebendigen Christus unter uns. Und so wie bei Jesus wurde jeder, der Adam berührte, geheilt.

*

Auf dem Friedhof wurde Adams Leib im Sarg zur Grabstätte getragen und auf einem Metallgestell über der Grube abgesetzt. Ich sprach ein kurzes Gebet und reichte dann Michael den Weihwasserwedel. Er nahm ihn in eine Hand, beugte sich vor, und während ich ihn an der anderen Hand hielt, ging er langsam von einer Seite des Grabes auf die andere und besprengte dabei den Sarg seines Bruders sorgfältig mit Weihwasser. Danach betete ich: „Guter Gott, voll Vertrauen geben wir unseren Sohn, Bruder und Freund Adam in deine Hände. Nimm Adam auf ins Paradies, und hilf uns, einander zu trösten und zu stärken."

Als der Sarg ins Grab gesenkt wurde, überwältigte mich das Gefühl der Endgültigkeit seines Todes. Adam ist von uns gegangen und wird nie wieder bei uns sein. Der heilige Paulus sagt voller Überzeugung: „Was gesät wird, ist verweslich, was auferweckt wird, unverweslich. Was gesät wird, ist armselig, was auferweckt wird, herrlich. Was gesät wird, ist schwach, was auferweckt wird, ist stark. Gesät wird ein irdischer Leib, auferweckt ein überirdischer Leib" (1. Korintherbrief 15, 42 ff). Hier, vor dieser tiefen Grube wurde ich mit der Endgültigkeit des Todes wie auch mit der Hoffnung auf die Auferstehung konfrontiert.

Clara sang das schöne Segenslied, das wir schon in der Kirche angestimmt hatten. Nachdem einer nach dem andern eine kleine Schaufel Erde auf den Sarg geworfen hatte, sagte ich: „Laßt uns jetzt gehen in Frieden!" Und wir verließen den Ort, an dem Adam ruhte.

Einige blieben noch eine Weile, als brächten sie es nicht übers Herz, den geliebten Menschen hier allein zurückzulassen. Doch schließlich gingen auch sie, und vollkommene Stille herrschte. Adam hat uns verlassen, und wir müssen hoffen und weiterleben.

*

Um 16 Uhr brachte mich Sue zum Flughafen. Es tat mir gut, daß die vielen Menschen nicht mehr um mich waren und ich meinem Schmerz und meiner Müdigkeit nachgeben konnte. Sue dankte mir, daß ich in diesen Tagen der Trauer wieder nach Daybreak gekommen war. Ich bin sehr froh, daß ich es getan habe. Doch jetzt ist es Zeit, wieder Abschied zu nehmen und allein zu sein. Um 18.20 Uhr kam ich am Laguardia Airport an, und schon eine halbe Stunde später war ich in der Wohnung von Jay und Wendy. Wendy hatte mich erwartet und ein kleines Abendessen vorbereitet. Bei Tisch mußte ich ihr ausführlich von Adam erzählen. Ich habe mich gefreut, wieder bei ihr in ihrer behaglichen Wohnung zu sein.

Als ich mich endlich auf dem großen Bett in Wendys Gästezimmer ausstreckte, fühlte ich mich so, als könnte ich tage-, ja wochenlang schlafen.

New York, Freitag, 16. Februar

Um 20 Uhr habe ich mit Jay, Jonathan und Wendy zu Abend gegessen. Nach einer so ausgefüllten und anstrengenden Woche in Daybreak war es ein wirkliches Geschenk, mit Freunden zusammenzusein und ein gutes Mahl zu genießen.

Der Verlust Adams schmerzt mich noch tief. Es ist, als sei nichts mehr so wie früher. Immer wieder denke ich über sein jugendliches Gesicht nach, das er im Sarg hatte. Ich bete für ihn und alle in Daybreak, die um ihn trauern.

Peapack, Samstag, 17. Februar

Jay begleitete mich zum Port-Authority-Bus-Bahnhof, von wo ich um 10 Uhr nach Bernardsville fuhr. Peggy erwartete mich und brachte mich nach Hause.

Ich war wirklich erleichtert, wieder in meinem Häuschen zu sein. Nachdem ich mit Peggy und Phil zu Mittag gegessen hatte, legte ich mich hin und schlief fast den ganzen Nachmittag, spürten doch Körper, Geist und Sinn die Anstrengungen der vergangenen Woche.

Am Abend versuchte ich, etwas über Adam zu Papier zu bringen, hatte aber alle Mühe, wach zu bleiben. Mir ist, als würde ich innerlich um Adam weinen. Jeder Teil meines Seins scheint über seinen Tod zu trauern.

Montag, 19. Februar

Das heutige Evangelium handelt von der Heilung eines Jungen, der „von einem stummen Geist besessen" ist; immer wenn der Geist ihn überfällt, wirft er ihn zu Boden, „er knirscht mit den Zähnen und wird starr".

Zwei Aspekte der Heilung treten klar hervor (vgl. Markusevangelium 9, 18): Erstens: Wir müssen dem Heiler vertrauen.

Jesus sagt: „Alles kann, wer glaubt" (Markusevangelium 9, 23). Zweitens: Der Heiler muß ein Beter sein. Als die Jünger Jesus fragten: „Warum konnten denn wir den Dämon nicht austreiben?", antwortete er ihnen: „Diese Art kann nur durch Gebet und Fasten ausgetrieben werden" (Markusevangelium 9, 29).

Die wechselseitige Beziehung zwischen dem Heiler und dem, der Heilung braucht, berührt mich. Ein Heiler muß mit der Quelle allen Lebens und aller Heilung verbunden sein, damit er ein wirklicher Mittler der heilenden Kraft, die größer ist als er selbst, sein kann. Der Heilung Suchende wiederum muß sich ausliefern und darauf vertrauen, daß der Heiler ihm die heilende Kraft wirklich vermitteln kann. Die Demut des Heilers und der Glaube des Kranken sind für das Werk der Heilung entscheidend.

Dienstag, 20. Februar

Den größten Teil des Tages verbrachte ich mit Aufzeichnungen über Adams Tod und Beerdigung. Trotz meiner emotionalen und geistigen Müdigkeit, kann ich doch ein wenig schreiben und so meiner Trauer Ausdruck geben.

Um 18.30 Uhr ging ich zu Peggy, die ein Fastnachts-Abendessen gab. Auch ihr Sohn Steve und ein paar Freunde waren gekommen. Unsere Gespräche waren wie immer, wenn Peggy Familienangehörige und Freunde eingeladen hat, interessant, konkret und liefen primär darauf hinaus, jemandem aus seiner oder ihrer persönlichen Umgebung zu helfen.

Das Thema, um das es bei unseren Gesprächen vor allem ging, betraf die Innerlichkeit. Steve erzählte von Leuten, denen er begegnet sei, die kein inneres Leben zu kennen schienen und ihren Empfindungen und Gefühlen unbekümmert freien Lauf ließen. Daraus entspann sich eine Diskussion darüber, wie wichtig es sei, mit unserer Seele in Berührung zu kommen und unsere Leidenschaften, Empfindungen und Gefühle zu kennen, bevor wir ihnen freien Lauf lassen und andere verletzen. In unserer nach außen orientierten Gesellschaft, in der viele sich bedroht fühlen und in erster Linie um ihr eigenes Überleben besorgt sind, erscheint es zunehmend schwieriger, mit seinem inneren Leben in Berührung zu kommen und zu bleiben.

Für einen Fastnachtsabend waren unsere Gespräche sehr ernst, wenn auch zwischendurch viel gelacht wurde.

Morgen ist schon Aschermittwoch.

Mittwoch, 21. Februar

Ich bin auf die Fastenzeit gewiß noch nicht vorbereitet. Weihnachten scheint gerade erst gewesen zu sein, und die Fastenzeit steht wie ein unwillkommener Gast vor der Tür. Ich könnte noch ein paar Wochen gebrauchen, um mich auf diese Zeit der Buße, des Gebets und der Vorbereitung auf den Tod und die Auferstehung Jesu einzustellen. Heute morgen nahmen nur wenige an der Eucharistiefeier teil. Peggy hatte etwas Asche mitgebracht. Ich trug die weiße Albe und die Stola aus Guatemala, um den besonderen Charakter des Tages sichtbar zu machen.

In meiner kurzen Auslegung des Evangeliums hob ich hervor, daß Jesus auf das Leben in der Verborgenheit besonderes Gewicht gelegt hat. Ob wir Almosen geben, beten oder fasten, wir müssen es im Verborgenen tun, nicht um von den Leuten gelobt zu werden, sondern um in engere Gemeinschaft mit Gott zu treten. Die Fastenzeit ist eine Zeit der Umkehr zu Gott; eine Zeit, in der wir bekennen, daß wir in den Menschen und Dingen um uns Freude, Frieden und Befriedigung suchen, ohne wirklich zu finden, wonach wir verlangen. Gott allein kann uns geben, was wir möchten. Deshalb müssen wir uns – wie Paulus sagt – mit Gott versöhnen und die Versöhnung zur Grundlage unserer Beziehung zu anderen machen. Die Fastenzeit ist eine Zeit, sich neu zu orientieren, an den Ort der Wahrheit zurückzukehren und seine wahre Identität wiederzufinden.

Nach der Besinnung über das Evangelium bezeichneten wir einander die Stirn mit Asche. Als ich wenig später die Poststelle besuchte, fiel mir bei Eugene, dem hiesigen Postmeister, ein großer schwarzer Fleck auf der Stirn auf. Ich hatte dabei nicht mehr an die Asche gedacht und geglaubt, er habe sich verletzt. Aber bald merkte ich, daß wir beide dasselbe Zeichen trugen, und wir lachten.

Wider Erwarten wurde der Aschermittwoch ein arbeitsreicher Tag: viele Faxschreiben, Telefonanrufe, Briefe und anderes mehr. Das Hervorstechendste war, daß ich einen kurzen Bericht über Adams Tod und Beerdigung verfassen und an Kathy abschicken konnte. Die schriftstellerische Arbeit hat mir wirklich geholfen, mit meiner Trauer und meinem Schmerz fertig zu werden.

Donnerstag, 22. Februar

Wenn du zu Jesus sagen kannst: „Du bist der Messias, der Sohn des lebendigen Gottes", kann Jesus dir erwidern: „Du bist der Fels, und auf diesen Felsen werde ich meine Kirche bauen" (Matthäusevangelium 16, 16. 18). Erkenntnis und Wahrheit bedingen einander. Wenn wir anerkennen, daß Gott durch den Messias – seinen Gesalbten – zu uns Menschen kam, um uns aus unserer Gefangenschaft zu befreien, kann Gott sich auf unseren harten Kern berufen und uns zum Fundament einer Glaubensgemeinschaft machen.

Sobald wir unsere Erlösungs- und Heilsbedürftigkeit erkennen, wird uns unsere Fähigkeit, „Fels" zu sein, offenbar. Sobald wir die Demut besitzen, unsere Abhängigkeit von Gott zu erkennen, stiften wir Gemeinschaft.

Bedauerlicherweise diente der Dialog zwischen Jesus und Simon Petrus in meiner Kirche fast nur dazu, das Papsttum zu erklären. Dadurch wurde, wie mir scheint, übersehen, daß dieser Austausch für uns alle gilt. Wir alle müssen unsere Heilsbedürftigkeit bekennen, und wir alle müssen unseren festen Kern geltend machen.

Und wie verhält es sich mit den Schlüsseln zum Himmelreich? Auch sie gehören zuerst denen, die sich zu Jesus als

ihrem Christus bekennen und dadurch eine Glaubensgemeinschaft bilden, in die wir im Namen Gottes eingebunden oder
von ihr entbunden werden.

Wenn dann der von den Glaubenden gebildete Leib Christi
über seine Glieder Entscheidungen trifft, so sind es Entscheidungen des Himmelreichs. Jesus weist darauf hin, wenn er
sagt: „Was du auf Erden binden wirst, das wird auch im Himmel gebunden sein, und was du auf Erden lösen wirst, das wird
auch im Himmel gelöst sein" (Matthäusevangelium 16, 19).

Diesen Gedanken ging ich heute am Fest „Kathedra Petri"
(Petri Stuhlfeier) nach, als wir uns um den Tisch zur Feier der
Eucharistie versammelt hatten. Darunter befanden sich auch
einige, die die katholische Kirche verlassen hatten, weil sie ihnen zu autoritär erschien. Mehr denn je muß erkannt werden,
daß Kirche nicht bloß „dort" ist, wo sich die Bischöfe befinden oder der Papst ist, sondern „genau hier", wo wir um den
Tisch des Herrn versammelt sind.

*

Die meiste Zeit des Tages befaßte ich mich mit den Titeln für
die 387 Besinnungen, die ich vor Weihnachten abgeschlossen
habe. Daneben führte ich ein erfreuliches Telefongespräch mit
Jan van den Bosch, mit dem ich im September in die Eremitage
nach St. Petersburg fahren soll, um Aufnahmen für eine drei-
teilige Fernsehsendung über mein Rembrandt-Buch „Nimm
sein Bild in dein Herz" zu machen.

New York, Freitag, 23. Februar

Wendy feiert heute ihren Geburtstag. Ich fuhr mit dem Bus
von Bernardsville nach New York, um Wendy, Jay und deren
Sohn Jonathan zu besuchen. Wendy hatte mich gebeten, um
18.30 Uhr mit dem kleinen Freundeskreis, den sie zum Abendessen eingeladen hatte, die Eucharistie zu feiern. Fast alle
gehören zu ihrer Gebetsgruppe. Ich begegnete bemerkenswerten Menschen.

Als wir die Lesung und das Evangelium betrachteten und darüber sprachen, daß wir der heilenden Gnade Gottes bedürfen, wurde deutlich, wieviel Leid es in dieser kleinen Gruppe gibt: Depressionen, Verlust von Familienangehörigen durch einen Unfall und durch Aids, Konflikte mit Vorgesetzten, ein naher Verwandter, der geistig behindert ist, und der große Streß, der mit dem Leben in der City von New York verbunden ist.

In meiner Ansprache legte ich kurz dar, daß sich oft Abwesenheit und Gegenwart berühren. Genau dort, wo wir größte gemeinsame Gegenwart empfinden, erfahren wir im Innersten die Abwesenheit derer, die wir lieben. Und genau dann, wenn wir einen großen Verlust beklagen, entdecken wir neu, was Nähe und Vertrautheit bedeuten. Nicht anders verhält es sich im Grunde auch bei der Eucharistie. Wir verkünden die Gegenwart Christi unter uns, bis er wiederkommt in Herrlichkeit. Darin klingt beides an: Gegenwart *und* Abwesenheit, Nähe *und* Distanz, eine Erfahrung von Heimat auf dem Weg nach Hause.

Wiederum berührte mich das Paradox, daß tief lieben sich öffnen heißt für den Schmerz der Trennung von der oder dem Geliebten. Die österliche Bußzeit ist eine Gelegenheit, mit unserer Erfahrung von Abwesenheit, Leere, Unerfülltsein in Berührung zu kommen, um uns inmitten unseres überfüllten Lebens darauf zu besinnen, daß wir auf *den* warten, der uns verheißen hat, unser tiefstes Verlangen zu stillen.

Peapack, Samstag, 24. Februar

Auf der Rückfahrt von New York City nach Bernardsville vertiefte ich mich in die Lektüre des amerikanischen Tagebuchs „Leiden an Deutschland" von Thomas Mann. Seit ich mir den Band in Utrecht gekauft habe, lese ich darin mit immer größerem Interesse. Ich bin bei den Aufzeichnungen aus der Zeit des zu Ende gehenden Zweiten Weltkriegs angelangt. Während Thomas Mann zu Hause in Pacific Palisades das Geschehen in Europa genau verfolgt und sich damit auseinandersetzt, arbeitet er an dem Roman „Die Entstehung des Doktor Faustus" weiter. Über so viel schriftstellerische Disziplin kann ich nur staunen. Thomas Mann war keineswegs allein und lebte auch nicht zurückgezogen. Seine Frau Katja, seine Kinder und ein ebenfalls im Exil lebender großer Kreis von Verwandten bedeuteten ein ausgiebiges gesellschaftliches Leben. Die mit ihm im Exil lebenden deutschen Freunde bildeten eine lebendige Künstlergemeinde von Musikern, Schriftstellern und bildenden Künstlern, die sich bei vielen Veranstaltungen trafen. Dennoch hinderte ihn dies wie auch die ereignisreiche Zeit der deutschen Kapitulation nicht daran, an seinem Roman weiterzuschreiben. Es ist spannend, ermutigend und sehr anregend, näheren Einblick in das Leben eines so bedeutenden Autors zu erhalten.

Nach Hause zurückgekehrt, nahm ich mit Gimmy Kontakt auf, um sie zu fragen, ob sie für mich Schreibarbeiten übernehmen könne. Kathy schafft nicht mehr alles allein; zudem dürfte sich die Arbeit noch häufen. Gimmy ist gern bereit zu helfen und freut sich darauf. Sie sagte mir, daß sie sich gerade nach Arbeit umsehen wollte. Ich bin über diese unerwartete Hilfe froh und erleichtert.

*

Heute feiert mein Bruder Laurent seinen einundfünfzigsten Geburtstag. Ich telefonierte mit ihm und hörte aus dem Hintergrund, daß viele Verwandte und Freunde da waren. Sie hatten vor, gemeinsam die Aufführung des Musicals „Evita" in Rotterdam zu besuchen. Ich wäre gern bei ihnen.

Sonntag, 25. Februar

Zur Eucharistiefeier heute morgen kamen nur ein paar Leute. Die Lesung aus der Genesis von der Erschaffung der Welt und dem Fall von Adam und Eva wie auch das Evangelium von der Versuchung Jesu in der Wüste (Matthäusevangelium 4, 1–11) haben mir neue Anstöße gegeben.

Adam und Eva wurden in Versuchung geführt, wie Gott zu sein. Jesus wurde in Versuchung geführt, seine göttliche Sohnschaft zu leugnen. Handeln wir so, als seien wir Gott, stiften wir Krieg, handeln wir aber wie Gottes geliebte Kinder, stiften wir Frieden. Erkennen wir Gott als unseren Schöpfer und Herrn an, öffnen wir uns der Botschaft Jesu, daß wir von Ewigkeit her geliebte und zu ewigem Leben berufene Kinder Gottes sind.

Die Worte der Schlange: „Sobald ihr davon eßt, gehen euch die Augen auf; ihr werdet wie Gott", berührten mich besonders. Und als Adam und Eva von dem Baum aßen, „gingen beiden", wie der Bericht sagt, „die Augen auf, und sie erkannten, daß sie nackt waren" (Genesis 3, 5–7). Aber Jesus ist gekommen, um uns die Augen für die tiefere Wahrheit zu öffnen, daß wir bei aller Sündhaftigkeit Gottes geliebte Kinder sind. „Ihr aber seid selig, denn eure Augen sehen" (Matthäusevangelium 13, 16).

Bei beiden Versuchungsberichten geht es um unsere wahre geistliche Identität.

Montag, 26. Februar

Die Lesung und das Evangelium vom heutigen Tag ergänzen sich auffallend. In der Lesung sagt Mose: „Ihr sollt nicht stehlen ... einander nicht betrügen ... du sollst einen Tauben nicht verfluchen ... Ihr sollt in der Rechtsprechung kein Unrecht tun ... Du sollst in deinem Herzen keinen Haß gegen deinen Bruder tragen" und so weiter (Levitikus 19, 1–2. 11–18). Die vielen „nicht" klingen scharf wie Gewehrschüsse und Verbote. Hingegen sagt Jesus im Evangelium: „Denn ich war hungrig, und ihr habt mir zu essen gegeben; ich war durstig, und ihr habt mir zu trinken gegeben; ich war fremd und obdachlos, und ihr habt mich aufgenommen ... Was ihr für einen meiner geringsten Brüder getan habt, das habt ihr mir getan" (Matthäusevangelium 25, 35. 40).

Hier zeigt sich die große Entwicklung vom „ihr sollt nicht"

zum „ihr sollt". Wir sollen uns der Armen, Kranken und Sterbenden annehmen und hier Gott begegnen. Anstelle eines Gottes, der Abstand hält und dessen Gunst wir dadurch gewinnen müssen, nichts Böses zu tun, offenbart uns Jesus einen Gott, der uns so nahe ist wie der ärmste Mensch.

Die Radikalität und Einfachheit der Botschaft Jesu erstaunt mich immer wieder. Jesus durchbricht alles Fragen darum, was wir tun sollen, um Gott nicht zu beleidigen. Er stellt den Armen vor uns hin und sagt: „Das bin ich ... liebe mich!" So radikal und einfach!

Dienstag, 27. Februar

Das Übersetzen meiner Besinnungstexte aus dem Englischen ins Holländische ist eine interessante Arbeit. Ich habe noch nie Texte in eine andere Sprache übersetzt. Aber die Redaktion der Zeitung „Trouw" wünscht, daß ich die vierzig Texte, die sie aus meinen insgesamt 387 Meditationen zur Veröffentlichung ausgewählt hat, selbst übertrage.

Was ich nun tue, ist mehr als übersetzen. Da ich mich nicht wie andere Übersetzer strikt an den Autor halten muß, ändere ich, wo ich möchte. Und ich ändere viel, da das Holländische schöne Wendungen besitzt, die ich gern übernehmen möchte. Viele holländische Begriffe entstammen der Welt der Seefahrt. Das Verb „to reject = ablehnen" zum Beispiel läßt sich mit „afstotn" wiedergeben, was wörtlich „abstoßen" heißt und sich vom Abstoßen eines Bootes vom Kai herleitet. Ich merke auch, daß ich im Holländischen viel mehr Wörter als im Englischen verwende, um ein und dasselbe auszudrücken. Es ist wie ein kleines Wortspiel, das mir Spaß macht.

*

Um 20 Uhr rief Jeffy, eine Assistentin aus Daybreak, an. Sie berichtete mir von Alia, die zu den Kernmitgliedern der Gemeinschaft gehört und mit ihr im „Corner House" wohnt. Alia ist seit 1988 in Daybreak und leidet an schwerer Leukodystrophie. Bisher ging es ihr erstaunlich gut. Alia ist eine hübsche junge Frau und wird von allen geliebt. Sie kann nicht gehen, sprechen und sehen, strahlt aber Frieden und Freude aus. In dem Musical „One Heart at a Time", das die Gemeinschaft zur Feier ihres 25jährigen Bestehens aufführte, spielte Alia eine wichtige Rolle. Hunderte sahen ihren Auftritt, bei dem sie in einem großen Kartoffelsack steckte und in den Armen von Ben, einem Assistenten, tanzte.

Jeffy sagte mir, daß Alia nicht mehr schlucken könne und ins Krankenhaus gebracht werden mußte, um intravenös ernährt zu werden. Am Donnerstag wolle ihr der Arzt eine Magensonde legen, damit sie künstlich ernährt werden könne. Es sieht so aus, als hätte für Alia ein neuer Abschnitt ihrer Krankheit begonnen. Jeffy berichtete sehr liebevoll von Alias Krankheit, war aber auch sehr traurig, da Grund zu großer Sorge bestehe. Alias Vater besuche sie oft im Krankenhaus. Ich schätze ihn sehr, seit er bei uns mehrere Vorträge über den Glauben und das Gebet der Muslime gehalten hat. Es fällt ihm, wie uns allen, schwer, sich vorzustellen, daß seine liebe Alia nicht mehr allzu lange bei uns sein könnte. An solchen Tagen wünschte ich, nicht so weit weg von zu Hause zu sein.

Mittwoch, 28. Februar

„Diese Generation ist böse. Sie fordert ein Zeichen", sagt Jesus im heutigen Evangelium (Lukasevangelium 11, 29). Aber das, wonach wir suchen, liegt direkt vor unseren Augen. Wir vertrauen wohl doch nicht ganz darauf, daß unser Gott ein gegenwärtiger Gott ist und dort zu uns spricht, wo wir sind. „Das ist der Tag, den der Herr gemacht hat." Als die Menschen in Ninive den Propheten Jona ausrufen hörten: „Noch vierzig Tage, und Ninive ist zerstört!" (Jona 3, 4), kehrten sie zu Gott zurück. Hören wir die Worte, die Gott heute an uns richtet, und handeln wir entsprechend? Die Botschaft ist einfach, aber schwer zu befolgen: Warte mit der Umkehr deines Herzens nicht bis morgen. Jetzt ist der Zeitpunkt da!

Dieser Gedanke hat alle, die sich um den kleinen Tisch in meinem Wohnzimmer zur Eucharistiefeier versammelt hatten, sehr angesprochen. Sich versammeln in der Gegenwart Gottes, sein Wort hören, das Brot brechen und den Kelch trinken: das ist der Augenblick des Heils, der Augenblick, in dem Gott unter uns erscheint. Alles, was wir brauchen, liegt *genau da*.

Eine Frau, die zum ersten Mal an unserer Eucharistiefeier teilgenommen hatte, war von dieser Botschaft der Lesung und des Evangeliums sehr betroffen. Sie war Raucherin und kämpfte gegen ihre Sucht an, fühlte sich schlecht und litt unter Depressionen. Sie bemerkte: „Ich kann es nicht glauben. Alles, was ihr sagt, ist direkt an mich gerichtet. Es kann nicht nur ein Zufall sein. Gott muß mich hierher gerufen haben, um das zu hören."

*

Die übrige Zeit des Tages war ich mit dem Manuskript „Besinnungen für jeden Tag" beschäftigt. Wenn alles gutgeht, werde ich dem Verleger in Kürze das endgültige Manuskript übergeben können.

Unterwegs nach Santa Fe / New Mexico, Donnerstag, 29. Februar

Als ich im vergangenen Jahr ein Programm für das Sabbatjahr aufstellte, sagte mir Malcolm, ein guter Freund aus Texas: „Wenn du einmal ein paar Tage bei mir in Santa Fe verbringen möchtest, brauchst du dich nur zu melden." Ich hielt es für eine ausgezeichnete Idee. Ich bin zwar schon öfter in Santa Fe gewesen, unter anderem auf der Fahrt in das Benediktinerkloster „Christ in the Desert" in Abiquiu wie auch bei der Priesterweihe und Amtseinführung meines Freundes Wayne, bei der ich die Predigt hielt, kenne aber kaum die Stadt selbst und ebensowenig die Gegend. Alle, die Santa Fe kennen, redeten mir zu: „Fahr doch, es wird dir gefallen! Santa Fe ist einer der schönsten Plätze der Vereinigten Staaten."

Ich nahm Malcolms Einladung gern an. Er schlug mir die Tage vom 1. bis 10. März als die geeignetste Zeit für einen Besuch vor. Also befinde ich mich auf dem Flug nach New Mexico. Malcolm und seine Tochter Alison überlassen mir ab Samstag ihr Haus, solange sie verreist sind. Aber ich möchte nicht gern allein sein. Mein langjähriger Freund Frank – er ist presbyterianischer Pastor und lebt in Kalifornien – will am Samstag für eine Woche zu mir kommen. Ich bin gespannt, voller Erwartung und aufgeschlossen für vieles Neue.

MÄRZ 1996

Alison und Malcolm erwarteten mich gestern abend am Albuquerque Airport. Ich habe mich gefreut, sie wiederzusehen. Eine halbe Stunde vor Mitternacht erreichten wir die kleine, abgeschiedene und idyllische Adobe-Haus-Siedlung in Santa Fe, in der sie wohnen.

Nachdem ich ausgeschlafen hatte, nahm mich Malcolm in eine beliebte Frühstücksgaststätte mit. Später besuchten wir die eine und andere Kunstgalerie in der Canyon Road. Nach dem Mittagessen in einem Restaurant in der Nähe ging Alison in einen Videoladen, Malcolm und ich in eine Piano-Bar. Sehr müde, aber dankbar für die großzügige Fürsorge von Malcolm und Alison ging ich zu Bett.

Um 10 Uhr feierten Malcolm, Alison und ich im Wohnzimmer die Eucharistie. Um 11.30 Uhr fuhren wir zum Albuquerque Airport. Malcolm und Alison stiegen an Gate 3 in das Flugzeug nach Dallas, Frank kam an Gate 4 aus San Francisco an! Ich habe mich gefreut, ihn wiederzusehen. Wir hatten uns im vergangenen August zum letzten Mal getroffen.

Frank und ich mieteten einen Wagen und fuhren zu Malcolm. Um 18 Uhr machten wir Großeinkauf. Ich hoffe, wir haben für die Woche genug vorgesorgt, denn ich möchte nicht noch einmal gehen. Große Einkaufsmärkte machen mich nervös und gereizt.

Malcolms Haus ist so behaglich und gut eingerichtet, daß ich schon glücklich bin, mich bloß darin aufhalten zu können, zu lesen, zu schreiben, Gespräche zu führen, zu beten und die Sonne vom Dach aus untergehen zu sehen. Sicherlich werden wir aber auch anderes unternehmen, befinden wir uns doch hier an einem der historisch bedeutsamsten Orte der USA mit einer reichen Kultur und einem großen Angebot an Kunst und Musik.

Sonntag, 3. März

Als ich mit Frank heute nachmittag durch die Straßen von Santa Fe spazierte, fiel uns das interessante Ineinander der drei Kulturen auf, die das Bild der Stadt geprägt haben: die der Pueblo-Indianer, Ibero-Amerikaner und Anglo-Amerikaner. Wir sahen die Juwelier-, Web- und Töpferarbeiten der Indianer, die spanische Architektur und die überwiegend amerikanischen Kunstgalerien.

Die schönen indianischen Juwelier- und Ton-in-Ton-Töpferarbeiten faszinierten mich. Frank, der erst vor kurzem von einem mehrere Monate dauernden Aufenthalt in Saudi-Arabien zurückgekehrt ist, meinte, daß die indianischen Schmuckarbeiten denen der Beduinen sehr ähnlich seien.

Schwieriger war es, die modernen Kunstwerke, die in den verschiedenen Galerien ausgestellt sind, einzuordnen. Darunter befinden sich viele, die von der bewegten Geschichte Neu-Mexikos, vom hellen Licht, der strahlenden Sonne, der reichen Flora, den malerischen niedrigen Häusern aus luftgetrockneten Ziegeln und insbesondere den Ehrfurcht einflößenden Wüstenlandschaften inspiriert sind. Viele dieser Gemälde sind großformatig angelegt, so als wollte der Maler damit die Unermeßlichkeit des Gesehenen zum Ausdruck bringen, und sie sind sehr teuer. Es ist schwer zu sagen, was mich wirklich angesprochen hat.

Ohne Frage aber wird man in dieser Stadt direkt ins Zentrum dessen versetzt, was Amerika ist.

Montag, 4. März

Zu Mittag besuchten Frank und ich Jim, der einen kleinen Verlag in Santa Fe leitet und mit meinem langjährigen Freund Fred befreundet ist. Fred hatte mir gesagt: „Solltest du nach Santa Fe kommen, mußt du unbedingt meinen Freund Jim besuchen." Es war ein sehr erfreulicher Besuch. Während des Mittagessens sprachen wir über unseren eigenen Werdegang, über religiöse Fragen, über Bücher und natürlich über Santa Fe.

Die Freundlichkeit, Offenheit, Redlichkeit und Intelligenz von Jim haben mich sehr beeindruckt. Jim liebt seine Arbeit, widmet sich leidenschaftlich dem Verlegen von Büchern, ist an spirituellen Themen sehr interessiert und wirkt ebenso zurückhaltend wie selbstsicher. Eine Bemerkung, die er fallen ließ, wirft ein Licht auf seine Person: „Ich helfe Leuten gern, werde aber sehr verlegen, wenn sie mir danken."

Ich hoffe sehr, daß dieser Besuch der Anfang einer neuen Freundschaft war.

Dienstag, 5. März

Als ich vor einer Woche mit meiner guten Freundin Joan in San Diego telefonierte, sagte sie mir: „Wenn du in Santa Fe bist, besuche ich dich, nur um dir guten Tag zu sagen." Aber kurz nach meiner Ankunft in Santa Fe rief sie wieder an und fragte: „Könntest du mich denn nicht besuchen?" Also bin ich heute nach San Diego gefahren, um mit Joan zu Mittag zu essen.

Es war ein frohes Wiedersehen. Nachdem wir uns eine Weile im Wohnzimmer unterhalten hatten, fuhren wir in dasselbe Restaurant, in das uns – Sue, mich und die anderen Gäste – Joan schon im vergangenen Dezember zum Abendessen eingeladen hatte. Es war schön, mit ihr wieder zusammenzusitzen und über vieles zu sprechen. Nach dem Mittagessen fuhren wir wieder zu Joan nach Hause und unternahmen dann in einem Golfcart eine Rundfahrt durch ihren herrlichen Garten, der in voller Blüte stand.

Nach Santa Fe zurückgekehrt, dachte ich über unsere Freundschaft nach. Joan ist eine schöne, großartige und ungewöhnliche Frau. Unsere Gespräche spiegeln unser Verlangen nach sicherer, vertrauensvoller, geistlich hilfreicher Gesellschaft wider, die sich für einen Menschen in ihrer Situation nicht ohne weiteres finden läßt. Als wir uns im Restaurant an den Tisch setzten, lag ein Brief auf Joans Teller, in dem unter anderem stand: „Da ich nicht weiß, wie ich Sie erreichen kann, aber gehört habe, daß Sie dieses Restaurant oft besuchen, habe ich mich entschlossen, Ihnen meinen Brief auf diesem Wege zukommen zu lassen. Dabei hoffe ich, daß er Sie auch erreicht und Sie ihn lesen." Der Verfasser dieses Briefes bat um eine beträchtliche Geldspende für ein Heim für benachteiligte Menschen, andernfalls es wegen einer Kürzung der Zuschüsse von seiten der Regierung geschlossen werden müsse.

Ich fragte Joan: „Wirst du mit solchen Bittbriefen nicht überhäuft, und kommst du dir manchmal nicht etwas einsam vor in deinem Geld?" Lachend erwiderte sie: „Ach Henri, das hängt eben mit meinen Lebensumständen zusammen." Obwohl es sie etwas geärgert haben dürfte, solch einen Brief auf dem Teller serviert zu bekommen, meinte ich, daß der Mut und die Taktik des Absenders wohl belohnt werden.

Mittwoch, 6. März

Um 18 Uhr kam Jim zum Abendessen. Die Begegnung mit ihm am Montag war so anregend, daß Frank und ich ihn heute zu uns eingeladen hatten.

Nach dem Abendessen führte ich Jim das Video „Engel über dem Netz" mit den „Fliegenden Rodleighs" vor und erzählte ihm von meinem Plan, ein Buch über sie zu schreiben, für das ich allerdings die entsprechende Form noch nicht gefunden habe. Auch sagte ich ihm, daß es schon fünf Jahre her sei, seit ich den „Rodleighs" begegnet bin und inzwischen mehrere Notizbücher mit vielen Einzelheiten über ihr Leben, ihre Artistik und ihre Ideen gefüllt habe, es aber nicht schaffe, ja mich regelrecht davor fürchten würde, mit der Ausarbeitung des Manuskripts zu beginnen.

Darauf erwiderte Jim kategorisch: „Du mußt das Buch schreiben, denn du hast darauf schon so viel Energie verwendet und dich damit so intensiv befaßt. Verlaß dich doch auf deine Intuition, daß deine Freundschaft mit diesen Trapezartisten dir dabei helfen wird, etwas sehr Wichtiges zu sagen."

Ich entgegnete: „Ja, die Intuition ist durchaus vorhanden, aber ich habe Angst. Als ich die ‚Rodleighs' zum ersten Mal sah, berührten sie etwas sehr Tiefes und Ureigenes in mir. Sie riefen die Sehnsucht nach Verbundenheit, Gemeinschaft und Nähe wieder wach, die ich schon als Siebzehnjähriger hatte. Viele dieser Sehnsüchte verschwanden im Laufe meiner Seminarjahre und in der späteren Studienzeit, auch als ich dann an Universitäten lehrte. Sie stellten sich ab und zu wieder ein, wenn ich meine Gedanken schweifen ließ oder bei Neugier und Angstzuständen. Bei meinem Eintritt in die ‚Arche' gab ich diesen Gefühlen, Regungen und Leidenschaften nach und ließ sie wieder an die Oberfläche treten. Als ich aber die ‚Rodleighs' sah, wurde ich in ein neues Bewußtsein hineinkatapultiert. In ihren akrobatischen Flügen durch die Luft sah ich die artistische Verwirklichung meiner innersten Sehnsüchte. Diese Erfahrung war so intensiv, daß ich noch heute nicht darüber zu schreiben wage, weil dies einen grundlegend neuen Schritt zu tun verlangt, nicht nur was meine schriftstellerische Arbeit, sondern auch mein Leben betrifft."

Jim bemerkte dazu: „Nachdem ich das Video gesehen habe, ist mir das völlig klar. Die ‚Rodleighs' vervollständigen etwas in dir, das viele Jahre unvollständig geblieben ist; es hängt mit deiner Suche nach Gemeinschaft und deinem tiefen Verlangen nach Vollständigkeit zusammen. Wenn du das Buch nicht schreibst, nimmst du eine große Gelegenheit der Weiterentwicklung nicht wahr. Ich weiß, es ist riskant und schwierig, aber dir bleibt wirklich keine andere Wahl."

„Aber worüber soll denn das Buch eigentlich handeln?" fragte ich weiter. Darauf sagte er: „Über Gemeinschaft im weitesten Sinn. Anhand der Geschichte der ‚Rodleighs' kannst du die Sehnsucht aller Menschen beschreiben. Dabei geht es nicht nur um das Fliegen und Aufgefangenwerden, sondern um die unsichtbare Gemeinschaft, die alles, was du bei den ‚Rodleighs' siehst, trägt. Du siehst bei ihnen Freundschaft, Familie, Zusammenarbeit, artistisches Auftreten, Liebe, Hingabe und vieles andere. Das alles hat mit Gemeinschaft zu tun und ist dein eigentliches Thema. Gemeinschaft ist wie DOS in der Computerwelt: das Betriebssystem, die unsichtbare Kraft, durch die alles funktioniert. Sie ist das metaphysisches Prinzip, das die Sterne, die Sonne und den Mond in ihren Bahnen hält, das Gott mit der Menschheit verbindet, das die Liebe der Menschen zueinander weckt und neues Leben hervorbringt. Sie ist die geheimnisvolle, unfaßbare und unbeschreibliche Wirklichkeit, auf der alles andere gründet. Sie ist die Wirklichkeit, die du durch das Bild des Trapezes berühren mußt. Dein jetziges Leben ist in all das schon sehr verwickelt. Du darfst es nicht länger unterdrücken. Du mußt ihm Ausdruck geben, was für dich heißt: darüber schreiben."

Ich fühle mich von Jims Einsichten sehr herausgefordert. Vielleicht ist er der, den ich gesucht habe und der mir helfen kann, das Buch zustande zu bringen. Nachdem sich Jim verabschiedet hatte, sagte ich zu Frank: „Wir sollten noch öfter mit ihm sprechen. Vielleicht bin ich deshalb nach Santa Fe gekommen, um Jim zu begegnen und diesen lange vor mich hergeschobenen Buchplan endlich in Angriff zu nehmen." Ein erregender Gedanke!

Donnerstag, 7. März

Ein sehr ruhiger Tag. Wir gingen zusammen in die Stadt, kauften einige Dinge ein und schauten auch kurz bei Jim vorbei. Ich bin zu dem Schluß gekommen, daß Jim der ideale Mann ist, um mir bei der Ausarbeitung des Buches über die

„Rodleighs" zu helfen. Niemand hat bisher so positiv und begeistert, aber auch kritisch auf mein Vorhaben reagiert. Deshalb habe ich ihn gefragt, ob er uns wieder besuchen könnte, um auch darüber zu sprechen, ob er das Buch eventuell als Lektor betreuen und in seinem Verlag veröffentlichen würde. Er sagte, er würde es gern tun.

Freitag, 8. März

Um 9.30 Uhr besuchte mich Wayne, ein Freund aus meiner Zeit an der Harvard-Universität. Wir hatten uns 1988 das letzte Mal gesehen, als ich zu seiner Priesterweihe und Amtseinführung nach Santa Fe gekommen war und die Festpredigt hielt. Wayne ist zur Zeit Leiter des Hilfswerkes „Bread for the Journey – Brot für die Reise", das verschiedene Projekte für die Armen in Neu-Mexiko durchführt.

Ich habe mich gefreut, ihn wiederzusehen. Wayne ist ein sehr liebenswürdiger und fürsorgender Mann mit einem weiten Herzen und einem ansteckenden Lachen. Nachdem wir eine ganze Stunde voneinander berichtet hatten, lud uns Wayne zu einem Ausflug zum Heiligtum von Chimayó ein. Nach gut halbstündiger Fahrt durch die Wüste erreichten wir gegen Mittag die liebliche Kirche, ein kleiner Bau aus luftgetrockneten Lehmziegeln mit zwei Türmen und einem von einer Mauer umgebenen Vorhof. Dieser abgeschiedene Ort wird oft das amerikanische Lourdes genannt. Nahezu dreihunderttausend Menschen pilgern – oft zu Fuß – aus nah und fern jedes Jahr hierher, um ein Gelübde zu erfüllen, Heilung zu erflehen und um den Frieden in der Welt und in ihrem Herzen zu beten. Ein um 1810 gefundenes wundertätiges Kruzifix ist der Mittelpunkt des Heiligtums. In einem anschließenden Raum befindet sich ein kleines Brunnenbecken, „El Pozito" genannt, mit „heiliger Erde". Die Pilger bekreuzigen sich mit ihr und nehmen davon ein wenig nach Hause. Wie in Lourdes das Wasser den Menschen bei ihren Gebeten um Heilung Hilfe bringt, so in Chimayó die Erde.

Als Wayne, Frank und ich die kleine Kirche betraten, umfing uns eine Atmosphäre des Gebets. Man konnte spüren, daß viele Menschen diesen intimen Raum seit über eineinhalb Jahrhunderten mit ihrem Flehen, ihren Tränen wie auch mit Lob und Dank erfüllt haben. Das Kruzifix auf dem Hauptaltar, auf dessen Rückwand Symbole gemalt sind, ist ergreifend. Aus dem Antlitz Christi spricht selbst noch im Todeskampf Sanftmut und Liebe. Wir beteten eine Weile davor und begaben uns dann zum „Pozito", an dem Menschen knieten und sich mit trockenem Sand bekreuzigten.

Nach einem Mittagsimbiß besuchten wir ein zweites Mal das Heiligtum. Gern wären wir noch länger geblieben. Gegen 15.30 Uhr waren wir wieder zu Hause. Ich machte ein Nickerchen, während Frank an die Vorbereitung des Abendessens ging, zu dem wir Jim wieder eingeladen hatten.

Der Abend mit Jim verlief in freundschaftlicher Atmosphäre. Wir tauschten persönliche Erfahrungen aus und sprachen über das geplante Trapez-Buch. Jim zeigte sich für eine Zusammenarbeit bei der Ausarbeitung des Manuskripts und die eventuelle Veröffentlichung des Buches sehr aufgeschlossen. Als er sich verabschiedete, hatte ich das Empfinden, daß eine kostbare Freundschaft und ein faszinierendes Buchprojekt ihren Anfang genommen hatten.

Sonntag, 10. März

Um 10 Uhr unternahm ich mit Frank einen Spaziergang zum „Märtyrer-Kreuz": einem großen weißen Kreuz, das auf einem Hügel steht, von dem sich ein großartiger Blick auf die ganze Stadt bietet.

Nach dem Besuch der Messe in der St.-Franziskus-Kathedrale kauften wir einige Poster und Ansichtskarten. In einem Buchantiquariat entdeckte ich einen schönen kolorierten Stich der Kirche von Chimayó. Ich betrachtete ihn lange, da er eine starke Anziehungskraft auf mich ausübte. Der Anblick der Kirche weckte in mir wieder alle Emotionen, die mich bei unserem gestrigen Besuch dort erfaßt hatten. Das Bild gewann für mich eine Art geistlichen Wert. Nach einigem Zögern entschloß ich mich zum Kauf, da diese Darstellung sicherlich die beste Erinnerung an unseren Aufenthalt in Santa Fe ist.

Am frühen Abend waren wir wieder zu Hause. Nach einem Imbiß und dem Abendgebet ging jeder früh zu Bett, da wir morgen schon um 5.00 Uhr von hier abfahren wollen, um bis zum Abflug nach San Francisco, New York und Newark noch genug Zeit zu haben.

Peapack, Montag, 11. März

Es war noch dunkel, als Frank und ich heute in Santa Fe das Haus verließen. Die Fahrt zum Flughafen verlief ruhig und problemlos. Unterwegs beteten wir zusammen.

Ich bemühe mich immer, den Abschied zu etwas Besonderem zu machen, doch es gelingt mir selten. Am Flughafen überfiel mich eine Mißstimmung, so als sei ein kleiner Dämon in mich gefahren, der alles Schöne und Gute, das wir zusammen erlebt hatten, nun zunichte machen wollte.

Wir hatten uns vorgenommen, früh am Flugplatz zu sein, um noch in Ruhe eine Tasse Kaffee zu trinken. Als wir aber das kleine Restaurant in der Nähe der Abfertigung betraten, wollte Frank anscheinend keinen Kaffee oder etwas zu essen. Zudem erschien er mir recht einsilbig. Ich empfand, daß er sich zu sehr darum bemühte, die Bordkarte zu bekommen und ein Telefon ausfindig zu machen, um noch mit Freunden in Albuquerque zu sprechen. Ich hatte plötzlich das Gefühl, allein gelassen zu sein, daß wir bloß hin- und hergingen und Frank lieber für sich sein wollte.

Obwohl ich in meinem Herzen wußte, daß vieles, wenn nicht gar alles, reine Einbildung war und mehr über meinen als über Franks inneren Zustand Aufschluß gab, konnte ich mich nicht beherrschen und klagte: „Wo befindest du dich eigentlich? Du bist nicht ganz da. Ich hatte gehofft, wir könnten uns noch etwas unterhalten, bevor wir Abschied nehmen.

Doch jetzt meine ich, du bist froh, daß die Ferien zu Ende sind."

Frank reagierte energisch und sagte: „Vergiß bitte nicht, daß wir eine schöne Woche zusammen verbracht haben, und mach nicht alles kaputt. Ich mußte tatsächlich anrufen, und ich möchte auch keinen Kaffee, aber du machst aus einer Mücke einen Elefanten. Ich mag es eben nicht, im Flughafen noch lange Gespräche zu führen."

Ich war peinlich berührt und traurig. Ich wollte die schöne Woche, die hinter uns lag, nicht verderben. Aber wir standen da und stritten um nichts.

Kurz bevor ich an Bord gehen mußte, fing ich mich wieder und dankte Frank für die Freundschaft. Dennoch war ich sehr enttäuscht und dachte während des ganzen Fluges darüber nach, wie wenig ich meine Gefühle in der Gewalt habe. Gut, daß ich wieder nach Hause kam, und wenn ich auch bald mit Kofferauspacken und Durchsehen der Briefe und Faxschreiben beschäftigt war, hatte ich doch ein ungutes Gefühl wegen heute morgen.

Als Frank später anrief, bat ich ihn um Entschuldigung. Das Gespräch half mir, den Mißklang zum Abschluß unserer schönen, gemeinsam verbrachten Woche zu vergessen. Kurz bevor ich zu Bett ging, sah ich, daß es im morgigen Evangelium darum geht, von ganzem Herzen zu vergeben (vgl. Matthäusevangelium 18, 35).

Dienstag, 12. März

Die Tage in Santa Fe – so einfach und anspruchslos sie waren – führten mir aufs neue die Schönheit des Lebens vor Augen. Freundschaft, Kunst, die Natur, die Geschichte und die spürbare Gegenwart der immanenten wie transzendenten Liebe Gottes erfüllten mich mit Dankbarkeit für mein Leben und das Leben mit anderen.

Agonie und Ekstase prägen die Bauten und Denkmäler in Santa Fe und finden in den vielen niedrigen Häusern aus

Lehmziegeln ihr Spiegelbild. Ich kann mir gut vorstellen, warum Maler, Bildhauer, Schriftsteller und Musiker gern in dieser Stadt leben. Viele Größen haben in Santa Fe Spuren ihres Geistes hinterlassen, um sie alle unter ihren Schutz zu nehmen und zu inspirieren. Ich habe im Laufe meines kurzen Aufenthalts die Anwesenheit ihres Geistes erfahren und die unvergängliche Wirklichkeit, die durch die Vergänglichkeit alles Geschaffenen hindurchscheint, aufleuchten sehen. Malcolm, Alison, Jim, Wayne und insbesondere Frank haben mir geholfen, die schweren Vorhänge des Lebenstheaters etwas offen zu halten, und mich mit ihrer Zuneigung und Liebe ermutigt, darauf zu vertrauen, daß uns ein großartiges Schauspiel erwartet.

*

Ein sehr ausgefüllter, recht intensiver, aber zugleich erfreulicher Tag; ein ausgesprochener Verlegertag in New York.

Nach der Besprechung mit Gwendolin, der Leiterin des Verlags Crossroad, und meinem Lektor Bob über meine Buchpläne lud uns Gwendolin in ihre Wohnung in der Frontstreet, die in einem der ältesten Viertel Manhattans liegt, zum Abendessen ein. Auch Freunde waren gekommen. Wir verbrachten einen sehr angenehmen Abend. Ich ließ mich ein bißchen dazu verleiten, zu viele lustige Geschichten zu erzählen, doch waren es schöne Stunden, in denen es viel zu lachen gab und alle sehr gelöst schienen. In dieser lockeren Atmosphäre verging die Zeit wie im Flug. Ich dankte Gwendolin, daß sie uns nicht in ein Restaurant, sondern zu sich nach Hause eingeladen hatte. Wenn wir auch gelegentlich über Bücher und Verlagsangelegenheiten gesprochen haben, war es doch mehr ein frohes Zusammensein als ein strenges Arbeitsessen; eine jener seltenen Gelegenheiten, bei denen fruchtbare Arbeit und Freude am Leben sich verbinden. Ich kam mir wie in Europa vor und dachte an die Abende mit Gwendolins Eltern Hermann und Mechthilde und mit Franz und Reny in Freiburg, wie auch an das Abendessen mit der Familie Lannoo in Tielt. Bücher schreiben, Freundschaft schließen,

Gemeinschaft stiften, voneinander erzählen, das alles verschmolz zu einem einzigen Ereignis. Ich werde mich an diesen „europäischen Abend" in New York immer erinnern und sehe jetzt, was Gwendolin ihren Mitarbeitern aus Deutschland gegeben hat. Sie selbst sagte in etwa, als wir die Frontstreet entlanggingen: „Ich wollte in diesem Stadtteil wohnen, weil man sich hier ein wenig wie in Europa vorkommt. Und es gefällt mir hier."

Mittwoch, 13. März

Ich habe neuen Auftrieb für das Buch über die „Fliegenden Rodleighs" erhalten. Heute hat die Druckerei in Bernardsville alle Gespräche mit den „Rodleighs", die ich im November 1992 festgehalten habe und von meiner früheren Sekretärin Conny abgeschrieben wurden, fotokopiert und gebunden. Ich bin überrascht, wie viel Material zusammengekommen ist: drei volle Bände mit Aufzeichnungen. Morgen werde ich alles an Jim in Santa Fe schicken. Gleichzeitig wird ihm Kathy aus Toronto alle Fotos zusenden, die im Juni 1993 gemacht wurden. Ich bin auf Jims Reaktion sehr gespannt.

Donnerstag, 14. März

Jesus sagt: „Wer nicht für mich ist, der ist gegen mich; wer nicht mit mir sammelt, der zerstreut" (Lukasevangelium 11, 23). Dieses Wort erschreckt mich. Ich möchte mit Jesus sein, aber oft scheint es, daß ich auch mit vielen anderen sein möchte. Ich neige sehr dazu, auf Nummer Sicher zu gehen. Ich möchte mit jedem gut Freund sein. Konflikte oder Kontroversen mag ich nicht. Ich bin gegen Spaltungen und Konfrontationen unter Menschen. Ist es ein Zeichen von Schwäche, ein Mangel an Mut, deutlich und entschieden zu sprechen; Furcht davor, abgelehnt zu werden, Sorge darum, beliebt zu sein? Oder ist es ein Zeichen von Stärke; die Fähigkeit, Menschen zusammenzuführen und sich zu versöhnen, ein Talent; Gemeinschaft zu stiften und Brücken zu bauen?

Ebenso sagt Jesus: „Meint ihr, ich sei gekommen, um Frieden auf die Erde zu bringen? Nein, sage ich euch, nicht Frieden, sondern Spaltung. Denn von nun an wird es so sein: Wenn fünf Menschen im gleichen Haus leben, wird Zwietracht herrschen: Drei werden gegen zwei stehen und zwei gegen drei" (Lukasevangelium 12, 51 f). Wie verhalte ich mich zu diesen harten Worten? Gibt es nicht genug religiöse Konflikte? Spornt mich Jesus hier zu einem Leben der Konfrontation an, stachelt er mich an, Trennung unter den Menschen herbeizuführen? Ich erinnere mich an den Film „Das Evangelium nach dem heiligen Matthäus" von Pasolini, in dem Jesus als Aufsässiger, zorniger Rebell dargestellt wird, der jeden vor den Kopf stößt.

Bei jeder sich bietenden Gelegenheit versuche ich, Verständigung unter den Menschen zu erreichen und Augenblicke der Heilung, Vergebung und Einigung herbeizuführen, selbst wenn man mir nachsagen mag, ich sei zu weich, zu nachgiebig und hätte einen Hang zum Besänftigen. Läßt dieses Bestreben auf mangelnden Einsatz und Eifer für die Wahrheit schließen? Ist es eine Weigerung, ein Märtyrer zu sein, ist es Schlappheit? Ich bin mir nicht immer sicher, was von meiner Schwäche und von meiner Stärke herrührt. Ich werde es wohl nie wissen. Aber nach 64 Lebensjahren muß ich darauf vertrauen, daß ich genug Boden unter den Füßen habe, auf dem ich stehen kann und auf dem Jesus bei mir steht.

Und sollten sich entgegen meinem Bestreben Trennungen ergeben, so muß ich den Mut aufbringen, sie mit derselben Liebe zu ertragen, wie ich sie zu verhindern suche; dann könnten sich die harten Worte Jesu als Trost erweisen.

Freitag, 15. März

Gestern abend verfolgte ich im Fernsehen ein Gespräch zwischen Bill Moyers und Joseph Campbell, das für eine Sendefolge in den achtziger Jahren aufgenommen worden war.

Mich beeindruckte die Bemerkung Campbells, wir würden der Welt durch eine spirituelle Grundeinstellung dienen. Die Frage, um die es vordringlich gehe, laute nicht: „Wie viel tun wir?" oder „Wie vielen Menschen helfen wir aus der Not?", sondern: „Ist in uns Friede?" Damit bestätigt Campbell meine eigene Überzeugung, daß eine Trennung von Kontemplation und Aktion irreführend sein kann. Alles Handeln Jesu entsprang seiner inneren Verbundenheit mit Gott. Seine Gegenwart wirkte heilend und veränderte die Welt. Eigentlich tat er nichts! „Alle, die ihn berührten, wurden geheilt" (Markusevangelium 6, 56).

Bei der Eucharistiefeier heute früh sprachen wir über das erste und größte Gebot. Dabei ging es um dieselbe Frage. Wenn wir Gott mit ganzem Herzen und ganzer Seele, mit all unseren Gedanken und all unserer Kraft lieben, können wir gar nicht anders, als unseren Nächsten zu lieben und uns selbst. Daß wir von Natur aus mit unserem Nächsten ebenso verbunden sind wie mit unserem Selbst, ist im Herzen Gottes verwurzelt. Im Herzen Gottes sehen wir, daß die anderen Menschen, die mit uns auf dieser Erde leben, ebenso Töchter und Söhne Gottes sind und zu ein und derselben Familie gehören. Dort erkenne und fordere ich auch mein eigenes Geliebtsein ein und feiere es mit meinem Nächsten.

Unsere Gesellschaft denkt in wirtschaftlichen Kategorien: „Wieviel Liebe gebe ich Gott, wieviel meinem Nächsten und wieviel mir selbst?" Gott hingegen sagt: „Gib mir all deine Liebe, und ich werde dir deinen Nächsten und dir dich selbst geben."

Hierbei geht es nicht um sittliche Verpflichtungen und ethische Imperative, sondern um das mystische Leben. Diese innige Verbundenheit mit Gott zeigt uns, was in der Welt leben und im Namen Gottes handeln heißt.

Samstag, 16. März

In einem Beispiel, das Jesus erzählt, stellte sich ein Pharisäer hin und sprach leise dieses Gebet: „Gott, ich danke dir, daß ich nicht wie die anderen Menschen bin" (Lukasevangelium 18, 11).

Oft beten wir: „Ich bin froh, daß ich nicht wie dieser, diese oder jene bin. Ich bin glücklich, daß ich nicht zu dieser Familie, diesem Volk oder dieser Rasse gehöre. Ich bin dankbar, kein Mitglied dieser Gesellschaft, dieses Teams oder dieser Menge zu sein!" So oder ähnlich beten wir ständig! Immer stellen wir irgendeinen Vergleich mit anderen an, wollen uns davon überzeugen, daß wir besser dran sind als sie. Diese Art zu beten entspringt unserem furchtsamen Ich und bestimmt viele unserer Gedanken und Handlungen.

Es ist allerdings ein sehr gefährliches Gebet. Es führt vom Mit-Leiden zum Konkurrieren, vom Konkurrieren zur Rivalität, von der Rivalität zur Gewalt, von der Gewalt zum Krieg, vom Krieg zur Zerstörung. Ein solches Gebet ist eine ständige Lüge, denn wir sind nicht anders als andere, so sehr wir uns auch darum bemühen. Nein, unsere tiefste Identität liegt dort, wo wir wie andere Menschen sind: schwach, gebrochen, sündig, aber Söhne und Töchter Gottes.

Ich meine sogar, daß wir Gott auch nicht dafür danken sollten, nicht wie andere Geschöpfe, wie Tiere oder Pflanzen zu sein. Vielmehr sollten wir Gott danken, daß wir tatsächlich wie sie sind, nicht besser und nicht schlechter, sondern integrierende Teile seiner Schöpfung. Das ist letzten Endes humilitas, Demut. Wir gehören zum Humus, zum Erdreich, und diese Zugehörigkeit ist der tiefste Grund, dankbar zu sein. Unser Gebet sollte sein: „Gott, ich danke dir, daß ich wert bin, Teil deiner Schöpfung zu sein. Sei mir Sünder gnädig!" Durch dieses Gebet werden wir gerecht (vgl. Lukasevangelium 18,14); das heißt: unseren richtigen Platz im Reich Gottes finden.

*

Anthony Heilbuts Thomas-Mann-Biographie führt uns eine erstaunlich komplexe Persönlichkeit vor Augen. Heilbut beschreibt den Schriftsteller Thomas Mann als diszipliniert und sinnlich, künstlerisch und politisch, überschwenglich und depressiv, eingebildet und narzißtisch, verheiratet und homosexuell, sich selbst enthüllend und zutiefst verschlossen, berühmt und begierig auf Lob, als einen in religiöse Fragen sich vertiefenden Menschen und als erklärten Nichtglaubenden. Thomas Mann mußte wegen seiner entschiedenen antifaschistischen Einstellung aus Deutschland fliehen und „floh" schließlich auch aus den Vereinigten Staaten, da er dort auf McCarthys Kommunistenliste stand. Ich bin erschüttert über die vielen Animositäten, Eifersüchteleien, Intrigen und kleinen Rivalitäten innerhalb seines Künstlerkreises wie auch über den Kummer und die Tragödien in seiner Familie. Und schließlich die Selbstmorde! Heilbut schreibt: „Die Selbstmordrate nahm unter den Emigranten epidemische Ausmaße an."

Thomas Mann war scheinbar nie frei von den inneren und äußeren Wolken, die sein Herz und die Gesellschaft seiner Zeit verdunkelten. Sein langes, äußerst produktives Leben war zugleich ein zutiefst tragisches Leben. Es sieht so aus, als ob Erlösung ihn nie erreicht hätte und er sich selbst erlösen wollte, was er nie konnte. Ich bete heute abend für Thomas Mann. Herr, erbarme dich seiner, sei er so groß wie Goethe oder nicht. Schenk ihm die Liebe, nach der er sich sein Leben lang sehnte, die ihm aber selbst der Nobelpreis nicht geben konnte. Laß ihn in deiner allvergebenden, allumfassenden Liebe geborgen sein.

Sonntag, 17. März

Auf die Frage seiner Jünger, wer an der Tragödie eines Mannes schuld sei, der blind geboren wurde, antwortete Jesus: „Weder er noch seine Eltern haben gesündigt, sondern das Wirken Gottes soll an ihm offenbar werden" (Johannesevangelium 9, 3).

Wir verwenden viel Energie darauf herauszufinden, wem die Schuld für unsere eigenen oder die Tragödien anderer zuzuschreiben ist: unseren Eltern, uns selbst, den Einwanderern, den Flüchtlingen, den Juden, den Schwulen, den Schwarzen, den Fundamentalisten, den Katholiken?

Es verschafft uns eine seltsame Befriedigung, auf jemanden mit dem Finger zeigen zu können, sogar wenn wir es selbst sind. Es bedeutet für uns eine Art Erklärung und eine Form von Klarstellung.

Aber Jesus erlaubt uns nicht, unsere eigenen oder die Probleme anderer dadurch zu lösen, daß wir Schuldige suchen. Er fordert uns vielmehr heraus, das Licht Gottes inmitten unserer Dunkelheit zu entdecken. Alles, selbst die größte Tragödie, kann in der Sicht Jesu eine Gelegenheit sein, das Wirken Gottes offenbar werden zu lassen.

Wie radikal neu würde mein Leben sein, wäre ich dazu bereit, auf Beschuldigungen zu verzichten und das Wirken Gottes unter uns zu verkünden? Ich glaube nicht, daß dies viel von den äußeren Lebensumständen abhängt. Alle Menschen haben ihre Tragödien: Tod, Depression, Treulosigkeit, Ablehnung, Armut, Trennung, Verlust und anderes mehr. Wir können selten viel an ihnen ändern. Doch wie leben wir mit ihnen? Sind es Gelegenheiten, Schuld zuzuweisen, oder Gelegenheiten, Gott am Werk zu sehen?

Das ganze Alte Testament ist eine Geschichte menschlicher Tragödien. Werden diese Tragödien aber so verstanden und in Erinnerung gebracht, daß sie den Kontext bilden, in dem sich Gottes bedingungslose Liebe zum Volk Israel offenbarte, wird diese Geschichte Heilsgeschichte.

*

Ich habe heute mit meinem Vater telefoniert und ihn gefragt: „Was meinst du zu meinen täglichen Kolumnen in der holländischen Zeitung?" Nach kurzem Zögern sagte er: „Einige sind besser als andere … Es ist gar nicht so einfach, eine Kolumne zu schreiben." Wenn sich auch seine Antwort nicht allzusehr von seinen Reaktionen auf meine Zeugnisnoten im Gymnasium unterscheidet und sie für ihn ganz typisch ist, fühlte ich mich doch etwas verletzt. Also rief ich einen Freund in Holland an, der mir dann das sagte, was ich hören wollte: „Sehr gut!", und schon fühlte ich mich besser. Ist es nicht komisch: Ich sage, daß ich die Wahrheit hören will, bettle aber gleichzeitig um Komplimente!

Ich glaube schon, daß mein Vater recht hat. Einige Texte sind besser als andere.

Montag, 18. März

Heute habe ich viele Telefongespräche geführt: zuerst mit Jim, der das ganze Material für das Trapez-Buch erhalten hat. Er war davon sehr angetan und sagte mir, daß ich keine Zeit mehr bei den „Rodleighs" zu verbringen brauche, um das Buch schreiben zu können. Das macht mir Mut. Danach sprach ich mit Carl, der mich um einen kleinen Artikel über Adam für die „Daybreak-Mitteilungen" bat. Ich habe den Beitrag heute abend geschrieben. Hoffentlich gefällt er Carl, wenn auch noch ein paar Korrekturen notwendig sein dürften. Anschließend rief ich Wayne in Santa Fe an, um ihm für unseren schönen Ausflug nach Chimayó zu danken und ihn zu fragen, ob ich den Namen seiner Organisation „Bread for the Journey – Brot für die Reise" als Titel für das Jahreslesebuch verwenden darf. Dieser Titel fiel mir heute früh zu meiner eigenen Überraschung plötzlich ein. Bald aber war mir klar: Wayne ist derjenige, der das Samenkorn ausgesät hat. Er ist gern damit einverstanden, daß ich „seine" Formulierung verwende.

Ein guter, wenn auch irgendwie zerstückelter Tag.

Dienstag, 19. März

Heute ist das Fest des heiligen Josef, eines Mannes des Glaubens und des Vertrauens. Die Familie Jesu wird oft als das Vorbild für alle Familien vor Augen gestellt. Sieht man jedoch etwas näher hin, wie Josef, Maria und Jesus lebten, weckt dies kaum Verlangen zur Nachahmung. Zweifellos war Josef ein sehr diskreter, gerechter Mann. Er wollte nicht, daß seine schwangere Verlobte in üblen Ruf kam, und heiratete sie nach einem Traum, in dem ihn ein Engel beruhigte. War es aber ein glückliches Leben? Als Jesus zwölf Jahre alt war, verloren ihn die Eltern in der Menge der Pilger, und als sie ihn nach dreitägiger Suche im Tempel wiedergefunden hatten, antwortete er auf ihre Frage: „Kind, wie konntest du uns das antun?" fast mit einem Vorwurf: „Wußtet ihr nicht, daß ich in dem sein muß, was meinem Vater gehört" (Lukasevangelium 2, 48. 49). Solch eine Antwort: „Weißt du denn nicht, daß ich Wichtigeres zu tun habe, als auf euch zu achten", ist schwerlich ein Trost.

All die anderen Hinweise auf das Familienleben Jesu beunruhigen eher, als daß sie trösten. Als Maria bei der Hochzeit in Kana zu Jesus sagt: „Sie haben keinen Wein mehr", erwidert er: „Was willst du von mir, Frau? Meine Stunde ist noch nicht gekommen" (Johannesevangelium 2, 3 f). Und als Jesus später aus einem Haus, in dem viele Leute um ihn saßen, herausgerufen wurde: „Deine Mutter und deine Brüder stehen draußen und fragen nach dir", antwortet er: „Wer ist meine Mutter, und wer sind meine Brüder?" (Markusevangelium 3, 32 f). Schließlich finden wir Maria unter dem Kreuz Jesu: Als Jesus seine Mutter sah und bei ihr Johannes, den Jünger, den er liebte, sagte er zu seiner Mutter: „Frau, siehe, dein Sohn" (Johannesevangelium 19, 27). Über Josef fällt kein Wort. Was geschah mit ihm? War er gestorben?

In unserer Zeit vieler zerbrochener Familien, der Trennungen und Scheidungen, der Kinder mit nur einem Elternteil wie auch der Mütter und Väter, die um ihre suizidgefährdeten oder drogensüchtigen Kinder Ängste ausstehen, mag uns das anscheinend reibungsvolle Zusammenspiel der Familie Jesu ein Trost sein. Für mich ist klar, daß Jesus zu sogenannten Werten der Familie, wie Harmonie, kindliche Zuneigung, Zusammenbleiben um jeden Preis, eine recht ambivalente, wenn nicht gar negative Haltung einnimmt. Ich frage mich, ob die hohe Bewertung des Zölibats durch unsere Kirche, vor allem für diejenigen, die Gott dienen wollen, nicht in der eher beunruhigenden Situation der Familie Jesu ihre Wurzeln hat.

Aber Josef ist ein Heiliger! Er lebte die Heiligkeit in großer Verborgenheit. Von den Verfassern der Evangelien und von der frühen Kirche ignoriert, steht er heute als ein Mann vorbehaltlosen Vertrauens zu Gott vor uns.

Mittwoch, 20. März

Zur Zeit fühle ich mich stark, lebendig und voll Energie. Ich bin mir freilich bewußt, daß mein Wohlbefinden das unmittelbare Resultat liebevoller Unterstützung vieler Freunde ist. Ich habe im Augenblick unter keinen Ängsten zu leiden und spüre keine feindliche Einstellung mir gegenüber. Ich stehe in harmonischer Verbindung mit meinen Angehörigen wie auch mit den Leuten in Daybreak, insbesondere mit Nathan und Sue, und mit vielen Freunden nah und fern. In solchen Situationen vergesse ich rasch, wie zerbrechlich ich innerlich bin und wie wenig es bedarf, um mich aus dem Gleichgewicht zu bringen. Eine kleine Zurückweisung, ein Hauch von Kritik genügen schon, um mich an mir zweifeln zu lassen, ja sogar mir das Selbstvertrauen zu nehmen.

Ich habe mir darüber Gedanken gemacht, als ich die Gedichte Michelangelos las, die er an Tommaso Cavalieri richtete – einen jungen Römer aus einer vornehmen Adelsfamilie –, den er zum ersten Mal 1532 traf. Michelangelo war damals schon 57 Jahre alt. Seine Liebe zu Tommaso und Tommasos Zuneigung zu ihm beseligten und belebten Michelangelo. Er schreibt in einem Sonett:

Mit deinen klaren Augen
sehe ich das lebendige Licht,
das meine blinden Augen allein niemals sehen können.
Und dein sicherer Schritt nimmt mir die Last ab,
die mein lahmer Gang hilflos fallen lassen würde.
Alle meine Gedanken sind in deinem Herzen gefaßt
(Übers.: M. Engelhard).

Diese Strophe weckt in mir tiefe Gefühle. Sie führt mir meine wahre Abhängigkeit von Zuneigung und Liebe der Menschen vor Augen. Ich weiß sehr gut, wie viele meiner Gedanken in den Herzen derer gefaßt werden, die mich lieben.

Donnerstag, 21. März

Der erste Frühlingstag! Draußen ist es kühl, der Himmel hängt voller Wolken, der Boden ist naß, und im Haus ist die Heizung noch in Betrieb. Aber die Aussicht auf neues Grün, neuen Sonnenschein, neue Blätter an den Bäumen ist da. Ich kann es kaum erwarten.

Morgen kommt Nathan, worüber ich mich freue. Er will bis zum Palmsonntag hier bleiben. Es ist schön, ihn wiederzusehen, ihm mein neues Zuhause zeigen und unsere Freundschaft in den kommenden acht Tagen mit Gebet, gemeinsamen Mahlzeiten, Ausflügen und anregenden Gesprächen vertiefen zu können.

Freitag, 22. März

Es hat mich beunruhigt, mit dem Auto allein zum Newarker Flughafen zu fahren, um Nathan abzuholen. Da ich den Weg nicht genau kannte, fuhr ich beizeiten los und war schließlich schon eine Stunde vor Ankunft des Flugzeugs am Gate der Air Canada.

Ich vertrieb mir die Zeit mit einem Rundgang durch das Terminal C: eine riesige Halle, in der Tausende sich drängen, kommen und gehen, ständige Lautsprecherdurchsagen in den Ohren dröhnen, Erfrischungs- und Imbißstände sich aneinanderreihen; daneben Restaurants voller Gäste, Buchläden, Zeitungskiosks und vor den Schaltern lange Schlangen wartender Reisender. Als ich mich durch das Gewühl zwängte, staunte ich, wie viele Menschen hier beieinander waren und wie wenige ich kannte. Plötzlich überfiel mich ein Gefühl des Alleinseins und Verlorenseins in der Menge; das Empfinden, ein Fremder in einem fremden Land zu sein.

Um 16.45 Uhr kam Nathan an. Ich war froh, als ich ihn am Gate erblickte. Unter den vielen Gesichtern eines, das mich anlachte und mich kannte.

Samstag, 23. März

Heute war ich die meiste Zeit mit Nathan unterwegs. Ich wollte ihm die Umgebung zeigen, damit er in den nächsten Tagen, wenn er Lust hat, mit dem Auto selbst einen Ausflug unternehmen kann. Ich bin froh, einen Freund zu haben, der mir Vertrauen, Liebe und Sicherheit schenkt und vor dem ich nichts zu verheimlichen brauche.

Sonntag, 24. März

Die Auferweckung des Lazarus ist eine der facettenreichsten Erzählungen des Neuen Testaments. Sie hat verschiedene Bedeutungsebenen. Heute morgen predigte ich über diese Erzählung, ohne immer genau zu wissen, auf welcher Ebene ich mich bewegte.

Da ist zuerst der Kontrast, in dem der bevorstehende Tod Jesu und die Auferweckung des Lazarus zueinander stehen. Als Jesus zu den Jüngern sagt: „Lazarus ist gestorben. Und ich freue mich für euch, daß ich nicht dort war; denn ich will, daß ihr glaubt. Doch wir wollen zu ihm gehen" (Johannesevangelium 11, 14 f), sagt Thomas zu den anderen Jüngern: „Dann laßt uns mit ihm gehen, um mit ihm zu sterben" (Johannesevangelium 11, 16). Zu Lazarus gehen bedeutet nach Judäa gehen, wo die Gegner Jesu ihn steinigen wollten. Zu Lazarus gehen bedeutet aber auch: an den Ort des Lebens gehen. Die Auferweckung des Lazarus ist ein Geschehen, bei dem Tod und Leben sich berühren. Nachdem Lazarus wieder zum Leben erweckt worden war, „waren sie entschlossen, Jesus zu

töten" (Johannesevangelium 11, 53). Aus alldem ist zu er-
sehen, wie Jesus seine Jünger und Freunde auf seinen Tod und
seine Auferstehung vorbereitet hat. Durch die Auferweckung
des Lazarus zeigt uns Jesus, daß er tatsächlich die Auferstehung ist (vgl. Johannesevangelium 11, 25) und daß sein eigener, kurz bevorstehender Tod kein endgültiger Tod ist.

Zweitens handelt es sich hier um eine Geschichte der Liebe.
Lazarus war einer der engsten Freunde Jesu. Sein tiefes Mit-
Leid mit den beiden Schwestern des Lazarus und seine große
Liebe zu Lazarus bewegten Jesus, Lazarus ins Leben zurück-
zurufen. Wo auch immer Jesus einen Toten zum Leben er-
weckt – den Sohn der Witwe von Nain (vgl. Lukasevangelium
7, 11–17), die Tochter des Jairus (vgl. Markusevangelium
5, 21–24. 35–43) –, finden wir große Liebe und tiefes Mit-
Leid. Es ist jene Liebe und jenes Mit-Leid, die die Quelle neuen
Lebens sind.

Drittens die Worte Jesu, als er zum ersten Mal von der
Krankheit des Lazarus hört: „Diese Krankheit wird nicht zum
Tod führen, sondern dient der Verherrlichung Gottes: Durch
sie soll der Sohn Gottes verherrlicht werden" (Johannesevangelium 11, 4). Wie in vielen anderen Situationen sieht Jesus
auch hier ein tragisches Ereignis als eine Gelegenheit an, Gottes Herrlichkeit zu offenbaren.

Wie lassen sich diese verschiedenen Ebenen zusammen-
führen? Die beste Antwort darauf mag in der Betrachtung des
Todes und der Auferstehung Jesu liegen. Hier sehen wir, daß
die endgültige Macht des Todes überwunden ist. Hier sehen
wir, daß die Überwindung des Todes in Verbindung mit der
Liebe derer geschieht, die mit Jesus eng verbunden waren. Und
hier sehen wir auch, daß die größte Tragödie in der Geschichte
der Menschheit die Gelegenheit zur Erlösung der Welt wird.

Mittwoch, 27. März

Heute nahm eine größere Anzahl von Nachbarn an der
Eucharistiefeier teil. Es scheint sich eine kleine Gemeinde zu

bilden. Wenn auch einige in erster Linie noch wegen mir kommen mögen, hoffe ich doch, daß die, die kommen, mehr und mehr das Geheimnis der Eucharistie entdecken und sich von der wirklichen Gegenwart Jesu nähren, die in den Gaben von Brot und Wein wie auch in den Gaben, die wir füreinander sind, sichtbar ist.

Die übrige Zeit des Tages war insofern frustrierend, als ich eigentlich nur fotokopierte, Faxbriefe schrieb und abschickte, Sendungen fertigmachte und zur Post brachte. Ich fand kaum Zeit zum Schreiben, Beten und zur Besinnung. Der heutige Tag verflog mit vielen notwendigen, aber zeitraubenden und ausgesprochen nervtötenden Kleinigkeiten.

Ich genieße den Besuch von Nathan, so daß der Tag nicht vollständig mit Kleinigkeiten „vertan" ist.

Donnerstag, 28. März

Bei der Eucharistiefeier heute morgen sprachen wir über den Bund Gottes mit den Menschen. Gott sagt: „Ich bin dein Gott und bleibe dir treu, auch wenn du mir untreu werden solltest." Diese Treue Gottes begegnet uns im Laufe der Geschichte der Menschen in dem wachsenden Verlangen Gottes nach Nähe. Zuerst war Gott der Gott *für* uns, unser Schutz und Schild. Als dann Jesus Christus kam, wurde Gott der Gott – *mit*- uns: unser Weggefährte und Freund. Und als die Liebe Gottes durch den Heiligen Geist in unsere Herzen ausgegossen wurde, offenbarte sich uns Gott als der Gott *in* uns, als unser Atem und Herzschlag.

Unser Leben ist voller Gebrochenheit: zerbrochene Beziehungen, gebrochene Versprechen, zerbrochene Erwartungen. Wie ließe sich diese Gebrochenheit ohne zu verbittern und zu verzagen ertragen, könnten wir nicht immer wieder zu Gottes treuer Gegenwart in unserem Leben zurückkehren? Gäbe es diesen „Ort" der Rückkehr nicht, würde unsere Lebensreise uns bald in Dunkelheit und Verzweiflung stürzen. Mit diesem sicheren und festen Zuhause aber können wir unseren Glauben immer wieder erneuern und darauf vertrauen, daß die vielen Rückschläge im Leben uns zu einer immer größeren Verbundenheit mit dem Gott des Bundes voranbringen.

Ich war mit Nathan kurz einkaufen, den größten Teil des Tages aber verbrachte jeder an seinem Schreibtisch. Um 19.00 Uhr gingen wir zu Peggy, die uns ein ausgezeichnetes Abendessen auftrug, bei dem wir uns – wie immer bei ihr – angeregt unterhielten. Peggy wollte Nathan näher kennenlernen. Er erzählte ihr gern von seinem Leben, seiner Berufung und seiner große Liebe zur „Arche". Ich sah zu meiner Freude eine neue, schöne Freundschaft keimen.

Freitag, 29. März

Heute abend führte ich Nathan zum Essen aus, bei dem sich ein ernstes und offenes Gespräch über das Leben und das Auf und Ab in unserer Beziehung entwickelte.

Unsere Freundschaft begann in Frankreich und wuchs im Laufe dieses Jahres. Später in Daybreak gab es viel Hektik und Anspannung, und da ich mich an diese Freundschaft zu sehr klammerte, zerbrach sie schließlich. Dieser Bruch löste in mir vieles aus. Die Qual unserer Trennung saß bei mir so tief, daß ich die Gemeinschaft ein halbes Jahr verlassen mußte, um wieder Vertrauen und Hoffnung zu schöpfen. Es waren für mich zweifellos die schwersten und qualvollsten Monate meines Lebens. Ich habe mich in dieser Zeit gefragt, ob ich jemals nach Daybreak zurückkehren und mit Nathan in derselben Gemeinschaft leben könne.

Als der Zeitpunkt gekommen war, kehrte ich zurück, und nach und nach erneuerte und vertiefte sich sogar unsere Freundschaft. Als Glaubende und leitende Mitarbeiter der Daybreak-Gemeinschaft wie auch als zwei Männer, die aufeinander hören und einander unterstützen, sind wir heute unzertrennliche Freunde.

Im Laufe unseres Gesprächs legte mir Nathan ans Herz, nicht so viel zu klagen und mir eine positivere Einstellung anzueignen. „Wenn du auf eine Einladung eingegangen bist, dann fang nicht an, darüber zu jammern, daß du zu viel zu tun hast. Und wenn es dir gutgeht, dann mach keine zweideutigen Bemerkungen, daß du besondere Sympathie brauchst." Ich dachte, ich hätte mir das Klagen abgewöhnt, aber Nathan machte mir deutlich, daß es immer wieder durchbricht und mich daran hindert, Freude und Frieden ganz zu genießen.

Es gibt also vieles, über das nachgedacht und an dem gearbeitet werden muß.

Morgen kommen Sue, Carl und John zu Besuch. Sie haben bei einem Einkehrtag in New York Vorträge gehalten. Ich freue mich darauf, sie zu sehen!

Samstag, 30. März

Um 15.30 Uhr trafen Sue, Carl und John mit dem Bus aus Bernardsville ein. Sie waren guter Dinge und mit ihren Vorträgen bei dem Einkehrtag sehr zufrieden.

Nachdem sich alle drei bei Peggy eingerichtet hatten, kamen sie zu mir ins Gästehaus. Wir hielten zusammen einen Plausch und sprachen auch über das „Neueste" aus Daybreak. Danach wollte John ausruhen, Carl machte einen Spaziergang, und Sue, Nathan und ich sprachen eine gute Stunde über meine Stellung in Daybreak nach meiner Rückkehr Anfang September. Es wird mir immer klarer, daß ich dann gern wieder schreiben würde, dabei aber auch in der Gemeinschaft als Seelsorger irgendwie präsent sein sollte. Zur Zeit ist Sue für die seelsorglichen Angelegenheiten in der Gemeinschaft vertretungsweise zuständig. Ob sie diese Aufgabe wohl ein weiteres Jahr übernehmen würde? Ob die Gemeinschaft vielleicht dafür gewonnen werden könnte, auf mich längere Zeit zu verzichten, jedoch mit dem Vorbehalt regelmäßiger Besuche in Daybreak? Soll ich meinen Plan weiterverfolgen, ein eigenes kleines Haus in Daybreak zu bauen, oder sollte ich das alte Dayspring-Haus, so wie es ist, einfach übernehmen, sobald das neue gebaut ist? Über diese und andere Fragen sprachen wir in

Vorbereitung auf die Sitzung des „Arche"-Rates in Daybreak am Donnerstag.

*

Heute erhielt ich die Nachricht, daß Claire, eine gute Freundin von mir, gestorben ist. Ich wollte sie noch besuchen, weil mir bekannt war, daß es ihr nicht gut geht. Es tut mir jetzt leid, daß ich es nicht getan habe.

Claire besuchte uns vor ein paar Jahren in Daybreak und bat mich um geistlichen Rat. Sie litt unter starken Stimmungsschwankungen und lebte in der Vorstellung, zurückgewiesen zu sein, weshalb sie jahrelang einen Psychiater konsultierte, jedoch ohne besonderen Erfolg. Obwohl sie der „High Society" angehörte und mit vielen „Größen" unserer Welt bekannt war, fühlte sie sich oft einsam und nicht geachtet. Unterschwellig plagte sie ständig die Frage: „Liebt man mich wirklich als die, die ich bin?"

Sue und ich hatten mit Claire öfter über ihr Problem bei ihren Besuchen in Daybreak gesprochen. Nachhaltigen Einfluß auf sie aber hatte das gemeinsame Mittagessen im Neuen Haus mit Adam, Rosie, John, Michael und deren Assistenten. Claire erlebte hier eine völlig neue Welt. Dabei ging in ihr etwas vor, das ihr inneres Leben radikal veränderte. Sie fühlte sich als diejenige angenommen, die sie war. Niemand wußte hier etwas über ihre Person, ihre Bekanntheit in der Öffentlichkeit, ihren Reichtum oder ihre vielen Verbindungen. Für die Tischgemeinschaft war sie ganz einfach Claire, und sie spürte, daß alle sie schätzten.

Nach diesem Besuch in Daybreak rief ich Claire oft an und besuchte sie auch mehrmals. Jedesmal sagte sie mir: „Seit Daybreak leide ich nicht mehr unter Depressionen. Meine Gesundheit bereitet mir zwar große Probleme, und ich muß auch immer wieder das Krankenhaus aufsuchen, aber ich weiß jetzt, daß Gott mir nahe ist und ich geliebt werde." Nun ist Claire tot. Ihr Leib war zuletzt nicht mehr in der Lage, ihrem Geist Herberge zu geben. Es tröstet mich, daß sie einen leichten Tod hatte und nicht lange leiden mußte. Sie starb im Frieden mit

Gott, mit ihrem Gatten, ihren Kindern und vielen Freunden. Ihre Tochter bat mich, den Trauergottesdienst zu halten und ein Wort des Gedenkens zu sagen. Ich hoffe und bete, daß die vielen Trauergäste, die zu erwarten sind, bei der Beerdigung ein klein wenig von der unermeßlichen Liebe Gottes erahnen können, die Claire durch die gebrochenen Menschen in Daybreak erfahren hat.

Sonntag, 31. März

Nach einer eindringlichen Eucharistiefeier zum Palmsonntag im Wohnzimmer des Gästehauses, an der über zwanzig Personen teilnahmen, und anschließendem Frühstück mit Pfannkuchen, das Peggy vorbereitet hatte, brachte Peggy uns fünf – Nathan, Sue, Carl, John und mich – zum Newarker Flughafen. Kurz nachdem Nathan, Sue, Carl und John nach Toronto abgeflogen waren, startete mein Flugzeug nach Boston.

Jonas erwartete mich am Flughafen. Ich habe mich sehr gefreut, ihn wiederzusehen. Anlaß für meinen Besuch war vor allem die Vorstellung seines neuen Buches „Rebecca" in der katholischen St.-Pauls-Kirche in Cambridge, an der ich teilnehmen wollte.

Es war ein gelungener Abend. Nahezu fünfhundert Leute hatten sich eingefunden. Jonas und ich sprachen kurz über das Buch, das über den Verlust eines Kindes und den Weg von der Trauer zur Dankbarkeit handelt. Da es der erste Tag der Karwoche war, benutzten wir den Abend auch als geistliche Vorbereitung auf die Feier des Ostergeheimnisses. Wir sangen Taizé-Lieder, zwischendurch spielte Jonas zwei Stücke auf der Flöte. Nach einer kurzen Pause sprachen einige Zuhörer über ihren eigenen Schmerz und ihre Trauer nach dem Verlust eines Kindes, eines Familienangehörigen oder Freundes.

Der Bericht einer Frau berührte mich besonders. Sie erzählte, daß sie vor langer Zeit ihren kleinen Sohn, den sie erwartete, zur Adoption freigegeben habe aus Scham darüber, schwanger und nicht verheiratet zu sein. Als sie nach über

218

zwanzig Jahren ihren Sohn ausfindig zu machen versuchte, habe sie erfahren, daß er mit acht Jahren bei einem Unfall ums Leben gekommen war. Diese Nachricht habe sie tief erschüttert und in große Trauer gestürzt. Aber mit der Zeit habe sie ihren Schmerz zu ertragen gelernt. Sie begann auf diese Erfahrung hin Theologie zu studieren und steht heute kurz vor dem Abschluß mit Diplom.

Dieser und andere ähnliche Berichte gaben diesem Abend ein besonderes Gepräge. Wir beschlossen ihn mit einem Gebet und dem Vaterunser. Viele Teilnehmer blieben noch und tauschten Erfahrungen aus. Alle Bücher, die Jonas ausgelegt hatte, fanden interessierte Käufer.

Es war ein eindrucksvoller Abend. Ich bin sehr froh, daß ich daran teilgenommen habe und mit Margaret, Jonas und vielen alten Freunden zusammensein konnte. Obwohl viele Tränen flossen, herrschte ein Geist der Liebe und Freude. Es hat mich besonders gefreut, daß Margaret und Jonas an ihren Gefühlen für Rebecca so offen teilnehmen ließen und bereit waren, bei der Aussprache am Schluß Fragen zu beantworten.

APRIL 1996

New York, Montag, 1. April

Irgend etwas muß mich gestern sehr ermüdet haben. Heute schlief ich, solange ich konnte. Um 11 Uhr spazierte ich noch im Bademantel durch Jonas' Haus und hatte kaum Lust, mich anzuziehen und den Tag in Angriff zu nehmen.

*

Um 18 Uhr kamen Krister und seine Frau Brita zu mir zum Abendessen. Als Dekan der Harvard Divinity School hatte Krister mich seinerzeit eingeladen, einen Lehrstuhl an dieser Fakultät zu übernehmen. Bald nachdem ich das Angebot angenommen hatte, wurde Krister zum Bischof der Evangelisch-Lutherischen Kirche in Stockholm ernannt. Als er und seine Frau vier Jahre später nach Cambridge zurückkehrten, hatte ich den Lehrstuhl an der Harvard-Universität bereits aufgegeben und mich der „Arche" angeschlossen. Vielleicht fühlte sich Krister etwas schuldig, weil er mich nach Harvard geholt hatte und wußte, daß die Zeit für mich dort sehr schwer und in verschiedener Hinsicht enttäuschend war.

Ich bin froh, daß ich ihm bei dieser Gelegenheit sagen konnte, daß ich über die Zeit an der Harvard-Universität nicht verbittert sei und es für ihn keinen Grund gebe, sich schuldig zu fühlen. Ich sagte, daß ich im Laufe der drei Jahre an der Theologischen Fakultät dieser Universität gute Freunde gewonnen hätte, vor allem Jonas und Margaret. So schön das akademische Leben für mich auch gewesen sei, hätte ich mich dennoch sehr nach einem Leben mit Armen und in einer Gemeinschaft mit einer spirituellen Dimension gesehnt. Ich frage mich heute, ob ich mich ohne Harvard jemals für die „Arche" entschieden hätte. Es ist mir eine große Freude, meine Freundschaft mit Krister und Brita nach zwölfjähriger Unterbrechung erneuert zu haben.

Um 21 Uhr brachte mich Jonas zum Flughafen, kurz vor Mitternacht war ich bei Wendy und Jay in New York. Ich bin etwas aufgeregt wegen der morgigen Trauerfeier für Claire.

Richmond Hill, Dienstag, 2. April

Kurz vor 9 Uhr war ich in der Kirche, in der die Trauerfeier für Claire stattfand. Das Kirchenschiff war fast vollständig besetzt, bevor der Sarg hereingetragen wurde. Die liturgische Feier war stilvoll und vornehm. In der Predigt ging ich auf die Armut von Claire ein, ihr verwundetes Herz, das Liebe gesucht hat, und auf die Gaben, die ihr zuteil wurden. Ich versuchte, deutlich zu machen, wo ihre wirklichen Gaben verborgen waren: nicht in ihrem Ansehen, ihrem Wohlstand oder Erfolg, sondern in ihrem oft einsamen Herzen.

Um 14 Uhr war ich bereits wieder auf dem Weg nach Toronto, wo ich mit meiner Gemeinschaft die Karwoche und das Osterfest feiern werde. Nach meiner Ankunft in Daybreak gab es im Dayspring-Haus mit Sue, Carl, Nathan und seinen aus Calgary gekommenen Eltern ein gemeinsames Mittagsmahl. Es ist sehr schön, wieder daheim zu sein.

Mittwoch, 3. April

Ein mit Büroarbeit, einer Reihe von Besprechungen, dem Mittagessen im Haus in der Church Street und anderen Dingen ausgefüllter Tag. Was heute jedoch meine Gefühle beherrschte, war die Nachricht vom Selbstmord eines Mannes, den ich nur flüchtig kannte.

Ich begegnete ihm zum ersten Mal vor etwa vier Jahren; seine Freundlichkeit hatte mich sehr angerührt. In den Jahren danach verlor ich den Kontakt zu ihm, freute mich aber, als er vor kurzem bei einem Vortrag von mir auftauchte. Er machte auf mich einen guten Eindruck, war aufgeschlossen und strahlte. Wir umarmten uns: „Schön, dich nach langer Zeit wieder zu sehen!" Da wir im Gedränge der Leute standen, war dies alles, was ich sagen konnte.

Am nächsten Tag sah ich, daß ich zum Mittagessen keine Verpflichtung hatte, weshalb ich bei ihm zu Hause anrief. Aber nur der Anrufbeantworter war zu hören. Da ich seine Telefonnummer im Büro nicht kannte, sprach ich eine Botschaft auf Band und hoffte dabei, daß sie jemand abhören und ihm sagen würde, daß ich zum Mittagessen frei sei. Keine Reaktion.

Gestern abend rief mich sein Freund Vincent an und berichtete mir, daß er am Montag nachmittag vom Dach eines Hauses gesprungen sei und Selbstmord begangen habe.

Ich war innerlich aufgewühlt und konnte weder denken noch empfinden. Was war passiert? Warum hat er sich das Leben genommen? Wo war sein Partner? Und diese sich überstürzenden, stürmischen Gedanken beherrschte das Gefühl eines Verlusts: Er ist nicht mehr da. Ich werde ihn nie wiedersehen, nie kennenlernen. Sein junges, hoffnungsvolles Leben ist plötzlich und unabänderlich ausgelöscht. Ich habe ihn kaum gekannt, doch hatte er mich innerlich angerührt, und ich erinnere mich gut an ihn. Ich habe keine Niedergeschlagenheit, keine innere Angst oder Verzweiflung bei ihm wahrgenommen. Er sah an dem Vortragsabend wirklich gut aus. Er erschien mir sehr aufmerksam und frei. Als eine Frau im Rollstuhl Mühe hatte, in den Vortragssaal zu kommen, half er ihr. Kein Anzeichen von Verschlossenheit oder innerer Qual. Nun ist er fortgegangen, für immer. Mein Herz klopft, klopft und klopft ...

Heute abend sprach ich fast eine Stunde mit seinem Partner. Er war schockiert, ließ sich aber von seiner Trauer nicht fortreißen. Er erzählte mir von ihrer langen Beziehung, vom ständigen Ankämpfen seines Freundes gegen die Depression, von seiner oft geäußerten Absicht, Selbstmord zu begehen, von seiner großen Furcht vor allem darüber, für andere eine Enttäuschung zu sein. Er erzählte mir, daß er schon in der Karwoche des vergangenen Jahres versucht hätte, sich das Leben zu nehmen, und vom Dach desselben Hauses springen wollte.

Ich hörte nur zu, folgte aufmerksam dieser Geschichte von Liebe und Qual, von Verbundenheit und Trennung, von Nähe und Distanz. Wie seltsam! Es ging hier um einen Menschen, den ich nur zweimal gesehen habe, der aber irgendwo in meinem Herzen verwurzelt war.

Gründonnerstag, 4. April

Um 14 Uhr kam die ganze Gemeinschaft in der Anglikanischen St.-Mary's-Kirche zur Fußwaschung zusammen und um 20 Uhr in der Dayspring-Kapelle zur Feier der Eucharistie. Daniel, der Jüngste einer der Daybreak-Familien, empfing die erste heilige Kommunion.

Ich trage ein Gewirr von Bildern in meinem Herzen: viele, viele Leute – junge und alte, starke und schwache, glückliche und niedergeschlagene – sprechen, fragen, lachen, weinen, bekennen ihre Sünden, danken, küssen, streicheln, singen, waschen einander die Füße, hören Worte der Ermutigung, empfangen den Leib und das Blut Christi, machen Geschenke, schmücken, Blumen in Vasen, Rollstühle, rote und weiße Gewänder – Gründonnerstag, Claire und ihre trauernden Familienangehörigen, Peggy und Phil, Jonas – heilige drei Tage, Hinführung zu Ostern – das Leid in der Welt, Flugzeugabstürze, Morde und Tragödien – ein heftiger Schneesturm, vereiste Straßen – Abendessen mit Freunden – Kathy und Timmy, die in Kürze ein Baby erwarten – der kleine Daniel mit leuchtenden Augen, darauf gespannt, Jesus zu empfangen, und auf viele, viele Geschenke, vor allem auf die Uhr; das ganze Wissen über den Sohn Gottes und den Sohn Mariä, der für uns gestorben und aus dem Grab erstanden ist – viele zuhörende Kinder, die beginnende Unruhe – Gemeinschaft, Freundschaft, Beschaffung von Geldmitteln, der Architekt, neue Gebäude in Daybreak – nach Holland anrufen; Anrufe von Verlegern, Briefe mit Einladungen nach hier und nach dort zu einem Vortrag oder nur zum Kommen, Bitten um ein Vorwort oder eine Buchempfehlung; Gründonnerstag, Heilige Woche – Friede, Freude, Hoffnung, Vertrauen – Gott und die vielen Leute: das nur ein Tag, ein einziger Tag.

Karfreitag, 5. April

Über hundert Mitglieder unserer Gemeinschaft zogen von der Begegnungshalle zur Kapelle im Dayspring-Haus. Jede(r) trug einen Stein als Zeichen für unsere Last und unsere Sünden. Wir machten drei Mal halt in Erinnerung an die Stationen des Leidenswegs Jesu: wie er zum Tode verurteilt wird, unter dem Kreuz fällt und Simon von Zyrene es ihm tragen hilft, Veronika Jesus das Schweißtuch reicht, in das er sein Antlitz drückt, Jesus ans Kreuz genagelt wird.

Adams Bruder Michael stellt Jesus dar. Er trägt eine weiße Albe und auf dem Kopf eine Dornenkrone. Ein Assistent hilft ihm, das Kreuz zu tragen. An der dritten Station wurde für ihn ein Sessel aufgestellt, damit er ausruhen kann. Wir singen und hören Betrachtungen über das Leiden Jesu. In der Kapelle legen wir unsere Steine auf oder neben das Kreuz. Auf Stühlen oder am Boden sitzend, singen wir: „Seht das Kreuzesholz!" Lorenzo durchbricht die anschließende Stille und schlägt drei große Nägel in die Balken. Dann singen wir wieder: „Warst du da, als sie meinen Herrn gekreuzigt haben? ... Warst du da, als sie ihn an den Stamm genagelt haben? ... Warst du da, als sie ihn ins Grab gelegt haben? ... Manchmal läßt es mich erzittern, erzittern, erzittern."

Ja, es ist Karfreitag oder auch „guter Freitag". In aller Trauer und Klage liegt ein sanfter Trost. Wir sind zusammen, und aus unseren gebrochenen Herzen und dem durchstochenen Herzen Gottes strömt Liebe.

Am Abend versammelten wir uns wieder, um die Leidensgeschichte nach dem Evangelisten Johannes zu hören, um für die Kirche und die Welt zu beten, das Kreuz zu verehren und die heilige Kommunion zu empfangen. Das Kreuz steht in der

Mitte der Kapelle; beim Betrachten der großen Christusfigur denke ich daran, wie es zu uns kam. Vor vier Jahren sagte mir Pater Pancratius, den ich im Franziskanerkloster in Freiburg im Breisgau kurz vor seinem Tod – er litt an Krebs – kennengelernt habe: „Henri, ich schenke dir diese Figur des Gekreuzigten, bevor ich sterbe. Ich möchte, daß du ihr einen Platz bei behinderten Menschen gibst."

Dann erzählte er mir die Geschichte dieser Christusfigur. Als er vor vielen Jahren mit einer Gruppe deutscher Jugendlicher nach Kroatien gefahren sei, um eine im Zweiten Weltkrieg zerstörte Kirche wiederaufbauen zu helfen, habe man unter den Trümmern diesen Gekreuzigten gefunden. Der Pfarrer der Kirche überreichte ihn Pater Pancratius als Dank für die Hilfe und das damit gesetzte Zeichen der Versöhnung. Es war nur der holzgeschnitzte Korpus des Gekreuzigten, das Kreuz selbst fehlte. Als dieser dem Tod ins Auge sehende Priester mir den Christuskorpus für unsere Gemeinschaft übergab, verstand ich dies als Auftrag, das durch Haß, Gewalt und Krieg verursachte Leid mit dem Leid der körperlich und geistig behinderten Menschen zu verbinden.

Joe, der Leiter der Schreinerei in Daybreak, fertigte mit seinen behinderten Gehilfen Bill, John, David und Gordie zwei große glatt polierte Kreuzbalken an, auf denen der Korpus dann befestigt wurde. Drei Jahre hängt nun dieses Kreuz im Vorraum der Dayspring-Kapelle. Heute trugen wir das Kreuz in die Kapelle und stellten es Michael, der in seinem Lehnstuhl saß, zwischen die Knie. Michael, der an schwerer Gehirnlähmung leidet, freute sich, das Kreuz „halten" zu dürfen und die anderen zum Beten herantreten zu lassen. Der gelähmte Leib Michaels und der Leib Jesu am Kreuz wurden gleichsam ein Leib. Als alle zur Kreuzverehrung der Reihe nach den Korpus küßten, spürten sie, daß das Leiden Jesu in unzähligen Menschen, deren Herzen und Leiber gebrochen sind, bis ans Ende der Zeit fortdauert.

Karfreitag ist mehr als das Leiden Jesu nacherleben; es bedeutet, mit dem Leiden aller Menschen – der Vergangenheit, Gegenwart und Zukunft – unserer Erde eine Solidargemeinschaft zu bilden. In Jesus ist alles menschliche Leid vereint. Das gebrochene Herz Jesu ist das gebrochene Herz Gottes. Das gebrochene Herz Gottes ist das gebrochene Herz der Welt. „Seht das Kreuzesholz, an dem der Herr gehangen, das Heil der Welt! Kommt, lasset uns anbeten!"

Karsamstag, 6. April

Die meiste Zeit des Tages habe ich – mit anderen Mitgliedern der Gemeinschaft – mit Vorbereitungen für die Feier der Osternacht verbracht. Alle versammelten sich bereits, als wir gerade fertig waren: Blumen, Lieder und Musik, Dekoration. Wir trugen die Osterkerze in die bis auf den letzten Platz besetzte Kapelle im Untergeschoß, hörten die Lesungen, erneuerten unser Taufversprechen und feierten die Eucharistie.

Nach dem Evangelium trug ich einige Gedanken über die Frage vor: „Was bedeutet unser Glaube an die Auferstehung des Leibes?" Als eine Gemeinschaft von Menschen, die sich ihrer Behinderungen bewußt seien, würden wir mehr durch den Leib als durch das Wort zusammengehalten. Wenn wir auch viele Worte gebrauchten und es auch viel „Gespräch" unter uns gebe, seien es doch die hilfsbedürftigen Leiber unserer Stamm-Mitglieder, die diese Gemeinschaft schafften. Wir waschen, rasieren, kämmen, kleiden an, säubern, füttern und halten die Leiber derer, die uns vertrauen, und bilden dadurch einen gemeinsamen Leib. Da wir uns an unseren Glauben an die Auferstehung des Leibes halten, könnten wir erkennen, daß die Auferstehung nicht bloß ein Geschehen nach dem Tode ist, sondern eine alltägliche Wirklichkeit. Unsere Sorge für den Leib rufe uns zu einer Einheit auf, die mehr ist als Organisation, zu Nähe, die fern jeder Erotik liegt, sowie zu einer Integrität, die über psychologische Ganzheit hinausgeht.

Einheit, Nähe und Integrität seien die drei geistlichen Qualitäten auferstandenen Lebens. So seien wir aufgerufen, die Schranken der Nationalität, der Rasse, der sexuellen Orientierung, des Alters und der geistigen Fähigkeiten zu durchbrechen und eine neue Einheit der Liebe zu schaffen, die den Schwächsten unter uns ebensogut leben läßt. Wir seien aufgerufen, über Lust, sexuelles Verlangen und Sehnsucht nach körperlicher Vereinigung hinauszugehen und zu einer geistlichen Nähe zu gelangen, die Leib, Geist und Herz einschließt. Ebenso seien wir aufgerufen, die alten Formen eigenen Wohlbefindens aufzugeben und eine neue Integration der vielen Facetten unserer Menschlichkeit anzustreben. Dies seien Aufrufe zur Auferstehung. Sorge für den Leib stelle eine Vorbereitung des Leibes auf die endgültige Auferstehung dar, indem wir sie durch geistliche Einheit, Nähe und Integrität in unserem täglichen Leben vorwegnehmen würden.

Als ich diese Gedanken vortrug, schien mir, als würden die hier zur Feier der Osternacht Versammelten etwas von dem, worüber ich sprach, in ihrem Alltag in Daybreak wiedererkennen.

Als wir den Leib und das Blut Jesu Christi empfingen, war ich von der realen Qualität des Ostermysteriums ergriffen. Wir sind das Volk der Auferstehung, führen unser Leben nach einer großen Vision, die uns umgestaltet, indem wir sie leben.

Ostersonntag, 7. April

„Christus ist auferstanden. Er ist wirklich auferstanden!" Einer flüstert es dem anderen zu. Wir verkünden es voll Freude, rufen es aus von den Dächern. Es war eine sehr bunte und frohe Feier heute morgen. Brian und Nathan spielten auf der Gitarre und begleiteten unseren Gesang. Die kleinen Kinder öffneten die kokonartigen Päckchen, die sie am Aschermittwoch mit all dem gefüllt hatten, wovon wir ablassen möchten und was wir uns erhoffen, und alle bewunderten die ausschlüpfenden Schmetterlinge.

Und die Blumen leuchteten, vor allem die auf dem großen Holzkreuz, das Michael am Karfreitag getragen hatte. Nachdem wir uns das Herz mit vielem Gloria und Halleluja schier aus dem Leibe gesungen hatten, hielten wir – über hundert

Leute – ein ausgedehntes Osterfrühstück, das mit einem in zehn Sprachen ausgerufenen „Christus ist erstanden!" begann. Es herrschte festliche Ausgelassenheit.

Am Nachmittag ging ich mit Nathan und seinen Eltern ins Kino. Wir sahen den Film „Antonia's Life". Welch ein Kontrast! Alle Auswüchse, von denen unsere heutige Welt geplagt ist, kamen hier vor: Gewalt, sexueller Mißbrauch, mörderische Rache, Unfälle, Selbstmord, verirrte Religiosität und Zynismus sind ein Teil von Antonias Leben. Antonia, eine stoische Frau, durchlebt es, sie bietet ihm die Stirn und verfügt selbst über den Zeitpunkt ihres Todes, mutig, aber ohne die leiseste Ahnung von *dem*, der aus dem Grab erstanden ist. Für mich war dieser Film eine Begegnung mit meinem Geburtsland, meiner Kultur und meiner Geschichte, insbesondere nach dem Jubel bei der morgendlichen Osterfeier in Kanada. Ich kam mir vor, als wäre ich an ein und demselben Ostertag an zwei verschiedenen Orten zu Hause: in der „Arche" und in Holland. Der auferstandene Herr wie auch Antonias Leben sind in mir, und irgendwie liebe ich beide. Auf der Umschlagseite des „Time"-Magazins dieser Woche ist das Antlitz Jesu abgebildet: die eine Gesichtshälfte heiligmäßig, die andere sinnlich. Und im Titelbeitrag wird die Frage gestellt, ob die Auferstehung Christi göttliche Wirklichkeit oder ein Märchen ist. Das alles liegt mir nahe. Ich merke, daß mein Glaube und Unglaube nie weit auseinander liegen. Vielleicht befindet sich gerade dort, wo sie einander berühren, die Wachstumsecke meines Lebens.

*

Die fünf Tage in Daybreak haben mich sehr ermüdet. Ich bin froh, daß ich hergekommen bin, doch vermisse ich das Alleinsein, die Stunden zum Schreiben und die Zeit, in der ich lesen und beten kann. Mein Körper seufzt, und ich suche einen Platz, um auszuruhen. Ich bin bereit, in mein Zuhause in Peapack zurückzukehren und mein Sabbatjahr fortzusetzen.

Peapack, Ostermontag, 8. April

Heute mittag nach Peapack zurückgekehrt, lud mich Peggy zu einem gemeinsamen Imbiß ein, bei dem wir einander über die vergangene Karwoche und die Osterfeier berichteten. Diese Tage verliefen bei mir zwar schön, aber sie ermüdeten mich; sie waren erbauend, aber sehr anstrengend, gebetsträchtig, aber auch ablenkend. Ich nehme mehr und mehr meine Grenzen wahr. Es fällt mir nicht mehr leicht, unter Menschen zu sein – zu ermutigen, zu trösten, zu planen, zu feiern, zu trauern und von 6 Uhr morgens bis 11 Uhr nachts auf den Beinen zu sein. Mein Körper protestiert, mein Magen rebelliert. Ich stoße an meine emotionalen und physischen Grenzen.

Nachdem ich wieder in meinem Zimmer in Peggys Gästehaus war, setzte ich mich einfach nur in den Sessel und genoß die Stille und das Alleinsein. Drei volle Stunden allein! Seit über einer Woche hatte ich das nicht mehr erlebt. Welch ein Geschenk!

Die Woche in Boston, New York und Richmond Hill zeigt mir, daß sich meine inneren Prioritäten ziemlich verschieben. Statt mich zu vielen Leuten hingezogen zu fühlen, sehne ich mich nach innigen Freundschaften. Statt von großen Feiern und Liturgien begeistert zu sein, beflügeln mich kleine Gebetstreffen. Und statt an Reisen und vielem Unterwegssein Freude zu haben, bin ich am glücklichsten, wenn ich mich stundenlang in meinem kleinen Zimmer aufhalten kann.

Ich weiß, daß diese Verschiebungen bei mir im Gange sind, aber mein altes Ich tut so, als wäre nichts, und so nehme ich mir noch viel mehr vor, als es gut für mich ist. Es wird wohl noch Jahre dauern, bis sich mein neues Ich vollständig durchgesetzt hat.

Osterdienstag, 9. April

Um 9 Uhr eine schön gestaltete Eucharistiefeier zum Oster-
dienstag mit einem regen Gedankenaustausch über die Auferstehung; am späteren Vormittag Einkaufen von Büromaterial
und Lebensmitteln, Erledigungen auf der Post; am Nachmittag
geschlafen; am Abend zu Tisch bei Peggy und Phil, danach
Telefonanrufe, Faxbriefe und so weiter.

Heute dachte ich darüber nach, daß Jesus von niemandem
sofort erkannt wird. Man hält ihn für den Gärtner, einen
Fremden oder einen Geist. Tut oder sagt er aber etwas – das
Brot bricht, die Jünger auffordert, noch einmal die Netze aus-
zuwerfen, sie beim Namen nennt –, dann wissen seine
Freunde, daß er bei ihnen ist. Abwesenheit und Anwesenheit
berühren sich. Der alte Jesus ist fort. Sie können nicht mehr
wie früher bei ihm sein; der neue Jesus, der auferstandene
Herr, ist da, ganz nah, näher denn je. Es ist eine befähigende
Anwesenheit: „Halte mich nicht fest ... Geh aber ... und sag ...“
(Johannesevangelium 20, 17).

Die Auferstehungsberichte offenbaren die immer beste-
hende Spannung zwischen Ankunft und Abschied, Nähe und
Distanz, halten und loslassen, heimatverhaftet und ausge-
sandt, Anwesenheit und Abwesenheit. Wir sind mit dieser
Spannung täglich konfrontiert. Sie führt uns zur vollständigen
Verwirklichung der uns gegebenen Verheißung. „Halte mich
nicht fest“ könnte bedeuten: „Das ist noch kein Himmel“,
oder auch: „Ich bin jetzt in dir und befähige dich zu einer
geistlichen Aufgabe hier in der Welt, die fortführt, was ich begonnen habe. Du bist der lebendige Christus.“

Während viele fragen, ob die Auferstehung wirklich stattge-
funden hat, frage ich mich, ob sie nicht täglich stattfindet, so-
fern wir Augen haben, um zu sehen, und Ohren, um zu hören.

Ostermittwoch, 10. April

Ich habe heute mehrere interessante Briefe erhalten. Eine gute Bekannte schrieb, sie habe einer Eucharistiefeier beigewohnt, bei der mir Bill aus unserer Daybreak-Gemeinschaft assistierte. Seine Behinderung, äußere Erscheinung und sein Verhalten habe sie zwar zunächst irritiert, doch als er ihr die Kommunion reichte, sei sie von der Liebe und dem Mitgefühl in seinem Blick tief bewegt gewesen. Das muß vor mindestens vier Jahren gewesen sein, doch wurde der Brief erst 1996 geschrieben. Eine wirkliche Gnade!

Auch Rodleigh von den „Fliegenden Rodleighs" hat einen langen Brief geschrieben, in dem er ausführlich berichtet, wie es der Gruppe erging, seit wir uns in Holland zuletzt gesehen haben. Sie hätten viel einzustecken gehabt: kaltes Wetter, gesundheitliche Schwierigkeiten, mißlungene Trapezkunststücke, Autoprobleme und anderes mehr. Aber Rodleigh ist wie immer optimistisch und wartet auf einen besseren Sommer. Ich werde ihn voraussichtlich im Juli wiedersehen.

Osterdonnerstag, 11. April

Fast den ganzen Tag war ich mit Vorbereitungen für meine zehntägige Rundreise beschäftigt, die ich morgen antrete. Newark, Chicago, San Francisco, Cleveland, Chicago, Newark. Auf dem Programm stehen Dons Geburtstag, ein Besuch bei Jeff und Maurice, Verhandlungen über mein „Jahreslesebuch" mit dem Verleger, ein paar Tage Zwischenstation bei Frank, Alvaro und Kevin, Predigt zur Amtseinführung von Jim in Cleveland und Leitung eines Workshops über die Einbeziehung von Behinderten in die Liturgie. Es ist eine Dienst- wie auch Ferienreise.

Heute abend hatten mich Carol und John in ihr behagliches kleines Heim zum Abendessen eingeladen. Carol kommt jeden Morgen zur Eucharistiefeier und ist mir eine wirkliche Hilfe.

Oft denke ich mir, daß das, was wir hier in diesen Tagen tun, sich mit dem vergleichen läßt, was der heilige Paulus und die Apostel in der frühen Kirche taten: intime Feiern in den Häusern der ersten Christen, beten, Gespräche und gegenseitige Unterstützung. Einfach, aber stärkend.

Chicago, Osterfreitag, 12. April

Don erwartete mich bei meiner Ankunft in Chicago. Zehn Minuten nach mir kam Claude aus Portland an. Ich kenne beide seit 1966, als ich eine Gastprofessur an der Psychologischen Fakultät der Notre-Dame-Universität innehatte. Unsere nun dreißigjährige Freundschaft spielte bei unserem persönlichen wie auch beruflichen Werdegang eine wichtige Rolle. Don hat uns zu einem Ruhetag im Sommerhaus seines Vaters eingeladen, bevor die Party zu seinem 60. Geburtstag bei seinem Vater in Winnetka stattfindet. Ich freue mich sehr, bei Don und Claude zu sein und mit ihnen über unsere Vergangenheit und Zukunft sprechen zu können, treten wir doch in unseren „dritten" Lebensabschnitt ein.

Ostersamstag, 13. April

Den Vormittag und frühen Nachmittag verbrachten Don, Claude und ich mit einem Gedankenaustausch über unsere geistliche Lebensgeschichte. Wir sprachen vor allem über unser Ringen und unsere Bedürfnisse an diesem Punkt unseres Lebens und auch darüber, wie wir in den kommenden Jahren einander stützen können.

Um 15 Uhr fuhren wir nach Winnetka in Dons Elternhaus. Gegen 16 Uhr hatten sich dort Dons Familienangehörige und Freunde versammelt, um seinen Geburtstag mit der Feier der Eucharistie und einem festlichen Mahl zu begehen.

So sehr Don im Mittelpunkt der Feier stand, zog doch sein Vater, der Gastgeber war, die größte Aufmerksamkeit auf sich.

Hunderttausenden älteren Amerikanern als Gastgeber des „Breakfast-Club", einer beliebten Sendereihe im Rundfunk, die von 1933 bis 1967 lief, noch in guter Erinnerung, wird Dons Vater immer unselbständiger und ist auf die tägliche Pflege durch die Familie und seine Freunde angewiesen. Verschiedene körperliche Leiden haben ihn ans Bett und an den Rollstuhl gefesselt. Seine Familienangehörigen und viele Freunde bemühen sich sehr, dem „alten Herrn", wie er liebevoll genannt wird, das zukommen zu lassen, was er braucht, ohne sich nach einem Pflegeheim umsehen zu müssen. Mich beeindruckte vor allem die freundliche, humorvolle, unbeschwerte Art des „alten Herrn". Während die verschiedenen guten Geister, die sich um unser Wohl sorgten, über alles mögliche klagten, saß der „alte Herr" friedlich da wie ein sorgenfreier König, erteilte ab und zu eine Anweisung und behielt bei alldem Sinn für Humor. Die große Verehrung, die ihm in den vielen Jahren seines Lebens von allen Seiten erwiesen wurde, ist in seinen „schwachen Jahren" keinen Deut geringer geworden. Wie zur Zeit der „Breakfast-Club"-Sendungen wird Don sen. auch heute von allen, die ihm begegnen, Liebe, Sympathie, Zuneigung und Freundschaft entgegengebracht.

San Francisco, Sonntag, 14. April

Heute nachmittag brachte Don mich und Claude zum O'Hara Airport. Jeder von uns war froh über die zwei Tage, die wir zusammen verbracht haben, und jeder von uns nahm sich vor, die Freundschaft und gegenseitige Unterstützung auf unserem Weg ins „Alter" zu vertiefen.

Guerneville/Kalifornien, Montag, 15. April

Heute vormittag traf ich mich im Verlag HarperCollinsSan-Francisco mit Tom, John und Greg, um verschiedene Punkte, die die Veröffentlichung meines Buches „Bread for the Journey" (dt.: „Leben hier und jetzt") betreffen, zu besprechen. Es ging dabei vor allem um die Vertragsbedingungen, die Taschenbuchrechte und andere Nebenrechte, Übersetzungen in fremde Sprachen und manches andere. Das wichtigste Ergebnis unserer Besprechungen war für mich allerdings die tiefere Bindung zu Tom, John und Greg und ihr bekräftigtes Interesse an mir als Autor wie auch die gefestigte Beziehung zu mir als Mensch. In großen Verlagen ist es schwer, persönliche Beziehungen zu den Lektoren zu unterhalten. Für mich gehören aber gerade Freundschaft und gegenseitiges Vertrauen, zu denen eine fruchtbare verlegerische Zusammenarbeit führen sollte, zur Freude des Bücherschreibens. Deshalb vertraue ich meine Manuskripte oft lieber kleineren Verlagen an, in denen man sich mehr Zeit nimmt und die Drucklegung sorgfältig vorbereitet. Ich meine aber, daß ich auf meine Vorstellungen und Wünsche, die ich klar vorgetragen habe, eine ehrliche Antwort erhielt. Daß Tom, John und Greg sich für mich so viel Zeit genommen und persönliches Interesse an meinen Gedanken, Plänen und Hoffnungen gezeigt haben, hat mich gefreut und ermutigt.

Nach dem Mittagessen mit meinen Harper-Freunden traf ich mich mit Kevin, Frank und Alvaro, die auf mich warteten, um mit mir ein paar Tage in Ferien zu fahren. Gegen 16 Uhr erreichten wir unser Ziel am Russian River. Das kleine, aber komfortable Ferienhaus ist ein idealer Ort, um einige Tage in Ruhe zu verbringen.

Dienstag, 16. April

Der Leitartikel der diesjährigen Osterausgabe des „Time"-Magazins setzt sich mit der „Frage nach dem historischen Jesus" auseinander. Zu diesem Thema erschienen im Verlag Harper in jüngster Zeit drei Bücher: „Jesus. A Revolutionary Biography" von John Dominic Crossan, „Meeting Jesus Again for the First Time" von Marcus J. Borg und „The Real Jesus" von Luke Timothy Johnson. John hat mir gestern alle drei

Bücher geschenkt. Ich habe in ihnen geblättert und den einen und anderen Abschnitt gelesen. Diese Untersuchungen zwingen mich, mir aufs neue die Frage zu stellen: „Wer ist Jesus für mich?" und „Was heißt das, wenn ich bekenne: Ich glaube an Jesus Christus?" Was Johnson in der Schlußfolgerung seines Buches schreibt, wo er vom „wirklichen Jesus" spricht, der „vor allem der machtvolle, auferstandene Herr ist, dessen umwandelnder, erneuernder Geist in der Gemeinschaft wirkt", spricht mich sehr an. Der „wirkliche Jesus" aber vermehre auch in unserem Leben sowohl den gläubigen Gehorsam gegenüber Gott als auch die liebende Dienstbereitschaft gegenüber dem Nächsten. Und Borg sagt, „daß wir den nachösterlichen Jesus nicht durch seine historischen Fakten verstehen oder erklären können, weil der nachösterliche Jesus der Jesus der Überlieferung und *Erfahrung* ist".

Bei der Lektüre dieser Untersuchungen drängt es mich, mehr über die Bedeutung und Wichtigkeit Jesu für mein und das tägliche Leben anderer zu schreiben. Die neutestamentlichen Zeugnisse von der Auferstehung Jesu haben in diesem Jahr mehr als in anderen meine Hoffnung und meinen Glauben vertieft und mich zu einer neuen Sichtweise des Leibes geführt. Alle drei Autoren, Crossan, Borg und Johnson, helfen mir. Sie fordern mich aber zugleich heraus, eine überzeugende Verbindung zwischen der Geschichte Jesu und meiner Geschichte aufzuzeigen.

Mittwoch, 17. April

Heute regnete es fast den ganzen Tag. Außer einem kurzen Einkauf im Ort blieben wir zu Hause, haben gelesen, geschrieben, zusammen gegessen und gebetet.

Guerneville, Donnerstag, 18. April

Den Vormittag über waren wir auf Foto-Safari in der Umgebung. Wir fuhren zuerst durch den dunklen Wald mit den herrlichen, hohen Rotholzbäumen und dann die Serpentinen hinauf zum höchsten Punkt des Naturparks, von wo wir die großartige Aussicht auf das Tal, die grünen Wiesen, die Pinienwälder und Hügel genossen.

Kevin hatte mir versprochen, ein paar Schwarzweiß-Aufnahmen von mir zu machen, die für den Umschlag meines neuen Buches und für Werbeplakate gebraucht werden. Das Licht auf der Höhe war zauberhaft. Kevin nahm sich viel Zeit, suchte immer wieder einen neuen Hintergrund, fotografierte aus der Nähe und aus größerer Entfernung. Zwischendurch machten wir voneinander Aufnahmen mit verschiedenen Ausblicken auf das Tal. Bald aber zogen wieder Wolken auf, und es fing an zu regnen. Wieder daheim, machten wir noch im Wohnzimmer eine Reihe von Aufnahmen.

Am Nachmittag gingen wir auf den nahe gelegenen Friedhof, um das Grab von Randy zu besuchen. Als Autor der Bücher „The Mayor of Castro Street", „And the Band Played On" und „Conduct Unbecoming" wurde er weltbekannt. Randy starb 1994 an Aids. Seine Grabstätte besteht aus einer einfachen, schwarzen Marmorplatte, auf der links sein Name eingemeißelt ist, und deren rechte Seite für einen zweiten Namen freigelassen wurde. Auf einem anderen Grabstein nicht weit davon standen die Namen von zwei jungen Männern: ein Name mit Geburts- und Todesdatum, der andere Name nur mit dem Geburtsdatum.

Neben den vielen Gräbern auf diesem Friedhof, die Menschen gehören, deren Lebenszeit ins 19. Jahrhundert fiel und als Eltern, Ehefrauen, Ehemänner oder Kinder in Erinnerung gebracht werden, offenbaren diese Grabplatten vom Ende des 20. Jahrhunderts das Gesicht der Liebe anderer Art, und sie zeigen, daß sich die Werte in unserer Gesellschaft verschoben haben.

Am frühen Abend beteten wir gemeinsam die Komplet und saßen noch eine gute Stunde zusammen, sprachen dabei über unsere Freundschaft und über Möglichkeiten, einander zu unterstützen. Morgen vormittag fahren wir nach Oakland zurück.

Oakland/Kalifornien, Freitag, 19. April

Nach unserer Rückkehr nach Oakland besuchte uns Michael, ein langjähriger Freund und Mitbegründer des Bethany-House, einer Einrichtung der katholischen Arbeiterbewegung für Aids-Kranke.

Die große Überraschung dieses Tages war die Ankündigung eines Vortrags des Rumi-Spezialisten und Mystikautors Andrew Harvey; für mich eine willkommene Gelegenheit, diesem geistlichen Schriftsteller, dessen Leben und Werk mich vom ersten Augenblick an, da ich von ihm hörte, interessiert hat, zu begegnen. Tom, ein Franziskanerpater und Freund von Michael, begleitete uns.

Der Vortrag war ausgezeichnet. Er fesselte mich nicht nur wegen seines Inhalts, sondern auch wegen der transparenten, ausstrahlenden, freien, humorvollen und freundlichen Erscheinung Andrews. Alles, was er tat – die Art und Weise, wie er die Zuhörer anblickte, seine Brille abnahm und wieder aufsetzte, Fragen an die Zuhörer richtete und sie zu einer persönlichen Transformation einlud, bei der radikale Liebe zu Gott und radikaler Dienst am Nächsten gefordert sind –, zwang mich geradezu, diesen „Boten" kennenzulernen.

Ich ging nach dem Vortrag zu ihm und stellte mich vor. Es schien zunächst, als habe er noch nie von mir gehört, bis er dann realisierte, daß ich der Autor des Buches „Du bist der geliebte Mensch" bin. Daraufhin reagierte er begeistert. „Ich habe Ihr Buch auf meinem Nachttisch und lese oft darin. Ihr Stil und die Art, wie Sie über das Leid schreiben, gefallen mir; auch der Umfang Ihrer Bücher ist sympathisch. Wir sollten miteinander in Verbindung treten." Ich habe noch nie einen

Autor um ein Autogramm gebeten, heute aber fragte ich: „Würden Sie mir bitte ein Exemplar Ihres Buches signieren und mir angeben, wohin ich Ihnen schreiben und einige meiner Bücher schicken kann?"

Wenngleich unser persönlicher und intellektueller Werdegang völlig verschieden sind, empfand ich nachdrücklich, daß ich in Harvey einem geistigen Freund begegnet bin. Ich hoffe, es war auch bei ihm so.

Bevor wir nach Hause fuhren, kehrten wir – Tom, Michael und ich – noch in einem Stehcafé ein, um etwas zu trinken. Wir unterhielten uns lange darüber, in welcher Hinsicht die Mystik Andrews uns angerührt hat.

Cleveland, Samstag, 20. April

Um 6.30 Uhr brachte mich Michael zum San Francisco Airport, um 17.15 Uhr Ortszeit kam ich in Cleveland an, wo Jim mich erwartete. Wir lernten uns Anfang der siebziger Jahre an der Yale-Universität kennen und sind seitdem gute Freunde. Jim lud mich seinerzeit zu seiner Ordination ein – er gehört der „United Church of Christ in USA" an – und bat mich auch, die Ansprache bei seiner Trauung zu halten. Nach der Geburt ihrer Söhne Luke und Marc wünschten Jim und seine Frau Cindy, daß ich die beiden Kinder taufe. In den Jahren danach verfolgte ich ihren Werdegang und besuchte sie in Northfield/Connecticut, Nyack/New York und Newton/Massachusetts, wo sie nacheinander tätig waren. Darüber hinaus pflegten wir im Laufe dieser Jahre einen regen Gedankenaustausch, hauptsächlich über theologische und seelsorgliche Themen, über zivilen Ungehorsam und Pazifismus, Bildung und Erziehung, wirtschaftliche und ökologische Fragen und insbesondere über den schöpferischen Umgang mit Konflikten. Ich hätte nie gedacht, daß Jim, den ich als leidenschaftlichen, ideologisch engagierten „Rebell" kenne, einmal das Amt des Senior-Priesters in solch einer angesehenen Kirche bekleiden würde. Er ist jetzt an der Stelle, an die er gehört und an der seine ganze berufliche und familiäre Erfahrung zum Tragen kommen kann, wenn er morgen nachmittag hier als Pastor eingesetzt wird.

Richard und Lois machten bei mir mit ihren Kindern, dem zehn Jahre alten Tim und der vier Jahre alten Molly, einen Wochenendbesuch. Ich traf Richard und Lois das letzte Mal vor zwölf Jahren, als ich in Cleveland einen Vortrag zum Thema „Frieden" hielt. Beide studierten in Yale, als ich dort Vorlesungen hielt. Es war schön, sie wiederzusehen und ihre Kinder kennenzulernen, die erst nach unserem letzten Zusammentreffen auf die Welt kamen. Richard und Lois foppten mich damit, daß ich sie bei meinem Besuch damals ermuntert habe, Kinder zu bekommen. Eine Beschuldigung, die zu ertragen ist!

Das alles begann vor 25 Jahren an der Yale Divinity School. Heute schließt sich der Kreis. Jim, Pfarrer einer großen Kirchengemeinde, Cindy, katholische Krankenhausfürsorgerin, Richard, hauptamtlicher Ombudsmann, und Lois, presbyterianische Seelsorgerin, bilden heute eine kleine Gruppe, helfen einander und bieten ihren Kindern ein Umfeld, in dem sie sich entfalten können. Ein Musterbeispiel an Freundschaft und Treue.

Chicago, Sonntag, 21. April

Die Amtseinführung von Jim war ein frohes und festliches Ereignis. Als Lesungen hatte er die Erzählung von der Heilung des Feldherrn Naaman (2 Könige 5, 1–14) und das Gleichnis vom verlorenen Sohn (Lukasevangelium 15, 11–32) ausgewählt. In meiner Predigt sprach ich von Jims Berufung, ein mit-leidender Vater zu sein und sich im Fluß seiner Gemeinde siebenmal zu waschen.

Beim anschließenden Empfang traf ich viele alte Freunde von der Yale Divinity School und viele neue Freunde von der „Arche"-Gemeinschaft in Cleveland.

Auch mein lieber Freund Bob, ein ehemaliger Trappistenbruder und pensionierter Postbote aus Cleveland, war gekommen. Bob hat vor acht Jahren (1988) einen Band mit einer Sammlung von Texten aus meinen Büchern unter dem Titel „Seeds of Hope – Samenkörner der Hoffnung" herausgegeben. Mich freut nicht nur der Erfolg dieses Bandes, der in Kürze in Neuauflage erscheinen wird, sondern auch, daß Bob durch unsere Freundschaft selbst Schriftsteller geworden ist und eine große Lesergemeinde gefunden hat.

Auf den Empfang folgte ein Abendessen bei Jim und Cindy; um 20.30 Uhr war ich wieder am Flughafen, um nach Chicago zu fliegen.

Montag, 22. April

Fast den ganzen Vormittag habe ich an meinem Vortrag gearbeitet. Obwohl ich gebeten wurde, über die Frage der Einbeziehung von Behinderten in die Feier der Liturgie möglichst konkret zu sprechen, möchte ich doch etwas weiter ausholen und das Ganze in einen theologischen Rahmen stellen.

Nach mehreren Entwürfen entschloß ich mich, von der höheren Sicht, der Sicht Gottes, auszugehen, in der unser Leben mit der Sendung verbunden ist, die bedingungslose Liebe Gottes zu verkünden. Von da ging ich zu der Verwundbarkeit Jesu über, in der sich die Liebe Gottes zu uns in menschlicher Gebrochenheit offenbart. Zum Schluß möchte ich über das Wirken des Geistes in der Gemeinschaft der Glaubenden sprechen, die als eine Gefolgschaft der Schwachen mit den Armen im Mittelpunkt zusammenkommt.

Kardinal Bernardin hatte mich zu einem Mittagessen zu Ehren des Kardinalerzbischofs von Preßburg und seiner Begleitung eingeladen. Es war eine wirkliche Festtafel. Die meisten trugen schwarzen Anzug mit römischem Kollar. Zu den Tischgästen zählten fünf Bischöfe, mehrere Sekretäre, Pastoralarbeiter, Übersetzer und schließlich ich, in dunkelblauem Anzug und roter Krawatte. Alle waren sehr freundlich. Der Kardinal aus Preßburg dankte Kardinal Bernardin herzlich für die Gastfreundschaft und den freundlichen Empfang auf seiner

Reise durch die Vereinigten Staaten. Wo immer sich eine Gelegenheit bot, verteilte er kleine Buttons zum Eucharistischen Kongreß, der im Mai 1997 in seiner Diözese stattfinden wird.

Um 15 Uhr begann die Konferenz. Nach verschiedenen Begrüßungen ergriff Kardinal Bernardin das Wort und gab es nach einer Viertelstunde an mich weiter. Die große allgemeine Aufmerksamkeit beeindruckte mich. So fiel es mir leicht, zu solch einer aufnahmebereiten Zuhörerschaft zu sprechen. Ich trug meine drei Betrachtungen vor, zwischen die ich kleine Pausen einlegte, in denen gesungen wurde und man ein paar Worte mit seinem Nachbarn wechseln konnte. Man scherzte, lachte, sang und spendete begeistert Beifall. Dreimal bat ich einen Behinderten aus der Versammlung, zu mir ans Pult zu kommen, um den Hörern etwas gemeinsam zu verdeutlichen. Bei der dritten Betrachtung bat ich einen jungen Mann, der taub war, zu mir. Ich hatte nicht daran gedacht, daß er nicht hören konnte und auf die Zeichensprache des Übersetzers angewiesen war, um mich zu verstehen. Als ich ihm in die Augen zu schauen versuchte, konnte er die Handzeichen des Übersetzers nicht sehen und mich nicht „hören". Schließlich stellte ich mich hinter ihn, legte meine Arme um ihn und flüsterte ihm ins Ohr. So konnte er wieder die Zeichen sehen und mir auf das, was ich sagte, durch Kopfschütteln antworten.

Um 20 Uhr zelebrierte Kardinal Bernardin eine feierliche Messe. Gorbet, ein an schwerer Gehirnlähmung leidender Mann, diente, mit einer Gehhilfe, am Altar. Er strahlte und war glücklich, als Ministrant auftreten zu können. Eine Frau kam in ihrem Rollstuhl nach vorn, um die Lesung vorzutragen; andere Behinderte halfen beim Austeilen der Kommunion.

Während der Kommunionausteilung neigte sich der Kardinal, neben dem ich saß, zu mir und flüsterte: „Ist das nicht eine schöne Feier? Ich bin sehr bewegt." Vor dem Schlußsegen wandte er sich an die versammelte Gemeinde: „Als ebenfalls Behinderter muß ich sagen, daß diese Eucharistiefeier mir großen Trost und große Hoffnung gegeben hat." Vielen kamen bei diesem Ausdruck der Verbundenheit des Kardinals mit ihnen die Tränen.

Um 22.30 Uhr waren wir wieder in der Residenz des Kardinals. Er war erschöpft. Ich war froh, wieder allein zu sein. Von meinem Zimmer aus rief ich noch Al, Kevin und Frank an, um ihnen Hallo zu sagen und sie zu fragen, wie ihnen die gemeinsame Ferienwoche gefallen habe. Sie denken, glaube ich, gern daran zurück und sind dafür dankbar, daß wir zusammen waren und unsere Freundschaft festigen konnten. Danach rief ich Joan in San Diego an. Ich merke, wie wichtig es ist, Schönes nicht nur zu erleben, sondern sich auch gern daran zu erinnern.

Peapack, Dienstag, 23. April

Mit einer Stunde Verspätung flog ich heute in Chicago ab und kam um 13.30 Uhr in Newark an. Peggy erwartete mich und fuhr mit mir nach Peapack. Wir hatten uns viel von unseren „Abenteuern" in der vergangenen Woche zu erzählen. Glücklich in mein kleines, rotes Haus zurückgekehrt, ging der größte Teil des Nachmittags mit Lesen und Beantworten der eingegangenen Post, mit dem Abhören des Anrufbeantworters und mit Telefonanrufen vorüber.

Mittwoch, 24. April

Heute telefonierte ich mit Art und Dean. Ich lernte beide seinerzeit an der Yale Divinity School kennen und nahm an ihrer geistlichen Entwicklung teil. Art und Dean sind mit den Brüdern Berrigan befreundet und befanden sich mit ihnen zusammen wegen zivilen Ungehorsams lange Zeit in Haft. Ich besuchte Dean einmal im Gefängnis von Danbury und hielt ihm und seinen Mithäftlingen eine kurze geistliche Einkehr. Zur Zeit lebt und arbeitet Art im Katholischen Arbeiterheim in Washington/DC, Dean schreibt seine Doktorarbeit in Psychologie und ist mehrere Tage in der Woche als Sozialarbeiter in einer psychiatrischen Klinik tätig. Der Krieg in Vietnam und die Gefahr eines nuklearen Holocaust haben das Leben dieser beiden Männer tief geprägt. Im Gegensatz zu vielen, die die Auffassung vertreten, die Vorgänge in den sechziger Jahren seien nicht mehr signifikant, sind Art und Dean davon überzeugt, daß sich im Grunde nichts geändert hat und die Gefahr einer nuklearen Vernichtung viel größer ist als vor dreißig Jahren.

Dean und Art sind gute Freunde von mir. Ich zolle ihnen für ihre Hingabe, Beharrlichkeit und ihr radikales Zeugnis großen Respekt. Sie mahnen die Menschen und rufen sie zur Umkehr auf, ob die Gründe populär sind oder nicht. Zugleich aber schwanke ich innerlich. Ihr Leben in der Haft und ihre wiederholten Akte des Ungehorsams haben sich tief auf ihr persönliches Leben ausgewirkt. Manchmal allerdings scheint es mir, es falle ihnen schwer, sich ohne aktiven Protest gegen den Rüstungswettlauf ruhig zu verhalten. Der Einsatz für den Frieden mag eine gewisse Aufteilung der Welt in Mächte des Lichts und Mächte der Finsternis nahelegen. Und geschieht dies, beunruhigt es mich, weil ich meine, daß jeder von uns an der einen wie der anderen Welt teilhat. Darüber hinaus frage ich mich, ob solch eine Polarisierung einem schöpferischen Dialog mit der Regierung, den Streitkräften und anderen Gruppen, die Macht besitzen, nicht entgegensteht und ob das Modell des „zivilen Ungehorsams" auch das wirksamste für unser Jahrzehnt darstellt. Worin ich mir indessen sicher bin, ist, daß ich Art und Dean auf ihrem Weg beistehen und unsere Freundschaft festigen möchte, besonders dann, wenn die beiden kaum Unterstützung erfahren.

*

Heute abend rief mich Timmy Brunner an. Er sagte mir, daß seine kleine Schwester Sarah auf die Welt gekommen sei. Sie wurde am Montag mittag geboren. „Ich hab' die Nabelschnur abgeschnitten", sagte Timmy voller Stolz. Ich bin mir nicht im klaren, wie sich ein zehnjähriger Junge fühlen mag, wenn er seine Schwester aus dem Schoß seiner Mutter kommen sieht. Als ich zwölf war und mein zweiter Bruder geboren wurde, konnte ich mir nicht vorstellen, wie das vor sich gegangen sein mag. Alles, woran ich mich erinnere, sind: Seife, Blumen, ein wohlriechendes Zimmer, ein winziges, schön angezogenes Baby in einem großen Kinderbett, meine Mutter zwar im Bett, aber offensichtlich nicht krank, und viele Besucher. Als Junge in diesem Alter schien mir, daß für meinen Vater hier nicht allzuviel Platz war. Als er am Abend nach Hause kam, hatte er einen weiteren Sohn! Doch das war zu einer anderen Zeit und an einem anderen Ort!

Kathy kam ans Telefon und sagte mir, daß die Geburt gut verlaufen sei. „Timmy war großartig", fügte sie hinzu. „Als ich keine Kraft mehr zum Pressen hatte, spornte er mich an: ‚Komm, Mama, du schaffst es!'" Ich werde Sarah am Freitag sehen, wenn ich wieder nach Daybreak komme. Ich freue mich darauf, Sarahs Taufpate zu sein.

Donnerstag, 25. April

Alle Zeitungen, auch die „New York Post" und die „New York Daily News", sind voll von Berichten über die Versteigerung verschiedener persönlicher Gegenstände von Jackie und Jack Kennedy bei Sotheby's. Die gebotenen Summen übertrafen alle Erwartungen. Ich bin sprachlos, welch enormen Wert es hat, „wer etwas besaß und von wem es stammt". Als ich mit Nathan darüber am Telefon sprach, sagte er: „Gegenstände, die Heiligen gehört haben, würden niemals zu solch hohen Beträgen Abnehmer finden!"

Ich bin Jackie nur einmal bei Murrays Beerdigung begegnet. Murray war mit Peggy verheiratet und seit vielen Jahren mein Freund. Jackie sprach mich auf meine Predigt an, vor allem was ich über Murrays Verwundbarkeit sagte: „Ich habe das Verwundbarsein nie als etwas Positives betrachtet. Ich hätte darüber früher nachdenken sollen."

Richmond Hill, Freitag, 26. April

Nach der Eucharistiefeier in Peapack, bei der sich eine lebhafte Diskussion über die Bekehrung des Paulus entspann, machte ich mich zur Abreise nach Toronto fertig.

Ich bin aus zwei Gründen wieder nach Daybreak gekommen: wegen der Sitzung des Dayspring-Rates und der Feier zur erneuten Beauftragung Nathans mit der Leitung der Gemeinschaft für die nächsten vier Jahre. Seit vier Jahren verfolgt die Daybreak-Gemeinschaft den Plan, ein neues Dayspring-Gebäude oder Geistliches Zentrum zu bauen mit einem Gästehaus und einer neuen Kapelle. Das heutige Dayspring-Haus ist ein kleiner Bungalow mit vier Schlafzimmern und einem geräumigen Untergeschoß, das zu einer Kapelle umgestaltet wurde. Mit ihren über 150 Mitgliedern braucht die Daybreak-Gemeinschaft mehr Raum, um Besinnung halten und Gastfreundschaft anbieten zu können. Der Dayspring-Rat ist eine kleine Gruppe von Leuten aus Toronto und verschiedenen Orten der USA, die die Aufsicht über das Projekt innehaben, Vorschläge unterbreiten und an einem Finanzierungsfonds beteiligt sind.

Um 20 Uhr versammelte sich die Gemeinschaft in der Dayspring-Kapelle zur Feier der Eucharistie. Kathy, Timmy und die vier Tage alte Sarah nahmen auch daran teil. Was für ein zartes und hübsches Baby ist Sarah doch! Es war ihr erster Besuch in der Kapelle; viele weitere werden folgen. Nach der Predigt erteilte ich Sarah einen besonderen Segen.

Es ist schön, wieder in Daybreak zu sein. Mit der Sitzung des Daybreak-Rates, Nathans Bestätigung im Amt und mit Gesprächen mit dem Architekten wird es ein sehr ausgefülltes Wochenende werden, von dem hoffentlich neues Leben und neue Hoffnung ausgehen werden.

Samstag, 27. April

Die Sitzung des Daybreak-Rates verlief sehr ermutigend und zeigte, daß sich die Teilnehmer einig sind. Viele Fragen standen an. Die Entwürfe für die Bauvorhaben fanden große Zustimmung. Sie entsprechen dem Selbstverständnis der Daybreak-Gemeinschaft.

Zum Abschluß des Tages besuchte ich Kathy, Timmy und die kleine Sarah.

Sonntag, 28. April

Nach Ablauf der vierjährigen Amtszeit als Leiter der Gemeinschaft wurde Nathan gebeten, diese Aufgabe weitere vier Jahre zu übernehmen, wozu er sich bereit erklärte. Heute nachmittag versammelte sich die ganze Gemeinschaft in der Begegnungshalle, um dies zu feiern. Nathan erhielt viele Zeichen der Zustimmung und Ermutigung: Lieder wurden gesungen, kurze Ansprachen gehalten, Parodien vorgetragen und viele Glück- und Segenswünsche ausgesprochen.

Bei meinem Auftritt hielt ich zwei gleichschenklige Dreiecke in den Händen, das eine Dreieck mit der Spitze nach oben, das andere mit der Spitze nach unten. Ich erklärte dazu, daß Nathan sowohl der Boß wie auch der Hirte sei; ein Leiter, der die Richtung bestimme, aber auch zuhöre; ein Mann, der mit den Behörden verhandle, sich um Budgets kümmere und Verbindung zwischen unserer Niederlassung und anderen Niederlassungen halte; aber auch ein Mann, der uns als Gemeinschaft zusammenhalte, mit uns bete, mit uns zu Tisch sitze und unser Augenmerk auf die Schwächsten unter uns lenke. Das Dreieck mit der Spitze nach oben zeige, daß wir als eine Niederlassung *in* der Welt keine Konkurrenz zu fürchten bräuchten; das Dreieck mit der Spitze nach unten mache deutlich, daß wir nicht *von* dieser Welt seien, sondern eine Gemeinschaft, die diene und Sorge trage. Nachdem ich die beiden

Dreiecke auf diese Weise gedeutet hatte, legte ich sie so über-
einander, daß sie einen Stern bildeten, und sagte, daß es genau
die Spannung zwischen dem nach oben und nach unten gerich-
teten Dreieck ausmache, die Licht schaffe, ein Licht, das leite
und erleuchte. Auch sei es in unserer Zeit sehr schwer, ein
guter Leiter zu sein, der klug ist wie eine Schlange und sanft
wie eine Taube. Aber Nathan habe ein einmaliges Talent.

Peapack, Montag, 29. April

Ein ausgefüllter Tag: am Morgen Feier der Eucharistie in der
Dayspring-Kapelle mit nahezu fünfzig Leuten; anschließend
Kathy Briefe diktiert, sodann Besuch beim Ohrenarzt in Richmond Hill, um meine Gehörgänge reinigen zu lassen, Mittagessen mit Joe, dreistündige Besprechung mit dem Architekten
über die Baupläne für mein kleines Haus, das neben dem jetzigen Dayspring-Haus errichtet werden soll, Besuch im Neuen
Haus und Gespräche mit den Assistenten über Adams Tod und
ihre Pläne für die Zukunft.

Um 18 Uhr brachte Nathan Wendy und mich zum Flughafen; um 22.15 Uhr kamen wir – nach einstündigem Flug – in
Newark an.

Ein ermüdender Tag nach einem ermüdenden Wochenende.
Aber alles ist gut verlaufen; auch mit den Ergebnissen bin ich
zufrieden. Ich bin froh, wieder in Peapack zu sein, und freue
mich auf eine ruhige Woche, in der ich redigieren und wieder
schreiben kann.

Dienstag, 30. April

Bei unserem Besuch in Richmond Hill gab mir Malcolm, der
dem Dayspring-Rat angehört, einen Artikel aus der Zeitschrift
„The Christian Century", der über das neue Buch von John
Updike „In the Beauty of the Lilies" handelt. Ralph C. Wood,
der Verfasser dieses Beitrags, geht darin auf den Verlust des

Glaubens und der Religion ein, von dem in dem Buch leidenschaftlich und beunruhigend die Rede ist. Eine der Hauptpersonen dieses Romans leidet unter Trägheit.

Der Begriff „Trägheit" hilft mir, meine eigene Welt ein gutes Stück besser zu verstehen. Trägheit tritt weder für das Schlechte noch für das Gute ein, sie ist vielmehr jene passive Gleichgültigkeit gegenüber dem Schlechten wie dem Guten, die unser Verhalten bestimmt. Ich weiß, wie schwer – ja unmöglich – es ist, vor trägen Menschen zu predigen, weil sie nichts wirklich berührt. Sie können sich über einen guten Gedanken, eine glänzende Idee oder eine ermutigende Perspektive ebensowenig begeistern, wie über gemeine Worte, schändliche Gedanken oder destruktive Ansichten entrüsten. Evelyn Waugh nannte die Trägheit einmal – in Anlehnung an Wood – die unausrottbare Sünde der Spätmoderne. Ich glaube, Evelyn Waugh hat recht. Die Trägheit scheint die Sünde einer verwöhnten Generation zu sein, die alles kalt läßt.

Ich sehe, daß vieles, was ich tun will, darauf hinzielt, den Menschen zu helfen, aus dem Gefängnis der Trägheit auszubrechen und sich zu bemühen, die Welt zu einem besseren Ort werden zu lassen. Ich versuche es so sehr, daß ich als übertrieben, übermotiviert und überengagiert angesehen werde. Ich meine allerdings, daß es besser ist, heiß oder kalt zu sein als lau. Lauheit ruft Ekel hervor und führt zu Erbrechen. Ich verstehe, warum Gott die Lauen aus „(s)einem Mund ausspeit" (Offenbarung 3, 16).

Ich frage mich, ob nicht gerade ältere Menschen der Versuchung zur Trägheit erliegen, weil sie viel gesehen haben, sich aber wenig ändern ließ. Ich merke, daß ich es manchmal müde bin, einen neuen Kampf auszufechten, eine neue Schlacht für das Gute zu führen. Aber Gott will nicht, daß ich zu früh ausruhe. Ich muß bis zum Ende treu zur Sache stehen und stets auf die endgültige Erfüllung der Verheißung Gottes vertrauen.

MAI 1996

Der Mai beginnt mit herrlichem Sonnenschein, der das ganze Pleasant-Tal in ein kleines Paradies verwandelt mit blühenden Narzissen, Kirsch- und Pfirsichbäumen und vielen anderen sprießenden Bäumen und Sträuchern. Bei der Eucharistiefeier sprachen wir darüber, daß wir nicht richten dürfen und Jesus folgen sollen, der nicht gekommen ist, um zu richten, sondern um Leben zu bringen.

Mein Tag verlief wenig aufregend: Manuskripte korrigiert, Telefonanrufe, mit Peggy und ihrer Freundin Roma gut zu Mittag gegessen und danach etwas Extra-Schlaf. Seit dem ausgefüllten Wochenende in Kanada bin ich sehr müde. Mein Körper verlangt nach Schlaf. Es bekümmert mich, daß ich immer wieder so müde bin. Gönne ich aber meinem Körper die Ruhe, die er verlangt, fühle ich mich bald wieder viel wohler.

Heute nachmittag wurde Frank, der Militärseelsorger bei der US-Air Force ist, die Beförderungsurkunde überreicht. Es ist für ihn ein besonderes Ereignis, an dem leider weder seine Angehörigen noch seine Freunde teilnehmen konnten, was auch daran lag, daß dieser Akt im Rahmen einer Übung auf der Basis stattfand und hier keine Möglichkeit zum Feiern bestand. Dennoch wäre ich gern bei Frank gewesen. Besondere Anlässe bieten sich nicht allzuoft in seinem Leben. Diese öffentliche Bestätigung seines seelsorglichen Dienstes verdient gefeiert zu werden. Ich hoffe, wir können es nachholen.

Als wir zusammen in Santa Fe waren, bat mich Frank: „Du könntest mir doch zu meiner Beförderung ein Gebet verfassen." – „Natürlich!" sagte ich. Doch dann war ich mir nicht sicher, ob er ein Gebet wünschte, das ich für ihn beten soll, oder eines, das er selbst beten kann. Als ich den Text schrieb, ging es mir darum, ihm ein Gebet in die Hand zu geben, das er nicht nur einmal, sondern immer wieder beten kann. Ich versuchte, in seine Haut zu schlüpfen und aus seinem Herzen mit Gott zu sprechen. Frank ist kein Mann vieler Worte, vor allem wenn es um seine Gefühle geht. Deshalb habe ich mich entschlossen, in seinem Namen zu beten, und verfaßte dieses Gebet:

„Herr,
da ich die Wegstation der Mitte meines Lebens erreiche, möchte ich in deine Gegenwart eintreten und mich dir aufs neue überantworten. Im Laufe der vergangenen vier Jahrzehnte hast du mich geführt und mich mehr und mehr zu einem reifen Glauben, neuem Vertrauen auf meine Gaben und zu geistlicher Mündigkeit gelangen lassen. Ich habe unterwegs mit vielem zu kämpfen gehabt und mich bemüht, meinen Ort im Leben, in meiner Familie, bei meinen Kollegen, meinen Ort als dein Diener zu finden. Es war eine lange Reise mit vielen Freuden und vielen Leiden, mit vielen Zweifeln und vielen Hoffnungen, mit vielen Zeiten der Einsamkeit und vielen Stunden wertvoller Freundschaft.

Heute, da mir die Ernennungsurkunde zum Major der US-Air Force von meinen Vorgesetzten überreicht wird, komme ich wieder zu dir und bitte dich, mich deinem Herzen und den Herzen derer, die mir anvertraut sind, näher zu bringen. Gerade weil ich eine sichere Stellung habe, gesund bin und Freunde um mich sind, bin ich frei und erwähle dich zu meinem Hirten und Begleiter. Hilf mir, demütig zu sein inmitten einer Welt voller Ehrgeiz. Hilf mir, verwundbar zu sein in einer nach Macht strebenden Welt. Hilf mir, einfach zu sein, dort, wo meine Umgebung kompliziert ist. Hilf mir zu vergeben in einer Gesellschaft, in der Rachsucht und Vergeltung großes Leid stiften. Hilf mir, arm im Geist zu sein, in einem Milieu, das Reichtum begehrt und nach Erfolg trachtet. Da ich in die zweite Hälfte meines Lebens eintrete, komme ich zu dir mit offenem Herzen und bitte dich: Gib mir Vertrauen in die Talente, die du mir gegeben hast, und Mut, Risiken in deinem Dienst auf mich zu nehmen.

Ich weiß nicht, wohin du mich führen wirst. Ich weiß nicht, wo ich in zwei, fünf oder zehn Jahren sein werde. Ich kenne den Weg nicht, der vor mir liegt. Doch weiß ich, daß du bei mir bist und mich führst, und daß auch dann, wenn du mich dorthin führst, wohin ich nicht will, du mich stets meinem wahren Zuhause näher bringst. Herr, ich danke dir für mein Leben, für meine Berufung und für die Hoffnung, die du in mein Herz eingepflanzt hast. Amen."

Ich habe den Text Frank ins Büro gefaxt und ihm eine blühende Pflanze überbringen lassen. Ich hoffe und bete, daß er an diesem besonderen Tag viel Freude erfahren und die Beförderung sein Selbstvertrauen stärken möge.

Der Militärdienst mit seinen zahllosen Vorschriften und Bestimmungen läßt sich in gewisser Hinsicht durchaus mit dem kirchlichen Dienst vergleichen. Beide tendieren dazu, die ganze Person, nicht nur ihre öffentliche, sondern auch private Seite, zu kontrollieren. Wenn Frank einige Tage frei nehmen möchte, muß er alle möglichen Formulare ausfüllen und alle möglichen Genehmigungen einholen. Man könnte meinen, die militärische Bürokratie verhindere Seelsorge. Als Militärseelsorger Gott dienen ist eine große Herausforderung. Bei den niederländischen Streitkräften trägt ein Militärpfarrer zwar Uniform, steht im Rang eines Hauptmanns und wird mit fünfunddreißig Jahren zum Major befördert, behält aber dabei den zivilen Stand. Militärpfarrer in den USA hingegen sind wirklich Offiziere und den militärischen Gesetzen unterworfen. Diese Regelung führt dazu, daß viele Militärseelsorger nach Beförderung trachten und eine erfolgreiche Offizierslaufbahn oft wichtiger nehmen als fruchtbaren seelsorglichen Dienst.

Indem ich darüber nachdenke, wird mir klar, daß sich die Wertigkeiten der Militärseelsorge von denen des Militärdienstes grundlegend unterscheiden. Die Verwundbarkeit und das Vergeben Jesu stehen in starkem Kontrast zu militärischer Macht und Vergeltung. Ich frage mich, wie es zu bewältigen ist, der dunklen Seite des „Militärbetriebs" entgegenzutreten und zugleich seinen Gesetzen der Belohnung und Bestrafung unterworfen zu sein. Es überrascht mich nicht, daß Militärseelsorger oft mehr daran interessiert sind, wie sie von ihren Vorgesetzten eingeschätzt werden als von ihrem Moderator oder Bischof. Doch gerade weil wir aufgerufen sind, *in* der Welt zu sein, ohne *von* ihr zu sein, sehen sich manche dazu berufen, *in* der Welt des Militärs zu dienen, ohne *von* ihr zu sein.

Diese Gedanken gingen mir durch den Kopf, als ich das Gebet für Frank verfaßte. Ich bin mir im klaren, daß Frank in manchem etwas anders denkt als ich. Ich weiß, daß er, ungeachtet aller Auffassungen und Vorstellungen von Militärseelsorge, den Druck des autoritären Militärsystems Tag für Tag spürt und erlebt, wie schwierig es ist, dabei seine geistliche Freiheit geltend zu machen. Deshalb schrieb ich am Tag seiner Beförderung dieses Gebet. Frank ist ein großartiger Mensch. Ich möchte mich heute mit ihm freuen, auch wenn ich nicht bei ihm sein kann.

Donnerstag, 2. Mai

Eugen, der Postmeister von Peapack, zeigte mir die neueste Ausgabe des „Catholic Digest", in der ein Zitat aus einem meiner Bücher abgedruckt ist. Er bat mich, das Heft zu signieren, was ich gern tat. Danach klebte er eine 32-Cent-Briefmarke auf den Umschlag und stempelte sie mit dem heutigen Datum. Er freute sich über diese Entdeckung und zeigte Ginny die Seite mit dem Zitat, meiner Unterschrift und dem Datumsstempel, als er später in das Postbüro kam. Ich mag Eugen sehr.

Er strahlt Liebenswürdigkeit und Güte aus und findet für seine Kunden stets ein freundliches Wort. Er erzählte mir, daß er den „Catholic Digest" ursprünglich für seine bettlägerige Mutter abonniert habe, um ihr daraus laut vorzulesen. Seit längerem lese er ihn auch selbst. „Es ist ein interessantes kleines Magazin mit kurzen, anregenden Beiträgen", sagte er. Er war überrascht, daß ich diese Zeitschrift kaum kannte. Ich bat ihn, mir zu sagen, wo ich dieses Heft bestellen könne. Er schlug mir die Seite mit dem Impressum auf und gab mir das Heft. Jetzt kann ich dieses Heft bestellen.

Es ist schön, so viele freundliche Menschen um sich zu wissen. Eugen im Postbüro und die Leute vom Stehcafé nebenan sind wie eigene Angehörige. Ich habe manchmal sogar schon vergessen zu bezahlen, als würden sie mich aus bloßer Freundschaft und reinem Vergnügen bedienen. Indessen sind es Menschen, die sich den anderen widmen, viele Stunden am Tag arbeiten und immer auf den Füßen sind.

Samstag, 4. Mai

Heute früh flog ich an die Ostküste, um an dem Trauergottesdienst für einen jungen Mann teilzunehmen, der sich das Leben genommen hat. Es drängte mich, einfach dabei zu sein und seinen Freunden und seinem Partner Beistand zu leisten.

Um 9.30 Uhr war ich in der Kapelle, in der sich etwa 150 Personen eingefunden hatten, alle sehr anteilnehmend und gesammelt. Der Prediger sprach sehr persönlich von den Emmausjüngern, die Jesus erkannten, als er ihnen das Brot brach, und die daraufhin unverzüglich zu ihrer Gemeinschaft nach Jerusalem zurückkehrten. Er führte aus, daß jeder von uns aufgerufen sei, mit Trauer, Verlust, Wut, Schuld und Leid zu leben, und dabei zu erkennen, daß Jesus in alldem unter uns gegenwärtig ist. Jeder von uns müsse eine Gemeinschaft gegenseitigen Beistands der Liebe und Sorge finden und ihr angehören, damit sich in ihr unsere Trauer mehr und mehr in Dankbarkeit verwandeln könne.

Diese Trauerfeier läßt mich fest auf das Geheimnis der Liebe Gottes bauen, das mir durch diesen Menschen offenbart wurde.

*

Um 19 Uhr war ich wieder am Flughafen, wo ich auf Jonas wartete, um dann gemeinsam nach Peapack zu reisen. Wir wollen in diesem Tal ein paar ruhige Tage verbringen. Während des Fluges und der Autofahrt nach Hause hatten wir einander viel zu erzählen.

*

Aus irgendeinem Grund plagt mich innere Unruhe und Angst. Ich trage wohl irgendwelche tiefen, ungelösten Emotionen mit mir herum, und es braucht nicht viel, um sie an die Oberfläche treten zu lassen und mich aus dem Gleichgewicht zu werfen. Ich rechne nicht damit, fühle mich aber sehr hilflos gegenüber diesen schwankenden Gefühlen von Liebe, Haß, Ablehnung, Angezogensein, Dankbarkeit und Überdruß. Ich wünschte, ich könnte zu neuem Frieden finden, doch nach so vielen Jahren fürchte ich, daß neue Spannungen statt Friede bevorstehen. Mir ist klar, daß es jetzt sehr aufs Beten ankommt.

Montag, 6. Mai

Wir erwarten das Kommen des Geistes. Tun wir es wirklich? Bei der Eucharistiefeier heute morgen sprach ich kurz darüber, daß wir uns auf Pfingsten ebenso vorbereiten müssten wie auf Weihnachten und Ostern. Für die meisten hingegen ist Pfingsten kein besonderes Ereignis. Erscheinen Weihnachten und Ostern auf unserem Kalender als Feiertage, so ist Pfingsten in vielen Ländern aus dem allgemeinen Bewußtsein verschwunden.

Aber Pfingsten ist das Kommen des Geistes Jesu in die Welt, die Feier der Überwindung der Grenzen von Zeit und Raum und die Öffnung der ganzen Welt für die neu erschaffende Kraft der Liebe. Pfingsten ist Freiheit, die Freiheit des Geistes, der weht, wo er will.

Ohne Pfingsten bliebe das Christusereignis – Leben, Tod und Auferstehung – in der Geschichte eingekerkert und wäre ein Geschehen, an das erinnert und über das reflektiert wird. Der Geist Jesu kommt, um in uns zu wohnen, damit wir der lebendige Christus hier und jetzt werden. Pfingsten enthebt das ganze Geheimnis der Erlösung seiner Sonderheit und macht es zu etwas Universalem, das alle Völker, Länder, Zeiten und

Epochen umfaßt. Zugleich ist Pfingsten die Zeit der Ermächtigung. Jeder einzelne Mensch kann den Geist Jesu als den Geist, der sein Leben leitet, in Anspruch nehmen. In diesem Geist können wir frei reden und voll Vertrauen handeln, wissen wir doch, daß derselbe Geist, der Jesus inspirierte, auch uns inspiriert.

Selbstverständlich müssen wir uns auf dieses Fest sorgfältig vorbereiten, um nicht nur die Gaben des Geistes in Fülle empfangen zu können, sondern auch den Geist in uns Frucht bringen zu lassen.

Dienstag, 7. Mai

Während ich heute früh die Eucharistie feierte, hinterließ mir Don auf dem Anrufbeantworter die Botschaft, daß sein Vater in der Nacht gestorben sei. Bei meinem Rückruf sprachen wir über sein beeindruckendes Leben und seinen friedlichen Tod. Es ist für Don und seine Angehörigen ein großer Verlust. Don liebte seinen Vater sehr und stand ihm seit Jahren sehr nahe.

Ich bin froh, daß ich Don sen. noch vor drei Wochen besuchen konnte. Trotz seiner Hinfälligkeit war er die unumstrittene Mitte seiner Familie und hatte immer ein Gebet und ein Lächeln auf den Lippen. Er war ohne Frage ein großer Mensch, ein guter Ehemann, ein vielgeliebter Vater, ein freigebiger Wohltäter der Armen und Schwachen und ein Mann von tiefem Glauben. Mir selbst war er stets ein großzügiger Gastgeber. Er interessierte sich für mein Leben und meine Arbeit, unterstützte mich immer bei meinen schriftstellerischen Vorhaben und brannte immer darauf, mit mir und Don zu beten. Ich werde ihn sehr vermissen.

Am Donnerstag werde ich nach Chicago fliegen, um Totenwache zu halten und an seiner Beerdigung teilzunehmen. Ich möchte Don in diesen Tagen des Schmerzes und der Trauer nahe sein.

*

Am Nachmittag brachte ich Jonas wieder zum Flughafen. Es hat uns beiden gutgetan, ein paar Tage zusammenzusein. Ich konnte mit ihm über meine innere Unruhe und Angst sprechen, die sich wieder regte und die nach wie vor hinter meiner äußeren Erscheinung lauert. Er hörte mir aufmerksam zu und gab mir Rat. Meine innere Unruhe hat sich etwas gelegt, doch ist mir klar, daß ein erneutes Aufbrechen der Wunde in mir eine langwierige Heilung und viel Geduld verlangen würde. Durch Jonas' Zuspruch und wohltuende Anwesenheit glaube ich schließlich, den Anfang eines Heilungsprozesses zu verspüren.

Mittwoch, 8. Mai

Endlich bin ich wieder zum Schreiben gekommen. Die letzten Wochen waren durch Reisen, Vorträge, Besuche, Korrespondenz, Telefongespräche und Korrekturarbeiten so sehr zerstückelt, daß ich mit meinem Vorsatz, im Mai ein Buch über Adam zu schreiben, in Verzug geraten bin. Es ist sehr frustrierend, die Tage ohne inspirierende Arbeit vorübergehen zu sehen. Mir ist klar, daß meine Müdigkeit mit meinem Mangel an Kreativität zusammenhängt.

Heute schreibe ich allerdings über Adam. Ich bin erstaunt, wieviel sich meinem Herzen und meinem Sinn eingeprägt hat, und wie leicht es mir fällt, all dies zum Ausdruck zu bringen. Je mehr ich schreibe, desto mehr fällt mir ein, was noch gesagt werden müßte. Mir ist klar, daß die Geschichte Adams die Geschichte Gottes ist und erzählt werden muß. Jeder Aspekt des Lebens von Adam sagt etwas aus über die Art und Weise Gottes, zu lieben. Adams Licht, Adams Persönlichkeit, Adams verborgenes Leben, Adams Schweigen, Adams Behinderungen, Adams Leiden und Adams heilende Gegenwart: all dies offenbart das Geheimnis der Stärke in Schwachheit und der Macht in Verwundbarkeit.

Es gibt mir Energie und Hoffnung, über Adam zu schreiben. Sogar meine inneren Ängste, die unter der Oberfläche meines geschäftigen Lebens schwelen, haben sich beim Schreiben irgendwie gelegt. Gott sei Dank! Adam sei Dank!

Winnetka/Illinois, Donnerstag, 9. Mai

Ich kam um 6 Uhr abends am O'Hara Airport an und fuhr mit einem Taxi gleich zur Leichenhalle in Skokie.

Ich kniete vor dem geschlossenen Sarg nieder, der den Leichnam von Don sen. barg, und betete. Meine Gebete richteten sich mehr *an* den „alten Herrn", als daß ich sie *für* den „alten Herrn" sprach. Als ich meinen Kopf an den Sarg lehnte, bat ich Don sen., mir seinen gleichmütigen, freundlichen und humorvollen Geist zu senden und mich in den kommenden Jahren zu leiten. Ich bat ihn vor allem, bei Jesus Fürsprache einzulegen, mich von meinen inneren Ängsten zu befreien und zu größerem innerem Frieden gelangen zu lassen. Auch bat ich darum, Don, seinen Brüdern und ihrer Tante in den Tagen der Trauer ein guter und treuer Freund sein zu können.

Freitag, 10. Mai

Um 10 Uhr fuhr ich mit Dons Bruder Bob und seiner Frau Martha zur Leichenhalle zu einem letzten Besuch. Um 11 Uhr zog die Trauerprozession in die Kirche ein. Don jun. leitete den sehr persönlich gestalteten Gottesdienst und gab jedem das Gefühl, miteinbezogen und geschätzt zu sein. Er ließ die etwas pompös wirkende Kirche zu einer Begegnungsstätte guter Freunde werden, wo Trauer wie Dankbarkeit empfunden und zum Ausdruck gebracht werden konnten. In seiner Ansprache beschrieb Don seinen Vater als einen großen Gastgeber und großen Friedensstifter und wies auf die eindrucksvolle Einheit hin, zu der sich sein berufliches, familiäres und geistliches Leben fügte.

Am Ende des Gottesdienstes bat Don die Gäste, genau so wie es sein Vater jahrelang am Ende seiner Radiosendungen getan hatte, noch einmal ihr Haupt zum Gebet zu senken und jeder auf seine Weise Gott um Frieden und Einheit unter den Völkern zu bitten. Der Tod des „alten Herrn" festigte die Gemeinschaft, die sich im Laufe seines Lebens gebildet hatte. Mir drängte sich die Parallele zum Tod Jesu auf. Wie sein Tod der Beginn einer wahren Gemeinschaft des Glaubens war, so knüpfte der Tod von Don sen. neue Bande der Liebe und weckte neue Bereitschaft, füreinander da zu sein.

Atlanta, Samstag, 11. Mai

Don brachte mich um 9 Uhr zum Flughafen und blieb so lange bei mir, bis ich an Bord gehen mußte. Wir versicherten uns unserer in diesen Tagen der Trauer gestärkten langen Freundschaft.

Am Flughafen in Atlanta erwartete mich Chris. Ich lernte ihn kennen, als ich an der Yale Divinity School lehrte und er Kurse bei mir belegt hatte. Er wandte sich auch an mich, als er den Konflikt mit sich austrug, als kirchentreuer presbyterianischer Christ offen zu seiner homosexuellen Veranlagung zu stehen und Pastor werden zu wollen, kirchliche Verordnungen aber die Ordination für diejenigen ausschließen, die ihre Homosexualität offen vertreten.

Nach Abschluß seines Theologiestudiums an der Yale-Universität ging Chris nach Los Angeles, wo er als Laienseelsorger tätig war und das sogenannte Lazarus-Projekt ins Leben rief, zu dessen Zielsetzung die geistliche Betreuung Homosexueller gehört. Sooft ich auf meinen Reisen nach Los Angeles kam, besuchte ich Chris, und führte ihn sein Weg nach Toronto, kam er auf einen Sprung zu mir nach Daybreak.

Chris schrieb im Laufe dieser Jahre das Buch „Uncommon Calling – Ungewöhnliche Berufung"; andere Bücher folgten, darunter auch „Coming out to God – Heraustreten zu Gott", das große Verbreitung fand. Vor einigen Jahren begegnete Chris Marc. Beide zogen nach Atlanta, wo sie sich 1994 in einer presbyterianischen Kirche trauen ließen.

Ich hatte Chris seit sieben Jahren nicht mehr gesehen und habe mich gefreut, Marc kennenzulernen. Ich habe den Eindruck, daß Chris mit sich weit mehr in Frieden lebt als seinerzeit in Yale und auch in Los Angeles. Er strahlt Freundlichkeit und Herzlichkeit aus, die früher bei ihm verdeckt schienen.

Montag, 13. Mai

Ich bin froh, wieder zu Hause zu sein. Nun kann ich die ganze Woche am Manuskript über Adam arbeiten.

Jesus sagt: „Wenn aber der Beistand kommt, den ich euch vom Vater aus senden werde, der Geist der Wahrheit, der vom Vater ausgeht, dann wird er Zeugnis für mich ablegen. Und auch ihr sollt Zeugnis ablegen" (Johannesevangelium 15, 26 f).

Welches Zeugnis wird der Geist ablegen? Er wird Zeugnis von der bedingungslosen Liebe Gottes ablegen, die uns durch Christus zugänglich gemacht wurde. Wird diese göttliche Liebe in den Strukturen der Welt manifest, ist sie ein Licht in der Finsternis; ein Licht, das von der Finsternis nicht erfaßt wird. Die göttliche Liebe läßt uns erkennen, daß Fruchtbringen wichtiger ist als Erfolghaben, daß die Liebe Gottes wichtiger ist als das Lob der Menschen, daß Gemeinschaft wichtiger ist als Individualismus, und Mit-Leiden wichtiger als Konkurrieren. Kurz gesagt: das Licht des Geistes läßt uns erkennen, daß Liebe alle Furcht überwindet. Aber in der Welt herrscht die Furcht. Ohne Furcht kann die Welt nicht kontrollieren und regieren.

Das Zeugnis des Geistes ist für die Welt eine Bedrohung. Kein Wunder, daß jeder, der mit dem Geist Zeugnis ablegt, eine Gefahr für die Welt darstellt. Deshalb sagt Jesus voraus: „Ja es kommt die Stunde, in der jeder, der euch tötet, meint, Gott einen heiligen Dienst zu leisten. Das werden sie tun, weil sie weder den Vater noch mich erkannt haben" (Johannesevangelium 16, 2 f).

Dieses Wort hat in unseren Tagen große Bedeutung erlangt. Leben wir nicht in enger Gemeinschaft mit Gott – nämlich mit dem Geist Jesu in uns –, unterliegt der Glaube leicht der Gefahr, in den Dienst unseres Strebens nach Erfolg, Ansehen und Glanz gestellt zu werden. Und bald sind wir bereit, jeden zu „beseitigen", der uns daran hindert, dieses Ziel zu erreichen. Das Tragische dabei ist, daß wir schnell überzeugt sind, dies im Namen Gottes zu tun. Auf dieselbe Weise haben viele Indios, Juden und Muslime ihr Leben gelassen. Hier liegt auch zum Teil die Erklärung für die Gewalt in Nordirland, Bosnien und an vielen anderen Orten.

Jesus will, daß wir nicht überrascht sind, wenn dies geschieht: „Ich habe es euch gesagt, damit ihr, wenn deren Stunde kommt, euch an meine Worte erinnert" (Johannesevangelium 16,4). Wir sprachen heute früh bei der Eucharistiefeier darüber und wurden uns bewußt, wie oft wir als Kirche einander im Namen Gottes verletzen. Viele der um den Tisch Versammelten hatten schmerzliche Erfahrungen mit ihrer Kirche, ihren Eltern oder Freunden gemacht. Sie waren überrascht, als eigene Angehörige und fromme Leute sie so tief verletzten. Manche verließen deshalb die Kirche und verloren den Kontakt zur Botschaft Jesu.

Die Worte Jesu aus dem heutigen Evangelium sind schwerwiegend. Sie warnen uns, daß „die Stunde kommen wird", und bereiten uns auf diese schmerzliche Erfahrung vor. Die Voraussage Jesu mag uns helfen, die Liebe Gottes nicht abzuweisen, selbst wenn wir im Namen Gottes abgewiesen werden.

Dienstag, 14. Mai

Jesus sagt: „Wenn ihr meine Gebote haltet, werdet ihr in meiner Liebe bleiben, so wie ich die Gebote meines Vaters gehalten habe und in seiner Liebe bleibe" (Johannesevangelium 15, 10). Jesus lädt uns ein, in seiner Liebe zu bleiben. Es bedeutet, mit allem, was ich bin, in ihm zu wohnen, und ist eine Einladung zu totaler Zugehörigkeit, vollkommener Nähe und zu einem uneingeschränkten Bei-ihm-Sein.

Die Ängste, die mich in der vergangenen Woche geplagt

haben, zeigen, daß ein großer Teil von mir noch nicht in Jesus „bleibt". Meine Gedanken und mein Herz entfliehen meiner wahren Bleibe und erkunden fremde Orte, an denen ich in Ärger, Verstimmung, Lust, Furcht und innerer Qual ende. Ich weiß, daß geistlich leben verlangt, jeden Teil meines eigenen Heims dorthin zu bringen, wohin er gehört.

Jesus beschreibt die Nähe, die er uns anbietet, als die Verbundenheit des Weinstocks mit den Reben. Ich sehne mich danach, Jesus wie eine Rebe auf den Weinstock aufgepfropft zu werden, damit mein ganzes Leben vom Weinstock zehren kann. In der Gemeinschaft mit Jesus, dem Weinstock, kann mein kleines Leben wachsen und Frucht bringen. Ich weiß es, lebe aber nicht danach. Ich lebe so, als gäbe es andere, außerhalb von Jesus liegende Lebensquellen, die ich erkunden müßte. Doch Jesus sagt: „Komm zu mir, gib mir deine ganze Last, deinen ganzen Kummer, deine Furcht und deine Ängste. Vertrau darauf, daß du bei mir Ruhe findest." Ich ringe damit, auf diese Stimme der Liebe zu hören und auf ihre heilende Kraft zu vertrauen.

Ich weiß zutiefst, daß ich in Jesus ein Zuhause habe, so wie Jesus in Gott ein Zuhause hat. Ich weiß auch, daß wenn ich in Jesus bleibe, ich mit ihm in Gott bleibe. „Wer mich liebt", sagt Jesus, „wird von meinem Vater geliebt werden" (Johannesevangelium 14, 21). Meine wahre geistliche Aufgabe ist, mich lieben zu lassen, ganz und gar, sowie darauf zu vertrauen, daß ich in dieser Liebe die Erfüllung meiner Berufung erlangen werde. Ich versuche, mein herumwanderndes, rastloses, ängstliches Ich heimzuführen, um dort in liebender Umarmung zu rasten.

Heute nachmittag nahm mich Ginny nach Short Hills zum Einkaufen mit. Ich fand zwei verschieden große Bücher mit unlinierten blanken Seiten, die ich mit meiner Adamgeschichte füllen möchte. Nun bin ich neu motiviert. Die neuen Bücher helfen mir.

Mittwoch, 15. Mai

Mir ist schmerzlich bewußt, daß mehr als acht Monate meines Sabbatjahres vorüber sind. Als ich verschiedene meiner früheren Tagebuch-Eintragungen wieder las, in denen ich mir viel Alleinsein, viel Zeit für Gebet und meine schriftstellerische Arbeit erhoffte, mußte ich über mich selbst lachen. Das Jahr verlief anders, als ich erwartete, und war eines der ausgefülltesten und mich beanspruchendsten, an die ich mich erinnere.

Dennoch war es ein wunderbares Jahr. Ich habe nicht so viel geschrieben, wie ich mir vorgenommen hatte, aber doch eine Menge zu Papier gebracht. Ich habe nicht so viel gebetet, wie ich mir vorgenommen hatte, doch hat sich meine Gotteserfahrung beim Schreiben vertieft. Ich bin nicht so allein gewesen, wie ich erhofft habe, doch habe ich viel mehr Einsamkeit erfahren als je zuvor.

Ich sehe dem September etwas bekümmert entgegen, weil ich auf das Ende meines Sabbatjahres noch nicht eingestellt bin. Ich habe mehr Ideen denn je, worüber ich schreiben könnte. Ich bin mir im klaren, daß meine Rückkehr nach Daybreak nur realistisch ist, wenn ich weiterhin die Möglichkeit habe, etwas zu schreiben, andernfalls ich innerlich austrocknen, bald ermüden und depressiv werden würde. Ich bin dankbar, daß Sue, Nathan und andere in Daybreak darin mit mir übereinstimmen. Es gibt mir Zuversicht, daß sie mein Vorhaben unterstützen, ein kleines Haus zu bauen, in dem ich mehr Raum zum Schreiben habe.

Wenn ich zurückblicke auf das, was ich ausgeführt habe, und es mit dem, was ich erhoffte, vergleiche, sehe ich, daß ich nicht im voraus konkret sagen kann, was ich noch ausführen werde. Gott muß ein Gott der Überraschung bleiben.

Donnerstag, 16. Mai

Jesus sagte zu seinen Jüngern: „Noch kurze Zeit, dann seht ihr mich nicht mehr, und wieder eine kurze Zeit, dann werdet ihr mich sehen" (Johannesevangelium 16, 16).

Das Leben ist „eine kurze Zeit", eine kleine Weile des Wartens. Es ist jedoch kein leeres, sinnloses Warten, sondern ein Warten voller Erwartung. Zu wissen, daß Gott die Verheißung, alles zu erneuern, wirklich voll und ganz erfüllen und uns „einen neuen Himmel und eine neue Erde" bereiten wird, macht das Warten zu einem erregenden Vorgang. Wir können die beginnende Erfüllung schon wahrnehmen. Die Natur bringt es mit jedem neuen Frühling zum Ausdruck; die Menschen zeigen es mit jedem Lächeln; die Sonne, der Mond und die Sterne verkünden es mit ihrem Licht und Glanz; die ganze Geschichte beweist es, wenn Männer und Frauen sich inmitten von Verwüstung und Chaos erheben und die Hoffnung weitergeben, die in ihnen lebt.

Diese „kleine Weile" ist eine kostbare Zeit. Es ist eine Zeit der Läuterung und Heilung, eine Zeit der Vorbereitung auf den großen Übergang zum dauerhaften Haus Gottes. Was ist meine wichtigste Aufgabe während dieser „kleinen Weile"? Ich will auf die Zeichen des kommenden Gottesreiches hinweisen, von den ersten Morgenstrahlen des Tages Gottes Kunde geben, von den vielen Manifestationen des Heiligen Geistes unter uns Zeugnis ablegen. Ich will nicht über diese vergängliche Welt klagen, sondern das Augenmerk auf das Ewige lenken, das im Zeitlichen aufleuchtet. Ich verlange danach, den Raum zu schaffen, in dem es gesehen und gefeiert werden kann.

Jeden Tag erfahre ich beim Mahl am Tisch des Herrn Einheit und Frieden, die unter uns wachsen. Ich erkenne darin einen Schimmer des Reiches Gottes während meiner „kleinen Weile".

Freitag, 17. Mai

Heute war ich vor allem mit den Vorbereitungen für meine Reise nach Santa Fe beschäftigt. Morgen werde ich nach Albuquerque fliegen und von dort mit dem Auto nach Santa Fe weiterfahren, wo ich eine Woche bleiben und in der Reichweite von Jim und mit seinem Rat schreiben will. Ich freue mich darauf, ihn wiederzusehen und mit ihm nicht nur über inhaltliche, sondern auch über Stilfragen zu sprechen.

Insbesondere möchte ich lernen, wie man eine gute Geschichte schreibt, die den Leser bis zur letzten Seite fesselt. Auch Jesus und die meisten geistlichen Meister haben Geschichten erzählt. Ich bin bereits eifrig am Manuskript über Adam und möchte ein Buch über die „Fliegenden Rodleighs" schreiben, weiß auch, was ich sagen will, aber nicht, wie ich es sagen soll. Ich hoffe, am Ende dieser Woche besser zu wissen, wie eine überzeugende Geschichte geschrieben werden muß. So betrachte ich diese Reise nach Santa Fe als kleines Geschenk an mich selbst, um in eine neue Dimension des Geschichtenerzählens einzutreten.

Santa Fe, Samstag, 18. Mai

Es ist ermüdend, wieder vom Reisen zu schreiben, nach hierhin und dorthin und weiß Gott wohin. Flughäfen und Flugzeuge, Mietwagen-Parkplätze und Gepäcklaufbänder sind lästig und irgendwie nervtötend. Reisen bereitet mir ein Gefühl von Ausgesetztsein, ein Gefühl von nirgendwo hinzugehören. Die Gates, Laufbänder, Kioske mit Puppen, Fähnchen, Ziertassen und mit Regalen voller Zeitungen und Magazine, die unbeweglichen Metallsessel entpersonifizieren und töten meinen Geist.

Heute flog ich von Newark über Denver nach Albuquerque und fuhr von dort mit einem Mietwagen nach Santa Fe. Als ich endlich in Malcolms Wohnung angekommen war, fühlte ich mich vor Müdigkeit regelrecht krank und im Kopf wie zerschlagen. Ich kann niemandem einen Vorwurf machen. Ich erlebe ein neues inneres Verständnis der „Welt", von der Jesus spricht. Alles bewegt und bewegt sich, aber zugleich ist alles statisch.

Ich freue mich, wieder in Santa Fe zu sein und morgen Jim zu treffen, wenngleich mich das Eintreten in diese Verbindung irgendwie unruhig macht. Erwarte ich von ihm zuviel? Kann und will er mir beim Schreiben helfen? Wird er mir ein Freund werden? Ich bin zu müde, um klar darüber nachzudenken. Eines allerdings ist klar: ich brauche Schlaf, und zwar viel.

Sonntag, 19. Mai

Heute traf ich mich mit Jim zum Mittagessen, bei dem sich ein denkwürdiges Gespräch ergab. Obwohl ich nach Santa Fe gekommen bin, um von Jim Rat und Hilfe beim Schreiben zu erbitten, kamen wir zuerst auf unser Leben zwischen Sechzig und Achtzig zu sprechen.

Diese Frage, die ich mir nicht ohne Ängste stelle, gewinnt für mich immer größere Bedeutung. Im Laufe der Jahre habe ich ein gewisses Ansehen erworben. Für viele bin ich ein katholischer Priester, ein geistlicher Schriftsteller, Mitglied einer Lebens-Gemeinschaft mit Behinderten, ein Gottes- und Menschenfreund. Es ist ein wunderbares Gefühl, dieses Ansehen zu genießen. Aber seit kurzem sehe ich mich darin gefangen und empfinde es als einengend. Ohne zu wollen, bedrückt es mich irgendwie innerlich, diesem Ansehen gemäß zu leben und so zu handeln, zu sprechen und zu schreiben, wie es den Erwartungen der katholischen Kirche, der „Arche", meiner Familie, meiner Freunde und meiner Leser entspricht. Ich bin gefangen, weil ich meine, daß es eine Art „Richtschnur" gibt, der ich folgen muß, wenn ich treu sein will.

Seit ich aber die Sechzig überschritten habe, haben sich bei mir neue Gedanken, Gefühle, Emotionen und Leidenschaften eingestellt, die nicht alle mit meinen früheren Gedanken, Gefühlen, Emotionen und Leidenschaften übereinstimmen. So frage ich mich: „Wie verhält es sich mit der Verantwortung, die ich gegenüber der Welt, in der ich lebe, habe, und wie verhält es sich mit der Verantwortung, die ich gegenüber mir selbst habe? Was bedeutet es, meiner Berufung treu zu bleiben? Erfordert dies Übereinstimmung mit meiner bisherigen Lebens- und Denkweise, oder verlangt es den Mut, eine neue Richtung einzuschlagen, auch wenn es manche enttäuschen mag?"

Ich werde mir mehr und mehr bewußt, daß Jesus Anfang Dreißig war, als er starb. Ich habe schon mehr als dreißig Jahre länger gelebt als Jesus. Wie hätte Jesus gelebt und gedacht, wenn er so lange gelebt hätte? Ich weiß es nicht. Doch kommen in meinem Alter Fragen und Interessen auf mich zu, die es bisher nicht gab. Sie betreffen alle Ebenen des Lebens: Gemeinschaft, Gebet, Freundschaft, Nähe, Arbeit, Kirche, Gott, Leben und Tod. Wie finde ich die Freiheit, diese Fragen ohne Furcht vor Konsequenzen auf mich zukommen zu lassen? Ich weiß, daß ich noch nicht ganz frei bin, weil die Furcht noch da ist.

Jim ist zweiundsechzig, ich bin vierundsechzig Jahre alt. Und beide stellen wir uns die Frage, wie leben wir zwischen Sechzig und Achtzig, aber mit dem Unterschied, daß Jim weder von seinem Ansehen abhängig noch an eine Institution gebunden ist. Dadurch ist er sehr frei, und er liebt seine Freiheit. Die Begegnung mit solch einem Mann ist für mich eine besondere Erfahrung.

Jim scheint an meinem Leben und an meiner schriftstellerischen Arbeit wirklich interessiert zu sein, ohne daß er damit ein Ziel verfolgen würde, es sei denn das, mir zu helfen, mein Ziel zu erreichen. Er braucht offensichtlich auf keine „Richtschnur" zu achten. Er legt es offensichtlich nicht darauf an, mich für eine seiner Überzeugungen zu gewinnen. Ich vertraue darauf, daß Gott diesen Mann auf meinen Weg stellt einer guten Sache wegen.

Montag, 20. Mai

Den heutigen Vormittag verwendete ich hauptsächlich für die Ausarbeitung des Kapitels „Adams Passion". Das ganze Leben Adams war Passion, nicht Aktion. Er konnte nichts *tun*, alles wurde ihm getan. Jesus vollendete sein Leben in der Passion. Er wurde dem Leiden, dem Handeln anderer ausgeliefert und mußte es erdulden. Ich frage mich, ob Adams Leben durch seine lebenslange Passion nicht ein prophetisches Zeugnis wurde in einer Gesellschaft, die die Aktion auf den Schild erhebt, selbst wenn viele den größten Teil ihres Lebens als Passion erleben.

*

In der Mittagszeit kaufte ich mir die kleine Biographie der Malerin Georgia O'Keeffe von Michael Berry. Je mehr ich über diese Künstlerin lese und ihre Bilder betrachte, desto tiefer empfinde ich eine Verwandtschaft mit ihr. Ihre Beziehungen, vor allem jene zum Fotografen Alfred Stieglitz, stürzte sie in innere Konflikte. Ihr Ringen um eine eigene künstlerische Ausdrucksform, verbunden mit ihrem Schwanken zwischen New York und New Mexico, offenbart einen Menschen mit einem tiefen Verlangen nach Liebe, Zuneigung und persönlicher Unterstützung, zeigt aber auch das große Bedürfnis nach Unabhängigkeit, Freiheit, Alleinsein und schöpferischem Raum. Sie gehört unbestreitbar nach Mexiko. Wenn ich durch Santa Fe gehe und den Himmel betrachte, die Gebäude, die Blumen und die Farben der Umgebung auf mich wirken lasse, meine ich, daß die Natur tatsächlich Kunst nachbildet. O'Keeffes Gemälde lassen mich Santa Fe *sehen*. Wie Rembrandt und andere niederländische Maler Vincent van Gogh die Augen öffneten, die Landschaft, die er durchwanderte, wirklich zu *sehen*, so gibt O'Keeffe mir die Augen, die Welt, die mich umgibt, zu sehen.

Warum ist Georgia O'Keeffe so populär? Ich glaube, daß es an dem Zusammenhang zwischen ihrer Person und ihrer

Kunst liegt. Ebenso wie die Lebensgeschichte van Goghs und seine Kunst nicht getrennt werden können, bilden auch die Lebensgeschichte Georgia O'Keeffes und ihre Kunst ein Ganzes. Es sind nicht nur ihre Gemälde, die mich fesseln, es ist auch die bemerkenswerte Frau, deren intensive Suche nach Nähe und Alleinsein ein Teil ihres Werkes ist. Ihre Werke zu sehen heißt, ihr Leben zu sehen, und ihr Leben zu sehen hilft mir, mein eigenes Leben zu sehen.

Mir ist klar, daß die Fragen, die sich mir stellen, und mein starkes Empfinden für Georgia O'Keeffe eng zusammenhängen. Das eine wie das andere spiegelt mein Ringen wider, zu einer neuen Integrierung von Alleinsein, Nähe und Kreativität in den kommenden Lebensdekaden zu finden.

Das Zusammensein mit Jim war wohltuend. Wir sprachen offen und frei über unser Leben und unsere Arbeit. Jim stellte mir die Frage: „Was ist dir das Wichtigste im Leben?" Ich mußte eine Weile nachdenken, bis ich ihm antworten konnte: „Ich meine drei Dinge: nach einer Vision zu leben, die sich an der Botschaft Jesu inspiriert; den Armen, Behinderten, Kranken und Sterbenden nahe zu sein; und einen Weg zu finden, auf dem mein großes Verlangen nach Nähe und Zuneigung erfüllt wird." Jim erwiderte lachend: „Na, du scheinst ja schon alles zu haben. Du bist ein sehr glücklicher Mensch!"

Dienstag, 21. Mai

Während und nach dem Lunch sprachen wir über das Adam-Buch. Für Jim war es klar, daß das entscheidende Stichwort des Buches „Armut" lautet. Er sagte: „Wenn du von Einflüssen vollkommen frei bist, bist du für das Göttliche offen. In seiner Armut scheint Adam für das Göttliche vollkommen offen gewesen zu sein, und dadurch half er dir, das Göttliche in dir deutlicher wahrzunehmen." Jims „Christian Science"-Hintergrund brachte ihn auf dieselbe Grundidee, nach der ich über Adam zu schreiben versuche.

Jim spürt, daß das Leben Adams die Gegenwart des Göttlichen in unserem Leben zum Ausdruck bringt, ist jedoch überzeugt, daß das Buch nicht nur von Adam, sondern auch von mir und meiner geistlichen Suche handelt. Er ermunterte mich, auch darzustellen, in welcher Weise Adam mich berührt und auf mein Leben eingewirkt hat.

Es wird mir deutlich, daß mein Verlangen nach Freundschaft, menschlichem Kontakt und nach Nähe noch ein Teil „weltlicher" Einflüsse ist. Adam, der so tiefgehend behindert schien, hatte ein göttliches Geschenk für mich. Andere, die mit besonderen Fähigkeiten ausgestattet schienen, oder die mir etwas anderes als das Göttliche anboten, ließen mich schließlich mit leeren Händen stehen. Jim sprach von seinen Erfahrungen mit menschlichen Beziehungen und sagte abschließend: „Es gibt keine Abkürzungen zum Göttlichen. Erfolg, Sex, Macht und Ansehen geben uns nicht das, was wir brauchen. Im Gegenteil! Oft müssen wir all das aufgeben, um die Wahrheit des guten, in uns gegenwärtigen und handelnden Gottes zu entdecken. Die Beziehung zu Adam hat dich darüber eine Menge gelehrt."

Mittwoch, 22. Mai

Den heutigen Tag verbrachte ich bei einem Freund. Als ich am Abend wieder in Malcolms Wohnung wollte, fand ich zu meinem Schrecken den Hausschlüssel nicht. Ich mußte ihn verloren haben. Panik ergriff mich, weil ich beim Fortgehen Gartentor und Haustür abgeschlossen hatte. Wie wild durchwühlte ich meine Taschen: Umsonst, der Schlüssel war weg. Schließlich fuhr ich zu einer Telefonzelle und versuchte, Malcolm in Fort Worth zu erreichen, in der Hoffnung, er könne mir helfen. Doch er war nicht zu Hause. Daraufhin rief ich Jim an, der gerade auf einer anderen Leitung mit einem Kunden sprach. Ich sagte ihm: „Ich stehe hier vor dem Haus und kann nicht hinein. Ich weiß nicht, was ich tun soll. Am besten gehe ich den Weg, den ich gekommen bin, wieder zurück. Vielleicht ist mir der Schlüssel unterwegs aus der Tasche gefallen." –

„Reg dich nicht auf", erwiderte Jim, „bleib, wo du bist, und ruf mich in ein paar Minuten wieder an. Dann werden wir uns etwas einfallen lassen."

Inzwischen wurde es langsam dunkel. Ich überlegte, ob ich den Schlüssel auf dem Parkplatz vor der Wohnsiedlung verloren haben könnte, und wollte dort einstweilen suchen. Auf dem Weg zum Parkplatz betete ich zum heiligen Antonius: „Bitte, hilf mir, den Schlüsselbund zu finden! Bitte! Ich versprech' dir, einem Bedürftigen ein anständiges Almosen zu geben." Ich war über mein Gebet selbst überrascht. Seit meiner Kindheit hatte ich nicht mehr so gebetet und kann mich auch nicht erinnern, jemals zum heiligen Antonius gebetet zu haben.

Als ich aus dem Auto stieg, war die Dunkelheit hereingebrochen. Obwohl ich im ersten Augenblick fast nichts sehen konnte, suchte ich, so gut es ging, den Boden ab. Plötzlich nahm ich etwas Dunkles auf dem Asphalt wahr. Ich bückte mich und hatte die Schlüssel in der Hand. „Vielen Dank, heiliger Antonius", schrie ich heraus, „vielen, vielen Dank!" Ich rief Jim an: „Komm rüber, wir können feiern, der Schlüssel ist da!" Er kam, und wir hatten viel zu lachen. Ich frage mich nun, wem ich die Belohnung geben soll, die ich dem heiligen Antonius versprochen habe.

Heute vormittag hatte ich Wayne zu einem ausgiebigen späten Frühstück eingeladen, bei dem wir uns offen und ehrlich darüber unterhielten, wie wir zu neuer Freiheit im Leben finden können. Uns beiden stellt sich wirklich die Frage: Fördern oder behindern die Institutionen, in die wir eingebunden sind, unsere Kreativität? Obwohl Wayne zwanzig Jahre jünger ist als ich, haben wir beide das Empfinden, eine Phase des Übergangs zu erleben. Wayne zieht mit seiner Familie nach Kalifornien, um eine neue Richtung für sein weiteres Leben zu finden. Und ich mache mir Gedanken über einen neuen Stil, eine neue Denkweise und eine neue Lebensform, wenn dieses Sabbatjahr zu Ende ist.

Am späten Nachmittag fuhr ich zu Jim. Beim Abendessen sprachen wir über seine geschäftlichen Pläne. Vor nicht allzu langer Zeit dachte er daran, den Verlag zu verkaufen und sich zurückzuziehen. Er entschied sich jedoch anders und weitet seitdem seine Aktivitäten in neue Richtungen aus, ohne Risiken zu scheuen. Was werden wir uns wohl in zehn Jahren zu berichten haben? Als wir uns verabschiedeten, war ich überzeugt, daß ich in Jim einen neuen Freund und einen vertrauenswürdigen Kritiker gefunden habe, nicht nur was meine schriftstellerische Arbeit, sondern auch was meine persönlichen Zielsetzungen betrifft.

Der Anfang dazu liegt beim Trapez-Buch. Ich halte Jim für den idealen Mann, der mir helfen kann, dieses Buch zu schreiben. Im Augenblick ist mir das Buch über Adam wichtiger, weil ich schon bei der Hälfte angelangt bin. Aber egal, ob ein Buch über Adam oder ein Buch über die „Rodleighs", immer wird es ein Buch über mich sein. Die Grundlage für das eine wie das andere sind schließlich meine Erfahrungen mit Adam und mit den „Rodleighs". Sie werden durch meine Brille gesehen. So geht es nicht bloß um die Frage: „Wer ist Adam?" oder „Wer sind die Rodleighs?", sondern um die Frage: „Wer bin ich?"

Jim half mir, mich in das, was ich schreibe, ernsthaft einzubringen. Mir ist klar: Solange ich innerlich nicht frei bin, kann ich Adam und den „Rodleighs" nicht nahe genug sein, um über sie wirklich zeugnishaft und geistlich zu schreiben.

Ich bin froh, daß ich Jim habe, und dankbar für die Zusammenarbeit mit ihm.

Samstag, 25. Mai

Heute ist der letzte Tag der Osterzeit. Die Schlußszene im Anhang des Johannesevangeliums berührt mich. Nachdem Jesus zu Petrus gesagt hatte: „Folge mir nach!", wandte sich dieser um, zeigte auf den Jünger, den Jesus liebte, und fragte Jesus: „Herr, was wird denn mit ihm?" Jesus erwiderte: „Wenn ich will, daß er bis zu meinem Kommen bleibt, was geht das dich an?" (Johannesevangelium 21, 19. 21 f).

Wie oft frage ich: „Was ist denn mit ihm, mit ihr, mit ihnen, oder was ist damit?" Fragen wie diese scheinen mein Interesse auszudrücken, sind aber in Wirklichkeit Zeichen mangelnden Vertrauens. In meinem Leben gibt es viele „Ja, aber ...": „Ja, ich werde dir folgen, aber sag mir zuerst: Was geschieht mit meiner Familie, meinen Freunden, meiner Karriere, meinen Zukunftsplänen?" Jesus erwidert: „Kümmere dich nicht darum! Vertrau mir, folge mir, und alles wird gut." Kein Wunder, daß mein Leben so zerrissen ist. Viele Sorgen lenken mich von der Mitte ab und zerteilen mein Leben. Ich will an meine Berufung, Jesus zu folgen, glauben und darauf vertrauen, daß alles übrige sich finden wird, glaube ich doch, daß *er* die ganze Welt sicher in Händen hält.

*

Heute nachmittag kamen meine Schwester Laurien und ihr Lebensgefährte Henri an. Im strahlenden Sonnenschein erschien das Tal lieblicher denn je. Wir spazierten ein Stück weit den Fluß entlang und aßen anschließend bei Peggy zu Abend.

Ich freue mich sehr über den Besuch von Laurien und Henri, denn es liegt mir daran, daß meine Familienangehörigen wissen, wo ich lebe und was ich tue. Zwar besuche ich sie immer, wenn ich in Holland bin, doch sehen wir uns selten auf dieser Seite des Ozeans.

Pfingstsonntag, 26. Mai

Paulus schreibt im Brief an die Galater: „Die Frucht des Geistes aber ist Liebe, Freude, Friede, Langmut, Freundlichkeit, Güte, Treue, Sanftmut und Selbstbeherrschung; dem allem widerspricht das Gesetz nicht" (5, 22 f). Wir diskutierten beim Pfingstgottesdienst über diese Früchte und deren Bedeutung für unser Leben. Peggy hatte eine große Schale mitgebracht, auf der neun Früchte lagen, jede als eine bestimmte geistliche Frucht gekennzeichnet. Der siebenjährige Rush machte mit der Schale die Runde, von der sich jeder die

Frucht aussuchen konnte, zu der er gern wachsen und reifen möchte.

Alles stimmte froh: Joanie hatte wunderschöne Blumen mitgebracht, Carol und Peggy hatten das Brot gebacken, Claire und Jane trugen die Lesungen vor, dazu Lieder und Gebete. Es war eine sehr innige Eucharistiefeier, an der über zwanzig Personen teilnahmen.

Memorial Day, Montag, 27. Mai

Fast dreißig Personen besuchten heute früh die Eucharistiefeier. Da Feiertag war, konnten auch Familien an der Morgenmesse teilnehmen.

Das heutige Evangelium stellte uns vor eine wirkliche Herausforderung. Es handelt vom reichen jungen Mann, der Jesus liebte und der auch von ihm geliebt wurde, ihm aber nicht zu folgen vermochte, weil er an seinem großen Besitz hing. Was die Anwesenden offensichtlich beeindruckte, war die Auslegung, daß diese Erzählung keinen großen Sprung vom Alles zum Nichts impliziere, sondern eine Reihe kleiner Schritte in die Richtung der Liebe. Die Tragik des reichen jungen Mannes habe nicht darin bestanden, daß er nicht bereit gewesen sei, auf seinen Wohlstand zu verzichten – wer ist das schon? Die eigentliche Tragik lag darin, daß ihm etwas fehlte, wonach er und Jesus verlangten: zu einer tiefen und engen Beziehung zu finden. Es geht weniger um das Problem, nicht loslassen zu können, vielmehr darum, vollkommen zu vertrauen und der Stimme der Liebe zu folgen. Das Loslassen ist nur die Konsequenz eines größeren Verhaftetseins. Wer würde sich wegen eines geringen Besitzes schon sorgen, wenn er eingeladen wurde, beim Herrn der Fülle zu sein, der uns mehr Fische zeigt, als wir fangen, und mehr Brot gibt, als wir essen können. Was wäre gewesen, wenn der junge Mann Jesus mit Ja geantwortet hätte? Wäre er nicht wie die anderen Jünger für zahllose Menschen eine Quelle der Hoffnung geworden? Doch er verschwindet aus der Geschichte, und man hört von ihm nicht mehr wieder! Schade. Die große Herausforderung besteht darin, der Stimme der Liebe Schritt für Schritt zu folgen im Vertrauen darauf, daß Gott uns geben wird, was wir brauchen.

Kurz nach der Eucharistiefeier verabschiedeten sich Laurien und Henri, um ihre Reise in den Vereinigten Staaten fortzusetzen. Ich hoffe, es hat ihnen bei mir gefallen. Es bedeutet mir viel, daß sie mich besucht haben. Ich fürchte, ich habe den Fehler gemacht, sie mit zu vielen Leuten von hier zusammengebracht zu haben, statt mit ihnen ein paar Stunden allein zu sein. Ich wollte ihnen meine „normale Umgebung" zeigen, was aber für einen kurzen Besuch wohl zuviel war. Wir genossen die Zeit, doch muß ich bei ihrem nächsten Besuch besser planen, damit sie sich gut aufgenommen und wohl fühlen.

*

Joanie hatte unsere Eucharistiegemeinschaft zu ihrem Geburtstag eingeladen. Es berührt mich, daß diese kleine Gemeinschaft, die in den vergangenen drei Monaten entstand, für sie wichtig geworden ist. Unsere täglichen geistlichen Treffen haben zu neuen Freundschaften geführt, und Joanie hat eine geistliche Gemeinschaft gefunden, die ihr Hoffnung und Kraft gibt. Sie sah es als selbstverständlich an, ihren Geburtstag *in* und *mit* der Gemeinschaft zu feiern.

New York, Dienstag, 28. Mai

Am späten Nachmittag hatte ich eine Besprechung im Crossroad-Verlag. Gwendolin und Bob teilten mir kurz ihre Eindrücke nach der Lektüre meiner Aufzeichnungen aus den ersten acht Monaten meines Sabbatjahres mit, die ich ihnen vor ein paar Wochen geschickt hatte. Sie äußerten sich zustimmend, sagten mir, welche Teile sie am meisten angesprochen hätten und fragten, ob es nicht ergiebiger wäre, wenn ich die besten Geschichten mit den besten Meditationen zusammenfassen würde. Ich habe noch drei Monate meines Sabbatjahres

vor mir, so daß noch viele Texte bis zum Abschluß des Tagebuchs anfallen werden. Es ist aber gut, wenn beizeiten festgestellt wird, welche der vielen Seiten einem breiteren Leserkreis vorgelegt werden sollen.

Peapack, Mittwoch, 29. Mai

Ich blieb bei Wendy und Jay in New York. Nach einer stillen
Eucharistiefeier im Wohnzimmer bei ihnen heute früh fuhr ich
mit einem Taxi nach Port Authority und von dort mit dem Bus
weiter nach Peapack. Der Tag in New York war angenehm,
doch bin ich froh, wieder an diesem ruhigen Ort zu sein.

Frank rief mich an und berichtete mir, daß er von Juni bis
September als Militärkaplan nach Haiti „abkommandiert"
sei. Er hatte vor, mich im Juli zu besuchen, wird aber jetzt
wohl vor meiner Abreise nach Holland für ein paar Tage kommen. Ich hoffe, daß er dann auf Haiti auch die dortige „Arche"-Gemeinschaft kennenlernen kann.

Donnerstag, 30. Mai

Heute vormittag erhielt ich von Jan van den Bosch's Dutch
Media Production Company ein Faxschreiben, in dem mir
mitgeteilt wurde, daß vom 10. bis 13. September in St. Petersburg Fernsehaufnahmen von Rembrandts Gemälde „Die
Rückkehr des Verlorenen Sohnes" geplant seien. Ich wußte
von diesem Vorhaben, hatte aber nicht mehr daran gedacht,
weil ich eigentlich nicht damit rechnete, daß die notwendigen
Absprachen mit der Eremitage-Verwaltung sich so kurzfristig
treffen ließen. Indessen ist alles geklärt, so daß ich vor dem
9. September in Holland sein muß, um dann am 10. mit dem
Fernsehteam nach St. Petersburg zu fliegen.

Ich frage mich, ob es richtig ist, mich so auf das Fernsehen
einzulassen. Ich schalte den Fernseher praktisch nie ein und
schaue auch kaum eine Sendung mit mir an. Gleichwohl ist es

ein mächtiges Medium. Vor allem stört mich am Fernsehen das Übergewicht des Visuellen gegenüber dem gesprochenen Wort. So höre ich gelegentlich: „Henri, ich hab' dich im Fernsehen gesehen. Du bist immer so begeistert, das gefällt mir, auch wie du mit den Händen sprichst." Frage ich aber: „Was meinst zu unserer Diskussion?" erhalte ich selten Antwort.

An einer Dokumentationssendung für das Fernsehen mitzuwirken kostet Zeit, ist anstrengend, frustrierend und oft zermürbend. Ich muß ein und dasselbe immer wieder drehen und wenden, um meine „nuancierten" Gedanken auf drei, vier klare, eindeutige Sätze zu verkürzen. Warum tu ich das dann? Gut, ich mag Jan, möchte etwas für mein Land tun, lasse mich vom ganzen erregenden Drum und Dran packen, und überdies fällt es mir schwer, jemandem nein zu sagen, der so entschiedene Meinungen, Erwartungen und Ansichten vertritt, wie das eben Holländer tun. Also werde ich im September nach St. Petersburg reisen.

Freitag, 31. Mai

Heute ist das Fest Mariä Heimsuchung. Ein junges Mädchen sucht eine alte Frau auf. Beide Frauen sind schwanger. Beide fühlen sich verkannt. Josef, der Verlobte des jungen Mädchens, fürchtet einen Skandal und denkt an Trennung. Zacharias, der Gatte der alten Frau, ist stumm und versteht nicht, was vor sich geht. Und die Frauen selbst, verstanden sie? Kaum. Sie sind irritiert, konsterniert und irgendwie fassungslos.

Maria, das junge Mädchen, drängt es, den kleinen geschwätzigen Ort, in dem sie lebt, zu verlassen. Sie leidet unter den Blicken, die man ihr nachwirft, und unter dem Geflüster hinter ihrem Rücken. Sie entflieht alldem. Sie eilt nach Ajin Karim, einer Stadt im Bergland, zu ihrer alten Kusine Elisabet. Sie weiß im Innern, daß Elisabet sie verstehen und ihr einen sicheren Ort bieten wird, an dem sie ihr Kind erwarten kann.

Als sich die beiden Frauen gegenüberstehen und einander

sehen, jauchzen sie vor Freude. Sie umarmen sich, halten einander, weinen, lachen. Furcht und Selbstzweifel verfliegen.

„Die Mutter meines Herrn", ruft Elisabet aus. Und Maria: „Meine Seele preist die Größe des Herrn." Elisabet versteht, bestätigt und jubelt. Ihr ganzer Leib jauchzt auf. Das Kind in ihrem Schoß hüpft vor Freude. Und Maria begreift ihre Gnade, ihr Geschenk, den ihr zuteil gewordenen Segen. In neu gewonnener Freiheit sagt sie: „Der Herr ... hat auf die Niedrigkeit seiner Magd geschaut. Siehe, von nun an preisen mich selig alle Geschlechter. Denn der Mächtige hat Großes an mir getan" (Lukasevangelium 1, 43. 46–49).

Zwei Frauen, die sich bedrängt und isoliert fühlten, erkennen plötzlich ihre Größe und feiern offen den ihnen zuteil gewordenen Segen. Die beiden Frauen bilden eine Gemeinschaft. Sie brauchen einander, um zusammenzustehen und sich Schutz zu geben und zu behaupten. Sie bleiben drei Monate beieinander. Dann ist jede bereit, allein ihre Wahrheit zu vertreten, furchtlos und entschieden, die Konsequenzen ihrer Mutterschaft zu erdulden.

Es gibt wohl kaum einen besseren Weg, Freundschaft, Sorge füreinander und Liebe zu verstehen, als den „Weg des Heimsuchens". In einer Welt voller Scham und Schuld müssen wir uns besuchen und einander einen sicheren Ort bieten, an dem wir unsere Freiheit zur Geltung bringen und unsere Gaben feiern können. Wir müssen uns von Zeit zu Zeit den verdächtigenden Stimmen und argwöhnischen Blicken entziehen können und uns dort aufhalten, wo wir verstanden und geliebt werden. Dann werden wir der feindlichen Welt wieder entgegentreten können, furchtlos und mit neuem Vertrauen auf unsere Integrität.

JUNI 1996

Heute mittag kam Lorenzo aus Daybreak am Newark Airport an. Er will eine Woche bei mir bleiben. Wir haben vor, an seiner Biographie zu arbeiten.

Lorenzo kam am Labor Day 1986 zusammen mit mir nach Daybreak. Für uns beide war es ein entscheidender Einschnitt. Für mich bedeutete er den Abschied von einer zwanzigjährigen Lehrtätigkeit an verschiedenen Universitäten, für ihn den radikalen Schritt, von seiner Familie wegzugehen und sein Studium in Kalifornien aufzugeben.

Lorenzo übernahm, nachdem er einige Jahre Hausassistent war, den Daybreak-Holzwarenladen; ich wurde, nachdem ich vierzehn Monate in einem der Daybreak-Häuser gelebt hatte, hauptamtlich mit der Seelsorge in der Gemeinschaft betraut. Wir beide wurden Freunde. Bei unseren Zusammentreffen im Laufe der Jahre kam ich auf den Gedanken, ein kleines Buch über Lorenzos Leben und seine Berufung zu schreiben. Für Lorenzo dürfte dies eine gute Gelegenheit darstellen, sein Leben zu überdenken, für mich, ihn besser kennenzulernen, und für uns beide ein Anlaß zu schöpferischem Zusammensein.

Was mich von Anfang an am Leben Lorenzos faszinierte, war die Entwicklung, die dieser Mann aus adliger Familie und aus der gesellschaftlichen Oberschicht Roms nahm, bis er sich zu einem ganz einfachen Leben mit Behinderten in Kanada entschloß. Bei dieser Entscheidung, sich aus der Welt gesellschaftlicher Bedeutsamkeit in die Welt der Menschen am Rande zu begeben, spielten seine eigenen körperlichen Behinderungen – eine Gaumenspalte und eine Mißbildung der Hüfte, die zahlreiche Krankenhausaufenthalte und Operationen erforderlich machten – eine wichtige Rolle. Doch es war eine fruchtbare Entscheidung, da sie mit einem starken Glauben und tiefer Liebe getroffen wurde. Ich vertraue darauf, daß es sich nach und nach ergeben wird, wie Lorenzos Lebensgeschichte dargestellt werden sollte, um Gottes zarte, führende Hand in unserem Leben sichtbar zu machen.

Sonntag, 2. Juni

Dreifaltigkeitssonntag. Schönes, sonniges Wetter; kühl, kein Wind, Vogelgezwitscher, sehr ruhig. Peggy schlug vor, die Eucharistie in Mimis Garten zu feiern, der zum Andenken an ihre verstorbene Tochter angelegt wurde.

An die zwanzig Personen bildeten in dem schönen, umzäunten Garten einen großen Halbkreis. Ich versuchte, das Geheimnis der Dreifaltigkeit zu erklären, und sagte, daß alle menschlichen Beziehungen Spiegelbilder der Beziehungen innerhalb Gottes seien. Gott ist der Liebende, der Geliebte und die Liebe, die uns eint. Gott lädt uns ein, an dieser inneren Bewegung der Liebe teilzunehmen, durch die wir wirklich Söhne und Töchter des Vaters, Schwestern und Brüder des Sohnes und Vermählte des Heiligen Geistes werden. Auf diese Weise könnten alle menschlichen Beziehungen *in* Gott gelebt werden und Zeugnis von der Gegenwart Gottes in unserem Leben geben.

Ich bin tief davon überzeugt, daß ein großer Teil des menschlichen Leids aus zerbrochenen menschlichen Beziehungen herrührt. Zorn, Eifersucht, Groll, das Empfinden, abgewiesen zu werden, all dem liegen Konflikte zwischen Menschen zugrunde, die sich nach Einssein, Gemeinschaft und tiefer Zugehörigkeit sehnen. Indem wir unsere Beziehungen der Heiligen Dreifaltigkeit anvertrauen, setzen wir darauf, daß Gott uns gibt, wonach wir sehnlich verlangen, und uns die Gnade schenkt, unsere unvollkommene Liebe einander zu verzeihen. Wir führten in einer froh machenden Feier der Eucharistie eine anregende Diskussion über das Geheimnis der Liebe.

Montag, 3. Juni

Lorenzo ist ein römischer Adliger. Er arbeitet zur Zeit als Schreinergehilfe in der Daybreak-Schreinerei. Lorenzo ist ein einfacher Mensch mit festen Überzeugungen, einem ausgeprägten Gebetsleben und einem starken Verlangen, den Armen zu dienen. Er ist höflich, freundlich, treu und ehrlich in allem, was er sagt und tut.

Seine Jugendzeit, die er in einem Palazzo in Rom verlebte, sein Studium in den Vereinigten Staaten und sein Leben mit Behinderten in Kanada, all das ist im Grunde nicht aufsehenerregend. Es ist die Geschichte eines verwundeten Herzens auf der Suche nach einer Berufung. Es ist die Geschichte einer Seele. Aber in all ihrer Einfachheit und Geradlinigkeit ist es eine Geschichte voller Licht. Lorenzos Bruder Francesco beschreibt ihn auf einer Tonbandaufnahme als einen beständigen und entschiedenen Mann, der ein klares Ziel vor Augen habe in einer Welt gesellschaftlicher Umtriebigkeit, orientierungslosen Lebens und geistiger Flachheit.

Bei jedem Besuch zu Hause empfand er den starken Kontrast zwischen dem aristokratischen Leben seiner Familie und seinem sich auf dem Boden des Alltäglichen abspielenden Lebens in der Daybreak-Gemeinschaft. Er hört zuweilen die verführerischen Fragen, warum er sein Leben bei geistig eingeschränkten Menschen vergeude, wo ihm doch alle Annehmlichkeiten und Vorzüge der oberen Gesellschaftsschicht in Italien zur Verfügung stünden. Kehrt er aber aus Italien nach Daybreak zurück, ist er immer wieder froh, daheim und von Menschen umgeben zu sein, die ihm Gemeinsamkeit und Mitmenschlichkeit schenken.

Ich glaube, daß es Grund genug gibt, Lorenzos Lebensgeschichte aufzuschreiben. Es ist eine Geschichte schlichter Heiligkeit in einer von Ehrgeiz und Rivalität beherrschten Welt.

Mittwoch, 5. Juni

Lorenzo hat ein paar Gedanken über die Einfachheit notiert, um mir für seine Lebensgeschichte eine Hilfe zu bieten. Er hält die Einfachheit für eines seiner Hauptmerkmale. „Einfachheit heißt: an den kleinen und alltäglichen Dingen des Lebens Spaß und Freude finden. Einfachheit heißt: sich an jenen inneren Kern vollkommen ausliefern, der den Geist jedes Menschen birgt. Sie befähigt, uns als Teil der Schöpfung und ihrer Schönheit zu erfahren."

Was Lorenzo über die Einfachheit sagt, kommt zweifellos aus seinem Herzen. Ich frage mich, ob ich die *Einfachheit* nicht als Kernbegriff für seine Biographie verwende.

Um 10.30 Uhr kam Steve, ein Freund und Künstler aus Newburyport/Massachusetts. Steve hat das Bild für den Umschlag meines Buches „Die Kraft seiner Gegenwart" gemalt und will auch die Umschläge für die gebundene Ausgabe meiner „Gesammelten Werke" entwerfen. Dazu möchte er verschiedene Handmotive verwenden: Segnende Hände, heilende Hände, sprechende Hände, gebende Hände und andere Gesten mit Händen. Steve legt Wert darauf, daß es meine Hände sind. So besuchte er mich, um Aufnahmen meiner Hände zu machen.

Es war ein schöner Tag mit herrlichem Licht. Steve machte im Garten Hunderte von Fotos. Dabei wurde mir bewußt, was Hände alles ausdrücken können: Freude, Wut, Liebe, Fürsorge, Strenge, Zärtlichkeit, Güte, Beistand und anderes mehr.

Nach dem Mittagsimbiß ging es mit Lorenzo weiter. Wir machten Fotos mit vier Händen, die einander halten, sich zart berühren, die zerren, wegstoßen, zupacken, zuschlagen und so fort. Um auch das Geben und Empfangen darzustellen, verwendeten wir einen Kelch mit Wein und eine Schale mit Brot. Steve war in guter Stimmung, froh und lachte viel. Gegen 15 Uhr verabschiedete er sich.

Lorenzo bereitete ein vorzügliches Abendessen für uns.

Ich bin müde und möchte früh zu Bett gehen.

Donnerstag, 6. Juni

„Du sollst den Herrn, deinen Gott, lieben, mit ganzem Herzen und ganzer Seele, mit all deinen Gedanken und all deiner Kraft ... Du sollst deinen Nächsten lieben wie dich selbst" (Markusevangelium 12, 30 f). Bei der Eucharistiefeier heute früh betrachteten wir dieses Jesuswort.

Liebe zu Gott, zum Nächsten und zu sich selbst sind eins. Dieses erste aller Gebote ist ein Aufruf zu tiefer Einheit, bei der Gott, das Gottesvolk und wir selbst Teile einer Liebe sind. Dadurch ist das große Liebesgebot weit mehr als eine Moralanweisung. Es ist ein Auftrag, immer, in allen Dingen und an allen Orten, für das Einssein zu leben und zu wirken. Alles, was existiert, ist eins, ist Teil der allumfassenden göttlichen Liebe. Wir sind dazu berufen, diese Liebe in unserem täglichen Leben sichtbar zu machen.

Diese Einheit läßt sich unter drei Aspekten betrachten. Erstens: Wenn wir unser ganzes Sein auf Gott ausrichten, finden wir im Herzen Gottes unseren Nächsten und uns selbst. Zweitens: Wenn wir uns selbst als geliebte Kinder Gottes wirklich lieben, finden wir uns in vollkommener Einheit mit unserem Nächsten und mit Gott. Drittens: Wenn wir unseren Nächsten wie unseren Bruder und unsere Schwester wirklich lieben, finden wir genau hier Gott und uns selbst in vollkommener Einheit. Es gibt beim großen Liebesgebot kein Erstens, Zweitens und Drittens. Alles ist eins: das Herz Gottes, die Herzen aller Menschen, die Herzen von uns selbst. Alle großen Mystiker haben dies „gesehen" und es gelebt.

*

Ich sprach mit Sue und Nathan eineinhalb Stunden am Telefon über meine Rückkehr nach Daybreak im September wie auch über meine künftige Rolle innerhalb der Gemeinschaft. Sue wurde gebeten, für ein Jahr nach Stratford/Ontario zu gehen, um bei der dortigen „Arche"-Gemeinschaft auszuhelfen. Dadurch könne sie die seelsorglichen Aufgaben in Daybreak nicht länger wahrnehmen. Wir sprachen darüber, daß ein anderes Mitglied der Gemeinschaft die Seelsorge mit meiner Unterstützung ausüben könnte, so daß ich Spielraum für weitere schriftstellerische Tätigkeit hätte. Es besteht Hoffnung, daß mein kleines Haus im Laufe des Sommers gebaut werden kann, doch hängt noch viel von den Genehmigungen ab, die wir von der Stadt Richmond Hill brauchen. Ich bin mit unserem Gespräch sehr zufrieden.

Freitag, 7. Juni

Unsere heutige Eucharistiefeier bekam durch die Anwesenheit von Amy, einer liebenswürdigen Frau und Mutter zweier Kinder, die an einem Gehirntumor in fortgeschrittenem Stadium leidet, einen besonderen Akzent. Ihr Freund, der Arzt ist, brachte sie im Rollstuhl zu uns. Wir legten sie auf das große Sofa gegenüber dem Altartisch, links und rechts neben ihr im Kreis an die zwanzig Personen.

Nach dem Evangelium von den Seligpreisungen stellte ich uns in der Predigt als eine Gemeinschaft von Schwachen dar, die vom gegenseitigen Vergeben und Anerkennen zusammengehalten wird. Am Schluß der Messe segneten alle Amy und baten Gott um Heilung für sie an Leib, Herz und Sinn. Amy selbst war sehr offen und sprach ihre große Enttäuschung darüber aus, daß Gott ihre Gebete nicht erhört und kein Wunder gewirkt habe. Sie befand sich in diesem Moment wohl noch nicht an dem geistlichen Ort, wo sie sich auf den Tod vorbereiten könnte, war aber für die Gebete unserer kleinen Gemeinde sehr dankbar.

Morgen steht mir ein ausgefüllter Tag bevor. Ich will Lorenzo zum Flughafen bringen, nach Princeton zur Hochzeit von Bobby und Anne fahren, den Wagen nach Peapack zurückbringen, den Koffer für meine Reise nach Holland packen und schließlich mit dem Bus nach New York fahren, wo ich bei Wendy und Jay bleiben werde. Ich hoffe, daß alles gutgeht, werde aber unruhig, wenn ich an all das denke.

Ich fühle mich noch nicht ganz soweit, diesen lieblichen Ort und diese schöne Gemeinschaft zu verlassen. Gern würde ich etwas länger bleiben, etwas mehr schreiben und die Gemeinschaft vertiefen. Aber ich will am 15. Juli wieder hier sein, so daß ich dann noch über einen Monat vor mir habe. Ich danke Peggy und allen ihren Freunden, die meinen Aufenthalt hier zu einer ganz besonderen Zeit werden ließen.

New York, Samstag, 8. Juni

Zur Mittagszeit war ich in Princeton im „Nassau Inn", wohin mich Fran zum Lunch eingeladen hatte. Nachdem wir uns viele Jahre aus den Augen verloren hatten, stehen wir seit der Beerdigung von Don sen. in Winnetka wieder miteinander in Verbindung. Ich habe mich gefreut, mit ihr zusammen zu sein und eine lange Freundschaft festigen zu können.

Kurz vor 14 Uhr fuhr mich Fran zur Trauung von Bobby und Anne. Es war eine sehr schlichte Feier. Ich wurde gebeten, die Lesung vorzutragen:

„Darum werden wir nicht müde; wenn auch unser äußerer Mensch aufgerieben wird, der innere wird Tag für Tag erneuert ... Wir wissen: Wenn unser irdisches Zelt abgebrochen wird, dann haben wir eine Wohnung von Gott, ein nicht von Menschenhand errichtetes ewiges Haus im Himmel" (2 Korintherbrief 4, 16; 5, 1).

Während ich diesen Text Bobby und Anne vortrug und sie ansah, wurde mir bewußt, wie sehr er ihrer Situation entsprach. Bobby hat in seinem Leben viel Leid erfahren, und er weiß, um was es beim Abbrechen des irdischen Zeltes geht. Er braucht einen starken Glauben und große Hoffnung, nicht, weil er verzweifeln würde, sondern um neue Kraft zum Leben zu gewinnen. Sein großer Ehrgeiz hilft ihm, macht ihn aber auch sehr verletzlich.

Ich freue mich, daß ich bei dieser Gelegenheit bei Bobby sein konnte. Es war seine Graduierung, Ordination und erste Trauung. Ich möchte die Freundschaft mit ihm aufrechterhalten und in seinem wie im Leben seiner beiden Jungen präsent bleiben.

Schließlich erledigte ich noch alles Notwendige für meine Reise nach Holland. Nun geht dieser Tag zu Ende, und ich bin froh, bei Wendy und Jay gut aufgehoben zu sein.

Unterwegs nach Amsterdam, Sonntag, 9. Juni

Nach der Feier der Eucharistie mit Jay und Wendy, fuhr ich mit dem Taxi nach Greenwich Village, um der Trauung von Marc und Paul beizuwohnen. Es war das erste Mal, daß ich an der Trauung eines gleichgeschlechtlichen Paares teilgenommen habe. Obwohl ich von der Rabbinerin und ihrem Gatten herzlich begrüßt worden war, kam ich mir bei dem Geschehen irgendwie verloren vor und fühlte mich wie ein Fremder unter Fremden.

Marc und Paul leben seit zwanzig Jahren zusammen. Erst vor kurzem entschieden sie sich, ihre Beziehung sakramental zu ordnen. Die letzte Samstagszeitung enthielt einen Bericht über die Eheschließung von Schwulen, in dem Paul über seinen Entschluß, formell zu heiraten, sagt: „Ich bin das Leben in Sünde überdrüssig." Diese schalkhafte Bemerkung bringt meines Erachtens die moralische Situation von Schwulen und Lesben auf einen Nenner. Während überall über Moral und Unmoral des Zusammenlebens Homosexueller diskutiert wird, geht es diesen beiden Männern um die Moral und Unmoral, nicht verheiratet zu sein.

Ich freue mich, daß ich jetzt im Flugzeug sitze, ein weiterer Aufenthalt in Europa vor mir liegt, und ein zweiter Urlaub mit meinem Vater.

Geysteren, Montag, 10. Juni

Ich frage mich wieder einmal: Warum schleppe ich so viel Gepäck mit mir herum? Immer wieder nehme ich mir vor, mit wenig zu reisen, doch immer werden es mehr Koffer, als ich tragen kann. Bei meiner Ankunft in Schiphol stellte ich mit Schrecken fest, daß ich mein vieles Gepäck nicht allein werde tragen können. Da eine Taxifahrt bis zum Wohnort meines Vaters zu teuer gewesen wäre, nahm ich den Zug, wenngleich ich zweimal umsteigen mußte. Der Gedanke, das Gepäck von einem Zug in den anderen schaffen zu müssen, war ein Alptraum. Als ich im Flughafen mit dem vollbeladenen Gepäckkarren an die Rolltreppe kam, kippten meine Koffer um und purzelten die Stufen hinunter. Fast wäre ich über sie gestürzt. Die Passanten sahen meine Aufregung, kümmerten sich aber nicht weiter um mich. Schließlich bat ich einen jungen Mann, mir zu helfen. Er war so freundlich und trug zwei meiner fünf Gepäckstücke auf den Bahnsteig.

Nach der ersten Strecke der zweieinhalbstündigen Bahnfahrt halfen mir zwei junge Leute beim Umsteigen. Als ich endlich bei meinem Vater angekommen war, war ich völlig erschöpft, mehr mit meinen Nerven am Ende als mit meinen Kräften. Bemerkenswert, daß keines der beiden zerbrechlichen Geschenke in meinem Koffer in die Brüche ging und nichts gestohlen wurde.

Es gab ein frohes Wiedersehen mit meinem Vater. Er sieht gut aus und scheint bei guter Gesundheit zu sein. Mein Vater freut sich darauf, mit mir in der nächsten Woche nach Belgien zu reisen. Ich war so müde, daß ich mich sofort ins Bett legte und sechs Stunden durchschlief. Danach schauten mein Vater und ich das Match der Fußball-Europameisterschaft in England zwischen Schottland und Holland im Fernsehen an. Anschließend richteten wir uns einen Abendimbiß. Um 21 Uhr war ich wieder im Bett.

Wallenhorst, Mittwoch, 12. Juni

Heute nachmittag kam Robert mit dem Auto nach Geysteren, um mich ins Münsterland abzuholen, wo am Samstag seine Hochzeit stattfindet. Nachdem ich mich hier in meinem Hotelzimmer eingerichtet hatte, fuhren wir zusammen zu seiner Braut Susanne und ihrer Schwester Beate, die gerade aus New York angekommen war. Robert, Susanne und Beate haben längere Zeit in den USA gelebt und sprechen fließend Englisch. Wir unterhielten uns trotzdem meistens in Deutsch, da ich meine nicht besonders guten Sprachkenntnisse etwas auffrischen wollte, um der Trauung am Samstag vorstehen zu können.

Zu Mitternacht war ich wieder in meinem Hotelzimmer, sehr müde und etwas depressiv gestimmt. Durch den ständigen Wechsel von Ort zu Ort schwindet das Gefühl der Zugehörigkeit und wächst das Empfinden der Fremdheit. Ich sehne mich sehr nach Zeiten zum Beten, komme aber innerlich nie so zur Ruhe, daß ich mich einfach hinsetzen und beten könnte. Ich kann geistig nicht sehr kreativ sein. Wegen meiner ständigen Müdigkeit suche ich immer nach einer Möglichkeit zu schlafen. Aber der Rosenkranz, das Gleiten der Perlen durch meine Finger und die „Gegrüßet seist du, Maria" auf den Lippen verbinden mich ein wenig mit meinem wahren Zuhause.

Donnerstag, 13. Juni

Warum werde ich meine Müdigkeit nicht los? Mein Bett ist der einzige Ort, zu dem es mich zieht. Alles ermüdet mich, sogar das Ankleiden. Und alles, selbst Begegnungen mit sympathischen Menschen und schöne gemeinsame Mahlzeiten, erscheint mir als Last und Verpflichtung. Ich möchte bloß allein sein, schlafen, beten und schreiben. Aber immer stehe ich im Mittelpunkt. Ich kann nicht der einfache Gast sein, der zu müde ist, um am Geschehen teilzunehmen. Ich bin mir nicht sicher, woran das liegt. Mein Körper scheint sich noch in den USA zu befinden – das heißt, sechs Stunden im Rückstand –, und mein innerer Haushalt ist durcheinander.

Um 13 Uhr holte mich Robert zum Mittagessen ab bei Susanne und Beate. Danach führte ich mit dem Brautpaar das erste „geistliche Gespräch". Robert und Susanne hoben hervor, sie möchten aufeinander stolz sein dürfen, voreinander Achtung haben und als zwei unabhängige, selbständig handelnde Menschen einander ehren. Ich ergänzte, daß ihre Liebe letzten Endes bedeute, das gegenseitige Wagnis auf sich zu nehmen, verwundbar zu sein und in einer von Rivalität beherrschten Welt einander das Gefühl zu geben, zu Hause und geborgen zu sein.

In mein Hotelzimmer zurückgekehrt, schlief ich ein paar Stunden, bis sich Franz und Reny, Roberts Eltern, meldeten, die aus Freiburg im Breisgau angekommen waren. Gemeinsam fuhren wir nach Mettingen, um mit Roberts Schwester Irene, ihrem portugiesischen Verlobten Luis und mit Jim und Elise, Roberts amerikanischen „Eltern", zu Abend zu essen.

Erstaunlich, auf welche Weise diese Tischrunde zusammengefunden hat: Jim und Elise sind seit meiner Zeit an der Yale Divinity School enge Freunde von mir. Als meine Eltern mich 1978 in New Haven besuchten, diagnostizierte Jim bei meiner Mutter Bauchspeicheldrüsenkrebs. Einen Tag nach ihrer Ankunft flogen sie nach Holland zurück, wo meine Mutter operiert wurde und kurz darauf starb. Jahre später verbrachte ich einige Wochen bei Franz und Reny in Freiburg im Breisgau, um an einem Manuskript zu arbeiten. Dabei lernte ich Robert kennen. Er erzählte mir, daß er seine medizinischen Praktika gern in den USA absolvieren möchte. Ich trug seinen Wunsch Jim vor, woraus sich ein dreijähriger Aufenthalt an der Yale-Universität ergab. Im Laufe dieser Zeit entwickelte sich zwischen Jim, Elise und Robert eine enge Freundschaft; Robert wurde gewissermaßen Jims und Elises deutscher Adoptivsohn. Wenn auch Roberts Eltern mit Jim und Elise schon lange brieflichen und telefonischen Kontakt pflegten, sahen sie sich an diesem Abend zum ersten Mal.

Vieles fand zusammen: Tragik und Freude, Tod und Neubeginn, alte Freunde und neue Freunde, Lebensläufe und Erinnerungen, Bücherschreiben und Bücherverlegen. Ich staune wirklich darüber, wenn auch meinen Freunden diese verschiedenen zusammenlaufenden Lebensgeschichten wohl nicht so bewußt geworden sind.

Sehr erschöpft kehrte ich eine Stunde vor Mitternacht in mein Hotel zurück. Ich sah eine Weile das CNN-Nachrichtenprogramm an und betete noch ein wenig. Bald darauf fiel ich in tiefen Schlaf.

Freitag, 14. Juni

Um 11 Uhr fand die standesamtliche Trauung von Susanne und Robert im Rathaus statt. Es war ein schlichtes, kurzes Zeremoniell, dem nur die nächsten Angehörigen beiwohnten. In Deutschland wie in Holland findet die standesamtliche Trauung von der kirchlichen getrennt statt. Für Brautpaare, die sich kirchlich trauen lassen, ist die Trauung auf dem Standesamt mehr eine Formsache als eine Feier.

Um 18 Uhr kamen Robert und Susanne zu einem zweiten „geistlichen Gespräch" zu mir ins Hotel. Bei einer Tasse Kaffee oder Tee im Hotelrestaurant sprachen wir über die Ehe als Sakrament, insbesondere über die enge Beziehung zwischen Ehe und Eucharistie: In der Eucharistie zeigt uns Jesus seine treue Liebe, indem er uns seinen Leib und sein Blut als geistliche Speise und geistlichen Trank reicht. Wenn die Ehe ein sichtbares Zeugnis dieser göttlichen Liebe ist, so ist die Teilnahme an der Eucharistie ein Weg, das Eheversprechen zu vertiefen und zu festigen. Auf diese Weise wird die Eucharistie für Eheleute zu einer geistlichen Übung, ihre gegenseitige Hingabe als lebendiges Zeichen der Liebe Gottes in dieser Welt ständig zu erneuern.

Nach unserem Gespräch fuhren Susanne und Robert nach Münster, um mit ihren Arztkollegen und -kolleginnen ihre Hochzeit vorzufeiern.

Wieder in meinem Zimmer, feierte ich für mich die Eucharistie. Heute am Herz-Jesu-Fest plagten mich große innere Unruhe, Angst und Ermattung. Ich wollte für mich sein, beten und diese heftigen Emotionen und Gefühle der Gegenwart Jesu anheimstellen und um Heilung bitten. Seit ich das Büchlein über das Herz Jesu geschrieben habe, ist mir dieses Fest kostbar. Ich hoffe, daß mein Gebet um Linderung meiner inneren Qual erhört wird. Ich vertraue darauf, daß Gott mein Beten erhört.

Samstag, 15. Juni

Die Trauung von Robert und Susanne fand in der alten St.-Alexander-Kirche statt, die im Jahre 777 erbaut und vor kurzem in ihrer ganzen Schönheit wiederhergestellt wurde.

Die kleine Kirche war mit Familienangehörigen und Freunden bis auf den letzten Platz gefüllt. Eine frohe und gelöste Atmosphäre herrschte. Robert und Susanne strahlten und waren von Anfang bis Ende ganz dabei. In der Trauungsansprache ging ich auf drei Wahrheiten ein: Gott hat euch erwählt; ihr seid erwählt, um Frucht zu bringen, und schließlich: Ihr habt die besondere Berufung, für eure kranken und sterbenden Mitmenschen Sorge zu tragen. Um diesen drei Wahrheiten entsprechend zu leben, empfahl ich beiden, sich dreierlei zum Anliegen zu machen: mit Gott sprechen, das heißt beten; ständig miteinander sprechen und sich der Armen annehmen. Alle hörten aufmerksam zu. Nach dem Schlußsegen überreichte ich dem Brautpaar Schale und Kelch, aus denen die Gemeinde die Kommunion empfangen hatte.

Verschiedene Gäste sprachen mich beim Empfang und bei Tisch auf die Predigt an: Meine Gedanken hätten ihnen viel gegeben.

Die Abendparty im Hotel in Mettingen war stilvoll, festlich, lustig und unterhaltsam. Zu essen und zu trinken gab es in Fülle. Innerhalb kurzer Zeit begegnete ich vielen Kardiologen, Internisten und Neurologen, alles Kollegen und Kolleginnen von Robert und Susanne.

Als es auf Mitternacht zuging, bot mir Franz an, mich in mein Hotel zu bringen. Beim Verabschieden von einigen Gästen bat ich Susanne um einen Tanz. Ich hatte noch nie mit einer Braut im langen weißen Kleid getanzt. Es war ein schöner, froher Abschluß des Abends.

Geysteren, Sonntag, 16. Juni

Nach vielem Umarmen, Küssen und Händeschütteln brachen Franz, Reny und ich am frühen Nachmittag von Mettingen nach Geysteren auf. Nach gut zwei Stunden Autofahrt waren wir bei meinem Vater zu Hause angekommen. Er freute sich, Reny und Franz zu Gast zu haben. Seit unserem ersten Weihnachtsbesuch in Freiburg vor Jahren sind sie in Kontakt miteinander und verstehen sich gut. Um 18 Uhr kamen mein Bruder Paul, mein Bruder Laurent und seine Frau Heiltjen sowie meine Schwester Laurien und ihr Lebensgefährte Henri. Bald darauf fuhren wir alle in das Lieblingsrestaurant meines Vaters. Es war ein traumhaft schöner Abend: mildes Licht, wohltuende Luft und ein herrlicher Blick auf die Maas mit den saftigen, grünen Wiesen an ihren Ufern. Vor und nach dem Abendessen hatten wir auf der großen Terrasse Platz genommen und genossen die friedliche Landschaft vor unseren Augen. Franz und Reny waren glücklich, in den Kreis unserer Familie einbezogen zu sein. Franz sagte mir: „Schön, sich so herzlich von euch allen aufgenommen zu wissen!" Es freute mich besonders, daß sich mein Vater inmitten seiner Familie und seiner Freunde so wohl fühlte.

Dienstag, 18. Juni

Heute gab es in Holland nur ein Thema: Fußball. Viele Holländer saßen am Abend vor der „Kiste", um das Match zwischen Holland und England in London zu sehen. Wenn in Holland ein wichtiges Spiel übertragen wird, sind die Straßen wie leergefegt. Alle hofften, daß die holländische Mannschaft den Einzug ins Endspiel schafft.

So selbstbewußt, ja arrogant die holländischen Spieler sich vor der Begegnung über ihren englischen Gegner geäußert hatten, so schnell zeigte sich nach dem Anpfiff die Überlegenheit des englischen Teams. Der Ausgang des Spiels war für Holland eine Fußballtragödie, da Holland von England seit langem nicht mehr geschlagen worden war. England feierte den 4:1-Sieg wie eine Rache.

Rotterdam, Mittwoch, 19. Juni

Am Nachmittag fuhr ich mit der Bahn nach Rotterdam. Ich war eingeladen worden, an einem Gesprächsabend eines katholischen theologischen Clubs, der seit zwanzig Jahren besteht und sich einmal im Monat trifft, teilzunehmen und Anstöße zu geben. Das Thema an diesem Abend hat mich sehr interessiert. Es ging um Fragen des geistlichen Lebens, wie: Wie soll ich beten? Wie kann ich auf Gott ausgerichtet leben? Wie können wir in unserem von Konkurrenzdenken bestimmten Berufsalltag geistlich leben? Welche Hilfen bieten sich an?

Die Teilnehmer waren freundlich, unkompliziert, aufgeschlossen und sehr aufmerksam. Ihr großes Interesse an der „Arche" berührte mich. Der Abend gab mir das Gefühl, mit einer einzigartigen Gruppe von Holländern zusammengekommen zu sein, die ich gern näher kennenlernen würde.

Geysteren, Donnerstag, 20. Juni

Heute früh fuhr ich mit der Bahn nach Utrecht, wo ich auf der Konferenz der Dekane der Erzdiözese, die alle zwei Wochen stattfindet, einen Vortrag gehalten habe.

Im Anschluß an meine halbstündigen Ausführungen zu den Themen „Gebet", „Gemeinschaft" und „Seelsorglicher Dienst" stellten die Zuhörer viele Fragen, die mir bestätigten,

daß die behandelten Themen einem lebendigen Interesse ent-
sprachen.

Nach dem Zusammentreffen fuhr ich mit der Bahn nach
Venray und von dort mit dem Taxi zu meinem Vater.

Herbeumont/Belgien, Freitag, 21. Juni

Nach unserem gelungenen Aufenthalt in Deutschland über
Weihnachten und Neujahr hatte mir mein Vater vorgeschla-
gen, mit ihm in Herbeumont zwei Wochen Sommerferien zu
machen. Er hatte erfahren, daß es dort ein gutes, ruhiges Hotel
gibt, von dem aus sich kleine Tagestouren unternehmen ließen.
Ich war gern damit einverstanden und bin glücklich, mit meinem Vater noch einmal Ferien machen zu können.

Heute morgen traten wir die Fahrt in das dreihundert Kilo-
meter entfernte Herbeumont an. Die große Zisterzienserabtei
von Orval, die in der Nähe liegt, interessiert mich besonders.
Das Hotel, das sich in dem früheren Prioratsgebäude befindet,
ist klein und gemütlich. Die Bedienung ist sehr persönlich. Die
Reise war sehr anstrengend, so daß ich nach unserer Ankunft
drei Stunden geschlafen habe. Um 20 Uhr gab es ein vorzügliches „französisches" Menü.

Ich freue mich, hier zu sein und eine ruhige Woche vor mir
zu haben, in der ich an den mitgebrachten Manuskripten
arbeiten will.

Samstag, 22. Juni

Nach einem späten Frühstück fuhren wir in die Zisterzienserabtei Orval in Luxemburg. Die riesige Anlage ist sehr beein-
druckend. Die Klostergebäude wurden im Laufe der Jahrhunderte mehrmals zerstört und zuletzt in den fünfziger Jahren
vollständig wiederaufgebaut. Vor dem Eingang des Klosters
parkten große Reisebusse, die Hunderte von Besuchern zu
dieser Touristenattraktion gebracht hatten.

Aus dem Auto ausgestiegen, stand ich vor dem Problem: Wie komme ich mit meinem Vater bis zum Eingang der Kirche? Der lange Weg und die vielen Menschen erschienen ihm wie ein kaum zu überwindendes Hindernis. Trotzdem lehnte er einen Rollstuhl oder eine Hilfe ab und wollte den Weg samt Stufen zur Kirche allein gehen. Er schaffte es zwar, war aber danach völlig erschöpft. Glücklicherweise kamen zwei gute Bekannte, Marie-Hélène und Paul, die ich in Trosly kennengelernt habe und die seit kurzem hier in der Nähe wohnen, und standen uns zur Seite. Nach der Eucharistiefeier besorgte Paul einen Rollstuhl und brachte meinen Vater damit zum Auto. Auf kürzestem Wege kehrten wir ins Hotel zurück, wo mein Vater ins Bett fiel, völlig verausgabt von unserem kleinen Ausflug.

Ich habe mir den Tag über Gedanken über die Abtei gemacht. Das Kloster ist sehr weitläufig und wurde in einer Zeit gebaut, als die Kirche stark, mächtig und selbstbewußt war und mit vielen Berufungen zum Mönchsleben rechnen konnte. Diese Bereitschaft scheint vollständig verschwunden zu sein. Nur wenige junge Männer gehören der Kommunität an; übrig geblieben sind fünfunddreißig Mönche, die meisten an die Vierzig und älter.

Der Gottesdienst, an dem etwa sechzig Gäste teilnahmen, war schlicht und einfach. Die große Distanz zum Geschehen am Altar ließ mich die Nähe vermissen, die bei einer liturgischen Feier zu Hause in Daybreak oder Peapack spürbar ist. Daher stimmte mich der Gedanke, daß es hier um meine Gemeinschaft, meine Kirche, meine Spiritualität und meine Liturgie geht, traurig und melancholisch. Ich kam mir wie ein Außenseiter, wie ein Tourist und Zuschauer vor. Beim Verlassen der Kirche sagte ich meinem Vater: „Morgen sollten wir die Eucharistie lieber in meinem Zimmer feiern. Das erspart dir viel Anstrengung und mir Niedergeschlagenheit."

Sonntag, 23. Juni

Ein sehr ruhiger Tag. Zu Mittag feierte ich mit meinem Vater
in meinem Zimmer die Eucharistie. Keine Predigt. Die meiste
Zeit des Tages arbeiteten wir beide an unseren Manuskripten.
Mein Vater hat begonnen, seine Erinnerungen an mich von
meiner Geburt 1932 an bis zu meiner Priesterweihe 1957 aufzuschreiben. Wenn er sich da und dort an etwas nicht mehr
genau erinnert, kommt er zu mir herein und fragt mich. Ich
arbeite an der holländischen Übersetzung meiner Betrachtungen für jeden Tag „Hier und jetzt" und des Kelchbuchs. Als
Autor nehme ich mir die Freiheit, bei der Durchsicht nicht nur
die Übersetzung zu verbessern, sondern ab und zu auch den
Text selbst zu ändern, wenn dadurch der Inhalt holländischen
Lesern deutlicher wird.

Donnerstag, 27. Juni

Die letzten Tage verbrachten wir etwas „auf Sparflamme"
und ruhig, weil mein Vater sich nicht besonders wohl fühlte.
Heute ging es ihm ausgesprochen schlecht. Er warf mehrmals
seine Pläne um, entschloß sich aber, zum Abendessen mit Paul
und Marie-Hélène mitzugehen.

Mein Vater mag Steinbutt, weil dessen Fleisch mager und
bekömmlich ist. Heute jedoch wurde kein Steinbutt angelie-
fert, weshalb der Kellner meinem Vater ein anderes Gericht
empfahl, das er nicht besonders mag. Aber im letzten Moment
kam doch noch der Lieferwagen, und wir erhielten unseren
Steinbutt. Ja, das Alter fixiert uns, und nicht immer auf himm-
lische Dinge!

Mein Vater genoß die kleine Ausfahrt wie auch das gemeinsame Mahl und das Gespräch, wenngleich er gegen 21 Uhr
sehr erschöpft wirkte.

Samstag, 29. Juni

Heute ist das Fest des heiligen Petrus und des heiligen Paulus. Die Kirche feiert ihre Beharrlichkeit, ihre geistliche Weitsicht und ihre Entschiedenheit, der ganzen Welt die Frohbotschaft zu bringen, vor allem aber feiert sie die tiefe persönliche Beziehung der beiden Apostel zu Jesus. Als ich die Messe an diesem Festtag mit meinem Vater in meinem Hotelzimmer feierte, dachte ich an meine Berufung, die vielleicht nicht in Reisen in die Nähe oder Ferne liegt, sondern darin, in verschiedenster Weise von Jesus zu schreiben und an der Übertragung meines geschriebenen Wortes in andere Sprachen zu arbeiten.

Heute verließen wir nicht das Hotel, da das Wetter schlecht war. Zudem hatten wir beide mit unseren Manuskripten genug zu tun. Ich nahm mir die Biographie vor, die Jurjen Beumer von mir verfaßt hat. Selbstverständlich ging es mir dabei nicht um Stilfragen oder seine Sichtweise, vielmehr wollte ich sicher sein, daß alle Daten und Fakten über mich stimmen.

Sonntag, 30. Juni

Das wichtigste Ereignis heute abend war das Fußballspiel zwischen Deutschland und Tschechien. Wir aßen beizeiten zu Abend, damit wir die Fernsehübertragung sehen konnten.

Der tschechische Torwart wird mir immer in Erinnerung bleiben. Er reagierte hervorragend und verhinderte mehrmals ein Tor der deutschen Mannschaft. Seine Gelenkigkeit, sein Mut, seine Übersicht und seine eisernen Nerven machten ihn in meinen Augen zum Helden des Abends. Als es aber in der Verlängerung 1:1 stand und er einen Ball nicht festhalten konnte, den ihm ein deutscher Spieler praktisch in die Hände geschossen hatte, war er es, der nicht die tschechische, sondern die deutsche Mannschaft zum Europameister gemacht hatte. Er wird mir nicht als Held, sondern als derjenige in Erinnerung bleiben, der den Sieg der tschechischen Nationalmannschaft verspielte. Während die deutschen Spieler auf dem Platz ausgelassen tanzten, vor Freude weinten und ihre Arme in Siegerpose hochwarfen, saß dieser exzellente Torhüter auf dem Rasen mit dem Rücken an einen Pfosten gelehnt und vergrub sein Gesicht zwischen den Knien. Niemand war bei ihm. Er war der Verlierer.

Das Bild dieses geschlagenen Torhüters hat mich betroffen gemacht. Alle seine Leistungen sind im Lichte dieses einen Fehlers, der der tschechischen Mannschaft den Triumph gekostet hat, mit einemmal vergessen. Das Problem dieses „letzten Fehlers" beschäftigt mich. Ein Fehler, eine Sünde, ein Versagen am Ende können genügen, um aus einem langen und fruchtbaren Leben eine lastende Niederlage zu machen.

Weshalb wird man sich unser erinnern? Wegen unserer vielen freundlichen, großzügigen, mutigen und liebevollen Taten oder wegen des einen Fehlers, den wir am Ende gemacht haben? „Ja, er war ein ausgezeichneter Mann, versagte aber." – „Ja, sie war eine heiligmäßige Frau, beging aber eine Sünde." – „Ja, sie waren großartig, enttäuschten uns aber zum Schluß."

Manchmal denke ich über das Sterben vor dem großen Fehler nach. Was wäre gewesen, wenn die „Heiligen" länger gelebt hätten und den Ball in der Schlußminute nicht hätten festhalten können? Hätte solch ein kleiner Fehler ihre Heiligkeit null und nichtig gemacht? Es widerstrebt mir, so zu denken. Ich weiß wohl, daß die Menschen in ihrem Urteil letzten Endes sehr wankelmütig sind. Gott, und nur er, kennt unser eigentliches Sein und liebt uns wirklich, vergibt uns voll und ganz und erinnert sich unser aufgrund dessen, was wir in Wahrheit sind.

JULI 1996

Die Ferien mit meinem Vater waren ruhig und erholsam. Seine körperlichen Beschwerden hinderten ihn nicht daran, sich mit mir über alles zu unterhalten, was ihn und mich beschäftigt. Wir hatten heute eine angenehme Heimreise ohne besondere Vorkommnisse. Gegen 15 Uhr waren wir zu Hause.

Nach dem Abendessen ging mein Vater bald zu Bett. Ich sah eine interessante Fernsehsendung über Leben und Werk Igor Sikorkys, des Erfinders und Erbauers des Helikopters. Es ist die Geschichte eines russischen Jungen, der von der Idee besessen ist, ein Flugzeug zu bauen, das in der Vertikalen wie in der Horizontalen geflogen werden kann. An diesem Vorhaben arbeitete er unbeirrt. Als Sikorsky nach der bolschewistischen Revolution 1917 die Exekutionen der Piloten aus der Zarenzeit erlebte, floh er aus Rußland und ging 1919 in die Vereinigten Staaten. Dort entwickelte er mit unglaublicher Hartnäckigkeit und Willensstärke Flugboote und seit 1939 Helikopter. Er errichtete eines der größten Helikopterwerke der Welt.

Mehr als die äußeren Fakten faszinierte mich Sikorskys Zielstrebigkeit. Wenn ich bei der Ausübung meiner Berufung nur halb so zielstrebig wäre wie Igor bei der Verwirklichung seines Traumes – als Junge hatte er tatsächlich von einem Helikopter geträumt –, könnte ich vielen Leuten fliegen helfen.

Den größten Teil des Tages nahmen die Vorbereitungen meiner Reise nach Deutschland in Anspruch: Fahrkarten besorgen, Koffer packen, Kathy in Toronto und einigen Freunden mitteilen, wo ich zu erreichen sein werde. Morgen fahre ich nach Berlin, um Freunde zu besuchen; am Montag nach Oberursel, um einige Tage bei den Rodleighs zu verbringen. Am nächsten Donnerstag möchte ich Hans besuchen. Er ist Künstler und wohnt in der Nähe von Koblenz.

Es bedrückt mich etwas, meinen Vater zu verlassen. Da seine Haushälterin in Ferien ist, wird er meistens allein sein. Aber am Wochenende, und wenn nötig auch öfter, wollen mein Bruder und meine Schwester herkommen. Vater selbst sagt immer wieder, daß er sich wohl fühle und keine Hilfe brauche.

Berlin, Freitag, 5. Juli

Ich habe eine lange Bahnfahrt hinter mir. Mein Freund Thomas Day erwartete mich am Bahnsteig. Wenn wir auch öfter miteinander telefoniert und uns ab und zu geschrieben haben, hatten wir uns doch seit 1971 nicht mehr gesehen. Seine Stimme klingt wie früher, aber sein Haar ist nach 25 Jahren grau geworden, wie meines!

Als ich Tom das erste Mal begegnete, war er Priester der Gemeinschaft vom Heiligen Kreuz. Ich lehrte damals an der Yale Divinity School, Tom studierte am Union Theological Seminary in New York. Er konnte Saxophon spielen und machte Jazzmusik, was mich stark beeindruckte. Tom verkörperte für mich ein Ideal: Priester und zugleich ein exzellenter Jazzmusiker. Während des Studiums am Theologischen Seminar legte er sein Priesteramt nieder. Dort lernte er auch Helga kennen, eine deutsche Theologiestudentin, die an ihrer Dissertation arbeitete. Sie verliebten sich ineinander und heirateten. Nachdem beide ihr Studium abgeschlossen hatten, lebten sie eine Zeitlang in Princeton und zogen später nach Berlin, wo beide eine theologische und pastorale Laufbahn einschlugen. Sie haben zwei Kinder.

Auf der Fahrt zu seiner Wohnung erzählte mir Tom vom plötzlichen und tragischen Tod seines Sohnes an der Univer-

sität. Welch unvorstellbare Trauer! Ein junges, verheißungsvolles Leben war schlagartig zu Ende. Zu Hause angekommen, begrüßte uns Helga.

Ich vermag nicht zu ermessen, wie die Eltern solch eine
Tragödie bewältigen. Lars, der Stolz und die Freude ihres
Lebens, war plötzlich und völlig unerwartet tot.

Samstag, 6. Juli

Nach dem Frühstück und der Feier der Eucharistie unternahmen Helga und Tom mit mir eine Stadtrundfahrt. Berlin zu
besichtigen, ist für mich ein sehr emotionales Erlebnis. Viele
vertraute Namen und Bilder sind damit verbunden: das Bran-
denburger Tor, das Reichstagsgebäude, Unter den Linden und
anderes mehr. Aber all das auf einmal in Wirklichkeit zu
sehen und dazu die Erklärungen von Tom und Helga zu hören
war wie ein Blick auf mein Leben aus einer neuen Perspektive.
Das Ende der Weimarer Republik, das brennende Reichstagsgebäude, die Machtergreifung durch Hitler, der Zweite Weltkrieg und der Haß auf die Juden, die Einnahme Berlins durch
die Russen und die Zerstörung der Stadt, die Alliierte Militär-
regierung und die Aufteilung der Stadt in vier Sektoren, die
Teilung in Ost- und West-Berlin, der Mauerbau 1961 und
John F. Kennedys berühmter Ausspruch „Ich bin ein Berliner"
1963, der Fall der Mauer und das Ende des Kommunismus,
die Entscheidung des Deutschen Bundestags 1990, Berlin wieder zum Regierungssitz und zur deutschen Hauptstadt zu
machen, sowie der umfassende Neuaufbau der Stadt: all diese
Ereignisse erlebte ich aus der Distanz, und die meisten sind
mir als bedeutungsvolle Augenblicke meines Lebens in Erinnerung. Ich konnte das alles heute in Stein vor mir sehen und
alles in wenigen Stunden nacherleben.

Es war lebendig gewordene Geschichte. Ich spürte meine
Verantwortung. Es *ist* nicht egal, wie ich lebe. Es *ist* nicht egal,
wohin ich gehe, mit wem ich spreche und was ich schreibe. Ja,
mein Leben ist sehr kurz und erscheint im Ganzen unseres

Universums sehr unbedeutend. Doch das, was ich heute sah und hörte, weckte in mir das starke Verlangen, so redlich, lauter, eindeutig und mutig, wie ich nur kann, zu leben.

Immer wieder kamen wir im Laufe des Tages auf Toms und Helgas Sohn zu sprechen. Er war ganz gegenwärtig und doch ganz abwesend. Ich hatte das Gefühl, zu spät gekommen zu sein, um einem außergewöhnlichen jungen Menschen zu begegnen, der voller Leben, Liebe und Hoffnung war. Welch ein Schmerz! Er regt sich auch in meinem Herzen. Ich vermag nicht zu ergründen, was Tom und Helga empfanden, als sie mir diese Stadt zeigten, wir durch die Straßen gingen und miteinander sprachen.

Sonntag, 7. Juli

Um 10 Uhr leitete Tom in einem Berliner Vorort den Sonntagsgottesdienst der Evangelisch-Reformierten Bethlehemsgemeinde. Es war eine sehr schlichte, aber bewegende Feier, die in einem kleinen Gebäude stattfand und an der vier ältere Frauen, zwei ältere Männer, ein junger Organist, der Sakristan, Tom und ich teilnahmen. Eine Frau erklärte mir, daß gewöhnlich auch einige junge Leute zum Gottesdienst kämen, aber heute eben alle in Ferien seien. Da die Gemeinde zu klein ist, um einen eigenen Pastor zu haben, hat man den Pastor einer anderen Reformierten Kirche um Aushilfe am Sonntag gebeten.

Der Gottesdienst, der gut gestaltet war, hat mich berührt. Die Lieder, Schriftlesungen und Toms Ansprache trafen mich an der Stelle meiner inneren Ängste und ließen mich die Liebe und Barmherzigkeit Gottes empfinden, wie ich sie seit langem nicht erfahren habe. Die schlichte Feier, die einfachen Menschen und die deutsche Sprache haben mir etwas sehr Heilsames vermittelt. Auf dem Weg nach Hause sprachen wir wieder über Toms und Helgas Sohn. „Wo ist er jetzt? Wo ist er nach seinem Tod?" fragte seine Mutter. Vorstellungen und Gedanken vermögen nichts angesichts eines tief verwundeten Herzens.

Als wir wieder zu Hause waren, versammelten wir uns um den Tisch im Garten zur Feier der Eucharistie. Wir hörten das Wort des heiligen Paulus: „Wenn der Geist dessen in euch wohnt, der Jesus von den Toten auferweckt hat, dann wird er, der Christus Jesus von den Toten auferweckt hat, auch euren sterblichen Leib lebendig machen, durch seinen Geist, der in euch wohnt" (Römerbrief 8, 11). Das Wort des Apostels und die einfache Feier gaben uns Trost und Stärkung.

Oberursel, Montag, 8. Juli

Am späten Vormittag machten Tom, Helga und ich einen Besuch auf dem Friedhof. Es regnete in Strömen. Doch der Weg zum Grab war nicht weit, und wir hatten Schirme. Als wir vor dem Grab standen, empfand ich große innere Pein. Im Laufe der zwei Tage bei Tom und Helga war mir dieser junge Mensch, der hier ruhte, durch alles, was ich von ihnen über ihren Sohn hörte, sehr nahe. Ich war durch sie wie zu einer Begegnung und einem Gespräch mit ihm vorbereitet worden. Hier an seinem Grab wurde mir bewußt, daß ich niemals sein Gesicht sehen noch seine Stimme hören werde. Ich hatte das Gefühl, einen Freund verloren zu haben, dem ich nie begegnet bin. Ich betete an seinem Grab und dankte dafür, daß ich ihn durch Tom und Helga kennenlernen durfte. Zugleich hoffe ich, daß die Erinnerung an ihn mich bei meinem Dienst und meiner Sendung inspiriert.

Nach dem Besuch auf dem Friedhof fuhren wir in die Stadt, aßen zusammen zu Mittag und nahmen bald darauf Abschied voneinander. Ein außergewöhnliches Wochenende liegt hinter mir. Ich hatte Tom und Helga vor diesem Besuch in Berlin nicht allzu gut gekannt. Doch unser Zusammensein hat unsere Beziehung vertieft und gestärkt.

*

Um 14 Uhr fuhr ich mit einem schnellen und bequemen Zug nach Oberursel, wo mich Rodleigh erwartete. Dieser Montag ist einer der wenigen Tage der ganzen Zirkussaison, an dem keine Vorstellungen stattfinden. Es hat mich gefreut, die „Fliegenden Rodleighs" wiederzusehen. Sie sind guten Mutes und mit ihrem neugestalteten Trapezakt sehr zufrieden. Nachdem ich sie das letzte Mal gesehen habe, starb Rodleighs und Karlenes ältester Bruder Quentin plötzlich, gerade 50 Jahre alt. Es war für alle ein schwerer Schlag. Aber Rodleigh und Jennie hatten auch Erfreuliches zu berichten: Sie erwarten im Dezember ein Baby.

Im vergangenen Jahr konnte Jennie wegen immer stärkerer Schmerzen in der Schulter, aber auch weil sie auf ein Baby hofften, bevor sie zu alt sei, den Flugakt nicht mehr mitmachen. Vom schlechten Wetter abgesehen, sei die Saison bisher gut gewesen: eine gute Show, ein attraktiver Trapezakt und ein meist vollbesetztes Zelt.

Aus allem, wovon man mir erzählte, ging aber auch hervor, daß die Zeit der „Fliegenden Rodleighs" als Trapezartistentruppe allmählich dem Ende zugeht. Zwar haben sie noch einen Vertrag für die Saison von März bis November 1997, doch dürfte es ihr letztes Auftrittsjahr sein. Rodleigh, Karlene und Jonathon spüren mehr und mehr den Streß, die Anstrengungen und Beschwerden des Artistenlebens. Im vergangenen Jahr mußte sich Jonathon einer Knieoperation unterziehen. „Es geht mir gut", sagte er. „Es war aber eine Warnung. Es wird Zeit, über etwas anderes nachzudenken."

Es ist schon über fünf Jahre her, seit ich den „Rodleighs" in Freiburg im Breisgau begegnet bin. Damals hatte ihr Engagement bei diesem Zirkus gerade begonnen. Sie hatten nicht damit gerechnet, so lange bleiben zu können, da die Zirkusdirektion einen Akt selten länger als drei Saisons im Programm behält, im nächsten Jahr wird es ihre achte sein.

Ich hätte nie erwartet, mit dieser großartigen Gruppe so eng bekannt zu werden. Sooft ich ihnen wiederbegegne, bin ich begeistert und dankbar. Das Buch, das ich über sie schreiben will, ist zwar noch nicht geschrieben, doch bin ich zuversichtlich, daß es dazu kommen wird. Vielleicht wird unsere lange Freundschaft es mir ermöglichen, etwas ganz anderes als eine interessante Geschichte über das Trapez zu schreiben. Der spektakuläre Trapezakt steht nicht mehr so sehr im Mittelpunkt meiner Aufmerksamkeit und wird lediglich den Hintergrund des Lebens von acht Menschen bilden, denen es darum geht, in der heutigen Gesellschaft gute Arbeit zu leisten und sich zu mögen.

Jonathon und Karlene boten mir an, in ihrem Wohnwagen zu übernachten. Ich könne auf dem Sofa in ihrem „Wohnzimmer" schlafen. Ich bin sehr müde und froh, mich nach einem langen Tag hinlegen zu können.

Dienstag, 9. Juli

Nach langem Schlaf und einem stärkenden Frühstück bei Jonathon und Karlene machte ich eine Stunde lang Eintragungen in mein Tagebuch. Danach begleitete ich Jonathon ins Zelt, wo er mit Rodleigh und Slava letzte Hand an die Aufbauten für den Trapezakt anlegte. Sie hatten das Gerüst gestern schon aufgestellt, doch mußten noch die Seile gespannt, die Pfosten und Schaukeln eingestellt werden und anderes mehr. Ebenso müssen an jedem neuen Aufführungsort die Entfernungen genau ausgemessen und die Abstände nach unten und oben und viele andere Details überprüft werden. Ein Trapezakt ist ein großes Präzisionswerk, und kleine Unstimmigkeiten am Aufbau hätten fatale Folgen.

Ich merke jetzt, welch einen intimen Rahmen ein Zirkuszelt bietet. In den beiden letzten Jahren habe ich die „Rodleighs" bei Auftritten in Rotterdam und Zwolle in einer Halle gesehen, in der über sechzigtausend Menschen Platz finden. Dabei spielte sich der Trapezakt ziemlich weit entfernt von den Zuschauern ab und verlor dadurch etwas an Wärme. Heute kann ich ihn so sehen, wie er normalerweise vorgeführt wird.

Die Nachmittagsvorstellung sahen mehrere hundert Kinder. Ich hatte nicht erwartet, daß die „Fliegenden Rodleighs" mich auch heute wieder ergreifen würden. Mir kamen die Tränen,

als ich sah, wie sie hoch oben unter dem Zirkusdach hin- und
herflogen und der Fänger sie ergriff. Ihre heutige Vorführung
gefiel mir noch viel besser als die im vergangenen Jahr im Win-
ter-Zirkus. Die choreographische Gestaltung war elegant.
Viele verblüffende Überraschungen kamen vor, und die ganze
Vorführung wirkte sehr kraftvoll. Obwohl ich die „Fliegenden
Rodleighs" seit fünf Jahren kenne und in Dutzenden ihrer
Vorstellungen gewesen bin, haben sie mich noch nie gelang-
weilt. Immer schienen sie etwas Neues, Originelles und Fri-
sches zu bieten. Ich kann verstehen, warum sie immer wieder
einen neuen Vertrag erhalten.

Als ich die „Rodleighs" in der Luft beobachtete, spürte ich
dieselbe Rührung wie 1991, als ich sie mit meinem Vater zum
ersten Mal sah. Es ist schwer zu beschreiben: Es ist das An-
gerührtsein vom Erleben fleischgewordener Spiritualität. Leib
und Geist sind vollkommen vereint. Der Leib in seiner Schönheit und Eleganz bringt den Geist der Liebe, Freundschaft,
Verbundenheit und Gemeinschaft zum Ausdruck, und der
Geist verläßt nie das Hier und Jetzt des Leibes.

*

Ich besuchte heute wieder die Abendvorstellung. Gebannt verfolgte ich den Auftritt zweier Blutsbrüder, die sich als die rein-
sten Schlangenmenschen erwiesen. Sie verkrümmten ihre Körper und wanden sich umeinander, daß man meinen konnte, sie
seien die engsten Freunde. Nach der Vorstellung hörte ich
aber, daß sie aufeinander nicht gut zu sprechen seien, jeder im
eigenen Wohnwagen wohne, sie kaum ein Wort miteinander
wechselten, wenn es nicht gerade um ihren Auftritt geht, und
sie miteinander konkurrierten, wer der bessere sei. Schade,
daß Menschen, die Brüderlichkeit, Freundschaft und Nähe
vorführen, das Gegenteil dessen leben. Die „Rodleighs" ziehen
mich deshalb so stark an, weil ihr Akt und ihr Leben eins sind.
Freilich wird mir mehr und mehr klar, daß die „Rodleighs"
eine Ausnahme bilden.

Mittwoch, 10. Juli

Am Vormittag besuchte ich Jennie in ihrem Wohnwagen, nur um mich nach ihrem Baby zu erkundigen. Sie ist eine sympathische werdende Mutter. Wir unterhielten uns angeregt und kamen auch darauf zu sprechen, was wäre, wenn ihr Kind mit Downsyndrom oder einer Mißbildung auf die Welt käme. Jennies größte Sorge war, daß Rodleigh den Zirkus verlassen müßte, wenn es mit dem Kind Probleme gäbe. Hoffentlich bleibt ihnen solch eine Entscheidung erspart.

Zu Mittag ging ich ins Zirkuszelt, um beim Training zuzuschauen. Rodleigh brachte Slava den dreifachen Salto bei. Er schaffte ihn – ins Netz, und nicht so, daß er von John im richtigen Moment gepackt werden konnte. Sie streiften sich nur an den Händen.

Am Schluß des Trainings fragte mich Rodleigh, ob ich einmal am Trapez schwingen wolle. „Natürlich möchte ich das", erwiderte ich. Er half mir zuerst ins Netz und zeigte mir dann, wie ich die lange Leiter zum Podest, das ich in beängstigender Höhe über mir sah, hinaufklettern muß. Kerri und Slava zogen mich auf das Podest, legten mir den Sicherheitsgurt um, hielten mich fest und reichten mir die Schaukelstange. Beim Blick in die Tiefe, nach oben, nach links und nach rechts stockte mir der Atem. Ich hielt die Stange mit beiden Händen, zweifelte aber, ob ich mein ganzes Gewicht daran werde halten können. Aber Kerri und Slava gaben mir einen Stoß, und schon schwang ich über dem Netz ein paar Mal hin und her. Ich versuchte, mit den Beinen etwas mehr Schwung zu bekommen, weil ich höher hinauf wollte. Aber dazu fehlte mir ganz einfach der Atem, so daß Rodleigh mir zurief, mich ins Netz fallen zu lassen. Ich begann noch einmal von vorn und zeigte jetzt ein kleines bißchen mehr Geschick. Danach wollte mir Rodleigh vorführen, wie der Fänger den Flieger ergreifen muß. Ich kletterte die Leiter hoch zu Jonathon, dem Fänger, der kopfüber am Gestänge hing, mich an den Handgelenken packte und eine Weile in der Luft hielt. Ich blickte nach oben in sein nach unten gewandtes Gesicht und konnte mir vorstellen, wie es ist, an seinen Armen zu hängen und durch die Luft zu schwingen. Alles in allem war ich froh, diese Erfahrung gemacht zu haben. Sie machte mir noch deutlicher, was es heißt, Trapezartist zu sein!

Wieder in Rodleighs Wohnwagen sahen wir uns das Video an, das Jennie vom Training mit meiner „Vorführung" und von der Nachmittagsvorstellung aufgenommen hatte. Ich kam mir komisch vor, als ich mich an der Trapezstange hängen sah. Es war ein bemitleidenswerter Anblick. Den vollständigen Trapezakt der Nachmittagsvorstellung in Zeitlupe zu verfolgen war hingegen ein Hochgenuß, da die Zeitlupe die Schwierigkeit des Trapezaktes und die hohe Kunst der „Rodleighs" noch deutlicher zeigt.

Während der Abendvorstellung bekam ich Angst, wenn ich die „Rodleighs" in Aktion sah. Je mehr ich über ihren Akt in Erfahrung bringe, desto klarer wird mir, was alles mißlingen kann. Ich beobachte sie wie Eltern, die ihre Kinder ein gefährliches Spiel treiben sehen. Die Zuschauer waren hingerissen, trampelten mit den Füßen und klatschten begeistert Beifall.

Geysteren, Donnerstag, 11. Juli

Rodleigh und Jennie fuhren mich um 8.30 Uhr zum Frankfurter Hauptbahnhof. Wir verabschiedeten uns herzlich voneinander. Die beiden Tage in Oberursel gaben mir viel Auftrieb, da ein Aufenthalt bei den „Rodleighs" für mich eines der besten Mittel ist, mich zu entspannen und zu erholen. Karlene und Jonathon gaben mir das Gefühl, in ihrem Wohnwagen zu Hause zu sein. Rodleigh und Jennie waren wunderbare Freunde. Es wurde ihnen nie zuviel, mir die Details ihres Trapezaktes zu erklären. Auch Slava, John und Kerri zeigten sich mir gegenüber sehr freundlich und zuvorkommend. Ich bin sehr dankbar, solche liebenswürdigen und großzügigen Freunde zu haben.

*

In Koblenz erwartete mich Ralf. Nach kurzem Aufenthalt bei ihm zu Hause fuhren wir zu Hans und seiner Familie. Hans ist Bildhauer und Maler. Wir aßen bei ihm zu Mittag und sahen uns dann seine Arbeiten an. Auch sprachen wir über die geplante neue Dayspring-Kapelle und das geistliche Zentrum. Anschließend besuchten wir kurz eine Kirche in der Nähe, in der Hans den Vorraum neu gestaltet hat. Der Besuch in der Kirche war sehr instruktiv. Hoffentlich kann Hans im nächsten Jahr nach Toronto kommen, um uns bei der Innengestaltung unserer neuen Kapelle zu helfen.

Ralf fuhr mit mir nach Bonn. Unterwegs sprachen wir über sein Vorhaben, Anfang September für acht Monate nach Daybreak zu gehen. Er möchte in der „Arche" als Assistent arbeiten, um sich auf seine Aufgabe als Behindertenseelsorger der Diözese Trier vorzubereiten. Wir sprachen auch über seine Mitwirkung in der Seelsorge, insbesondere was das liturgische Leben in Daybreak betrifft. Dadurch bekäme ich für meine schriftstellerische Arbeit etwas mehr zeitlichen Spielraum. Ralf ist ein begeisterter, engagierter Priester, sehr aufgeschlossen und frei und steht Daybreak innerlich nahe. Um 16.45 Uhr kamen wir am Bonner Hauptbahnhof an, wo ich in den Zug nach Köln einstieg.

Von Köln fuhr ich nach Venlo und von dort nach Venray weiter. Um sieben Uhr abends war ich wieder im Hause meines Vaters. Er hatte einen Zettel hinterlassen, auf dem er mich bat, in ein nahe gelegenes Restaurant zu kommen, in das er mit seinen Freunden zum Abendessen gegangen war. Wie ich bald sah, handelte es sich um das jährliche Treffen und Abendessen des schon lange bestehenden Theologischen Klubs, zu dem mein Vater als emeritierter Professor und Kollege verschiedener Mitglieder dieses Kreises immer eingeladen ist, wenn dieser in Geysteren zusammenkommt.

Zur Tischrunde gehörten Herr und Frau Vollenberg, der emeritierte Dekan der Universität Nijmegen, Herr Martin, Herr und Frau Van Susanta, Frau Laarhoven, Professor Schillebeeckx und mein Vater. So bot sich mir ganz unverhofft die Gelegenheit, mit Professor Edward Schillebeeckx zu sprechen, dem ich bisher nur ein paar Mal flüchtig begegnet war.

Seine freundliche Art, seine Offenheit und Bereitwilligkeit, an seinen Erfahrungen teilhaben zu lassen, beeindruckten mich. Schillebeeckx gilt als einer der einflußreichsten Theologen der Gegenwart und ist dabei sehr bescheiden und gütig. Er gehört zweifellos zu dem Kreis von Theologen, die treue Diener der Kirche sein möchten. Es ist der Kreis, zu dem auch Karl und Hugo Rahner, Johann Baptist Metz und Piet Schoonenberg zählen und der bei der Ausarbeitung wichtiger Dokumente des Zweiten Vatikanischen Konzils eine bedeutende Rolle spielte.

Schillebeeckx ist heute Anfang Achtzig. „Ich arbeite an einem Buch über die Sakramente", verriet er. „Es sind schon dreihundert Manuskriptseiten und wird wohl etwas gekürzt werden müssen." Er sprach sehr begeistert über das Arbeiten mit dem Computer.

Ich war überrascht, daß die Tischrunde ganz von der „hollandischen Szene" und „holländischen Vorgängen" in Beschlag genommen schien. Es lag auf der Hand, daß niemand eines meiner Bücher gelesen oder gesehen hatte. Ich war eher irritiert als verletzt, eher überrascht als beleidigt. Ich fühlte mich nicht abgelehnt, nur ignoriert. Es gab hier einfach keinen Platz für mich.

Diese unerwartete Erfahrung weckte bei mir wieder manche Gefühle aus der Zeit, als ich 1971 Holland verließ und an die Fakultät der Yale-Universität ging. Ich meine, daß es eine gute Entscheidung war, mein Geburtsland zu verlassen und in ein anderes Land zu gehen.

Utrecht, Freitag, 12. Juli

Um 11 Uhr kamen Truus, Ella und Paula, die drei Schwestern meines Vaters, zu einer Tasse Kaffee und anschließendem Mittagessen. Alle drei sind über achtzig, haben viel Humor und immer eine kleine Anekdote oder Erinnerung parat. Nach ihrem Besuch packte ich meine Koffer, verabschiedete mich von meinem Vater und fuhr mit der Bahn nach Utrecht.

In Utrecht besuchte ich Louis und Maria. Beim Abendessen kamen wir auf meinen Vortrag zu sprechen, den ich im vergangenen Monat vor den Dekanen des Bistums gehalten habe. Ich war damals etwas enttäuscht. Wenn mir auch alle höflich und freundlich begegnet waren, kam ich mir doch wie ein Fremder vor. Ich war zu den Dekanen mit der sentimentalen Erwartung gegangen, als verlorener Bruder wieder in meiner Diözese willkommen geheißen zu werden. Auch hatte ich gehofft, meine Mitbrüder würden sich für meine Bücher und für meine Tätigkeit in der „Arche" interessieren. Keine meiner Erwartungen und Hoffnungen erfüllte sich, so daß ich einsamer ging, als ich gekommen war.

Maria, die an dem Treffen teilgenommen hatte, hatte dazu eine ganz andere Meinung. Sie versicherte mir, es seien alle bewegt gewesen, und manche hätten sich gewünscht, ich würde öfter kommen. Ich sollte bedenken, daß die Dekane nicht gewohnt seien, ihre Gefühle und Emotionen wie die Amerikaner zu zeigen. Im übrigen hätten die Teilnehmer einen viel positiveren Eindruck vom Treffen gewonnen als ich. Sie sagte auch, ich könne nicht erwarten, daß die anwesenden Priester meine Bücher gelesen hätten, auch nicht die, die ins Holländische übersetzt wurden. „Sie brauchen den persönlichen Kontakt und haben ihn durch dich gehabt."

Ich habe mich gefreut, daß ich mit Maria und Louis zusammen sein konnte.

Samstag, 13. Juli

Am Nachmittag sahen Jan und ich den Film „Richard III.", der nach dem gleichnamigen Schauspiel von Shakespeare gedreht wurde und in dem Rachsucht, Eifersucht, Zorn, Grausamkeit und hemmungsloses Morden an der Tagesordnung sind. Beim Abendessen nach dem Kinobesuch erzählte Jan von seiner Reise nach Kolumbien, die er vor kurzem im Auftrag von „Pax Christi" unternommen hat. Er habe dabei mit den „drei Eigentümern des Krieges" gesprochen – dem Oberhaupt des Militärs, dem Oberhaupt der paramilitärischen Truppen und dem Anführer der Guerillas –, wodurch das Drama von Shakespeare für ihn einen sehr realen Hintergrund erhalten habe. Er sagte mir, daß die Entführer eines Gegners oft von ihren eigenen Leuten umgebracht würden, um damit alle Spuren zu beseitigen, die zum Opfer führen könnten. Genau das hat auch Richard III. getan: Er ließ zuletzt alle ermorden, die ihm bei der Ausführung seiner ruchlosen Pläne geholfen hatten. „Viele Kolumbianer, die ich traf, hatten viel mehr Blut an ihren Händen als Richard III.", stellte Jan fest.

Jan berichtete in vielen Einzelheiten von seinen Richard-III.-Erfahrungen in Kolumbien. Am stärksten beeindruckte mich seine Auffassung von seiner Mission, die nicht darin bestanden habe, den Krieg zu stoppen – was im Augenblick unmöglich sei –, sondern das Ermorden von Zivilpersonen und unschuldigen Menschen zu verringern und dadurch Leben zu retten. „Kriege wird es nach wie vor geben", sagte er, „in Bosnien, Nordirland, im Mittleren Osten, in Tschetschenien, Kolumbien und anderswo. Aber wir sollten in der Lage sein, die Massenmorde einzudämmen." Eine sehr nüchterne Sicht.

Zu meiner großen Überraschung betrat mein Bruder Laurent mit zwei befreundeten Rechtsanwälten das Restaurant, in dem ich mit Jan zu Abend aß. Ich hatte Jan gerade gesagt: „Ich hätte Laurent in Rotterdam anrufen und ihm sagen sollen, daß ich morgen komme", und schon stand er da! Laurent sagte, daß morgen bei ihm niemand zu Hause sein werde. Deshalb habe ich mich entschlossen, bis Montag vormittag in Utrecht zu bleiben und von hier gleich zum Flughafen zu fahren. Ich bin froh, einen ruhigen Tag vor mir zu haben, an dem ich etwas zu mir kommen kann, bevor ich den langen Rückflug nach New York antrete.

Sonntag, 14. Juli

Heute in einer Woche feiere ich den 39. Jahrestag meiner Priesterweihe. Am 21. Juli 1957 wurde ich mit siebenundzwanzig anderen Kandidaten in der Sankt-Katharinen-Kathedrale hier in Utrecht von Erzbischof Bernard Alfrink geweiht.

Ich entschloß mich heute früh, den 9-Uhr-Gottesdienst in der Kathedrale zu besuchen, um Gott für die 39 Jahre meines Priestertums zu danken. Zu meiner Überraschung zelebrierte Bischof Hendriksen, der frühere Weihbischof und Generalvikar von Kardinal Alfrink. Er ist 89 Jahre alt, sieht aber gesund aus und hat eine kräftige Stimme. In der ersten Bankreihe sah ich Frau Stienstra, die meine Bücher „Die Kraft seiner Gegenwart" und „Leben hier und jetzt" ins Holländische übersetzt hat.

Der Besuch in der Kathedrale brachte mir eine ungewöhnliche Erfahrung. Eine vergangene, fast vergessene Welt wurde für mich wieder lebendig. Ich kann mich nicht erinnern, wann ich das letzte Mal eine lateinische Messe gefeiert oder ihr beigewohnt habe, kann aber noch die meisten lateinischen Gebete auswendig. Sie haben sich mir tief eingeprägt. Als ich den greisen Bischof sah, die jungen Sänger, die würdevoll schreitenden Meßdiener, meinte ich, es habe sich in den 39 Jahren nichts geändert, mit einer Ausnahme: das Kirchenschiff, das in den fünfziger Jahren voll besetzt war, war heute fast leer.

Frau Stienstra und Bischof Hendriksen luden mich nach der Messe ins Bischofshaus zu einer Tasse Kaffee ein. Ich blieb nicht lange, weil ich noch etwas durch die Stadt gehen wollte, um in andere Kirchen hineinzuschauen.

Ohne Frage bilden die praktizierenden Christen hier eine kleine Minderheit. In der Nähe der Kathedrale kam ein Skinhead auf mich zu: „Ich war in dieser Kirche und habe ihnen einen Gulden gegeben. Meinst du, ich hätte mit meinem Kahlkopf drin bleiben dürfen?" – „Warum denn nicht?" erwiderte ich. „Du bist darin sehr willkommen und mußt nicht noch mal Geld geben." Ich weiß nicht, ob er daraufhin hineinging. Die Distanz zwischen diesem jungen Mann und den Zeremonien schien gewaltig. Aber ist das tatsächlich so? Seit die CD mit Gregorianischen Gesängen unter Rockern so populär geworden ist, bin ich mir gar nicht mehr so sicher. Vielleicht warten viele Skinheads darauf, willkommen geheißen zu werden.

Den Rest des Tages verbrachte ich in meinem Hotelzimmer mit Schlafen und mit Zeitunglesen.

New York, Montag, 15. Juli

Um 7.30 Uhr kam Jan ins Hotel. Ich war ihm sehr dankbar, daß er mich abholte, mir die schweren Koffer tragen half, mich zum Bahnhof brachte und mit mir zum Flughafen Schiphol fuhr. Mir fielen meine fünf Koffer ein, die bei meiner Ankunft am 10. Juni die Rolltreppe hinuntergepoltert waren.

Das Flugzeug startete pünktlich und landete zu Mittag am Kennedy Airport in New York. Ich nahm ein Taxi und fuhr zur Wohnung von Wendy und Jay. Ich bin froh, daß ich hier wieder gut und sicher angekommen bin.

Wir unterhielten uns eine Weile über unsere „Ferien"; danach ruhte ich bis 18.30 Uhr aus. Nach einem aparten chinesischen Abendessen mit Jay und Wendy, bei dem es vieles zu erzählen gab, ging ich wieder zu Bett in der Hoffnung, meinen Zeit- und Schlafrückstand schnell wieder aufzuholen. Ich bin erleichtert, daß ich die fünfwöchige Europareise hinter mir habe. Sie ist gut verlaufen, war aber sehr anstrengend. Ich sehne mich danach, eine Zeitlang an einem Ort zu bleiben und an meinen Manuskripten zu arbeiten.

Peapack, Dienstag, 16. Juli

Wendy ist mir eine große Hilfe. Von 9 Uhr morgens bis 2 Uhr nachmittags arbeiteten wir – mit kleinen Pausen – an dem schon durchgesehenen und korrigierten Manuskript „Leben hier und jetzt". Wendy hatte die Hälfte der Texte bereits kritisch gegengelesen und viele Änderungsvorschläge eingetragen. Wir arbeiteten zügig und fanden schnell Lösungen. Ich konnte kaum glauben, daß es nach so vielem Durchsehen und Bearbeiten noch so viele Möglichkeiten für Verbesserungen gibt.

Um 14 Uhr fuhr mich Wendy zum Port-Authority-Busbahnhof, und gut zwei Stunden später kam ich in Bernardsville an, wo mich Ginny erwartete. Ich war müde, aber zu neugierig auf die eingegangene Post, um gleich ins Bett zu gehen.

Mittwoch, 17. Juli

Als ich heute morgen das Wohnzimmer meiner „kleinen roten Scheune" betrat, um die Eucharistie zu feiern, warteten hier an die fünfzig Leute. Während meiner Abwesenheit hatte es sich herumgesprochen, daß ich „bei Peggy" jeden Tag die Messe feiere. Und alle, die schon einmal da waren, hatten noch ein oder zwei Freunde mitgebracht.

In der Predigt ging ich auf das Leiden in Kolumbien, Bosnien, Nordirland und Tschetschenien ein wie auch auf die Aufgabe, Zeugen der Hoffnung zu sein inmitten einer Welt voller Gewalt. Als Jesus vom Geheimnis der Liebe sprach, betete er: „Ich preise dich, Vater, Herr des Himmels und der Erde, weil du all das den Weisen und Klugen verborgen, den Unmündigen aber offenbart hast. Ja, Vater, so hat es dir gefallen" (Matthäusevangelium 11, 25 f). Wie bewahren wir uns davor, so „weise und klug" zu sein, daß wir nicht mehr frei genug sind, um die einfache, aber schwierige Botschaft Jesu in unser Herz dringen zu lassen? Wie können wir „Kinder" werden, die von der Liebe Gottes Zeugnis ablegen? Nach meiner Reise ist mir mehr denn je bewußt, wie sehr wir alle von unseren kleinen Problemen in Beschlag genommen sind und nicht leer genug, um Gott durch uns hindurch sprechen zu lassen. Bevor wir es erkennen, beteiligen wir uns – in Worten und im Verhalten – an der Gewalt, gegen die wir protestieren.

Den größten Teil des Tages arbeitete ich an der Fertigstel-

lung des Manuskripts für das „Jahreslesebuch", beantwortete
Briefe und rief Freunde an. Es war ein ausgefüllter, heißer, aber
glücklicherweise nicht schwüler Tag.

Donnerstag, 18. Juli

Bei der Eucharistiefeier heute morgen sah ich viele neue Gesichter. Wir sprachen über das Verbinden unserer eigenen Last
mit der Last Jesu, die „leicht" ist, obwohl er die Last der
ganzen Menschheit trägt. Eine allein und in der Isolation ge-
tragene, noch so geringe Last kann uns zugrunde richten; eine
Last hingegen, die als Teil der Last Gottes getragen wird, kann
uns zu neuem Leben führen. Darin liegt das große Geheimnis
des Glaubens.

*

Ich führte mit Nathan, Carl und dem Architekten eine Reihe
von Telefongesprächen, denn es sieht so aus, als ob die Pläne
für mein kleines Apartment so weit gediehen wären, daß im
Herbst mit dem Bau begonnen werden kann. Man wünscht,
daß ich am Freitag nach Toronto komme, um die Pläne noch
einmal durchzusprechen.

*

Um 16 Uhr kam Neal, um nochmals Aufnahmen (dieses Mal
Farbfotos) von mir zu machen, die zur Veröffentlichung gebraucht werden. Er schoß an die dreißig Fotos. Hoffentlich ist
eines darunter, das für den gewünschten Zweck verwendbar
ist. Es ist gar nicht so einfach, ein Bild von sich selbst machen
zu lassen, auf dem man gelöst und freundlich aussieht und
lächelt, vor allem dann nicht, wenn man gehemmt ist. Niemand war da, der mit mir ein paar Worte wechselte, um mich
abzulenken. Ich bin aber zuversichtlich, daß Neal ein „freundlicher" Schnappschuß gelungen ist.
Mitten in diese Kleinigkeiten drang die Nachricht von der
Explosion eines Flugzeugs der TWA vor Long Island. Unfaß-

bar der Schmerz und die Trauer, die diese Tragödie nach sich zieht! Eine Gruppe High-School-Studenten aus Montoursville in Pennsylvania, eine 47 Jahre alte Mutter auf der Reise zu ihrer Familie, die in Frankreich Ferien macht, ein 39 Jahre alter Fernsehproduzent, der die Tour de France filmen wollte, ein 47 Jahre alter Möbeldesigner auf dem Weg nach Paris, um Antiquitäten einzukaufen, ein elfjähriger französischer Austauschschüler, der auf dem Rückflug zu seinen Eltern war, um nur einige zu nennen: sie alle waren voller Hoffnungen und Erwartungen, die innerhalb einer Sekunde ausgelöscht wurden. Eine große dunkle Wolke der Trauer hängt über dem Land. Wo ist Gott, wo ist die Liebe und die Güte, wo ist die Gerechtigkeit, wo ist unsere Hoffnung? Keine Antwort. Nur das Schweigen des weiten Ozeans, der sie alle verschlungen hat. Was für ein Gebet ist angemessen?

Freitag, 19. Juli

Heute nachmittag fuhr ich mitten in einem Wolkenbruch nach Madison, um Michael, Rebecca und deren Töchter Rachel und Megan zu besuchen.

Ich habe Michael an der Yale Divinity School kennengelernt, hielt mit ihm Kontakt, als er Seelsorger in einem Heim für Wohnsitzlose war und danach bei Aids-Kranken und Tschernobyl-Opfern; Jahre später wurde Michael ordinierter Pastor der Methodistischen Kirche. Seine Frau Rebecca war Lektorin in einem Verlag und ist jetzt Herausgeberin einer alle zwei Monate erscheinenden Zeitschrift für Gebet und religiöses Leben.

Michael und Rebecca leben eine kontemplativ-aktive Spiritualität und interessieren sich für verschiedene Formen geistlichen Lebens. Michael verbringt immer wieder einige Tage in monastischen Gemeinschaften, um sein inneres Leben zu vertiefen. Zugleich ist er ein einfallsreicher Organisator und Planer, der ständig mit größeren Projekten zu tun hat, bei denen es um Hilfe für die Armen, Kranken und Sterbenden geht. Es war mir eine große Freude, nach so vielen Jahren, in denen wir eigene Wege gingen, mit Michael und Rebecca wieder Verbindung aufgenommen zu haben. Hoffentlich können wir in Kontakt bleiben und bei unseren Vorhaben etwas zusammenarbeiten.

Als ich wieder zu Hause war, sah ich im Fernsehen den letzten Teil der Eröffnungsfeier der Olympischen Spiele in Atlanta. Eine große Show!

Samstag, 20. Juli

Gestern erhielt ich von Diana von der Erlöser-Kirche in Washington einen bemerkenswerten Brief, dem ein kleines Buch beilag. Sie berichtete mir über ihre Reise nach Bosnien, die sie vor kurzem unternommen hat. Es handelt sich bei dem Buch um die kroatische Ausgabe meiner Briefe an meinen Neffen Marc „Jesus, Sinn meines Lebens".

Das Besondere daran ist, daß Diana dieses Buch auf dem Fußboden der völlig verwüsteten Pfarrbibliothek einer kleinen Stadt in Bosnien fand, die sie mit einer Gruppe von Amerikanern besuchte. Der Band war voller Sand und beschmutzt, der Text aber noch gut lesbar, weil er in einer Plastikhülle steckte. Diana schickte mir auch Fotos der zerstörten Bibliothek: auf einem ist das auf dem Fußboden liegende Buch zu sehen, auf einem anderen hält es ein junger Franziskaner in der Hand.

Ich wußte weder, daß es eine kroatische Ausgabe der „Briefe an Marc" gibt, noch daß sie in eine kleine Stadt in Bosnien mitten im Kriegsgebiet gelangt ist. Ich war gerührt, als ich das Buch in den Händen hielt. Ich schrieb es ursprünglich in Holländisch in der Hoffnung, meinem Neffen Marc Jesus näherzubringen und ihm zu helfen, für die Menschen, die von Gewalt und Krieg umgeben sind, eine Quelle der Hoffnung zu sein. Diese unbedeutende Begebenheit verstand ich als Ermutigung, weiterhin zu schreiben.

Montag, 22. Juli

Don und Fran riefen mich um 15 Uhr aus dem Ort an, daß sie angekommen seien. Ich ging gleich darauf in das Stehcafé, in dem sie auf mich warteten. Es war schön, sie wiederzusehen. Sie zeigten sich beeindruckt von meinem Zuhause und dem ganzen Tal. Wir speisten gemeinsam bei mir und erzählten viel. Fran ist mehrmals schwer gestürzt und muß im August am Knie operiert werden. Sie braucht zum Gehen eine Krücke. Don kann infolge einer ernsten Muskellähmung, die er vor zehn Jahren erlitt, nicht schwer heben. Dadurch sind beide in ihrer Beweglichkeit sehr eingeschränkt. Ich fühle mich plötzlich als der Stärkere von uns dreien.

Fran fuhr um 20 Uhr nach Princeton zurück. Don will ein paar Tage bleiben. Wir sahen uns eine Weile die Übertragung der Turnwettbewerbe bei den Olympischen Spielen an. Sieht man diese unglaublichen Übungen an den Ringen, am Barren und am Boden, kommt man sich wie behindert vor. Für Fran, Don und mich sind Purzelbäume kein Thema. Wir sind glücklich, beide Beine auf den Boden setzen und uns hoch genug strecken zu können, um unser Gepäck aus dem Ablagefach im Flugzeug zu holen!

Dienstag, 23. Juli

Es ist schön, daß Don hier ist. Er wollte einfach bei mir sein. Er nahm an der Eucharistiefeier teil, begleitete mich zur Post, ging mit ins Stehcafé und sah mit mir ein wenig die Übertragungen von den Olympischen Spielen an.

Ich habe das Adam-Manuskript noch nicht wieder in die Hand genommen. Es gibt so vieles zu erledigen – Briefe, Anrufe, Besuche und anderes –, daß ich keine ruhige Stunde finde, um wieder zu schreiben.

Mittwoch, 24. Juli

Ich fühle mich nicht sehr wohl. Ich bin müde, fahrig und etwas depressiv gestimmt. Mein Zimmer ist in Unordnung – überall liegt Papier, und alles will bearbeitet sein. Ich würde am liebsten das Ganze in einen Plastiksack stecken und es vergessen. Nehme ich aber ein Blatt in die Hand, dann sollte ich einen Brief, ein Vorwort oder eine Buchempfehlung schreiben.

Ich faßte den Entschluß, so viel wie möglich zu erledigen und Ordnung zu schaffen. Ich staune, wieviel in kurzer Zeit bei mir zusammenkommt. Am Abend hatte ich schließlich zwei große Säcke mit Überflüssigem gefüllt. Jetzt sieht mein Zimmer wieder etwas ordentlicher aus.

Nach dieser Aktion saß ich mit Don zusammen und sprach mit ihm über eine Neuorientierung seines Lebens. Der Zeitpunkt dafür ist offensichtlich gekommen. Don träumt davon, bei den lateinamerikanischen Einwanderern in Chicago zu arbeiten. Er hat für Lateinamerika eine Schwäche, spricht gut spanisch und möchte sich den Armen widmen. Ich versprach, ihm zu helfen, so gut ich kann. Wie immer bei solch einer Gelegenheit frage ich mich, wo wir heute in fünf Jahren sein und worüber wir dann sprechen werden.

Donnerstag, 25. Juli

Bei der Eucharistiefeier heute morgen am Fest des heiligen Jakobus legte ich die Frage Jesu an Jakobus und Johannes aus: „Könnt ihr den Kelch trinken?" (Matthäusevangelium 20, 22) und faßte dabei den Inhalt meines Buches zusammen, das ich zu diesem Jesuswort geschrieben habe. Blair, der gern herausfordernde Fragen stellt, wollte wissen: „Wenn ich den Kelch aber nicht trinken will, was dann?" Ich ging in meiner Antwort kurz auf das Spannungsverhältnis zwischen Wollen und Nicht-Wollen, zwischen Fähig-Sein und Unfähig-Sein ein und führte aus, wie sich diese Spannung am besten in einer Gemeinschaft der Liebe aushalten läßt.

Am Abend nahm mich Peggy zum Abendessen bei Freunden mit, wo wir auch andere Gäste antrafen. Bald ergab sich dabei eine lebhafte Diskussion über politische und religiöse Fragen. Ein Senator der Demokratischen Partei gab zu überlegen, wie man Menschen am stärksten beeinflussen könne: als Politiker, der Gesetze einbringe, die Millionen helfen, oder als Seelsorger, der den Menschen in ihrem täglichen Lebenskampf Hoffnung und Trost biete? Es schienen entscheidende Fragen für die Menschen heute zu sein.

Wie wir auf andere den stärksten Einfluß ausüben können, ist keine Frage für mich. Entscheidend ist unsere Berufung. Wozu sind wir berufen? Nehmen wir die Wirkung unseres Tuns zum Maßstab unseres Selbstverständnisses, werden wir sehr verwundbar. Das Leben des Politikers wie das des Seelsorgers kann einer Berufung entsprechen. Am Ende kommt es nicht auf das Ergebnis unseres Tuns an, sondern auf das Befolgen des Willens Gottes, solange wir erkennen, daß der Wille Gottes Ausdruck seiner Liebe ist.

Richmond Hill, Freitag, 26. Juli

Nach der Eucharistiefeier heute morgen fuhr ich mit dem Taxi zum Newark Airport und flog nach Toronto. Der Zweck meiner kurzfristigen Reise war die Verabschiedung der Baupläne für mein neues Haus. Die Besprechung verlief gut, und wenn alles klappt, kann mit dem Bau Ende September begonnen werden.

Die letzten paar Stunden des Tages verbrachte ich bei Kathy und der kleinen Sarah – ein hübsches Baby.

Peapack, Samstag, 27. Juli

Nathan begleitete mich nach Peapack. Er will die nächsten zehn Tage hier bleiben. Ich freue mich, daß wir diese Zeit zusammensein können.

Auf dem Flug nach Newark und der Fahrt hierher erschütterte uns die Nachricht vom Bombenattentat heute vormittag in Atlanta. Zwei Menschen starben, und viele wurden verletzt, als eine Schrapnellbombe, die in einem Rucksack versteckt war, neben einer Freilichtbühne explodierte, auf der eine Rockband vor einem großen Publikum von Olympia-Besuchern spielte. Welch ein Wahnsinn! Welch eine Grausamkeit! Welch ein Zorn! Im Kern unserer Gesellschaft ist etwas in Unordnung, wenn Leute unschuldige Zuschauer einer Sportveranstaltung umbringen, nur um ihre Wut herauszulassen. Wer die Tat auch verübt haben mag, ausländische Terroristen, die Haß auf die Amerikaner haben, oder paramilitärische Amerikaner, die die eigene Regierung hassen, die zunehmenden Gewaltakte – der Bombenanschlag in Oklahoma, die Brandstiftungen in Kirchen im Süden und möglicherweise der Absturz des TWA-Jets auf dem Flug 800 – rufen eine Stimmung der Bedrohung, Angst, ja des Untergangs hervor.

*

Nach einem köstlichen Abendessen mit einem Körnergericht, das Peggy zubereitet, und Wein, den Clair mitgebracht hatte, beteten wir gemeinsam die Komplet und beschlossen so den Tag. Die Worte aus dem 4. Psalm berührten mich: „Du legst mir größere Freude ins Herz, als andere haben bei Korn und Wein in Fülle" (Vers 8). Es tat gut, zusammen zu beten und Gott für einen friedlichen Tag inmitten einer gewalttätigen Welt zu danken.

Montag, 29. Juli

Joanie und Jim luden Nathan und mich zusammen mit Therese, Bill und Judith zum Abendessen ein. Bill wurde durch seine Fernsehsendung mit Joseph Campbell, Huston Smith und anderen amerikanischen Denkern und Schriftstellern bekannt. Therese ist Sängerin und spielt Laute; sie rief in einem Hospital in Montana das Projekt „Chalice of Repose" ins Leben.

Bill ist von Berufs wegen Zuhörer, was sich heute abend erwies. Er stellte Nathan und mir systematisch Fragen über unser Leben, unsere Gemeinschaft, unsere religiösen Ansichten und Zukunftspläne. Als später Therese hinzukam, widmete er sich ihr ebenso eingehend. Bill wurde vor Jahren zum Pastor der baptistischen Freikirche ordiniert, arbeitete aber die ganze Zeit im Medienbereich: Presse und Fernsehen. Er und seine Frau sind sehr religiös. Beiden geht es darum, Aspekte des kulturellen Lebens in Amerika aufzuzeigen. Bill erinnert mich in verschiedener Hinsicht an Fred, wenngleich seine Arbeit für das Fernsehen sich von der Freds unterscheidet. Aber wie Fred will auch Bill „gute Nachrichten" im Fernsehen bringen; er ist selbständig, arbeitet viel und produziert Sendungen, die sich durch Sachkenntnis, erzieherischen Wert und eine religiös-soziale Sichtweise auszeichnen. Und wie Fred ist er bescheiden, an anderen interessiert und will eher dienen als sich Ansehen erwerben.

Wir hörten Therese mit großem Interesse zu, als sie über ihr Spezialgebiet „Musik-Thanatologie" berichtete. Die Mitarbeiter(innen) des „Chalice of Repose"-Projekts sind in musikalischer Sterbebegleitung ausgebildet und besuchen – einzeln oder zu mehreren – Krankenhäuser, Pflege- und Altenheime und Hospize, um Sterbenden mit Gesang und Lautenspiel beizustehen.

Zweifellos ein bereichernder Abend.

Dienstag, 30. Juli

Schon zwei Wochen sind seit meiner Rückkehr aus Europa vergangen, ohne daß ich einen größeren Zeitabschnitt gefunden hätte, am Adam-Buch weiterzuarbeiten. Es frustriert mich. Alles andere scheint Vorrang zu haben: die Eucharistiefeier am Morgen, die Korrespondenz, die Anrufe und Anfragen zu Gestaltung und Aufmachung anderer Bücher, Einladungen zu Abendessen und anderes mehr. Ich möchte mich aber wieder Adam zuwenden. Seine Lebensgeschichte ist bedeutungsvoll. Ich glaube, daß ich etwas Neues und Originäres zu sagen habe. Der Gedanke, daß die Geschichte Jesu mich Adam verstehen läßt, wie die Lebensgeschichte Adams mich zum Verständnis Jesu führt, fasziniert mich. Adam ist ein Zeichen, ein heiliger Ort, an dem Gott zu mir spricht. Die Erinnerung an Adam ist mehr, als an ihn zu denken und für ihn zu beten. Sie befähigt mich, Jesus, dem ich in ihm und durch ihn begegnete, nahezukommen. Adam wurde für mich Wirklichkeit, weil Jesus für mich Wirklichkeit war, und Jesus wurde für mich Wirklichkeit, weil Adam für mich Wirklichkeit war. Irgendwo und irgendwie sind Adam und Jesus eins.

*

Jan van den Bosch möchte, daß wir nicht Anfang, sondern Ende September nach St. Petersburg reisen. Ich bin über diese Verschiebung froh.

Mittwoch, 31. Juli

Bei der Eucharistiefeier heute morgen sprachen wir über das Reich Gottes, das unter uns ist. Das Reich Gottes ist mit Händen und Fingerspitzen zu greifen. Jesus ruft uns auf umzukehren, das heißt, ein reumütiges Herz zu haben, ein Herz, das vom Pflug des Leids aufgebrochen wurde, ein Herz, das das Samenkorn des Gottesreiches aufnehmen, ein Herz, das den

Schatz im Acker finden kann. Ein Herz, das die sanfte Stimme der Liebe hört. Wenn wir auch in einer Welt voll Gewalt, Haß und Krieg leben, können wir schon jetzt in das Reich Gottes eingehen und einer Gemeinschaft des Glaubens, der Hoffnung und der Liebe angehören.

Ich bete, daß diese kleine Gemeinschaft sich als Teil des Reiches Gottes erkennen möge.

Am frühen Abend saß ich mit Nathan beim Essen zusammen. Wir sprachen dabei auch von meiner inneren Unruhe und Angst, von der ich in den vergangenen Monaten geplagt war. Ich schämte mich und fühlte mich unwohl, meinem besten Freund meine innere Last aufzubürden, doch letzten Endes bin ich froh, daß ich es tun konnte. Nathan sagte, es sei weniger schlimm, von meiner Pein zu hören, als vielmehr zu erkennen, wie lange ich sie mit mir herumgetragen habe, ohne etwas davon zu sagen. Ich sagte ihm, daß ich darüber nicht am Telefon sprechen wollte, was er verstand. Es hat mich getröstet. Ich frage mich manchmal, wie ich emotional überlebe.

AUGUST 1996

Na gut, Michael Johnson hat die Goldmedaille im 200-Meter-Lauf und im 400-Meter-Lauf gewonnen. „Ein Ereignis, das in die Geschichte eingeht." Im 200-Meter-Lauf hat er den Weltrekord gebrochen. Die Kommentatoren sprechen vom schnellsten Mann in der Geschichte und sagen über seine Einstellung: „Er macht keine Gefangenen, er schaltet sie aus." In einem Interview äußerte sich Johnson aber nicht so gewalttätig: „Die Zuschauer waren wunderbar. Ich wurde noch nie so unterstützt. Die Leute sind großartig!" Der Kanadier Donovan Bailey lief die 100-Meter-Strecke in 9,84 Sekunden, Michael Johnson die 200 Meter in 19,32 Sekunden. Absolute Bestzeit! „Und wie wirst du mit dem Druck von seiten der Millionen fertig, die dich als Sieger erwarten?" Michael erwiderte: „Ich kann den Druck überhaupt nicht beschreiben, aber der bringt's!"

Diese Unerbittlichkeit, eine Goldmedaille gewinnen zu müssen, nimmt mir die Lust, die Olympischen Spiele zu verfolgen. Sie werden zu einer emotionalen Berg-und-Tal-Fahrt. Ich kann es kaum glauben, daß dieser ganze Druck, diese enorme Belastung, das Gewinnen und Verlieren zu einer friedlichen und mit-leidenden Welt beiträgt. Ich sehe kaum, ja gar kein „Spiel" bei den Olympischen Spielen. Das entscheidende Wort heißt Konkurrenz, und die Tränen der Verlierer wie der Gewinner entspringen keinem zerknirschten oder dankbaren Herzen. Wie sollten sie denn unsere Welt heilen! Dennoch ... verfolge und bewundere ich und viele Millionen anderer all die, die über das hinausgehen, was wir als die Grenze der menschlichen Möglichkeiten ansehen.

Nathan und ich verbrachten einen friedlichen Tag. Jeder war die meiste Zeit in seinem Zimmer und arbeitete.

Freitag, 2. August

Als Jesus in seine Heimatstadt kam und die Menschen dort in der Synagoge lehrte, staunten alle und sagten: „Ist das nicht der Sohn des Zimmermanns? Heißt nicht seine Mutter Maria, und sind nicht Jakobus, Josef, Simon und Judas seine Brüder? Leben nicht alle seine Schwestern unter uns? Woher also hat er das alles? Und sie nahmen Anstoß an ihm" (Matthäusevangelium 13, 55 ff). Es beschäftigt mich, daß Jesus schließlich außerhalb seines Familien- und Freundeskreises Autorität erwerben mußte. Über die Beziehung zu seinen Verwandten wissen wir nur, daß er Distanz zu ihnen hielt: im Tempel, als er zwölf Jahre alt war; in Kana, als Maria ihn einzugreifen bat; bei seiner Verkündigung, als Familienangehörige ihn aufsuchen wollten.

In der Familie wachsen wir auf, werden wir mündige, reife Menschen. Um aber unserer innersten Berufung zu entsprechen, müssen wir unsere Familie verlassen. Die Familie vermag uns das Gefühl der Zugehörigkeit zu geben. Um aber unsere tiefste Zugehörigkeit, unsere Zugehörigkeit zu Gott, einzufordern, müssen wir von denen fortgehen, die uns zu kennen meinen, und unsere tiefste Lebensquelle finden. Unsere Eltern, Brüder und Schwestern besitzen uns nicht. Verlassen wir sie nicht, ist es schwer, vollkommen frei zu werden und auf *den* zu lauschen, der uns berufen hat, noch bevor wir geboren wurden.

Jesus sagte seiner Familie oft nein, um seinem Vater im Himmel uneingeschränkt ja sagen zu können.

Samstag, 3. August

Das heutige Evangelium handelt von der Enthauptung Johannes' des Täufers. Es gibt mir den Anstoß zu einigen Gedanken über „dienende Menschenführung".

Zweifellos war Johannes der Täufer einer der bedeutend-

sten geistlichen Führer seiner Zeit. Seine Sendung zielte aber
darauf hin, Jesus ins Licht zu rücken. Alles, was er tat und
sagte, diente letzten Endes dazu, der Führung durch Jesus
Raum zu schaffen.

Robert Greenleaf und viele seiner Schüler entwickelten den
Begriff der „dienenden Führung" so, daß er auch für das
heutige Geschäftsleben und den Bereich des Managements zu-
trifft. Ein guter Geschäftsführer kann „abnehmen", „abge-
ben", damit andere „zunehmen". Es erfordert sicherlich große
innere Stärke und Vertrauen, seine Führungsrolle „abzu-
bauen" und die Führungsfunktion anderer bestätigend und
unterstützend „aufzubauen". Es ist kein Geheimnis, daß viele
Führende in Kirche und Gesellschaft an ihrer führenden Rolle
festhalten, so lange sie können.

*

Ich habe mich sehr gefreut, den Abend mit Phil und Peggy verbringen zu können. Nach der Eucharistiefeier heute morgen
überreichte ich beiden eine Betrachtung von mir über die Ehe
als Bund. Sie wollen heiraten und möchten sich darauf vorbereiten. Beim Abendessen erzählten uns Peggy und Phil, wie
sie sich zum ersten Mal begegnet seien und wie sie einander im
Laufe der letzten Monate mehr und mehr liebgewonnen hätten. Es hat mich berührt, als Peggy sagte: „Als ich bei der
Eucharistiefeier in mich versunken war, wurde mir klar: Gott
will, daß ich Phil heirate." Phil und Peggy saßen sich am runden Eßtisch gegenüber und strahlten in Liebe füreinander. Sie
zögerten nicht, es uns wissen und sehen zu lassen. Wir hielten
es für ein Privileg, so unmittelbare Zeugen der großen Liebe
zweier Menschen zu sein, die siebzig und fünfundsiebzig Jahre
alt und bereit sind, sich einander anzuvertrauen und ihr reiches und unterschiedliches Leben fest miteinander zu verbinden.

Sonntag, 4. August

Während der Eucharistiefeier sprachen wir längere Zeit über die Brotvermehrung, von der das heutige Evangelium berichtet. Was wir hergeben, vermehrt sich, und was wir horten, verringert sich. Einer der Teilnehmer war vor allem von dem Gedanken angesprochen, daß die Brotvermehrung daraus resultieren könnte, daß die Menschen bereit gewesen seien, das Wenige, das sie besaßen, mit anderen zu teilen. Das wirkliche Wunder bestehe nicht darin, daß Jesus aus ein paar Laiben Brot viele gemacht habe, sondern daß er die Menschen aufgerufen habe, ihren Nahrungsvorrat nicht festzuhalten, sondern sich darauf zu verlassen, daß es für jeden genug gibt. Würde diese Großzügigkeit auf der ganzen Welt praktiziert, gäbe es nicht so viele darbende Menschen. Diese Sichtweise entspricht aber auch der Eucharistie: Christus gibt uns seinen Leib und sein Blut zur Speise und zum Trank, so daß jede(r) zum lebendigen Christus in der Welt werden kann. Christus selbst vermehrt sich, indem er sich selbst gibt. Wir werden Leib Christi, als einzelne wie als Gemeinschaft.

Ein sehr ruhiger Tag. Nathan und ich saßen lange am Swimmingpool; wir lasen und machten ab und zu einen Sprung ins Wasser. Um 19.30 Uhr fuhren wir nach Gladstone, wo wir gemütlich zu Abend aßen.

Dienstag, 6. August

Heute ist das Fest „Verklärung des Herrn". Wann und wo erfahren wir die herrliche Gegenwart Gottes, erfahren wir Einheit, inneres Erfülltsein, Licht in der Finsternis? Der Apostel Petrus sagt: „Ihr tut gut daran, es zu beachten; denn es ist ein Licht, das an einem finsteren Ort scheint, bis der Tag anbricht und der Morgenstern aufgeht in eurem Herzen" (2. Petrusbrief 1, 19).

Vielleicht nehmen wir unsere Gipfelerfahrungen nicht immer ganz wahr und halten sie für unwichtig und belanglos im Vergleich zu all dem, was wir an Wichtigem und Dringendem zu tun haben. Jesus will aber, daß wir seine Herrlichkeit sehen, damit wir uns in Zeiten der Zweifel, der Hoffnungslosigkeit und Angst an diese Erfahrung halten. Wenn wir das Licht in uns und um uns beachten, werden wir dieses Licht immer mehr wahrnehmen, ja sogar Licht für andere sein.

Wir müssen darauf vertrauen, daß die Verklärungs-Erfahrung uns näher ist, als wir vielleicht meinen. Finden wir zu diesem Vertrauen, dürften wir auch fähig sein, unsere Getsemani-Erfahrung zu ertragen, ohne unseren Glauben zu verlieren.

Ich bin heute äußerst müde und habe kaum schöpferische Energie.

Mittwoch, 7. August

Nathan ist heute nach Toronto zurückgeflogen. Wir verbrachten miteinander zehn sehr schöne Tage: ruhig, friedlich und gemütlich. Wir fuhren nicht nach New York und gingen nicht einmal ins Kino! Es war aber eine gute Zeit. Ich fühle mich durch die Freundschaft beschenkt.

Donnerstag, 8 August

Mein guter Freund Dean kam aus Middletown/Connecticut nach Peapack. Er möchte ein paar Tage bei mir bleiben. Ich bewundere Dean sehr. Er fordert mich immer wieder heraus, ruft mich auf zu radikalem Glauben, zu großer Hingabe an die Armen, zu einem prophetischen Dienst bei den Reichen und zu einer immer innigeren Verbundenheit mit Jesus. Dean ist mein Gewissen: Er schätzt mich, kritisiert mich aber auch. Er ist um mich besorgt, verunsichert mich aber auch. Er unterstützt mich, fordert mich aber auch auf, über meine Grenzen hinauszugehen.

Wir diskutieren immer heftig, ernst und eingehend. Mir ist klar, daß dieser jüdische Freund mein Prophet ist. Ich muß auf ihn hören. Wenn *er* mir sagt, ich sollte näher zu Jesus streben, dann sollte ich das ernst nehmen.

Freitag, 9. August

„Wer sein Leben um meinetwillen verliert, wird es finden", sagt Jesus. Es gibt keinen Tag ohne Verluste. Wenn wir auf unser inneres Leben schauen, werden wir bald erkennen, daß oft etwas nicht so klappt, wie wir erhofften, die Leute nicht das sagen, was wir erwarteten, der Tag nicht so verläuft, wie wir wollten, und so weiter und so fort. Diese vielen kleinen Verluste können uns verbittern und zu Menschen werden lassen, die sich beklagen, das Leben behandle sie nicht fair. Ertragen wir aber diese Verluste um Jesu willen – nämlich in Gemeinschaft mit seinem erlösenden Tod –, dann können sie uns nach und nach von unserem Egoismus befreien und unser Herz zu dem neuen Leben öffnen, das von Gott kommt. Die Frage, um die es eigentlich geht, lautet: „Ertrage ich meine Verluste um meinet- oder um Jesu willen?" Es ist eine Wahl zwischen Leben und Tod.

Heute früh, vor der Eucharistiefeier, fuhr ich nach Peapack zur Poststelle, wo Werner, der Chef des Continuum-Verlags, wartete; er kam aus Rye/New York, um mich zu besuchen. Werner ist ein langjähriger Freund. Wir sprachen eine gute Stunde über geschäftliche und persönliche Dinge. Es war ein sehr gutes und ermutigendes Gespräch. Werners Freundschaft ist mir ein großes Geschenk.

Ich war froh, einen ruhigen Abend zu haben und allein zu sein. Ich betete, las und ging früh zu Bett.

Samstag, 10. August

Bei der Eucharistiefeier sprachen wir über die Großmut. Die Lesung aus dem 2. Korintherbrief hat mich bewegt: „Wer kärglich sät, wird auch kärglich ernten; wer reichlich sät, wird reichlich ernten. Jeder gebe, wie er es sich in seinem Herzen vorgenommen hat, nicht verdrossen und nicht unter Zwang; denn Gott liebt einen fröhlichen Geber. In seiner Macht kann Gott alle Gaben über euch ausschütten, so daß euch allezeit in allem alles Nötige ausreichend zur Verfügung steht und ihr noch genug habt, um allen Gutes zu tun" (9, 6 ff). Mir ist klar, daß die Großmut verschiedene Ebenen hat. Wir müssen großmütig denken, sprechen und handeln. Von anderen gut zu denken und gut zu sprechen ist die Voraussetzung großmütigen Gebens. Dies bedeutet, daß unsere Beziehung zu anderen Teil unseres „Erbes" oder „Geschlechts" ist und wir andere wie Familienangehörige behandeln. Großmut erwächst nicht aus Schuldigkeit oder Bedauern. Sie muß einem furchtlosen und freien Herzen entspringen, das bereit ist, alles, was uns gegeben wurde, reichlich zu teilen.

Um 17 Uhr fuhr ich zum Newark Airport, um meinen lieben Freund Borys abzuholen. Er hat bei einem Sommerkurs in Harvard Vorlesungen gehalten und will ein paar Tage bei mir bleiben, bevor er in die Ukraine zurückkehrt. Ich habe mich sehr gefreut, ihn wiederzusehen. Er ist voller Tatendrang. Die Theologische Akademie in Lliv, dessen Pro-Rektor er ist, zählt zur Zeit nahezu sechshundert Studenten. Borys sagte: „Auf die Zukunft der Griechisch-Katholischen Kirche Einfluß zu nehmen ist eine Gelegenheit, die sich nur einmal in tausend Jahren bietet." Borys möchte nach Möglichkeit die besten Lehrer an die Akademie holen, Spenden für neue Lehrstühle sammeln, Studenten aus der Ukraine in den Westen schicken, eine theologische Bibliothek einrichten und in Lliv ein großes Studentenwohnheim bauen.

Ich fragte ihn: „Willst du mich nicht einladen, an der Akademie Spiritualität zu lehren? Schick mir eine formelle Einladung!" Borys lachte: „Du kannst den Brief schneller haben, als es dir lieb ist!"

Sollte ich je wieder Vorlesungen halten, wäre die Ukraine der richtige Ort. Es ist sehr reizvoll, Studenten zu haben, die von ihrer Zukunft begeistert sind und bereit, hart zu arbeiten, um sich auf ihre Aufgaben als Begleiter der Menschen vorzubereiten.

Elmsford/New York, Montag, 12. August

Nach einer stillen Eucharistiefeier fuhr ich mit Borys nach Elmsford. Doug und zwei griechisch-katholische Priester erwarteten uns dort und begrüßten uns. Borys und die beiden Priester gingen zu einer Besprechung, bei der es um die Einrichtung eines Fonds in der Ukraine ging, aus dem die Akademie in Lliv unterstützt werden soll. Doug führte mich in sein Tonstudio, um eine Bandaufnahme meines Buches „Du bist der geliebte Mensch" vorzunehmen. Der Besuch von Borys war ein wirkliches Geschenk.

Die Aufnahme klappte gut, war aber sehr anstrengend. Vier Stunden mit nur kurzen Pausen in einer kleinen, heißen Kabine ins Mikrofon zu sprechen ist nicht so einfach, wie es vielleicht erscheint. Oft stolperte ich über mein eigenes Geschriebenes und mußte einen Abschnitt mehrmals wiederholen. Bruce, der am Aufnahmepult saß, hatte große Geduld mit mir und bewies ein feines Sprachempfinden. Es kam vor, daß ich Wörter, die ich selbst verwendet habe, nicht richtig aussprechen konnte. Um 17 Uhr hatten wir aber drei Viertel des Buches auf Band. Morgen vormittag wollen wir den Rest schaffen.

Peapack, Dienstag, 13. August

Nach einem gemütlichen Frühstück bei Doug und seiner Frau Betsy verbrachte ich weitere Stunden in dem kleinen „Studio", um die Tonbandaufnahme „Du bist der geliebte Mensch" zu

Ende zu bringen. Im Laufe der zwei Stunden brauchte ich nur noch ein paar Stellen zu wiederholen.

Ich habe das Buch „Du bist der geliebte Mensch" zwar geschrieben, aber nie gelesen. Es ist eine besondere Erfahrung, ein Buch zu lesen, das man vor über vier Jahren selbst verfaßt hat. Immer wieder war ich versucht, Stellen zu ändern, neu zu formulieren, kleine Unstimmigkeiten zu korrigieren und den Text den heutigen Verhältnissen anzupassen. Ich sah jedoch ein, daß es besser ist, das Ganze so zu lassen, wie es ist, und die Energie für neue Bücher zu sparen. Erstaunlich, wie sich innerhalb weniger Jahre das eigene Denken und Empfinden verändern. Heute würde ich das Buch „Du bist der geliebte Mensch" völlig anders schreiben. Trotzdem ist es nach wie vor gefragt, weshalb diese Toncassette wohl gemacht wird.

Mittwoch, 14. August

Ein sehr ausgefüllter und irgendwie unruhiger Tag.

Bei der Eucharistiefeier sprachen wir über den Umgang mit Konflikten in der Gemeinde. Jesus sagt dazu sehr konkret: „Wenn dein Bruder sündigt, dann geh zu ihm und weise ihn unter vier Augen zurecht" (Matthäusevangelium 18, 15). Nur wenn das nicht hilft, solltest du „ein oder zwei" hinzuziehen; und hört er auch dann nicht, „dann sag es der Gemeinde" (18, 17). Nur wenn klar ist, daß jemand nicht auf die Gemeinde hören will, dann solltest du ihn oder sie allein lassen.

Selbstverständlich ist „Konfrontation" nur fruchtbar, wenn sie in Liebe geschieht. Wir müssen an das Wohl des anderen denken. Wenn aber der andere nicht reagiert und weiterhin schädlich handelt, dann geht das Wohl der Gemeinde vor.

Donnerstag, 15. August

„Mariä Himmelfahrt"! Während mein Verlag in Belgien heute wegen dieses katholischen Hochfestes geschlossen hat, ist den Menschen hier kaum bekannt, was „Mariä Himmelfahrt" bedeutet. Im „Magnifikat" heißt es, daß der Mächtige „die Niedrigen erhöht" (vgl. Lukasevangelium 1, 52). Maria wurde erhöht, und nicht nur sie, sondern alle werden es, die ihre wahre geistliche Identität geltend machen. Als Menschen, die durch Gottes überreiche Gnade erhoben wurden, werden uns „selig preisen alle Geschlechter".

Ein von Anfang bis Ende „sozialer" Tag. Ich muß mich mit der Tatsache abfinden, daß mir nur noch wenig Zeit zum Schreiben bleibt und in diesen letzten Wochen in Peapack vor allem die Menschen im Mittelpunkt stehen.

Morgen breche ich nach San Diego auf, um über das Wochenende Joan zu besuchen.

San Diego, Freitag, 16. August

Ich kam zur Mittagszeit bei Joan an. Sie begrüßte mich herzlich und führte mich gleich in ein Restaurant, in dem wir Freunde aus New York trafen. Wir unterhielten uns angeregt über Kunst, Religion und geistliches Leben.

Beim Abendessen sprachen wir über eine Reihe ernster Fragen, wie Abtreibung und das Recht auf Leben. Wir tauschten offen unsere Auffassungen aus über die Heiligkeit des Lebens und die Notwendigkeit, Gemeinschaften zu gründen, in die Kinder aufgenommen werden, die in ihrer Familie nicht aufwachsen können. Ich kam auch kurz auf Adam zu sprechen, der nach „fortschrittlichen" Entscheidungskriterien wohl kaum eine Lebenschance gehabt hätte. Ohne ihn wäre mein und das Leben vieler anderer nicht so reich beschenkt worden. Ich äußere mich nicht oft zur Abtreibung und fürchte immer die erhitzten Debatten, auf die viele sich einlassen.

Joan, die eine entschiedene Verfechterin der Anliegen der Frau ist, legte ihre Auffassung und deren Wandlung im Laufe der Zeit dar. Ich bin Joan sehr dankbar für diese Zeit zusammen.

Es war ein sehr langer Tag. Ich brauche jetzt eine lange Ruhepause.

Samstag, 17. August

Heute vormittag führte ich mit Joan auf der Terrasse ein anregendes Gespräch über Gott und seinen Liebesbund mit den Menschen. Ich sprach über das Verlangen Gottes, unser menschliches Dasein zu teilen, uns zu beschützen und uns in unserem Herzen immer näher zu sein, da Liebe keine Distanz erträgt. Gott will mit uns verbunden sein; daher der Bund. Gott ist, nicht um gefürchtet, sondern um geliebt zu werden.

Um 13 Uhr sagte Joan: „Komm, gehen wir zum Pferderennen. Nach deiner Lektion in Religion werde ich dir eine Lektion in Dekadenz geben!"

Es hat Spaß gemacht. Wir saßen in einer Kabine, vor uns eine breite Terrasse, von der aus wir die Rennbahn überblicken konnten. In der Lounge standen ein Wettapparat und ein Fernsehschirm, auf dem die Rennen in Nahaufnahme verfolgt werden konnten. Joan schenkte mir zum Mitspielen einen Wettschein über fünfzig Dollar. Ich wollte sofort gewinnen! Im Nu hatte mich das Wettfieber gepackt: „Vielleicht habe ich beim nächsten Mal Glück; und wenn nicht, dann beim übernächsten oder überübernächsten Mal."

Ich setzte jeweils zwei Dollar auf vier verschiedene Pferde. Als wir die Rennbahn verließen, hatte ich mehr verloren als gewonnen. Joan ermunterte mich: „Lös doch deinen Wettschein ein, dann hast du etwas gewonnen." Ich löste den Wettschein ein und bekam zweiunddreißig Dollar ausbezahlt. Es war ein unterhaltsamer Nachmittag für keine zwanzig Dollar.

Wieder zu Hause, feierten wir in Joans Wohnzimmer die

Eucharistie. Joan hatte auch Angela, die aus Mexiko stammt, dazu eingeladen. Es war so schlicht und innig, zusammenzukommen, zu beten und das Geheimnis des Gottesbundes zu feiern. Ich fühle mich sehr beschenkt.

Peapack, Sonntag, 18. August

Die Reise heute verlief wie geplant. Um 17.15 Uhr war ich wieder in meinem kleinen Gartenhaus, sah die Post durch und hörte den Anrufbeantworter ab. Da ich während des langen Fluges viel geschlafen habe, fühle ich mich wohl.

Es war ein sehr gelungener Besuch. Ich glaube, daß Joan und ich Freunde werden. Unsere freundschaftliche Beziehung erlaubt uns, über das, was uns wirklich bedrängt, offen und unbefangen zu sprechen.

Unterwegs nach Cork/Irland
Montag und Dienstag, 19. und 20. August

Um 7.40 Uhr startete mein Flugzeug nach London, um 7.30 Uhr kamen ich dort an und war um 10 Uhr auf dem Weg nach Cork.

Cork, Mittwoch, 21. August

Sooft ich nach Irland komme, beeindruckt mich der unterschiedliche Lebensrhythmus. Wegen meines Zeitrückstands durch den Flug, wollte ich bis 9 Uhr „schlafen". Als ich aber um 9.30 Uhr zum Frühstück kam, war ich einer der ersten. Nur keine Eile! Nur kein Drängen! Wie man in Irland sagt, „hat Gott die Zeit erschaffen, und zwar im Überfluß".

Mein Besuch in Irland hat eine lange Geschichte. 1961 habe ich Sophie und Seamus getraut und 1966 Leonie und Paddy. Beide Paare heirateten in Holland, zogen dann aber nach Cork, wo Seamus als Kaufmann und Paddy als Chirurg tätig ist.

Im vergangenen Jahr traute ich in Irland David und Mary; David ist der älteste Sohn von Sophie und Seamus. In diesem Jahr komme ich zur Trauung von Leonietje und Morgan; Leonietje ist die älteste Tochter von Leonie und Paddy. Inzwischen haben Mary und David einen Sohn, Cian, den ich am Sonntag taufen werde. Ich weiß nicht, ob ich noch leben werde, wenn bei ihm die Trauung ansteht.

Leonie fuhr mit mir nach Oisterhaven, wo ihre Familie ein Sommerhaus mit wunderbarem Blick über die Bucht besitzt. Ich sah bei unserer Ankunft Leonietje und Morgan zum ersten Mal: zwei wunderbare, aufgeschlossene, unternehmungslustige junge Menschen – mit ihren Familien liebevoll verbunden und dabei selbständig und kritisch. Wir unterhielten uns lange und angeregt über ihre Reisen, ihre Lebensauffassung und ihre religiöse Einstellung.

Nach dem Gespräch feierten wir im Wohnzimmer für die ganze Familie die Eucharistie.

Die Aussicht von hier ist einzigartig: eine liebliche Bucht mit tiefblauem Wasser, umgeben von grünen Hügelketten, in der Ferne zwei felsige Inseln, hinter denen sich der Ozean erstreckt, malerische Wolkengebilde, durch die da und dort Sonnenstrahlen dringen, und im Abendwind sich sanft wiegende Bäume. In dieser Landschaft Gott zu danken fällt leicht. Alles spricht von Anmut und Schönheit.

Nach dem Evangelium machten wir uns Gedanken über die Arbeiter im Weinberg, die um die elfte Stunde gekommen waren, besonders über das Wort: „Bist du neidisch, weil ich (zu anderen) gütig bin?" (Matthäusevangelium 20, 15). Wenn wir auf Gottes unermeßliche Liebe vertrauen, sollten wir uns dann nicht freuen, wenn die später Gekommenen von Gott so viel erhalten wie andere, die den ganzen Tag gearbeitet haben? Wenn wir die Arbeit im Weinberg Gottes als ein Privileg betrachten, warum sollten wir dann darüber verärgert sein, daß die, die später kamen, genau so behandelt werden, wie die viel früher Gekommenen? Neid ist eine spaltende Emotion. Können wir uns denn wirklich nicht freuen, wenn wir sehen, daß nicht wir, sondern ein anderer als wir selbst ein unverhofftes Geschenk erhält? Zu bedenken ist jedoch, daß wir uns über die Großmut Gottes gegenüber anderen nur freuen können, wenn wir wirklich wissen, wie sehr Gott uns liebt.

Vieles, worüber wir sprachen, war bei der Familie, die sich um den Altartisch versammelt hatte, sichtbar. Ich empfand keinen Neid, sondern war dankbar, daß zwei, die zu ihr gehören, Leonietje und Morgan, mit besonderer Liebe, außergewöhnlicher Aufmerksamkeit und vielen, vielen Geschenken überschüttet wurden.

Oisterhaven/Irland, Donnerstag, 22. August

Nach dem Aufstehen heute früh sagte mir Paddy: „Wie sieht's aus, gehst du mit zum Schwimmen?" Im Wasser war es sehr kalt. Als ich aber herauskam, tat mir die warme Luft gut, und mein Blut pulsierte.

Am späteren Vormittag führte ich mit Morgan und Leonietje ein zweites Gespräch, bei dem es vor allem um Einzelheiten der Trauung ging. Während der übrigen Zeit des Tages gab es ein Kommen und Gehen, ein Hin und Her, wurden Geschenke gebracht und Hochzeitsvorbereitungen getroffen. Ich zog mich in eine ruhige Ecke zurück, um zu lesen und etwas zu schreiben.

Kenmare/Irland, Freitag, 23. August

Auf der Fahrt nach Kenmare die kleine Küstenstraße entlang stießen wir – Morgan, Leonietje, ihre Schwester Rosemary und ich – auf einen schweren Verkehrsunfall. Ein amerikanisches Ehepaar mit zwei Kindern war mit dem Auto eines jungen Iren zusammengestoßen. Beide Wagen waren völlig demoliert. Der Unfall mußte sich ereignet haben, kurz bevor wir an die Stelle kamen. Dem amerikanischen Ehepaar und den Kindern war, wie es aussah, nichts passiert. David hingegen, der junge Ire, war mit dem Kopf gegen die Windschutzscheibe seines Wagens geprallt und saß benommen am Steuer.

Morgan hatte ein Handy bei sich und rief sofort den Notarzt und die Polizei an. Daraufhin versuchten er und Leonietje festzustellen, ob David ernstere Verletzungen erlitten hatte. Morgan sorgte dafür, daß David sich nicht bewegte, um eine eventuelle neurologische Verletzung zu vermeiden. Beide redeten auf David ein und bemühten sich, einer Ohnmacht vorzubeugen. Währenddessen sprach ich mit dem amerikanischen Ehepaar.

Ich war beeindruckt, wie kundig, selbstsicher und umsichtig Morgan und Leonietje nach dem plötzlichen Halt handelten. Sie überblickten die Situation und taten das Richtige. Sie hielten den Verletzten still und ruhig und beugten damit Komplikationen vor. Sie sprachen auch mit der Polizei, mit der amerikanischen Familie, mit dem Notarzt des Krankenwagens, mit dem Arzt vom Ort, der gleich nach dem Notarzt an der Unfallstelle eingetroffen war. Sie gaben Auskunft, beschwichtigten und taten alles, um keine Verwirrung und Aufregung aufkommen zu lassen.

Um 15 Uhr trafen wir in Kenmare ein, wo morgen die Hochzeit stattfindet. Am Abend versammelte sich die ganze Hochzeitsgesellschaft zu einem Barbecue. Ich habe gestaunt, von welchen Enden der Welt die Gäste angereist waren: eine Gruppe von Freunden war aus Neuseeland gekommen und eine große Gruppe von Verwandten aus Holland; außerdem Gäste aus Hongkong, China, Simbabwe, Südafrika, Dänemark, den USA und England; insgesamt an die 170 Hochzeitsgäste, die das Wochenende über zusammen untergebracht waren.

Bei der Unterhaltung mit so vielen Menschen aus so vielen Teilen der Welt war ich verblüfft, wie gut alle Kontakt zueinander fanden, andererseits aber betrübt, daß auf unserem kleinen Planeten noch so viel geistige, psychologische und religiöse Distanz besteht. Wenn es möglich ist, sich von den Enden der Erde hier zusammenzufinden, um die Feier eines

Mannes und einer Frau zu begehen, die sich einander anvertrauen, warum sollte es dann nicht möglich sein, die Menschen dazu zu bringen, einander nicht mehr wegen religiöser,
sozialer und wirtschaftlicher Unterschiede zu töten?

Unfriedliche Gedanken in einer höchst friedlichen Umgebung.

Samstag, 24. August

Obwohl ich schon viele Trauungen gehalten habe, bin ich
jedesmal wieder aufgeregt und unsicher. Es ist auf so vieles zu
achten, daß ich erst wieder beruhigt bin, wenn die Feier vorüber ist.

Der Trauungsgottesdienst begann um 14 Uhr. Er war schön
und festlich gestaltet. Das Evangelium mit der Johannes-Peri-
kope über das große Gebot, einander zu lieben, gab mir die
Gedanken für die Predigt: Sorge tragen, Sorge tragen für unser
eigenes Herz, Sorge tragen füreinander und Sorge tragen für
andere.

Bei der Kommunion bat ich alle, nach vorn zu kommen,
um entweder das konsekrierte Brot zu empfangen oder einen
Segen und Zuspruch zu erhalten. Viele kamen, um den Segen
zu empfangen, und einige, die kommuniziert hatten, baten
mich später um den Segen. So sprach ich an diesem Nachmittag vielen Worte des Segens zu. Mir ist bewußt geworden, wie
tief die Menschen von einem einfachen, im Namen Gottes gesprochenen Wort der Ermutigung und Stärkung berührt werden.

Am Abend gab es ein prächtiges Hochzeitsmahl. Gegen
Mitternacht war ich erschöpft und verließ die inzwischen tan-
zende Gesellschaft, froh, eine lange Ruhepause vor mir zu
haben.

Cork, Sonntag, 25. August

Um 11 Uhr feierte ich in einem der kleineren Hotelzimmer mit Blick auf die Bucht die Eucharistie. Schließlich hatten sich so viele Leute eingefunden, daß wir das Fenster öffneten und die Gäste, die im Freien saßen, den Gottesdienst mitverfolgen konnten. Als es bei der Kommunion in Strömen zu regnen anfing, drängten alle in das kleine Zimmer.

Nach dem Lunch verabschiedete ich mich vom Hochzeitspaar und, soweit ich konnte, von den Gästen, und fuhr nach Cork.

In Cork wurde ich von David und Mary zur Taufe ihres vier Monate alten Sohnes Cian erwartet. Vor der Feier sprach ich mit ihnen kurz über die Bedeutung der Taufe: Sie sei eine Bekundung, daß das Kind nicht Eigentum der Eltern, sondern ein Geschenk Gottes ist, um in die Gemeinschaft der Menschen aufgenommen und zur Freiheit der Kinder Gottes geführt zu werden. Mary bemerkte: „Es ist oft schwer, sich klarzumachen, daß der kleine Cian nicht uns gehört. Wenn ich dann aber sehe, wie schnell er wächst, wird mir bewußt, daß er sich vom Augenblick seiner Geburt an von mir entfernt. Ich bin tatsächlich etwas traurig, wenn ich ihn so rasch wachsen sehe."

Bald darauf scharte sich ein kleiner Familienkreis um Cian, der weinte. So verging einige Zeit, bis er eingeschlafen war und alle Segnungen der Taufe empfangen konnte. Das Öl, das Wasser, das weiße Kleid und die brennende Kerze wurden in diesem kleinen Familien- und Freundeskreis sichtbare Zeichen der Neugeburt und Hoffnung. David fand, es sei „unglaublich gut" gewesen. In solch einfachem Rahmen ist die Taufe kein Ritual und keine Zeremonie, sondern ein Geschehen, das unmittelbar anrührt und das Leben beeinflußt.

Nachdem wir in netter Runde zu Abend gegessen hatten, ging ich zu Bett in der Hoffnung, lange und tief schlafen zu können, um den langen Rückflug nach Newark, ohne daß ich mich elend fühle, zu überstehen.

Peapack, Montag, 26. August

Ein Tag, der schier kein Ende nahm: von Cork nach London, von dort nach Newark und weiter nach Peapack. Die Reise war sehr ermüdend: lange Flüge, vollbesetzte Flugzeuge, mäßige Mahlzeiten und schlechte Filme!

Ich bin von der Woche in Irland sehr müde zurückgekehrt. Dennoch war es eine sehr schöne Woche. Ich habe gemerkt, daß Leonietje, Morgan und deren Eltern über die Trauung glücklich waren und David und Mary sich freuten, daß ich ihren Cian getauft habe.

Dennoch komme ich wieder auf die Frage zurück, die mich immer mehr beschäftigt: Ist das meine Berufung, oder ist es besser, daheim zu bleiben und mehr zu schreiben? Ist es richtig, ständig unter Menschen zu sein und in ihr Leben verwickelt zu werden? Ja, es ist Seelsorge und wirklicher Dienst. Ich habe die Gabe dafür und liebe diesen Dienst. Aber es ist sehr schwer, ihn auszuüben und dabei neue, fruchtbare Gedanken zu entwickeln und sie zu Papier zu bringen. Als ich all die jungen Leute in Irland sah und mir vorstellte, daß sie in den nächsten Jahren heiraten wollen, sah ich eine Menge Einladungen auf mich zukommen. Ich glaube aber, daß ich anfangen muß, nein zu sagen; und das fällt schwer. Ich habe alle meine jungen Freunde gern und möchte, daß sie ihre Ehen froh und sinnvoll beginnen. Ich sollte mehr darauf vertrauen, daß sie schon den Priester finden werden, den sie brauchen, wenn ich meiner primären Berufung treu bleibe.

Dienstag, 27. August

Bei der Eucharistiefeier heute früh sprachen wir über die Heuchelei, eine Haltung, an der Jesus Kritik übt. Mir ist bewußt, daß ein institutionalisiertes Leben zu Heuchelei führt, weil diejenigen, die wir geistlich führen, von uns nicht das gelebt sehen, was wir predigen oder lehren. Es ist nicht so leicht, der

Heuchelei vollständig zu entgehen, weil wir im Namen Gottes, der Kirche oder der größeren Gemeinschaft sprechen möchten und dabei über etwas reden, das größer ist als wir.

Ich mache immer wieder die Erfahrung, daß Gemeinschaft das beste Mittel gegen Heuchelei ist. Wenn ich als Priester bei denen lebe, für die ich geistlich Sorge trage, und ich von meinen eigenen Leuten liebevoll kritisiert werde und mir meine Unzulänglichkeiten vergeben werden, dann will ich nicht als Heuchler angesehen sein.

Heuchelei ist nicht so sehr die Folge dessen, daß ich nicht lebe, was ich predige, um so mehr aber das Verbergen meines Unvermögens, meinen eigenen Worten gemäß zu leben. Ich muß ein Seelsorger werden, der seine Leute für seine Fehler um Vergebung bittet.

*

Heute habe ich hauptsächlich kleine Besorgungen gemacht, eine Reihe Telefongespräche geführt und Besuche empfangen.

Mein Sabbatjahr geht zu Ende. Noch zwei Tage! Morgen kommt Nathan aus Toronto, um mir beim Umzug zu helfen. Donnerstag morgen werden wir hier im Gartenhaus zum letzten Mal die Eucharistie feiern. Für den Abend hat Peggy zu einem Abschiedsessen eingeladen. Jay und Wendy wollen aus New York kommen, um daran teilzunehmen. Am Freitag früh brechen Nathan und ich nach Toronto auf. Ich bin froh, sehr froh, daß es wieder nach Daybreak geht, meine aber auch, daß das, was ich im Laufe dieses Jahres begonnen habe, nicht einfach gestoppt werden kann.

Mittwoch, 28. August

Bei der heutigen Eucharistiefeier sprachen wir über den „Mut". Früher gebrauchte man für Mut häufig das französische Wort „courage", das sich vom lateinischen „cor", deutsch „Herz", ableitet, weshalb man von einem beherzten Menschen auch sagt, er sei „couragiert". Mut haben bedeutet: auf unser Herz hören, aus unserem Herzen heraus sprechen und aus unserem Herzen heraus handeln. Unser Herz als die innerste Mitte unserer leib-geistigen Person ist die Quelle des Muts.

Oft diskutieren wir über ein Problem und äußern dazu unsere Meinung. Aber Mut haben heißt eine feste Haltung zeigen, selbst wenn sie unpopulär ist; nicht weil wir anders denken als andere, sondern weil wir in unserem Innersten erkennen, wie wir der Situation, in der wir uns befinden, gerecht werden. Mut verlangt keine aufsehenerregenden Gesten. Mut beginnt oft in stillen Winkeln: Mutig sein heißt sich nicht an Geschwätz beteiligen, nicht hinter dem Rücken anderer reden, einander nicht lächerlich machen. Mutig sein heißt: von anderen gut denken und sie respektieren, selbst wenn wir anders als sie zu leben gewohnt sind. Mutig sein heißt: sich einem Armen zuwenden, einem verzagten Kind Zeit schenken, an Aktionen gegen Krieg und Gewalt, Mißbrauch und Manipulation teilnehmen.

Oft rühmen wir Propheten nach ihrem Tod. Sind wir bereit, Prophet zu unserer Lebenszeit zu sein?

Donnerstag, 29. August

Um 9 Uhr feierten wir im Gartenhaus zum letzten Mal die Eucharistie – zumindest für absehbare Zeit. Mit Wendy und Jay aus New York und Nathan aus Toronto hatte die Feier einen besonderen Akzent. Nach dem Evangelium sprachen manche davon, wie wichtig ihnen diese kleine eucharistische Gemeinde im Laufe der letzten sechs Monate geworden sei. Peggy sagte, sie sei sich während einer Eucharistiefeier im Gartenhaus darüber klar geworden, Phil zu heiraten. Ginny hob die Freundschaft hervor, die in diesen Monaten unter uns entstanden ist; Fred erklärte, was ihm diese Gemeinschaft für sein Priestertum bedeute, und andere dankten ganz einfach für das Erlebnis dieser kleinen Gemeinde.

In der ersten Hälfte des Nachmittags ging es ans Packen. Jay, Wendy und Ginny verstauten alle meine Sachen in Kartons und Koffer und bepackten meinen kleinen Honda. In der zweiten Nachmittagshälfte sah ich mit Wendy die Korrekturabzüge des Jahreslesebuchs „Bread for the Journey" durch, die mir der Verlag Harper vor Druckbeginn noch einmal zugeschickt hat. Wendy entdeckte noch viele kleine Fehler und schlug einige Änderungen vor. Ich bin Wendy für diese minutiöse Durchsicht sehr dankbar. Ich selbst hätte nicht die Geduld und Ausdauer gehabt, um die Texte wieder und wieder zu lesen und auf Punkt und Komma, richtige Zitation, Überschriften, Anordnung der Texte und manches andere zu achten. Aber mit Wendys Hilfe war die Durchsicht der Abzüge innerhalb von eineinhalb Stunden erledigt.

Das Abschiedsessen begann um 18.30 Uhr. Ginny überreichte mir ein schönes Album mit Fotos von meinem Aufenthalt in Peapack. Clair hat zu jedem Bild eine kurze, lustige Unterschrift verfaßt. Es war eine wirkliche Geduldsarbeit; auch sieben Aufnahmen vom Gottesdienst heute morgen sind dabei. Ich bin von diesem schönen Geschenk und von der vielen Arbeit, die sich Ginny und Clair damit gemacht haben, gerührt.

Das Abendessen war vorzüglich und köstlich. Wir saßen an diesem milden Sommerabend im Freien und lachten viel. Ich dankte jedem/jeder einzelnen für die Liebe und Freundschaft und erklärte, was mir diese Zeit in Peapack bedeutet. Mag sein, daß ich weniger geschrieben habe, als ich mir vorgenommen hatte, doch habe ich viele neue Freunde gefunden, und das Entstehen der Eucharistie-Gemeinschaft betrachte ich als ein einmaliges Geschenk Gottes. Besonders dankte ich Peggy für ihre wunderbare Freundschaft. Sie gab mir allen Raum und alle Freiheit, die ich wünschte, und öffnete mir, meinen Freunden und allen, die zur täglichen Eucharistiefeier kamen, ihr Haus und ihr Gästehaus. Einen besonderen Dank sprach ich auch Ginny aus für alles, was sie für mich in den vergangenen Monaten getan hat und gewesen ist.

Es war ein schöner Abschluß meines Sabbatjahres.

Richmond Hill, Freitag, 30. August

Um 7 Uhr nahmen Nathan und ich von Peggy Abschied und machten uns auf den Weg nach Toronto. Wir kamen zügig voran und waren um 18 Uhr in Daybreak. Nur auf dem letzten Streckenabschnitt von Buffalo nach Toronto herrschte stockender Verkehr, da wegen des beginnenden langen Wochenendes alle Welt unterwegs war.

Kathy, mit der kleinen Sarah auf dem Arm, und Timmy hießen mich willkommen; ebenso Kate und Jeffy mit ihrem kleinen Devon. Timmy spielte Basketball und hatte an seinem Geburtstag gerade einen schönen „Korb" geworfen.

Ich packte eine Stunde lang meine Sachen aus und schuf in meinem kleinen Zimmer etwas Ordnung. Um 20 Uhr besuchte ich Kathy, Timmy und Sarah, bei denen mich ein schönes „Willkommens"-Mahl erwartete.

Nach einiger Zeit zog ich mich wieder in mein Zimmer zurück, das voller Blumen war. Shioban hatte einen Strauß Lilien geschickt, Lorenzo eine schöne Pflanze und Jutta ein Bouquet langstieliger rosa Nelken, um nur diese aufzuzählen. An den Wänden hingen Luftballons und Plakate mit Willkommensgrüßen und Zeichnungen, neben denen die Namen vieler Mitglieder der Gemeinschaft standen. Welch ein Abend! Welch eine herzliche Begrüßung! Ja, das Sabbatjahr ist vorüber, und es tut gut, wieder hier zu sein.

Nachwort

Soeben bin ich von der offiziellen Eröffnung der „Father-Henri-Nouwen-Schule" zurückgekommen, einer neuerbauten katholischen Grundschule fünf Autominuten von der „Arche"-Gemeinschaft Daybreak entfernt. „Willkommen bei Father Henri Nouwen!" begrüßte uns das junge Empfangskomitee, als wir das Schulgebäude betraten. In der mit Kindern und Eltern voll besetzten Halle spürte ich die Gegenwart Henris. Henri, der oftmals so rührend kindlich sein konnte, hätte sich sicherlich gleich auf den Fußboden gehockt, um den Kindern nahe zu sein.

Als die Daybreak-Gemeinschaft das Wort erhielt, standen Joe und Bill auf und gingen nach vorn. Joe ist der Pastoralassistent, Bill ein Behinderter und Gründungsmitglied unserer Gemeinschaft. Schon nach den ersten Sätzen brach Bill in Tränen aus. Bills Trauer wie auch die vieler von uns hat sich kaum gelegt und bricht immer wieder auf. Sie wird mit der Zeit abklingen, aber die Wunde, die der Tod Henris im Herzen Bills, in meinem und im Herzen unserer Gemeinschaft hinterlassen hat, wird sich nicht so schnell schließen.

Die zwei Wochen nach Henris und meiner Rückkehr nach Daybreak bis zu seiner Abreise nach St. Petersburg waren schwierig. Der Wechsel von einem Jahr in großer Freiheit zurück in das intensive Leben in Gemeinschaft mit seinen vielen Anforderungen war nicht leicht. Zudem hatte die Gemeinschaft schon vor längerer Zeit beschlossen, Henri in das neue Amt eines Senior-Seelsorgers einzusetzen und Joe Vostermans, unserem neuen Laienseelsorger, die vielfältigen täglichen seelsorglichen Aufgaben zu übertragen. Henri sollte nach wie vor für die Gesamtseelsorge bei uns zuständig sein, aber mehr Spielraum für die schriftstellerische Arbeit zur Verfügung haben. Sosehr dies Henris Wunsch entsprach, schwankte er zugleich, eine Aufgabe, die über zehn Jahre in seinen Händen lag, zu übergeben.

Sonntag, der 1. September, war für mich ein denkwürdiger Tag. Henri, Sue und ich gingen in aller Frühe zu Susanne, einer guten Freundin von uns und einem Mitglied der Daybreak-Gemeinschaft, ins Krankenhaus, um mit ihr die Eucharistie zu feiern. Es war ein strahlender Morgen. Ich freute mich, zu dieser kleinen Gruppe guter Freunde zu gehören. Susanne war für den Besuch und die Gelegenheit des gemeinsamen Gebets sehr dankbar. Wir drei verabschiedeten uns von ihr und verbrachten fast den ganzen weiteren Tag zusammen. Wir aßen in aller Ruhe zu Mittag, unternahmen einen Spaziergang zum See und unterhielten uns dabei über alles mögliche. Es lag uns ganz einfach daran, zusammen zu sein. Obwohl Henri gerade erst nach Daybreak zurückgekehrt war, stand Sue bereits vor der Abreise nach Stratford/Ontario, um dort die Leitung der „Arche"-Gemeinschaft vorübergehend zu übernehmen. So stand fest, daß wir uns im kommenden Jahr nicht allzuoft sehen würden. Indessen war es das letzte Mal, daß wir drei, deren Leben zwölf Jahre lang miteinander verbunden war, zusammen waren.

Am 10. September lud mich Henri zum Abendessen ein, an dem auch Dean Levitt, ein Mitglied des Daybreak-Aufsichtsrates, teilnahm. Henri wollte dabei auch über Fragen sprechen, die sein Testament betrafen. Am Sonntagnachmittag, dem 15. September, verließ Henri Daybreak, um von Toronto über Amsterdam nach St. Petersburg zu fliegen, wo Filmaufnahmen für eine Fernsehsendung zu seinem Buch über das Rembrandt-Gemälde „Der Verlorene Sohn" gemacht werden sollten. Henri legte, wie geplant, in Holland für eine Nacht Zwischenstation ein. Montag früh kehrte ich von einem kurzen Besuch in Calgary nach Toronto zurück. Um 8 Uhr (14 Uhr holländischer Zeit) erhielt Kathy Christie den ersten Anruf mit der bestürzenden Nachricht, Henri habe einen Herzanfall erlitten und liege auf der Intensivstation. Es sei ernst, doch wisse man nichts Näheres.

Mir war sofort klar, daß ich nach Holland fliegen muß.

Ebenso war mir „klar", daß Henri überleben würde. Es ging jetzt darum, einem Freund zur Seite zu stehen, der sich in einer Krise befindet. Ich sprach kurz mit Paula und Carl, die mir versicherten, daß ich reisen solle. Sechs Stunden später befand ich mich bereits auf dem Flug über dem Atlantik.

Henri quartierte sich gleich nach seiner Ankunft in Holland in einem kleinen Hotel in Hilversum ein, um auszuruhen. Nachdem er ein paar Stunden geschlafen hatte, rief er den Hotelportier an und bat um einen Arzt. Der Portier verständigte einen Arzt und ging daraufhin in Henris Zimmer. Als er Henri sah, rief er sofort einen Krankenwagen. Da die Treppe von Stockwerk zu Stockwerk zu schmal war, konnten die Sanitäter Henri nicht liegend transportieren, weshalb sie die Feuerwehr alarmierten, um ihn mit deren Hilfe auf der Tragbahre durch ein Fenster nach unten zu lassen.

Bis wir in Kanada die Nachricht von Henris Erkrankung erhielten, waren sein Vater, seine Geschwister Laurien, Paul und Laurent schon zu ihm ins Krankenhaus nach Hilversum geeilt, ebenso Jan van den Bosch, der Leiter der Filmgesellschaft, mit der Henri zusammenarbeitete. Henri hatte den ganzen Tag starke Schmerzen. Laurent blieb die Nacht über bei ihm.

Am Dienstag gegen 14 Uhr traf ich im Krankenhaus ein. Obschon Henris Zustand nach den Aussagen der Ärzte nicht mehr kritisch war, litt er offensichtlich und besaß kaum die Kraft zu sprechen. Ich war tief bewegt und dankte Gott, daß Henri lebte und ich bei ihm sein konnte. Im Laufe des Abends, als Henri schon hin und wieder sprach, nahm er meine Hand und sagte: „Sollte ich sterben, dann tut, was am einfachsten ist. Ich kann in Holland beerdigt werden, wenn es das Beste ist. Und sag allen, daß ich dankbar bin. Ich bin so dankbar."

Auch der Mittwoch war ein schwieriger Tag. Henri hatte noch starke Schmerzen, doch versicherten ihm die Ärzte, daß sie sich legen würden. Er hatte Angst und war beunruhigt, weil er nicht klar denken konnte. Zudem war er sehr, sehr müde. Donnerstag früh aber trat eine grundlegende Änderung ein. Henri saß zum ersten Mal im Bett und fühlte sich deutlich besser. Die Änderung war bemerkenswert. Henri war wirklich munter. Meine Vorahnung, Henri würde diese Krise überstehen, bestätigte sich. Ich war zutiefst dankbar.

Die beiden folgenden Tage werden mir immer in Erinnerung bleiben. Henri erholte sich so schnell, daß die Herzattacke bald wie ein in der Ferne liegender Zwischenfall erschien. Er durfte die Intensivstation verlassen und sorgte dafür, daß er einen Telefonanschluß bekam. Das Leben normalisierte sich. Henri empfing Besuche seiner Familienangehörigen und enger Freunde. Am Freitag begann Henris Entlassungsprozeß, indem ihm eine Krankenschwester anhand eines Herzmodells veranschaulichte, was passiert war. Henri sollte das Wochenende über noch im Krankenhaus bleiben und Montag oder Dienstag entlassen werden. Ich hatte meinen Rückflug nach Toronto für Montag geplant. Nach seiner Entlassung wollte Henri noch ein paar Tage bei seinen Angehörigen bleiben und dann nachkommen. Er betrachtete den Herzanfall als ein Geschenk, das man, wie alle Geschenke, dankbar entgegennimmt. Doch es war ein „Alarmsignal". Henri sollte „herunterschalten" und seinen Lebensstil gründlich ändern, was seinem Verlangen, einen Übergang in eine neue Lebensphase zu vollziehen, ganz und gar entsprach. Er wollte weniger reisen, mehr schreiben und sich um neue schriftstellerische Formen bemühen. Henri zeigte sich über den bevorstehenden Bau des neuen Dayspring-Besinnungszentrums in Daybreak begeistert. Dadurch hätte er die Möglichkeit gehabt, in größerem Rahmen Einkehr- und Besinnungstage mit Mitgliedern anderer Gemeinschaften zu halten. Henri fragte nicht: „Warum ist das passiert, und wie werde ich in Zukunft damit fertig?" Vielmehr sagte er: „Ich bin für dieses unerwartete Vorkommnis dankbar. Es wird mir helfen, meiner neuen Arbeit, zu der ich berufen bin, treu nachzugehen."

Freitag vormittag zogen wir den Vorhang um sein Bett zu und feierten zu zweit mitten im Krankenhausbetrieb die Eucharistie. Es war ein Moment einfacher, inständiger, wirklicher Danksagung. Keine vierundzwanzig Stunden vor seinem Tod, trat Henri noch einmal in das Geheimnis ein, das die Mitte seines Lebens war. Gegen 9 Uhr abends beendeten Henri, Jan und ich den Tag mit einem gemeinsamen Abendgebet. Henri begleitete uns die Treppe hinunter bis zum Hauptausgang und winkte uns beim Fortgehen nach.

Manche meinten, ich wäre durch das unmittelbare Miterleben dieser Tage auf Henris Tod besser vorbereitet gewesen. Nichts könnte der Wahrheit ferner liegen. Diejenigen, die bei Henri waren, bereiteten sich auf sein neues Leben vor, nicht auf seinen Tod. Sein Tod war unsagbar schmerzlich. Henri starb am frühen Samstagmorgen an Herzstillstand. Die Stationsschwestern erklärten, er sei schnell gestorben. Es gab keine Zeit mehr, jemanden an sein Bett zu rufen. Henri stand im Leben Leidenden nahe und begleitete viele, die sich auf den Tod vorbereiteten. Was kann vom Tod unseres Freundes und Lehrers gesagt werden? Wenn Henris Herzanfall auch überraschend kam, war er doch ein Geschenk, das ihm half, einen Übergang zu vollziehen. Ich betrachte es als eine Gnade, daß Henri in seiner Heimat sterben konnte, in der Nähe seiner Familienangehörigen und ein paar enger Freunde. Ihre Anwesenheit, viele Faxbriefe und eine Reihe von Telefonanrufen gaben ihm zu erkennen, wie sehr er geliebt wurde. Wenn auch Henri fest damit rechnete, noch viele Jahre zu leben, fürchtete er sich nicht zu sterben. Er mußte viele Kämpfe durchstehen und ließ seine Freunde und die Leser seiner zahlreichen Bücher unmittelbar daran teilnehmen. Aber das weiß ich: Henri starb im Frieden mit sich selbst, seinen Freunden, mit seiner Berufung als Priester und mit Gott, dessen unendliche Liebe Henris Leitstern vierundsechzig Jahre lang war.

Richmond Hill, Mai 1998   *Nathan Ball*
Leiter der „Arche"-Gemeinschaft
Daybreak

Anmerkung: Die in der Tagebucheintragung vom 24. September 1995 (Seite 45 f) zitierten Texte der Astronauten James Irvin, Russel Schweickart und Robert Cenker sind dem Band entnommen: *Der Heimatplanet,* herausgegeben von Kevin W. Kelley im Auftrag der Association of Space Explorers. Für die deutsche Ausgabe: © 1989 by Zweitausendeins, Frankfurt am Main.